शिक्षण के सिद्धान्त तथा विधियाँ

शिक्षण के सिद्धान्त तथा विधियाँ

PRINCIPLES AND PRACTICES OF TEACHING

जे. सी. अग्रवाल

SHIPRA

First Published in India in 2009

Price: Rs. 695

ISBN: 978-81-7541-454-9

2013 Impression

Shikshan Ke Siddhant Tatha Vidhiya

Published by:
SHIPRA PUBLICATIONS
H.O.: LG 18-19, Pankaj Central Market, I.P. Ext.,
Patparganj, Delhi 110092, Ph. 22235152, 22236152
Br. Off.: 4617/18, Main Ansari Road, Daryaganj,
New Delhi 110002; Ph.9650028065, 9810522367
Email: info@shiprapublications.com
Website: www.shiprapublications.com

भूमिका

पुस्तक में शिक्षण तथा इससे सम्बन्धित सभी महत्त्वपूर्ण संप्रत्ययों तथा पक्षों पर विस्तृत तथा गहन समीक्षा करने का भरपूर प्रयास किया गया है। शिक्षण को प्रभावी, बोधगम्य, स्फूर्तिदायक, निर्माणात्मक तथा सृजनात्मक बनाने के लिए ठोस सुझाव प्रस्तुत किए गए हैं।

शिक्षण-अधिगम प्रक्रिया में प्रयोग की जाने वाली विधियों की व्यावहारिक व्याख्या की गई है। इसमें युक्तियों के स्थान को उजागर किया गया है।

परम्परागत शिक्षण सहायक सामग्री के साथ-साथ वर्तमान तकनीकी पर सविस्तार चर्चा की गई है।

इस बात पर विशेष बल दिया गया है कि शिक्षण अधिगम प्रक्रिया में अध्यापक किस प्रकार छात्रों को भागीदार बनाकर उन्हें स्वयं सीखने के लिए प्रेरित कर सकते हैं।

जहाँ सम्भव है, सामग्री को चित्रों द्वारा प्रदर्शित करने की चेष्टा की गई है।

नवीनतम तथ्य तथा आँकड़े दिए गए हैं।

पुस्तक में सभी प्रकरणों से सम्बन्धित आधारभूत तथा महत्त्वपूर्ण सामग्री जो प्रायः मूल स्त्रोतों से ली गई है, उसे सरल, सुबोध, वैज्ञानिक तथा व्यावहारिक स्वरूप प्रदान किया गया है।

आशा है कि पुस्तक उन सभी वर्गों की आवश्यकताओं की पूर्ति करेगी, जो शिक्षा में रुचि रखते हैं।

लेखक सभी प्रकाशकों तथा लेखकों का आभार प्रकट करता है जिनके प्रकाशनों से पुस्तक लिखने में सहायता ली है।

जे.सी. अग्रवाल

विषय सूची

1

शिक्षण का अर्थ तथा इससे सम्बन्धित सम्प्रत्यय
(Meaning of Teaching and Its Related Concepts)

1.1 शिक्षण का अर्थ
(Meaning of Teaching)

शिक्षण शब्द 'शिक्ष्' धातु से बना है जिसका अर्थ है सिखाना या सीख देना। इसमें कोई सन्देह नहीं है कि शिक्षा में शिक्षण का विशेष महत्त्व है। शिक्षण एक ऐसी त्रयात्मक (शिक्षक, छात्र तथा विषय-वस्तु) क्रिया प्रणाली है जिसकी व्यवस्था एवं परिचालन विषय-वस्तु के सन्दर्भ में अधिगम को अभिप्रेरित करने के लिए निर्दिष्ट है। शिक्षण प्रक्रिया में छात्रों के व्यवहार में परिवर्तन आता है और उनके ज्ञान में वृद्धि होती है। शिक्षण द्वारा छात्रों में ज्ञान-वृद्धि के लिए प्रेरणा का विकास होता है। वे स्वयं ज्ञान प्राप्त करने की प्रक्रिया सीखते हैं। वास्तव में, सफल शिक्षण का यही आधार है।

1.2 शिक्षण की परिभाषाएँ
(Definitions of Teaching)

शिक्षण के अर्थ को स्पष्ट करने के लिए शिक्षण की निम्न परिभाषाओं का अध्ययन करना सहायक हो सकता है:

1. ब्रूबेकर (*Brubacher*) के अनुसार, "शिक्षण एक ऐसी परिस्थिति का आयोजन और परिचालन है जिसमें कुछ अधूरेपन या अवरोध रहते हैं जिनको पूर्ण करने अथवा पार करने के प्रयास की प्रक्रिया में व्यक्ति सीखेगा।"

2. मौरीसन (*Morrison*) के शब्दों में, "शिक्षण एक अधिक विकसित व्यक्तित्व और कम विकसित व्यक्तित्व के बीच घनिष्ठ सम्पर्क है जिसकी संरचना कम विकसित व्यक्तित्व की शिक्षा को और आगे बढ़ाने के लिए की जाती है।"

3. शैफलर (*Scheffler*) के विचार में, "शिक्षण वह विशेष क्रिया है जो अधिगम की उपलब्धि पर केन्द्रित होती है और इस प्रकार उनका (क्रियाओं का) अभ्यास किया जाता है जिससे विद्यार्थियों का बौद्धिक एकीकरण और उनके स्वतन्त्र निर्णयों की क्षमता का आदर होता है।"

4. *स्मिथ* (*Smith*) ने शिक्षण की परिभाषा कुछ इस प्रकार दी है, "शिक्षण क्रियाओं की वह प्रणाली या पद्धति है जिसका अधिगम उत्पन्न करने का उद्देश्य होता है।"

5. '*Dictionary of Psychological and Psychoanalytical Terms*' में शिक्षण की परिभाषा इस प्रकार दी गई है, "दूसरे को सीखने में सहायता देना तथा इस प्रकार की उपयुक्त परिस्थितियाँ निर्माण करना जिससे अधिगम को सुलभ बनाया जाए।"

6. '*The Little Oxford Dictionary*' के अनुसार शिक्षण का अर्थ है, "ज्ञान प्रदान करना, कौशल का विकास करना, अनुदेशन देना, पाठ पढ़ाना तथा उत्साहित करना।"

7. '*The Word Book Encyclopaedia*' के अनुसार, "शिक्षण ऐसी प्रक्रिया है जिससे एक व्यक्ति दूसरे को ज्ञान, कौशल तथा अभिरुचियों को सीखने या प्राप्त करने में सहायता करता है।"

8. *गेज* (*Gage*) का विचार है, "शिक्षण एक प्रकार का पारस्परिक प्रभाव है जिसका उद्देश्य है दूसरे व्यक्ति के व्यवहारों में वांछित परिवर्तन लाना।"

9. *स्किनर* (*Skinner*) ने शिक्षण की परिभाषा इस प्रकार दी है, "शिक्षण पुनर्बलन की Contingencies का क्रम है।"

10. *रायन्स* (*Ryans*) ने कहा है कि "दूसरे को सीखने के लिए दिशा-निर्देश देने तथा अन्य प्रकार से उन्हें निर्देशित करने की प्रक्रिया को शिक्षण कहा जाता है।"

11. *जेम्स* एवं *याइन* ने शिक्षण का अर्थ इस प्रकार बताया है, "समस्त शिक्षण का अर्थ है सीखने में वृद्धि करना।"

12. *क्लार्क* (*Clarke*) का कहना है, "शिक्षण वह प्रक्रिया है जिसके प्रारूप तथा संचालन की व्यवस्था इसलिए की जाती है जिससे छात्रों के व्यवहारों में परिवर्तन लाया जा सके।"

13. *एडमण्ड एमीडन* (*Edmond Amidon*) के शब्दों में, "शिक्षण एक अन्त:क्रिया है जिसमें मुख्यत: कक्षा वार्ता होती है जो शिक्षक व छात्रों के मध्य कुछ परिभाषित की जा सकने वाली क्रियाओं के माध्यम से घटित होती है।"

14. *बर्टन* (*Burton*) ने शिक्षण को अधिगम हेतु उद्दीपन, मार्ग-प्रदर्शन तथा दिशा-बोध कहा है।

15. *बैन* (*Bann*) ने शिक्षण को प्रशिक्षण की संज्ञा दी है।

16. *रायबर्न* (*Ryburn*) ने शिक्षण को ऐसा सम्बन्ध माना है जो छात्रों को उनकी शक्तियों के विकास में सहायता देता है।

17. *डॉ. एस.पी. कुलश्रेष्ठ* (*Dr. S.P. Kulshreshth*) के शब्दों में "शिक्षण, प्रक्रियाओं की एक ऐसी व्यवस्था है जिसमें एक व्यक्ति दूसरे को ज्ञान प्रदान करने के लिए शिक्षण के कार्य को सम्पन्न करने के लिए अनेक प्रकार की क्रियाएँ करता है और छात्रों के व्यवहार में आत्मीयता के साथ वांछित परिवर्तन लाने का प्रयास करता है।"

18. *के.पी. पाण्डे* (*K.P. Pandey*) ने शिक्षण को परिभाषित करते हुए लिखा है, "शिक्षण एक व्यवस्थित क्रियाओं का समन्वित रूप है जिसमें अन्तर्क्रिया द्वारा शिक्षक सप्रयास एवं योजनाबद्ध तरीके से पूर्व निश्चित अधिगम लक्ष्यों की सम्प्राप्ति हेतु उपस्थित सामाजिक पर्यावरण में कार्यशील होता है।"

19. *थॉमस एफ. ग्रीन* (*Thomas F. Green*) ने शिक्षण की बड़ी ही विस्तृत परिभाषा दी है, "शिक्षण शिक्षक का वह कार्य है जिसे बच्चे के विकास हेतु किया जाता है।"

1.3 शिक्षण की परिभाषाओं का विश्लेषण (Analysis of Definitions of Teaching)

ये सभी परिभाषाएँ शिक्षण के सम्बन्ध में अनेक प्रश्न उत्पन्न कर देती हैं। इनमें से एक परिभाषा हमें इस दृष्टिकोण से बाँधती है कि व्यक्ति समस्या के समाधान में लगने के कारण ही सीखता है और किसी अनिश्चित परिस्थिति को सुनिश्चित बनाने या सुलझाने की प्रक्रिया के द्वारा उसे अभिप्रेरणा मिलती है। सीखना छात्रों को समस्या-समाधान की ओर उन्मुख करना और उसमें लगाना है। यदि हम इस परिभाषा को स्वीकार करें तो हमें शिक्षण के सम्बन्ध में अनेक मान्यताओं और किसी एक सिद्धान्त से बँध जाना पड़ेगा। एक परिभाषा स्पष्टतया शिक्षण के एक सिद्धान्त के रूप में ही है। शिक्षण को परिपक्व एवं अपरिपक्व व्यक्तित्व का घनिष्ठ सम्बन्ध कहा गया है। इस परिभाषा के लेखक की दृष्टि में शिक्षा अधिगम के द्वारा होने वाला विकास है और अधिगम एक समायोजित करने वाली प्रक्रिया है। इस परिभाषा की व्याख्या हमें पुनः शिक्षा के एक सिद्धान्त से बाँध देती है।

स्मिथ ने अपनी परिभाषा में लिखा है कि यह परिभाषा शिक्षण के विज्ञान और कला से शिक्षण को भिन्न समझती है और शिक्षण को किसी विशेष सिद्धान्त के साथ नहीं बाँधती, किन्तु इस परिभाषा की भी आलोचना हाइमैन (Hyman) ने यह कहकर की है कि इसके द्वारा शिक्षण की प्रकृति स्पष्ट नहीं होती और शिक्षण की प्रक्रिया में आने वाला एक महत्त्वपूर्ण तत्त्व अर्थात् अधिगम की विषय-वस्तु एकदम छूट गई है। हाइमैन के अनुसार शिक्षण को अवश्य ही एक त्रयात्मक (Triadic) सम्बन्ध समझना चाहिए क्योंकि शिक्षण में कम से कम एक शिक्षक, कम से कम एक छात्र और कम से कम एक विषय-वस्तु (जिसे पढ़ाना और सीखना है) का होना आवश्यक है।

इस विचार का प्रतिपादन करते हुए हाइमैन ने शिक्षण को इन शब्दों में परिभाषित किया है–"शिक्षण तत्त्वों की त्रयी (शिक्षक, छात्र, विषयवस्तु) को अपने में सम्मिलित करता है और यह त्रयी गत्यात्मक गुणधर्मीय है।"

उपसंहार: वास्तव में, शिक्षण का अर्थ स्पष्ट करना इतना आसान नहीं है। शिक्षण एक ऐसी प्रक्रिया है जो प्राचीन काल से चली आ रही है। यह सामाजिक परिस्थिति, सांस्कृतिक परिवेश, दार्शनिक तथा राजनीतिक पृष्ठभूमि के आधार पर अपने स्वरूप को परिवर्तित कर लेती है।

1.4 शिक्षण की विशेषताएँ (Characteristics of Teaching)

1. शिक्षण एक सामाजिक प्रक्रिया है।
2. शिक्षण विकास की प्रक्रिया है।
3. शिक्षण व्यवहार को स्वरूप प्रदान करने की प्रक्रिया है।
4. शिक्षण एक भावात्मक प्रक्रिया है।
5. शिक्षण स्मृति-स्तर से विमर्शपूर्ण स्तर (Reflective Level) पर ले जाने की प्रक्रिया है।
6. शिक्षण आमने-सामने होने वाली प्रक्रिया है।
7. शिक्षण क्रियाओं की प्रणाली है जो अधिगम उत्पन्न करती है।
8. शिक्षण एक सोद्देश्य प्रक्रिया है।

9. शिक्षण कला एवं विज्ञान प्रक्रिया दोनों है।
10. शिक्षण एक व्यावसायिक प्रक्रिया है।
11. शिक्षण एक अन्तर्क्रियात्मक प्रक्रिया है।
12. शिक्षण प्रेक्षण योग्य, मापने योग्य और सुधार योग्य प्रक्रिया है।
13. शिक्षण विभिन्न शिक्षण कौशलों से युक्त प्रक्रिया है।
14. शिक्षण प्रशिक्षण से लेकर प्रतिपादन तक सतत् प्रक्रिया है।
15. शिक्षण विभिन्न प्रकार की क्रियाओं की एक व्यवस्था है।
16. शिक्षण एक निर्देशन की प्रक्रिया है।
17. शिक्षण अधिगम स्थितियों के विकास की प्रक्रिया है।
18. शिक्षण का अवलोकन तथा विश्लेषण किया जा सकता है।
19. शिक्षण क्रिया विविध रूपों से सम्पन्न हो सकती है।
20. शिक्षण एक प्रभाव निर्देशित प्रक्रिया है।
21. शिक्षण एक परिवर्तनशील प्रक्रिया है।
22. शिक्षण अधिगम को प्रोत्साहित करने की प्रक्रिया है।
23. शिक्षण भाषायी प्रक्रिया है।
24. शिक्षण एक त्रिध्रुवीय प्रक्रिया है।
25. शिक्षण में सांकेतिक, क्रियात्मक तथा शाब्दिक व्यवहार निहित रहते हैं।

1.5 शिक्षण के कार्य (Functions of Teaching)

(1) कक्षा को संगठित तथा व्यवस्थित करना
(2) विषय-वस्तु तथा कार्य का विश्लेषण करना
(3) छात्रों के अधिगम की समस्याओं का निदान करना
(4) छात्रों की व्यक्तिगत विभिन्नता की जानकारी प्रदान करना
(5) छात्रों के प्रारम्भिक (Entering) व्यवहार को समझना
(6) शिक्षण की योजना युक्तियों तथा प्रविधियों का निर्माण एवं चयन करना
(7) सुनिश्चित विधियों, युक्तियों के सहारे सुनिश्चित शिक्षण-उद्देश्यों के लिए सुनिश्चित पाठ्यक्रम को प्रस्तुत करना
(8) अभिवृद्धि, विश्वास, संप्रत्यय एवं समस्याओं को स्पष्ट करना
(9) मूल्यांकन करना

1.6 शिक्षण के प्रकारों का वर्गीकरण (Classification of Types of Teaching)

(1) शिक्षण उद्देश्यों के आधार पर
(2) शिक्षण स्तरों के आधार पर
(3) शिक्षण शासन प्रणाली के आधार पर
(4) शिक्षण स्वरूप के आधार पर
(5) शिक्षण क्रियाओं के आधार पर
(6) शिक्षण व्यवस्था के आधार पर

शिक्षण उद्देश्यों के आधार पर (वर्गीकरण I)

(1) ज्ञानात्मक शिक्षण
(2) भावात्मक शिक्षण
(3) मनोगत्यात्मक शिक्षण

शिक्षण स्तरों के आधार पर (वर्गीकरण II)

(1) स्मृति स्तर पर शिक्षण
(2) बोध स्तर पर शिक्षण
(3) चिन्तन स्तर पर शिक्षण

शिक्षण शासन प्रणाली के आधार पर (वर्गीकरण III)

(1) राजतन्त्रीय प्रणाली के आधार पर शिक्षण
(2) लोकतन्त्रीय प्रणाली के आधार पर शिक्षण
(3) मुक्त प्रणाली के आधार पर शिक्षण

शिक्षण के स्वरूप के आधार पर (वर्गीकरण IV)

(1) वर्णात्मक शिक्षण
(2) निदानात्मक शिक्षण
(3) उपचारात्मक शिक्षण

शिक्षण क्रियाओं के आधार पर (वर्गीकरण V)

(1) प्रस्तुतीकरण के आधार पर
(2) प्रदर्शन के आधार पर
(3) कार्य के आधार पर

शिक्षण शैक्षिक व्यवस्था के आधार पर (वर्गीकरण VI)

(1) औपचारिक शिक्षण
(2) अनौपचारिक शिक्षण
(3) निरौपचारिक शिक्षण

शिक्षण आकार के आधार पर (वर्गीकरण VII)

(1) व्यक्तिगत आधार पर शिक्षण
(2) कक्षा आधार पर शिक्षण
(3) टोली (ग्रुप) के आधार पर

नोट: शिक्षण का अनेक प्रकारों में वर्गीकरण किया जा सकता है, जहाँ पर कतिपय आधार ही दिये गये हैं।

1.7 शिक्षण के कुछ प्रकारों का संक्षिप्त विवरण (A Brief Description of Some Types of Teaching)

1. उद्देश्यों के आधार पर शिक्षण

उद्देश्यों के आधार पर शिक्षण तीन प्रकार का हो सकता है:

(i) *ज्ञानात्मक शिक्षण:* इस शिक्षण का मुख्य उद्देश्य ज्ञानात्मक पक्ष अथवा व्यवहार (ज्ञान, समझ, प्रयोग, विश्लेषण, संश्लेषण और मूल्यांकन आदि) को विकसित एवं पुस्ट करना होता है।

(ii) *भावात्मक शिक्षण:* इसमें भावात्मक पक्ष को विकसित करने को प्रमुखता दी जाती है। भावात्मक एवं संवेगात्मक शक्तियों एवं व्यवहारों का उन्नयन, परिमार्जन आदि शिक्षण की प्रक्रिया का प्रमुख अंग बन जाता है।

(iii) *क्रियात्मक शिक्षण:* इस प्रकार के शिक्षण में व्यवहार-परिवर्तन की ओर विशेष ध्यान दिया जाता है। इस प्रकार के शिक्षण में किसी कौशल को या किसी कार्य को करने की विशिष्ट विधि को सिखाने की ओर बल दिया जाता है।

2. शिक्षा की क्रिया की दृष्टि से

शिक्षण एक गत्यात्मक सम्प्रत्यय एवं प्रक्रिया है तथा शिक्षण के समय अनेक प्रकार की क्रियाएँ होती हैं। इन क्रियाओं के आधार पर शिक्षण निम्नलिखित तीन प्रकार का हो सकता है:

(i) *बतलाना:* शिक्षण के इस प्रकार के अन्तर्गत किसी संप्रत्यय, सिद्धान्त, विषय या वस्तु के बारे में बताना आदि आता है।

(ii) *दिखाना या प्रदर्शन करना:* किसी कार्य, प्रक्रिया या कौशल को करके दिखाना प्रदर्शनात्मक शिक्षण के अन्तर्गत आता है।

(iii) *कार्य करना:* शिक्षण के इस रूप में कौशलों एवं क्रियात्मक पक्ष के विकास को प्रमुखता दी जाती है।

3. शिक्षण के स्तरों की दृष्टि से

शिक्षण एक अविच्छिन्न एवं सातत्ययुक्त प्रक्रिया है। यह प्रक्रिया किसी व्यक्ति में विभिन्न मानसिक स्तरों पर समान हो सकती है। उदाहरणस्वरूप, शिक्षण की प्रक्रिया विचारहीनता के निम्न स्तर से चलकर तर्क के विचारपूर्ण स्तर तक पहुँच सकती है। इस आधार पर शिक्षण तीन प्रकार का हो सकता है:

(i) *स्मृति स्तर का शिक्षण:* इस प्रकार के शिक्षण में केवल इस बात का प्रयास किया जाता है कि दी गई सूचनाओं को अच्छी तरह याद रखा जा सके।

(ii) *बोध स्तर का शिक्षण:* इस प्रकार के शिक्षण में यह प्रयास किया जाता है कि केवल किसी तथ्य को याद न रखा जाये अपितु उसे समझ भी लिया जाये अर्थात् संप्रत्ययों का अर्थ, उनमें अन्तर्निहित विचार, उनकी प्रकृति आदि को अच्छी प्रकार ग्रहण किया जाये।

(iii) *चिन्तन स्तर का शिक्षण:* इस प्रकार के शिक्षण में रटने या समझने तक ही इसे सीमित नहीं रखा जाता अपितु इस बात की चेष्टा की जाती है कि जिज्ञासा, रुचि,

अनुसन्धान, धैर्य आदि का भी विकास हो ताकि किसी समस्या को वैज्ञानिक दृष्टि से समझा जा सके और तर्कपूर्ण ढंग से सुलझाया जा सके।

4. शासन और प्रशासन के अनुसार

देश की शासन-प्रणाली अथवा शिक्षा-व्यवस्था की प्रणाली का शिक्षण के स्वरूप पर अत्यधिक प्रभाव पड़ता है। जिस प्रकार की प्रशासनिक प्रणाली में शिक्षण दिया जाता है, यह उसी प्रकार का रूप धारण कर लेता है। प्रशासन के आधार पर शिक्षण सामान्यतया तीन प्रकार का हो सकता है:

(i) *एकतान्त्रिक शिक्षा अथवा तानाशाही शिक्षण*: जिस प्रकार एकतन्त्र शासन-प्रणाली में सभी को राजा या तानाशाह की आज्ञा का पालन करना अनिवार्य होता है, उसी प्रकार इस शिक्षण में शिक्षक की इच्छानुसार ही छात्रों को चलना पड़ता है और इसमें उसी की प्रधानता रहती है। छात्रों का स्थान गौण होता है। शिक्षण के समय छात्र एक मौन श्रोता के रूप में बैठा रहता है और शिक्षक अधिक सक्रिय रहता है।

(ii) *प्रजातान्त्रिक शिक्षण*: यह शिक्षण मानवीय सम्बन्धों, व्यवस्था, सिद्धान्तों आदि पर आधारित रहता है। इसमें छात्रों को अपनी रुचि, योग्यता आदि के अनुसार ही सीखने के लिए प्रोत्साहित किया जाता है। इसमें शिक्षक और छात्र को अधिक-से-अधिक पारस्परिक अन्त:क्रियाएँ करने की छूट दी जाती है। शिक्षक एक मित्र, निर्देशक अथवा पथ-प्रदर्शक के रूप में कार्य करता है। छात्र एवं शिक्षक दोनों ही मिलकर समस्याओं का समाधान सामूहिक रूप से परस्पर अन्त:क्रिया के सहारे करते हैं।

(iii) *हस्तक्षेप-रहित शिक्षण अथवा मुक्त शिक्षण*: इसमें छात्र को अत्यधिक महत्त्व दिया जाता है। शिक्षण में शिक्षक की अपेक्षा छात्र अधिक सक्रिय रहते हैं। शिक्षक का कार्य एक ऐसी अपूर्ण अथवा बाधायुक्त परिस्थिति को प्रस्तुत करना है जिसे छात्र पूर्ण कर सकें और बाधाओं को दूर कर लक्ष्य तक पहुँच सकें। छात्रों को सर्जनात्मक क्षमताओं के विकास के लिए अधिक अवसर दिया जाता है। इस शिक्षण में छात्र को क्या सीखना है, क्या करना है तथा कैसे करना है, यह छात्र पर ही छोड़ दिया जाता है अर्थात् प्रत्येक छात्र को अपने ढंग से सोचने, समझने और सीखने की पूरी स्वतन्त्रता रहती है।

5. शिक्षण की व्यवस्था की दृष्टि से

व्यवस्था की दृष्टि से शिक्षण तीन प्रकार का हो सकता है:

(i) *औपचारिक शिक्षण*: इसमें शिक्षण सोद्देश्यपूर्ण होता है। शिक्षण आयु, समय एवं स्थान के अनुसार एक सुनिश्चित पाठ्यक्रम के आधार पर चलता है।

(ii) *अनौपचारिक शिक्षण*: इस प्रकार के शिक्षण का स्वरूप औपचारिक शिक्षण से भिन्न होता है। पाठ्यक्रम, समय, स्थान एवं आयु से बँधा हुआ नहीं होता। शिक्षण के पीछे कोई अभिप्राय या योजना भी नहीं होती। शिक्षण ग्रहण करने वाला भी अपने आप अनपेक्षित रीति से ज्ञान, विचार या कोई विश्वास ग्रहण कर लेता है।

(iii) *निरौपचारिक शिक्षण*: इसमें शिक्षण निश्चित उद्देश्यों के आधार पर संगठित किया जाता है, किन्तु इसमें किसी पाठ्यक्रम, समय, स्थान एवं आयु का बन्धन नहीं रहता।

1.8 प्रभावी शिक्षण के आधारभूत तत्त्व (Basic Elements of Successful Teaching)

(1) **किसने** पढ़ाना है? अध्यापक ने। अतः उसे अपनी क्षमताओं तथा सीमाओं को जानना होगा।

(2) **किसे** पढ़ाना है? छात्रों को। अतः उसे अपने छात्रों की विभिन्नताओं, क्षमताओं तथा सीमाओं को समझना होगा।

(3) **क्यों** पढ़ाना है? अध्यापक पढ़ानें के लक्ष्यों को अच्छी प्रकार समझे।

(4) **कहाँ** पढ़ाना है? स्कूल में। अतः स्कूल के अर्थ को अच्छी प्रकार समझ लेना चाहिए।

(5) **क्या** पढ़ाना है? विभिन्न विषयों को पढ़ाना है। इसलिए अध्यापक अपने विषय अथवा विषयों के बारे में पूरी जानकारी तथा दक्षता रखे।

(6) **कैसे** पढ़ाना है? इसका सम्बन्ध पढ़ाने की विभिन्न पद्धतियों तथा युक्तियों आदि से है। अध्यापक को इनसे भली-भाँति परिचित होना चाहिए।

(7) **कब** पढ़ाना है? इसका सम्बन्ध छात्रों में पढ़ने के प्रति प्रेरणा तथा उत्साह बढ़ाने से है।

(8) **कौन-सी** सहायक सामग्री? पढ़ाने की विषय-वस्तु को कैसे रुचिकर तथा प्रभावी बनाया जा सकता है। इसका सम्बन्ध शिक्षण सहायक सामग्री के उचित प्रयोग से है तथा प्रश्न

(9) **कितना** प्रभ शिक्षण है? पढ़ाने का मूल्यांकन कै करता है? इसका सम्ब छात्रों के मूल्यांकन से

1.9 शिक्षण तकनीकी (Teaching Technology)

शिक्षण तकनीकी का अर्थ

शिक्षण तकनीकी शैक्षिक तकनीकी का वह महत्त्वपूर्ण अंग है जो शिक्षण कला को अधिक स्पष्ट, सरल, वस्तुनिष्ठ तथा वैज्ञानिक बनाती है। छात्रों और शिक्षकों में वैज्ञानिक दृष्टिकोण विकसित करती है, साथ ही यह शिक्षण की प्रक्रिया को अधिक प्रभावशाली, मनोवैज्ञानिक, व्यवहारिक तथा प्रयोगात्मक बनाती है जिससे छात्र, शिक्षक और समाज लाभान्वित होते हैं।

जब मनोविज्ञान के सिद्धान्त (कैसे पढ़ाया जाये), समाजशास्त्र के सिद्धान्त (क्या पढ़ाया जाये) तथा दर्शनशास्त्र के सिद्धान्त (क्यों पढ़ाया जाये) मिलकर यह निर्धारित करते हैं कि प्रभावशाली शिक्षण कैसे किया जाये तभी शिक्षण तकनीकी का जन्म होता है।

शिक्षण तकनीकी की आवश्यकता

ऑलीवर (Oliver, 1969), ब्राह्म (Braham, 1972) तथा मिचेल (Mitchell, 1972) ने इसी शिक्षण तकनीकी की आवश्यकता पर बल देते हुए कहा है कि आज के युग में ऐसी शिक्षण तकनीकी की आवश्यकता है जो शिक्षण प्रक्रिया को दिन-प्रतिदिन अधिक व्यवस्थित एवं संगठित बनाती जाए। बदलते हुए परिवेश में यह तकनीकी शिक्षक को उसके उत्तरदायित्व को निभाने में शिक्षा एवं शिक्षण को अधिक उपादेय तथा प्रभावशाली बनाने में मदद करने के लिए एक प्रमुख आधार स्तम्भ की भाँति कार्य करती है।

1.10 शिक्षण की तकनीकी की विषय-वस्तु (Content of Teaching Technology)

डेविस (Devies) तथा रॉबर्ट ग्लेसर (Robert Glaser, 1962) ने शिक्षण तकनीकी की पाठ्य-वस्तु को निम्नलिखित चार भागों में विभाजित किया है:

1. *शिक्षण का नियोजन* (*Planning*): इसके अन्तर्गत शिक्षण पाठ्य-वस्तु का विश्लेषण, शिक्षण बिन्दु खोजना, उद्देश्यों को पहचानना तथा उन्हें उपयुक्त विधियों से लिखना सम्मिलित है।

2. *शिक्षण की व्यवस्था* (*Organization*): इसके अन्तर्गत शिक्षण विधियाँ तथा युक्तियाँ एवं प्रविधियाँ तथा शिक्षण सहायक सामग्री के चयन तथा प्रयोग से सम्बन्धित विषय सामग्री आती है।

3. *शिक्षण का मार्गदर्शन* (*Leading*): इस विषय के अन्तर्गत वह सामग्री आती है जिससे शिक्षक को यह बताया जाता है कि कक्षा के अन्दर किसी प्रकार से सीखने के लिए छात्रों में प्रेरणा उत्पन्न की जाये और कैसे उनकी रुचि को शिक्षण के प्रति पूरे घण्टे/कालांश (Period) तक बनाये रखा जाये।

4. *शिक्षण का नियन्त्रण* (*Controlling*): शिक्षण तकनीकी का यह वर्ग, यह देखता है कि सीखने के उद्देश्यों को किसी सीमा तक प्राप्त किया गया है। अतः इस भाग के अन्तर्गत मापन एवं मूल्यांकन विषय का अध्ययन किया जाता है। मूल्यांकन के आधार पर शिक्षण सोपानों में वांछित परिवर्तन भी किया जाता है।

शर्मा, कुलश्रेष्ठ तथा मिश्रा (1980) ने शिक्षण तकनीकी के अन्तर्गत निम्नांकित विषय-वस्तु का उल्लेख किया है:

1. शिक्षण नियोजन (Planning Teaching)
2. शिक्षण व्यवस्था (Organizing Teaching)
3. शिक्षण मार्गदर्शन (Leading Teaching)
4. शिक्षण नियन्त्रण (Controlling Teaching)
5. शिक्षण प्रतिमान तथा सिद्धान्त (Teaching Model and Theories)
6. शिक्षण उपागम, युक्तियाँ, प्रविधियाँ (Teaching, Approach, Strategies and Techniques)
7. शिक्षण में नवीन धारणाएँ (Innovations in Teaching)
8. सीखने के सिद्धान्त (Principles of Teaching)
9. शिक्षण प्रक्रिया तथा शिक्षण छात्र सम्बन्ध (Teaching Process and Teaching Students Relation)
10. स्मृति स्तर से चिन्तन स्तर तक का शिक्षण (From Memorisation to Reflection)
11. अन्त:क्रिया विश्लेषण (Interaction Analysis)
12. शिक्षक व्यवहार परिमार्जन (Improving Teacher Behaviour)
13. शिक्षण प्रयोग (Experimental Projects)
14. पाठ योजनाओं का निर्माण (Construction of Lesson Plans)

1.11 शिक्षण तकनीकी से लाभ (Merits of Teaching Technology)

1. शिक्षण तकनीकी ज्ञानात्मक, प्रभावात्मक तथा मनोगत्यात्मक (Cognitive, Affective and Psychomotor) पक्षों के अध्ययन में सहायता देती है।
2. शिक्षण तकनीकी के माध्यम से शिक्षण के दो प्रमुख तत्त्वों–पाठ्य-वस्तु तथा कक्षा-सम्प्रेषण में उपयुक्त सम्बन्ध स्थापित किया जाता है।
3. शिक्षण-प्रक्रिया को उन्नतशील बनाने के लिए शिक्षण तकनीकी के माध्यम से सामाजिक, दार्शनिक, मनोवैज्ञानिक तथा वैज्ञानिक ज्ञान का व्यवहारिक उपयोग किया जाता है।
4. शिक्षण तकनीकी, कक्षा व्यवहार के निरीक्षण, विश्लेषण, व्याख्या, मूल्यांकन एवं सुधार के लिए उचित प्रयास करती है।
5. शिक्षण तकनीकी हमें नवीन तथा अधिक उपादेय एवं सुगठित शिक्षण सिद्धान्तों (Teaching Theories) तथा शिक्षा प्रतिमानों (Teaching Models) के निर्माण हेतु प्रेरित करती है।
6. शिक्षण तकनीकी, शिक्षण के नियोजन, व्यवस्था, मार्गदर्शन तथा नियन्त्रण में तारतम्य स्थापित करती है।
7. शिक्षण तकनीकी शिक्षण को अधिक व्यावहारिक तथा प्रयोगात्मक विषय बनाने के लिए दिशा-निर्देश प्रदान करती है।
8. शिक्षण तकनीकी के माध्यम से शिक्षण की प्रक्रिया को (स्मृति स्तर से लेकर चिन्तन स्तर तक) अधिक प्रभावशाली बनाया जाता है।
9. शिक्षण तकनीकी, शिक्षक को उचित शिक्षण नीतियाँ, शिक्षण विधियाँ तथा शिक्षण युक्तियाँ अपनाने के लिए प्रेरित करती है।

10. यह शिक्षकों को अपने छात्रों के व्यवहारों को नियन्त्रित करना सिखाती है साथ ही उन्हें आवश्यकतानुसार परिमार्जित भी करती है।
11. शिक्षण में विभिन्न उपागमों के माध्यम से शिक्षण कौशल विकसित किये जा सकते हैं।
12. शिक्षण तकनीकी शिक्षण अधिगम को छात्र-प्रधान (Student Centred) प्रक्रिया बनाती है।
13. शिक्षा तकनीकी से शिक्षक कक्षा में एक व्यवस्थापक के रूप में कार्य करता है।
14. शिक्षण का एक क्रिया (Phenomenon) के रूप में अध्ययन किया जा सकता है क्योंकि इसमें विभिन्न प्रकार के चर (Variable) होते हैं।
15. शिक्षण तकनीकी द्वारा सृजनात्मक (Creative) छात्र बनाये जा सकते हैं।

1.12 शिक्षण के सामान्य तथा मनोवैज्ञानिक सिद्धान्त एवं शिक्षण सूत्र (General and Psychological Principles and Maxims of Teaching)

शिक्षण के सामान्य सिद्धान्त (General Principles of Teaching)	**शिक्षण के मनोवैज्ञानिक सिद्धान्त (Psychological Principles of Teaching)**	**शिक्षण के सूत्र (Maxims of Teaching)**
1. निश्चित उद्देश्यों का सिद्धान्त	1. अभिप्रेरणा का सिद्धान्त	1. ज्ञात से अज्ञात की ओर
2. बालकेन्द्रित शिक्षा का सिद्धान्त	2. तत्परता का सिद्धान्त	2. सरल से जटिल की ओर
3. अनुकूलता का सिद्धान्त	3. प्रतिपुष्टि/पुनर्बलन का सिद्धान्त	3. अनिश्चित से निश्चित की ओर
4. सक्रियता का सिद्धान्त	4. ज्ञानेन्द्रिय प्रशिक्षण सिद्धान्त	4. अनुभूति से युक्ति की ओर
5. पूर्व अनुभव का सिद्धान्त	5. स्व-अधिगम सिद्धान्त	5. मूर्त से अमूर्त की ओर
6. व्यक्तिगत विभिन्नता का सिद्धान्त	6. आवृत्ति एवं अभ्यास का सिद्धान्त	6. विश्लेषण से संश्लेषण की ओर
7. वास्तविक जीवन से सम्बन्ध का सिद्धान्त	7. परिवर्तन, विश्राम व मनोरंजन का सिद्धान्त	7. प्रत्यक्ष से अप्रत्यक्ष की ओर
8. समवाय का सिद्धान्त	8. सृजनात्मकता का सिद्धान्त	8. विशिष्ट से सामान्य की ओर
9. नियोजन का सिद्धान्त	9. सहानुभूति एवं सहयोग का सिद्धान्त	9. मनोवैज्ञानिक से तार्किक की ओर
10. चयन का सिद्धान्त	10. समूह गति शास्त्र का सिद्धान्त	10. आगमन से निगमन की ओर
11. प्रभावशाली व्यूह रचनाओं का सिद्धान्त		11. पूर्ण से अंश की ओर
12. अनुकूल वातावरण तथा उचित नियन्त्रण का सिद्धान्त		
13. उपचारात्मक शिक्षण का सिद्धान्त		

1.13 शिक्षण से सम्बन्धित संप्रत्यय

ग्रीन महोदय ने शिक्षण से सम्बन्धित इन संप्रत्ययों के अन्तर और सम्बन्धों को स्पष्ट करते हुए कहा है कि यदि यह सत्य है कि शिक्षण एक ऐसी प्रक्रिया है जिसका मुख्य उद्देश्य बुद्धि की अभिव्यक्ति को विकसित करना है, तब अनुदेशन इस दृष्टि से उसके बहुत नजदीक है और प्रतिपादन उससे दूर। शिक्षण के इन विभिन्न रूपों के सम्बन्धों को चित्रात्मक ढंग से ग्रीन के अनुसार अंकित चित्र 1.1 द्वारा प्रस्तुत किया जा सकता है।

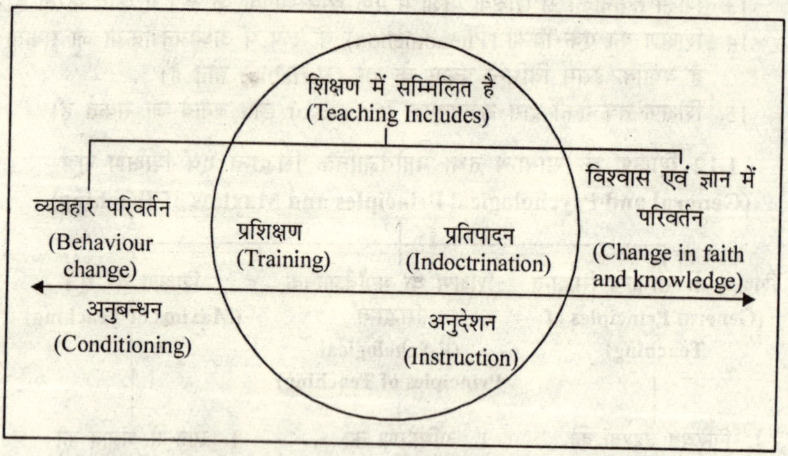

चित्र 1.1: शिक्षण से सम्बन्धित विभिन्न तत्वों का परस्पर सम्बन्ध

ऊपर दिये गये विश्लेषण से यह स्पष्ट होता है कि शिक्षण के विभिन्न रूप अलग-अलग पहचाने जा सकते हैं, परन्तु उनमें एक प्रकार का पारिवारिक सादृश्य भी है। उन्हें हम एक अखण्ड एवं अविच्छिन्न (Continuum) वृत्त की परिधि में विभिन्न स्थानों पर रख सकते हैं। उनकी विभिन्न स्थितियों पर रखने के पीछे यह अभिप्राय है कि वे कितनी मात्रा में बुद्धि की अभिव्यक्ति अथवा तर्क के उपयोग का सहारा लेते हैं–बुद्धि की अभिव्यक्ति व्यवहार में हो या विश्वास में। इस विश्लेषण से हमारा तात्पर्य यही है कि हम यह तर्क दें कि अनुबन्धन या प्रतिपादन, शिक्षण का रूप नहीं है। यहाँ केवल यही स्पष्ट करना है कि ये कभी शिक्षण का रूप ग्रहण करते हैं और कभी नहीं। यहाँ हमारा तात्पर्य यह भी नहीं है कि हम शिक्षण के रूपों में एकदम स्पष्ट विभेद करते हैं। हमारा उद्देश्य इतना ही है कि यह समझें कि ये संप्रत्यय क्यों एक-दूसरे से घुले-मिले हैं और क्यों इनको कभी-कभी पर्यायवाची या समानार्थी समझ लिया जाता है।

1.14 शिक्षण तथा प्रशिक्षण (Teaching and Training)

छात्रों के व्यवहार में परिवर्तन, परिमार्जन, परिष्करण तथा सुधार लाना तथा उनके व्यवहारों में सुनिश्चितता लाना शिक्षण का एक महत्त्वपूर्ण उद्देश्य होता है। प्रशिक्षण का मुख्य उद्देश्य प्रशिक्षणार्थियों में परिवर्तन लाकर उनमें वांछित कौशलों तथा दक्षताओं को विकसित करना है।

शिक्षण किसी भी तथ्य अथवा वस्तु के सैद्धान्तिक पक्षों तथा ज्ञान के प्रतिपादन से सम्बन्धित होता है। प्रशिक्षण का सीधा तथा स्पष्ट सम्बन्ध व्यवहार परिवर्तन तथा दक्षता विकास से होता है।

शिक्षण ज्ञान प्रदान करता है तथा प्रशिक्षण उसे आगे मार्ग दर्शाकर कौशल उत्पन्न करने पर ध्यान देता है।

शिक्षण एक प्रकार से पूँजी एकत्रित करने का कार्य करता है और प्रशिक्षण उस पूँजी के प्रभावी निवेश करने में दक्षता एवं कौशल विकसित करता है।

शिक्षण कार्य सम्पन्न करने के लिए आधार प्रदान करता है तथा प्रशिक्षण उस आधार पर ठोस भवन का निर्माण करता है।

शिक्षण प्रशिक्षण के लिए मार्ग प्रशस्त करता है और प्रशिक्षण शिक्षण का प्रभावी उपयोग करता है।

ग्रीन महोदय ने शिक्षण तथा प्रशिक्षण के अर्थ को इस प्रकार स्पष्ट किया है, "वांछित व्यवहार के प्रशिक्षण में बुद्धि के प्रकटीकरण की मात्रा का अनुपात जितना अधिक होगा उतनी सरलता से शिक्षण और प्रशिक्षण को एक-दूसरे के स्थान पर प्रयुक्त किया जा सकता है। वांछित व्यवहार में जिस अनुपात में बुद्धि का प्रकटीकरण नहीं होता है, उस अनुपात में हम प्रशिक्षण पद का प्रयोग कर सकते हैं, परन्तु शिक्षण का नहीं।"

1.15 शिक्षण अनुदेशन (Teaching and Instruction)

शिक्षण तथा अनुदेशन में बहुत घनिष्ठ सम्बन्ध है, किन्तु ये दोनों पर्यायवाची या एक ही अर्थ में प्रयुक्त नहीं होते हैं।

शिक्षण विभिन्न क्रियाओं की एक ऐसी व्यवस्था है जो पूर्व निर्धारित लक्ष्य केन्द्रित होती है। इन लक्ष्यों की प्राप्ति के लिए शिक्षक तथा छात्रों के मध्य अन्तःक्रिया सम्पन्न होती है। अनुदेशन भी वह क्रिया है जो छात्रों को किसी उद्देश्य की ओर प्रेरित करती है, परन्तु इसमें शिक्षण की भाँति शिक्षक तथा छात्रों में पारस्परिक अन्तःक्रिया सम्पन्न नहीं होती है।

अनुदेशन का उद्देश्य छात्र को किसी विचार, प्रक्रिया, प्रणाली या विषय के बारे में सम्बन्धित ज्ञान प्रदान करना है जबकि ज्ञान प्रदान करना शिक्षण के विभिन्न उद्देश्यों में से एक है।

हम यह कह सकते हैं कि शिक्षण में अनुदेशन निहित है, परन्तु मात्र अनुदेशन को शिक्षण नहीं कहा जा सकता है क्योंकि छात्र के व्यवहार में परिवर्तन लाना ही शिक्षण का उद्देश्य है।

व्यवहार तीन प्रकार का होता है—ज्ञानात्मक, भावात्मक तथा क्रियात्मक। शिक्षण प्रक्रिया में छात्रों के व्यवहार के इन तीनों पक्षों का विकास किया जाता है जबकि अनुदेशन द्वारा केवल ज्ञानात्मक पक्ष का विकास ही सम्भव हो सकता है।

इसके अतिरिक्त एक प्रक्रम के रूप में शिक्षण और अनुदेशन में बहुत ही स्पष्ट अन्तर है। शिक्षण की प्रक्रिया हमेशा छात्र और शिक्षक की उपस्थिति में परस्पर क्रिया के रूप में होती है अर्थात् छात्र के समक्ष शिक्षक उपस्थित रहता है, किन्तु अनुदेशन में शिक्षक की उपस्थिति अनिवार्य नहीं है। शिक्षक का स्थान एक अभिक्रम, शिक्षण-मशीन, कम्प्यूटर,

रेडियो, टेलीविजन आदि ले सकते हैं। इस प्रकार जब कभी शिक्षण होगा तो उसमें अनुदेशन भी निहित होता है, किन्तु अनुदेशन में शिक्षण का निहित होना सर्वत्र सम्भव नहीं है।

शिक्षण एवं अनुदेशन में अन्तर
(Difference between Teaching and Instruction)

शिक्षण	*अनुदेशन*
1. शिक्षण में अनुदेशन निहित होता है।	1. अनुदेशन में शिक्षण निहित नहीं है, परन्तु इसमें अधिगम निहित होता है।
2. शिक्षण में पारस्परिक अन्तःक्रिया प्रमुख है।	2. अनुदेशन में शिक्षक तथा छात्र के मध्य पारस्परिक अन्तःक्रिया नहीं होती है।
3. शिक्षण में छात्रों के तीनों पक्षों अर्थात् ज्ञानात्मक, कौशलात्मक तथा भावात्मक पक्षों का विकास किया जाता है।	3. अनुदेशन में केवल ज्ञानात्मक पक्ष का विकास किया जाता है।
4. शिक्षण पर सामाजिक, दार्शनिक, राजनैतिक, मनोवैज्ञानिक तथा वैज्ञानिक सिद्धान्तों का स्पष्ट प्रभाव पड़ता है।	4. अनुदेशन के सिद्धान्त मुख्यतः भौतिक विज्ञान के अदा, प्रदा तथा प्रक्रिया पर आधारित होते हैं।
5. शिक्षण के लिए शिक्षक का होना अनिवार्य है।	5. अनुदेशन में शिक्षक का होना अनिवार्य नहीं है। यह मशीनों के द्वारा भी दिया जा सकता है।
6. शिक्षण में अनुबन्धन, प्रशिक्षण, अनुदेशन तथा प्रतिपादन एक सतत् रूप में समावेशित होते हैं।	6. अनुदेशन के लिए प्रशिक्षण पूर्व आवश्यकता है।
7. शिक्षण स्मृति स्तर से चिन्तन स्तर तक किसी प्रकार का भी हो सकता है।	7. अनुदेशन में सोचने, विचार करने तथा सामान्यीकरण करने की योग्यता की आवश्यकता होती है।

1.16 शिक्षण एवं प्रतिपादन
(Teaching and Indoctrination)

प्रतिपादन में मतारोपण करना प्रमुख है। शिक्षण में मुख्य उद्देश्य छात्र के व्यवहारों या विश्वासों या मतों में इस प्रकार का परिवर्तन लाना होता है कि वह उस व्यवहार परिवर्तन को तर्क की कसौटी पर कस सके और उसकी उपयुक्तता एवं औचित्य को परख सके

अर्थात् वह यह समझ जाये कि वह जो कुछ कर रहा है या समझ रहा है उसके पीछे कोई अच्छा तर्क या कारण है, किन्तु जब अनुदेशन या शिक्षण केवल छात्र के विश्वासों को परिवर्तित करने के लिए होता है, इस परिस्थिति में उसे यह बताने की आवश्यकता नहीं है कि इस व्यवहार परिवर्तन के पीछे क्या तर्क है अथवा यह व्यवहार-परिवर्तन उचित है या नहीं है। ऐसी स्थिति में शिक्षण या अनुदेशन लुप्त हो जाता है और इसे हम आमतौर पर प्रतिपादन कह सकते हैं। इस प्रकार के प्रतिपादन में विश्वास एवं व्यवहार को परिवर्तित करने की चेष्टा की जाती है, परन्तु छात्रों में चिन्तन एवं मनन का विकास नहीं किया जाता है तथा इस परिवर्तन के पीछे निहित तर्क को भी समझाया नहीं जाता है।

शिक्षण सत्य की खोज और तर्कसंगत व्यवहार पर बल देता है, जबकि प्रतिपादन पूर्व में किसी निर्धारित ज्ञान या विश्वास को केवल संप्रेषित कर दिया जाता है।

xhu (Green) ने इन दोनों के अन्तर को स्पष्ट करने के लिए एक अच्छा उदाहरण दिया है। मान लीजिए कि किसी छात्र को यह पढ़ाया गया कि अमेरिका की खोज कोलम्बस ने की और उसे इस तथ्य के पीछे क्या प्रमाण हैं, क्या तर्क हैं, किन-किन विद्वानों ने क्या-क्या कहा है, यह सब-कुछ बताया गया, जिससे वह अन्ततः इस निष्कर्ष पर पहुँचता है कि इस तथ्य को सही मानने के पीछे सुदृढ़ तर्क और प्रमाण हैं। इसे हम अनुदेशन कहेंगे। यदि इतना विस्तृत विवरण देने के बाद भी वह छात्र इस तथ्य को अस्वीकार करता है, तब क्या हम यह कहेंगे कि शिक्षण असफल रहा? सम्भवतः यह सोचना उचित नहीं है। ऐसी दशा में हमें यह जानने की आवश्यकता होगी कि उसने इस तथ्य को क्यों स्वीकार नहीं किया? यह सम्भव है कि उस छात्र के पास शिक्षक से अधिक उचित तर्क हों। वह यह कह सकता है कि "मैं यह मानता हूँ कि कोलम्बस ने अमेरिका की खोज की। इसके लिए अनेक प्रमाण हैं, परन्तु यह भी सत्य है कि कोलम्बस के पहले भी किसी यूरोपवासी ने अमेरिका की धरती पर पैर रखा। कोलम्बस की यात्रा के पहले कई स्कैंडेनेवियन यात्रियों ने अमेरिका की यात्राएँ कीं जिसके अनेक प्रमाण हैं। यह बात दूसरी है कि उनकी यात्राओं का ऐतिहासिक दृष्टि से कोई दूरगामी प्रभाव नहीं पड़ा। यदि आप ऐतिहासिक परिणामों को ही महत्त्व देते हैं तब तो आपकी यह बात सत्य है कि कोलम्बस ने अमेरिका की खोज की, परन्तु बात यदि अमेरिका पहले पहुँचने और उसे खोजने की है, तब शिक्षक की कही हुई बात ठीक नहीं है।" इस प्रकार का तर्कयुक्त उत्तर शिक्षक को चौंका सकता है, परन्तु यह शिक्षण की असफलता का संकेत नहीं है, अपितु यह शिक्षण की सफलता का सूचक है। यदि शिक्षक का उद्देश्य छात्रों के मन और मस्तिष्क में केवल इस विश्वास का प्रतिपादन करना होता कि "अमेरिका की खोज कोलम्बस ने की", तब छात्र का यह उत्तर प्रतिपादन की असफलता का स्पष्ट सूचक है क्योंकि प्रतिपादन की क्रिया में हम छात्र को केवल सही उत्तर बता देना मात्र ही अपना उद्देश्य समझते हैं। सही उत्तर के पीछे सही तर्क या अच्छे तर्क हैं, यह नहीं बताते। इसके विपरीत शिक्षण एक ऐसी प्रक्रिया है जिसमें मुख्य उद्देश्य केवल सही उत्तर तक पहुँचना न होकर एक ऐसे उत्तर तक पहुँचना होता है जिसकी आधारशिला तर्कयुक्त हो। यदि हम गहराई से सोचें तब हम पायेंगे कि अनेक शिक्षक, शिक्षण करते समय छात्रों को सही उत्तर तक पहुँचाने का प्रयत्न तो करते हैं, परन्तु वे सही उत्तर तक पहुँचने के लिए तर्क एवं युक्ति को नहीं समझाते। ऐसे शिक्षक शिक्षण के स्थान पर प्रतिपादन में ही लगे हुए कहे जा सकते हैं।

1.17 शिक्षण तथा अधिगम का पारस्परिक सम्बन्ध (Inter-relationship between Teaching-Learning)

छात्र के व्यवहार में परिवर्तन लाने के लिए शिक्षण की व्यवस्था की जाती है और ये व्यवहार ही अधिगम अथवा सीखना कहलाते हैं। शिक्षण का उद्देश्य है–'सिखाना' और अधिगम का कार्य है 'सीखना'। इस बात का अनुमान हम शिक्षण व अधिगम के सम्बन्ध में, विभिन्न विद्वानों द्वारा दी गई परिभाषाओं से लगा सकते हैं। उदाहरण के लिए, क्लार्क (Clark) ने शिक्षण की अपनी परिभाषा में स्पष्ट किया है, "शिक्षण से तात्पर्य उन क्रियाओं से है जिनकी संरचना व परिचालन विद्यार्थी के व्यवहार में परिवर्तन लाने के लिए किया जाता है।"

दूसरी तरफ गेट्स ने अधिगम को परिभाषित करते हुए कहा है, "अनुभव द्वारा व्यवहार में परिवर्तन को अधिगम कहते हैं।"

अर्थात् शिक्षण की परिणति व्यवहार-परिवर्तन में होती है और व्यवहार-परिवर्तन को ही सीखना या अधिगम कहा जाता है। इस प्रकार शिक्षण व अधिगम एक-दूसरे के पूरक हैं। जहाँ तक लक्ष्य और उद्देश्यों का प्रश्न है, शिक्षण और अधिगम एक-दूसरे के काफी नजदीक माने जा सकते हैं।

बी.ओ. स्मिथ के अनुसार–"शिक्षण क्रियाओं की एक व्यवस्था है जो सीखने की उत्सुकता जाग्रत करती है।" अर्थात् सीखने के लिए ही शिक्षण क्रिया सम्पन्न की जाती है। शिक्षण का प्रमुख कार्य अधिगम होता है। जब शिक्षण होगा तभी अधिगम होगा। शिक्षण संप्रत्यय को अधिगम के बिना पूर्ण नहीं कहा जा सकता है।

कुछ शिक्षाशास्त्रियों का मत है कि शिक्षण का अन्त अधिगम में होता है। महान शिक्षाशास्त्री किलपैट्रिक ने कहा है कि "जब तक बच्चा सीखता नहीं, शिक्षक ने पढ़ाया नहीं।" यहाँ तक ही नहीं, उन्होंने आगे कहा कि "शिक्षण और अधिगम में वही सम्बन्ध है जो कि किसी वस्तु के बेचने और खरीदने में है।" ऊपर से देखने पर इस युक्ति में सत्यता की झलक मिलती है, परन्तु गम्भीर चिन्तन के पश्चात् यह कथन पूर्णतया सत्य नहीं है। बेचने-खरीदने और शिक्षण-अधिगम के बीच समानता का विश्लेषण करने पर यह ज्ञात होता है कि बेचने और खरीदने में चार तत्त्व हैं–(i) एक बेचने वाला, (ii) एक खरीदने वाला, (iii) बेचने की प्रक्रिया और (iv) खरीदने की प्रक्रिया।

ठीक उसी प्रकार शिक्षण और अधिगम से सम्बन्धित चार तत्त्व हैं–(i) एक शिक्षक, (ii) एक छात्र, (iii) शिक्षण की प्रक्रिया और (iv) सीखने अथवा अधिगम की प्रक्रिया।

बेचने-खरीदने की प्रक्रिया में बेचने वाले तथा खरीदने वाले के हितों में समानता नहीं है। दोनों अपने लिए अधिक-से-अधिक लाभ उठाना चाहते हैं। भले ही दूसरे पक्ष को हानि हो। यहाँ निजी स्वार्थों की होड़ है, परन्तु शिक्षण-अधिगम प्रक्रिया में इस प्रकार की होड़ नहीं है, बल्कि इसके विपरीत होड़ है। मुख्य लक्ष्य है–अधिगमकर्ता की सर्वांगीण उन्नति।

शिक्षण का आयोजन इस प्रकार से करना चाहिए कि शिक्षण उद्देश्यों की पूर्ति अधिक-से-अधिक हो सके। अध्यापक इस प्रकार से शिक्षण क्रियाओं का आयोजन करे जिससे छात्रों का अधिक-से-अधिक अधिगम हो। शिक्षण एवं अधिगम के समन्वय से ही छात्रों के ज्ञान में वृद्धि होती है।

इस प्रकार यह स्पष्ट है कि यद्यपि शिक्षण तथा अधिगम पृथक्-पृथक् संप्रत्यय हैं, परन्तु एक-दूसरे को अधिक-से-अधिक प्रभावशाली बनाने के लिए दोनों में समन्वय होना आवश्यक है। अध्यापक के कार्य की सफलता छात्रों के सफल अधिगम में है। शिक्षण व

अधिगम के अनुपात के तुलनात्मक अध्ययन के आधार पर ही शिक्षण की कमियों का पता लगाकर उसमें सुधार लाया जा सकता है। अन्त में एन.एल. गेज के शब्दों में हम शिक्षण व अधिगम की प्रक्रिया को एक-दूसरे का पूरक मानते हुए स्पष्ट कर सकते हैं कि "शिक्षण और अधिगम की प्रक्रियाओं को एक-दूसरे में विलीन करके एक ऐसी मिश्रित प्रक्रिया का आयोजन किया जाए ताकि उससे अच्छे से अच्छे परिणामों की प्राप्ति हो सके।"

वास्तव में, दोनों को एक ही प्रक्रिया-'शिक्षण-अधिगम' का बराबर का हिस्सेदार मानना चाहिए। दोनों के सह-अस्तित्व में ही बालक का विकास सम्भव है।

1.18 शिक्षण-अधिगम के चार तत्त्व
(Four Elements of Teaching-Learning)

ये निम्नलिखित हैं:

1. शिक्षक।
2. छात्र।
3. शिक्षण-अधिगम प्रक्रिया।
4. अधिगम स्थिति।

1.19 प्रभावी शिक्षण-अधिगम: शिक्षण-अधिगम प्रक्रिया में मुख्य तत्त्व तथा उनका परस्पर सम्बन्ध
(Effective Teaching-Learning: Main Elements in Teaching-Learning and their Relationship)

शिक्षण-अधिगम को प्रभावी बनाने के लिए आवश्यक है कि इसके मुख्य तत्त्वों की परस्पर समानता को भली-भाँति जान लिया जाये।

1. *उद्देश्य:* शिक्षण-अधिगम प्रक्रिया का ध्येय है, छात्र की सर्वांगीण उन्नति। अत: शिक्षक, जो शिक्षण करने वाला है तथा छात्र, जो सीखने आता है, एक ही ध्येय की प्राप्ति के लिए प्रयास करते हैं। उन्हें एक-दूसरे को अच्छी तरह जान लेना चाहिए।

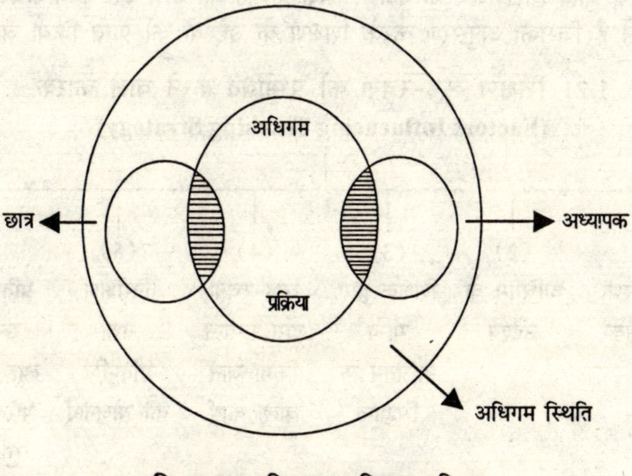

चित्र 1.2: शिक्षण-अधिगम प्रक्रिया

2. *विषय-वस्तु तथा क्रियाएँ:* शिक्षक जो विषय-वस्तु पढ़ाते हैं, छात्र उसे अधिगम करते हैं।

3. *स्थान:* शिक्षण-अधिगम क्रिया का स्थान कक्षा है। अध्यापक वहाँ शिक्षण करते हैं तथा छात्र वहाँ सीखते हैं।

4. *शिक्षण-अधिगम विधियाँ:* अध्यापक इस प्रकार की शिक्षण विधियों को प्रयोग में लाते हैं जो सीखने में सहायक होती हैं। अधिगम तभी प्रभावी होता है यदि अधिगमकर्त्ता उन विधियों की विशेषता के महत्त्व को जाने।

5. *अभिप्रेरणा:* शिक्षण-अधिगम प्रक्रिया की सफलता अध्यापक तथा छात्र की अभिप्रेरणा पर बहुत कुछ निर्भर है।

उपसंहार: अन्त में यह लिखना आवश्यक है कि शिक्षण-अधिगम प्रक्रिया में शिक्षण तथा अधिगम का गहरा सम्बन्ध है। एक के बिना दूसरे की कल्पना भी नहीं की जा सकती है। प्रभावी शैक्षिक वातावरण के लिए शिक्षण-अधिगम का परस्पर सहयोग उत्कृष्ट कोटि का होना जरूरी है।

1.20 शिक्षण व्यूह-रचना का अर्थ
(Meaning of Teaching Strategy)

स्टोन्स और मॉरिस के अनुसार, "शिक्षण की व्यूह-रचना शिक्षण का एक ऐसा प्रारूप है जिसमें अपेक्षित व्यवहार परिवर्तन की संरचना शिक्षण के उद्देश्यों के सन्दर्भ में शामिल की जाती है तथा उसे कार्यान्वित करने के लिए आवश्यक सूक्तियों की रूपरेखा उसमें सम्मिलित की जाती है।" इस व्यूह-रचना में वे सभी क्रिया-कलाप आ जाते हैं जो सुनियोजित होते हैं तथा मिलकर ऐसा साधन प्रस्तुत करते हैं जिससे शैक्षिक उद्देश्यों को प्राप्त करने में सुविधा मिलती है। दूसरे शब्दों में, शिक्षण व्यूह-रचना शैक्षिक क्रियाकलापों का एक समुच्चय या समग्र है।

स्ट्रेटेजी (Strategy) का शाब्दिक अर्थ युद्ध की ऐसी व्यूह-रचना से है जिसके क्रियान्वयन से सेना के विभिन्न अंगों को किसी विशेष उद्देश्य की प्राप्ति के लिए यथास्थान नियुक्त किया जाता है। शिक्षण के क्षेत्र में शिक्षण-व्यूह का अर्थ उस कार्यविधि (Line of Action) से है जिसका अनुसरण करके शिक्षण के उद्देश्यों को प्राप्त किया जाता है।

1.21 शिक्षण व्यूह-रचना को प्रभावित करने वाले कारक
(Factors Influencing Teaching Strategy)

(1) शिक्षा-संस्था का शैक्षिक दर्शन

(2) अधिगम के उद्देश्य

(3) शिक्षक द्वारा मान्य अधिगम के सिद्धान्त

(4) व्यूह-रचना द्वारा सम्पन्न किया जाने वाला कार्य

(5) निरीक्षण तथा प्रतिपुष्टि की योजनाएँ

(6) प्रतिपुष्टि के सन्दर्भ में व्यूह-रचना में परिवर्तन एवं सुधार की सम्भावनाएँ

1.22 शिक्षण व्यूह-रचना (Teaching Strategy), शिक्षण-विधि (Teaching Method) तथा शिक्षण तकनीक (Teaching Technique)

शिक्षण व्यूह-रचना एक विस्तृत अवधारणा है। इसके अन्तर्गत शिक्षण-विधि तथा शिक्षण तकनीक सम्मिलित हैं। शिक्षण विधि में इसी बात की ओर ध्यान दिया जाता है कि पाठ्य-वस्तु का प्रस्तुतीकरण किस प्रकार से किया जाता है। दूसरी ओर शिक्षण व्यूह-रचना में पाठ्यवस्तु, शिक्षण के उद्देश्य, छात्रों के व्यवहार, उनकी क्षमताओं, रुचियों, आवश्यकताओं, मानसिक स्तर आदि सभी पक्षों पर ध्यान दिया जाता है। डेवीज के विचार में शिक्षण व्यूह-रचना, शिक्षण-विधियों की तुलना में अधिक व्यापक होती है।

शिक्षण तकनीकों से अभिप्राय शिक्षकों की उन सभी क्रियाओं से है जो वह शिक्षण व्यूह-रचना के समुचित विकास और शिक्षण-विधियों को क्रियान्वित करने के लिए करता है। शैक्षिक युक्तियाँ शाब्दिक तथा अशाब्दिक दोनों ही प्रकार की हो सकती हैं। एक शिक्षण-विधि में अनेक शिक्षण तकनीकों का प्रयोग किया जाता है।

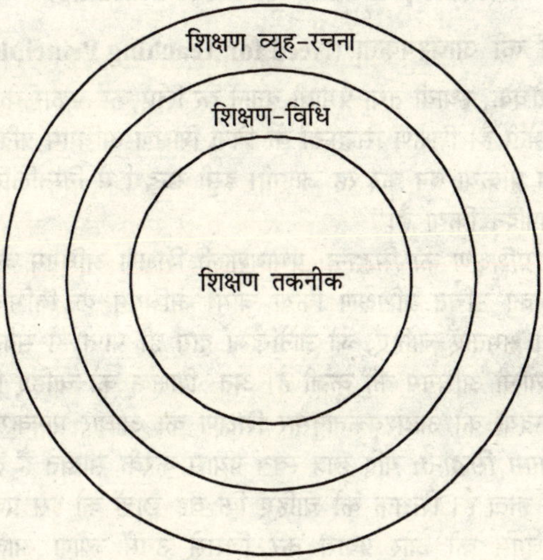

चित्र 1.3: शिक्षण व्यूह-रचना, शिक्षण-विधि तथा शिक्षण तकनीक का सम्बन्ध

शिक्षण व्यूह-रचना तथा शिक्षण-विधि में अन्तर

1. शिक्षण व्यूह-रचना में शैक्षिक उद्देश्यों को महत्त्व दिया जाता है, जबकि शिक्षण-विधि में पाठ्य-वस्तु के प्रस्तुतीकरण को।

2. शिक्षण व्यूह-रचना में व्यवहारों तथा उद्देश्यों पर विशेष ध्यान दिया जाता है, जबकि शिक्षण-पद्धतियों में कार्य तथा प्रस्तुतीकरण को।

3. शिक्षण व्यूह-रचनाओं में सूक्ष्म-उपागम/आयाम (Micro-Approach) पर बल दिया जाता है। दूसरी ओर शिक्षण-विधियों में सम्पूर्ण-उपागम/आयाम (Macro-Approach) पर।

4. शिक्षण व्यूह-रचना में शिक्षण को विज्ञान माना जाता है, जबकि शिक्षण-विधि को कला।

5. शिक्षण व्यूह-रचना का मानदण्ड शैक्षिक उद्देश्यों की प्राप्ति है, जबकि शिक्षण-विधियों का मानदण्ड पाठ्य-वस्तु का स्वामित्व माना जाता है।

6. शिक्षण व्यूह-रचना का लक्ष्य समुचित अधिगम परिस्थितियों को उत्पन्न करता है, जबकि शिक्षण-विधियों का लक्ष्य प्रभावशाली प्रस्तुतीकरण करना है।

7. शिक्षण व्यूह-रचना को आधुनिक मानव व्यवस्था सिद्धान्त (Modern Human Organization Theory) की देन मानते हैं तथा शिक्षण-विधियों को परम्परागत मानव व्यवस्था सिद्धान्त (Traditional Human Organization Theory)।

8. एक शिक्षण व्यूह-रचना में कई शिक्षण-विधियाँ हो सकती हैं, परन्तु शिक्षण-विधि में कोई शिक्षण व्यूह-रचना नहीं हो सकती है।

1.23 शिक्षण के सिद्धान्त तथा सूत्र (Principles and Maxims of Teaching)

शिक्षण सिद्धान्तों की आवश्यकता (Need for Teaching Principles)

शिक्षण को रोचक, स्थायी तथा प्रभावी बनाने के लिए कई प्रकार के शिक्षण सिद्धान्तों की आवश्यकता होती है। शिक्षण सिद्धान्तों के बिना शिक्षण अधिगम प्रक्रिया केवल प्रयास तथा त्रुटि अधिगम प्रक्रिया बन कर रह जाएगी। इसी सन्दर्भ में निम्नलिखित सिद्धान्तों का शिक्षाविदों ने प्रतिपादन किया है।

1. *ज्ञानेन्द्रिय प्रशिक्षण का सिद्धान्त*: प्रभावशाली शिक्षण अधिगम के लिए आवश्यक है कि ज्ञानेन्द्रियों का उचित प्रशिक्षण किया जाये। अधिगम के विभिन्न पक्षों के लिए विभिन्न प्रकार की क्षमताएँ चाहिएँ, जो ज्ञानेन्द्रियों द्वारा ही प्राप्त हो सकती हैं। ज्ञानेन्द्रियों द्वारा शिक्षा प्रभावशाली अधिगम की कुंजी है। अतः शिक्षक को चाहिए कि वह छात्रों को पढ़ाते समय ज्ञानेन्द्रियों को आवश्यकतानुसार शिक्षण का आधार मानकर पढ़ाये।

2. *स्व-अधिगम सिद्धान्त*: यदि छात्र स्वयं प्रयास करके सीखते हैं तो उनका सीखना ज्यादा प्रभावशाली होता है। शिक्षक को चाहिए कि वह छात्रों को इस प्रकार निर्देशित करें कि वे स्वयं अधिगम की ओर प्रयास करें जिससे उनमें ज्यादा आत्म-विश्वास तथा आत्म-निर्भरता विकसित हो। स्व-अधिगम की प्रवृत्ति उचित परिस्थितियों तथा प्रशिक्षण द्वारा डाली जानी चाहिए।

3. *अभिप्रेरणा एवं रुचि का सिद्धान्त*: अभिप्रेरणा तथा रुचि, शिक्षण प्रक्रिया में महत्त्वपूर्ण भूमिका निभाती है। इस सिद्धान्त के अनुसार शिक्षक और छात्र दोनों ही अभिप्रेरित होकर रुचिपूर्वक कार्य करते हैं। फलस्वरूप शिक्षण-अधिगम प्रक्रिया सजीव तथा प्रभावशाली होती है।

4. *तत्परता का सिद्धान्त*: छात्रों को जो कुछ भी पढ़ाया जाये उसके लिए उनमें मानसिक तत्परता अवश्य होनी चाहिए। मानसिक तत्परता के अभाव में छात्र भली-भाँति सीखने में रुचि नहीं लेते। पढ़ाते समय छात्रों की मानसिक परिपक्वता का अवश्य ध्यान रखा जाना चाहिए।

5. *अभ्यास एवं आवृत्ति का सिद्धान्त*: यह सर्वविदित तथ्य है कि यदि अर्जित ज्ञान

का अभ्यास एवं पुनरावृत्ति की जाये तो छात्र सरलता से स्मरण रख सकते हैं। अतः शिक्षण प्रक्रिया में पुनरावृत्ति तथा अभ्यास को अवश्य स्थान दिया जाना चाहिए।

6. *प्रतिपुष्टि/पुनर्बलन का सिद्धान्त*: छात्रों को पुनर्बलन देकर शिक्षण-अधिगम को प्रभावशाली बनाया जा सकता है। उन्हें उनके अच्छे व्यवहार के लिए पुरस्कृत किया जाना चाहिए। उनके द्वारा किए गए कार्यों की प्रगति के विषय में सूचनाएँ दी जानी चाहिए। छात्र ऐसी स्थिति में कार्य जल्दी समझते हैं और दुहराते हैं। उनमें शिक्षक अच्छी आदतों का विकास कर सकता है। इस प्रकार प्रतिपुष्टि एवं पुनर्बलन का प्रयोग करके शिक्षण-अधिगम प्रक्रिया को प्रभावशाली बनाया जाता है।

7. *परिवर्तन, विश्राम तथा मनोरंजन का सिद्धान्त*: बोरियत होने पर शिक्षण कार्य पिछड़ने लगता है। अतः शिक्षण में उद्दीपन परिवर्तन, विषय-वस्तु में बदलाव, शिक्षण विधियों में विभिन्नता का प्रावधान होना चाहिए। साथ ही शिक्षण-अधिगम प्रक्रिया में आवश्यकतानुसार विश्राम तथा मनोरंजन की भी व्यवस्था होनी चाहिए, जिससे कि छात्रों के मस्तिष्क को विश्राम मिल सके और फिर वे अधिक ताजा होकर आगे के अधिगम के लिए तैयार हो सकें।

8. *स्व-अभिव्यक्ति तथा सृजनात्मकता का सिद्धान्त*: वे छात्र जो कक्षा में नये विचार, नयी खोजें, मौलिकतायुक्त क्रियाएँ प्रस्तुत करते हैं, उन्हें शिक्षक द्वारा प्रोत्साहित किया जाना चाहिए। तभी वे बड़े होकर नवीन आविष्कार तथा नवीन खोजें कर सकने में समर्थ हो सकेंगे। स्व-अभिव्यक्ति इसके लिए पहली सीढ़ी है।

9. *उद्दीपन का सिद्धान्त*: एक अच्छा शिक्षक अपनी कक्षा में छात्रों की अनुक्रियाओं के लिए समुचित उद्दीपनों की व्यवस्था करता है, जिससे छात्र परस्पर एक-दूसरे को समझते हैं। शिक्षक छात्रों के साथ सहानुभूति रखते हुए उनकी मुश्किलों को सरल बनाकर सहयोग देता है, छात्रों की अनुभूतियों और विचारों को समझता है तो शिक्षण-अधिगम प्रक्रिया अधिक सक्रिय, सरल तथा प्रभावशाली बन जाती है।

10. *सहानुभूति तथा सहयोग का सिद्धान्त*: एक अच्छे शिक्षक के साथ छात्रों का बड़ा आत्मिक सम्बन्ध होता है। शिक्षक और छात्र परस्पर एक-दूसरे को समझते हैं। शिक्षक छात्रों के साथ सहानुभूति रखते हुए उनकी मुश्किलों को सरल बनाकर सहयोग देता है, छात्रों की अनुभूतियों और विचारों को समझता है तो शिक्षण-अधिगम प्रक्रिया अधिक सक्रिय, सरल तथा प्रभावशाली बन जाती है।

11. *उपचारात्मक शिक्षण का सिद्धान्त*: एक अच्छा शिक्षक अपने छात्रों की योग्यताओं और क्षमताओं का समुचित ज्ञान रखता है। उसे पता रहता है कि कक्षा में कौन से छात्र प्रतिभाशाली हैं और कौन-से पिछड़े हुए हैं। वह उनकी उसी प्रकार से व्यवस्था करता है। प्रतिभाशाली छात्रों के लिए वह मौलिकता के वातावरण की रचना करता है, जिससे उनकी प्रतिभा का विकास हो सके। इसी प्रकार वह पिछड़े बालकों के पिछड़ेपन के कारणों की खोज करके उनके लिए समुचित उपचारात्मक शिक्षण की व्यवस्था करता है, जिससे ये छात्र भी भली-भाँति विषय-वस्तु अपनी आवश्यकतानुसार सीख सकें।

12. *समूह गतिशीलता का सिद्धान्त*: एक मनोवैज्ञानिक विश्वास करता है कि छात्र समूह में ज्यादा अच्छा सीखते हैं। अतः एक शिक्षक को समूह-गतिशीलता का प्रभावशाली ढंग से उपयोग करना चाहिए।

शिक्षण सूत्र (Maxims of Teaching)

शिक्षण के सूत्रों की आवश्यकता (Need of Maxims of Teaching)

शिक्षण सूत्र ऐसे मूल मन्त्र हैं जो बच्चों को स्वत: ही शिक्षण-अधिगम प्रक्रिया में रुचि लेने में आकर्षित करते हैं। ये सूत्र बच्चों के स्वभाव के अनुसार हैं तथा ठोस अनुभवों पर निर्भर हैं।

प्रमुख शिक्षण सूत्र नीचे दिए गए हैं:

1. ज्ञात से अज्ञात की ओर (Proceed from known to unknown)
2. सरल से कठिन की ओर (Proceed from easy to difficult)
3. अनिश्चित से निश्चित की ओर (Indefinite to difinite)
4. स्थूल से सूक्ष्म की ओर (Concrete to abstract)
5. विशेष से सामान्य की ओर (Particular to general)
6. पूर्ण से अंश की ओर (Whole to parts)
7. अनुभूत से तर्क की ओर (Empirical to rational)
8. विश्लेषण से संश्लेषण की ओर (Analysis to synthesis)
9. प्रत्यक्ष से अप्रत्यक्ष की ओर (Seen to unseen)
10. मनोवैज्ञानिक से तर्कात्मक क्रम की ओर (Psychological to logical)

ज्ञात से अज्ञात की ओर (*Known to Unknown*): अध्यापक को उन बातों का सहारा लेकर नया पाठ शुरू करना चाहिए जिसका बालकों को पहले से ज्ञात है। इस प्रकार पाठ को विकसित करने से बालकों के मस्तिष्क में पाठ सुगमता से जम जाता है। नये विचारों का पुराने विचारों से समन्वय होता है। बालक एकदम नयी बात सीखने में असमर्थता दिखलाते हैं। मन में भी एक नया विचार एकदम सुगमता से नहीं बल्कि झटके से प्रवेश करता है। अत: सीखने में सुगमता और सजीवता लाने के लिए बालकों के पूर्व-अनुभवों का सहारा लेकर नये पाठ की शुरूआत करनी चाहिए। इसीलिए पाठ आरम्भ करने से पहले प्रस्तावना या भूमिका की आवश्यकता अनुभव की गई। बालकों को ऋतुओं के बारे में ज्ञान कराने के लिए शिक्षक को उस स्थान या प्रदेश की ऋतुओं का सहारा लेना चाहिए। फसलों के ज्ञान के लिए स्थानीय क्षेत्र की फसलों आदि के ज्ञान को आधार मानकर आगे बढ़ना चाहिए। नागरिक शास्त्र में चुनाव का ज्ञान स्थानीय नगरपालिका या पंचायत के आधार पर दिया जा सकता है।

सरल से जटिल की ओर (*Easy to Difficult*): यह सूत्र साधारणत: सब शिक्षक उपयोग करते हैं। पहले सरल बातों को सीखना चाहिए। किसी अध्याय या पाठ की सरल चीजों का अध्ययन उस विषय के प्रति रुचि जागृत करने का कार्य के साथ-साथ, उसकी कठिन बातों के सीखने का आधार भी बनाता है। इस व्यवस्था को उल्टा करके पहले से ही यदि कठिन प्रश्नों को बालकों के सामने रख दिया जाए तो उनका मन पाठ सीखने से ऊब जायेगा। एक प्रकार से यह बात उनकी बुद्धि के स्तर से ऊँची होने से वे सीखने के प्रति रुचि प्रदर्शित नहीं करेंगे। सीखने में सफलता मिलने से बालक का आत्मविश्वास और उत्साह बढ़ता है। अत: पहले आसान क्रियाओं को आरम्भ करके धीरे-धीरे हमें जटिल समस्याओं की ओर बढ़ना चाहिए। उदाहरण के लिए, गणित की पुस्तकों में पहले कुछ मौखिक प्रश्न होते हैं जो कुछ सरल होते हैं और फिर कठिन लिखित प्रश्न आते हैं।

अनिश्चित से निश्चित की ओर (*Indefinite to Definite*): किसी विषय का बालकों का ज्ञान पहले अपूर्ण, अस्पष्ट और अनिश्चित होता है। अध्यापक को इसका सहारा लेकर बालकों की जानकारी को पूर्ण और स्पष्ट करके निश्चित बनाना चाहिए। किसी वस्तु के बारे में ज्ञान उस वस्तु को देखने या उसकी प्रतिभा देखकर और अध्यापक के स्पष्टीकरण से ही सम्भव है। चार्ट, मॉडल, मानचित्र और पुस्तकों की सहायता लेकर बालकों के मन में जो भ्रामक धारणाएँ या अस्पष्ट चित्र हैं उनको सही और स्पष्ट करना ही शिक्षण का उद्देश्य होना चाहिए।

उदाहरणत: छात्र को रेल के इंजन की कार्यविधि उसके मॉडल या चार्ट से आसानी से स्पष्ट हो सकती है, जबकि पहले उनका ज्ञान अधूरा और अनिश्चित था।

स्थूल से सूक्ष्म की ओर (*Concrete to Abstract*): बालकों को पहले स्थूल बातों की जानकारी होनी चाहिए, इसके उपरान्त ही उससे सम्बन्धित सूक्ष्म जानकारी होने से बालक ठीक ढंग से सीखते हैं। जैसे बालक जोड़ की क्रिया सीखने के लिए पहले स्थूल वस्तुओं से आरम्भ होते हैं; जैसे दो कलम तथा चार कलम को मिलाना। फिर दो और चार का योग समझाते हैं। बालकों के लिए कलम स्थूल और अंक निरर्थक विचार है। इस विधि से सीखने में सुविधा रहती है। बालक स्वयं इसकी जाँच कर सकते हैं। विचार या तर्क उनके मन पर पहले भार बन सकता है और सीखने के प्रति उनकी रुचि खो जाने का भय रहता है। शाब्दिक विचार समझने और सीखने के लिए बड़े विकसित दिमाग की आवश्यकता है। अत: बालकों की बुद्धि इस प्रकार सीखने में असमर्थ होती है। इसीलिए आज्ञापालन जैसे सूक्ष्म विचार के लिए बालकों को रामायण की कथा सुनकर स्पष्ट किया जाता है। अनेक कहानियों के द्वारा उनकी शिक्षाओं को समझाया जा सकता है।

विशेष से सामान्य की ओर (*Particular to General*): शिक्षण में पहले कुछ विशेष उदाहरण लेकर, फिर बालकों से सामान्य नियम निकालना चाहिए। यह विधि बड़ी ही मनोवैज्ञानिक है। इसमें बालकों का सहयोग अच्छी तरह प्राप्त करके उनकी सीखने में रुचि रखी जा सकती है। यह विधि गणित में बड़ी उपयोगी है। इस प्रकार से प्राप्त ज्ञान स्थायी होता है क्योंकि यह बालकों के स्वयं प्रयास का फल है। सरल ब्याज को हम विभिन्न समय, दस और मूलधन देकर बालकों को ऐकिक नियम से निकलवा सकते हैं। फिर उनका ध्यान सूत्र निकालने की ओर आकर्षित करके, उनसे ही सूत्र निकलवा सकते हैं। त्रिभुज की कई आकृतियाँ बनाकर उनसे कोणों के सम्बन्ध में नियम बनाने के लिए कहा जा सकता है।

पूर्ण से अंश की ओर (*Whole to Parts*): शिक्षण में पहले पूर्ण वस्तु का ज्ञान कराके फिर उसके भागों को सिखाना चाहिए। जैसे, पूर्ण पेड़ के बारे में पहले और बाद में उसके विभिन्न अंगों का अध्ययन करना चाहिए। इसी प्रकार पहले पूरी मशीन को देखना चाहेंगे, फिर उसके भागों के बारे में जानकारी प्राप्त करें; जैसे घड़ी और उसके पूर्जे। मनोविज्ञान का एक नियम है कि मस्तिष्क पूरी घटना गा वस्तु पर देखता है, विभिन्न भागों का अलग-अलग प्रस्तुतीकरण उसके लिए अधिक महत्त्व का नहीं है। इन भागों का एक जगह किसी परिस्थिति में जुड़ना ही सार्थक विचार या स्थिति उत्पन्न करता है। यदि हमें भारत के प्रदेशों के बारे में अध्ययन करना हो तो पहले सारे भारत के नक्शे पर देख लेना अच्छा है जिससे एक-दूसरे प्रदेश की स्थिति ठीक समझ में आ सके।

यहाँ पर पूर्ण शब्द कुछ भ्रान्ति उत्पन्न कर देता है। पूर्ण या अवयव हमारे दृष्टिकोण का भेद है। पूर्ण वही है जिसे बालक सरलता से देख या समझ सकता है।

अनुभूत से तर्क की ओर (*Empirical to Rational*): जिस तथ्य को बालक अनुभव से सीख सकते हैं उस विधि को सीखने में पहले स्थान प्राप्त होना चाहिए। उसी तथ्य को यदि तर्क द्वारा भी सीखा जा सकता है तो इसे बाद में प्रयोग करना चाहिए। इस प्रकार अनुभव द्वारा सीखने को प्राथमिकता देकर, तर्क द्वारा सीखने की ओर अग्रसर होना चाहिए। इस सिद्धान्त का उपयोग करके शिक्षक बालकों की पाठ में रुचि उत्पन्न रख सकता है। इस तरह बालक का सहयोग प्राप्त करने में भी सुविधा होगी और शिक्षण में भी अधिक सफलता प्राप्त होगी। उदाहरण के लिए ऋतुओं का बालकों को ज्ञान होता है। लेकिन इनके बारे में सूर्य और पृथ्वी की स्थितियों के प्रभाव तर्क से समझाना या सिद्ध करना सफल शिक्षक का कर्त्तव्य है। समानान्तर चतुर्भुज के कोणों में सम्बन्ध बालक स्वयं मापविधि से पहले सीख सकते हैं। लेकिन तर्क से समानान्तर रेखाओं के गुणों का उपयोग करके वही तथ्य बाद में पढ़ाने चाहिए।

विश्लेषण से संश्लेषण की ओर (*Analysis to Synthesis*): पहले पूरी स्थिति या समस्या के सरल अंशों का अलग-अलग विश्लेषण करना चाहिए और फिर सब अवयवों को मिलाकर पूर्ण क्रिया का अध्ययन करना चाहिए। इस विधि के उपयोग से समस्या सरल भागों में बँट जाती है और फिर एक जगह जोड़ने से समस्त क्रिया का प्रभाव आसानी से मिल जाता है। इस विधि का प्रयोग विशेष रूप से गणित में किया जाता है। प्रश्न को विभिन्न भागों में बाँट लेने या विभिन्न सम्भावित हल सोच लेने के बाद उनको शुरू से लेकर पूरी तरह जाँच कर लेते हैं। जिस भाग या भागों से प्रश्ंन का हल निकलने की सम्भावना पूरी होती है उसके पदों का ठीक प्रकार संश्लेषण कर लेने से समस्या हल हो जाती है। यह विधि बालकों की विचार, चिंतन और तर्क-शक्ति का विकास करती है, बालकों को स्वावलम्बी बनाती है। विश्लेषण करने के बाद संश्लेषण से ज्ञान में पूर्णता आती है। त्रिभुज के कोणों का योग दो समकोण करने के लिए उसके तीनों कोणों का अलग-अलग अध्ययन आवश्यक है। फिर इनका योग करके इस बात की जाँच की जा सकती है। पहली प्रक्रिया विश्लेषण की है और बाद वाली संश्लेषण की। इन तीनों कोणों को एक जगह कैसे मिलाया जा सकता है, किस भुजा को बढ़ाया जा सकता है कि हम उचित परिणाम पर पहुँच सकें, यह इस समस्या का तर्कात्मक विश्लेषण होगा। फिर इन पदों को एक जगह मिलाकर क्रम से रखना संश्लेषण क्रिया कहलायेगी।

प्रत्यक्ष से अप्रत्यक्ष की ओर (*Seen to Unseen*): शिक्षण में प्रत्यक्ष रूप से अनुभव कर सकने योग्य तथ्य क्रियाओं को पहले फिर अप्रत्यक्ष अनुभवों पर आधारित तथ्यों या क्रियाओं का अध्ययन कराना चाहिए। प्रत्यक्ष अनुभव जिन्हें बालक स्वयं देख या अनुभव कर सकते हैं, बालकों के लिए वास्तविक तथा रुचिकर होते हैं। इनको आधार मानकर चलने से अप्रत्यक्ष अनुभवों से दी जाने वाली शिक्षा को भी कुछ सुगमता से ग्राह्य बनाया जा सकता है। भारत में पाई जाने वाली मिट्टी के अध्ययन को कक्षा में आने वाले विद्यार्थियों द्वारा देखी गई विभिन्न प्रकार की मिट्टी से सम्बन्धित करके पढ़ाया जा सकता है। कुछ बालक कुछ विभिन्न स्थानों से ऐसी मिट्टी लाकर भी शिक्षण में सहायता कर सकते हैं जो अलग प्रकार की हैं; जैसे बालू, काली मिट्टी आदि। विज्ञान में जल-पम्प,

वायु-पम्प पहले पढ़ाकर फिर बल-पम्प पढ़ाना चाहिए क्योंकि पहली प्रकार के पम्प दैनिक जीवन में बालक प्रतिदिन देखते हैं।

मनोवैज्ञानिक से तर्कात्मक क्रम (*Psychological to Logical*): पाठ्यक्रम के चुनाव और शिक्षण में हमें मनोवैज्ञानिक क्रम को ध्यान में रखना चाहिए। तार्किक क्रम के सम्बन्ध में हम थोड़ी ढील बरत सकते हैं। मनोवैज्ञानिक क्रम बालकों के विकास से सम्बन्धित है। बालकों की काल्पनिक बुद्धि अधिक विकसित नहीं होती, तथ्यों और क्रियाओं की कल्पना करना कुछ कठिन भी अवश्य है। अतः बालकों की मानसिक उन्नति के आधार को देखते हुए हमें विभिन्न कक्षाओं के पाठ्यक्रम को संगठित करना चाहिए। विभिन्न पाठों के शिक्षण में भी हमें इसी बात का ध्यान रखना चाहिए। तार्किक क्रम से कम समय में अधिक सामग्री पढ़ायी जा सकती है लेकिन बालकों की सीमित क्षमता के कारण वह भारी बोझ बन सकती है। जोड़ के बाद हम गुणा करने की क्रिया सिखा सकते हैं परन्तु साधारणतः हम गुणा करने से पहले घटाने की क्रिया सिखाते हैं, क्योंकि यह उससे कुछ सरल है। तर्क के अनुसार हमें गुणा का आरम्भ पहले करना चाहिए।

2

शिक्षण के सोपान तथा चर
(Stages and Variables of Teaching)

2.1 शिक्षण के तीन सोपान अथवा चरण/अवस्थाएँ (Three Stages of Teaching)

शिक्षण-अधिगम की प्रक्रिया भली-भाँति नियोजित एवं कार्यान्वित करने में तीन पदों का अनुसरण किया जाता है। ये पद हैं: (1) शिक्षण-उद्देश्यों का विकास एवं निर्धारण, (2) अनुदेशन का नियोजन एवं कार्यान्वयन और (3) परिणामों का मापन एवं मूल्यांकन।

अधिगम को प्रभावशाली बनाने के लिए ये पद इस प्रकार हैं:

1. शिक्षण का पूर्ण सोपान अथवा शिक्षण का पूर्व क्रिया सोपान (Pre-active Stage of Teaching),
2. शिक्षण का अन्त:क्रिया सोपान (Inter-active Stage of Teaching),
3. शिक्षणेतर सोपान अथवा शिक्षण का उत्तर-क्रिया चरण (Post-active Stage of Teaching)।

इन तीनों सोपानों को चित्र 2.1 में दर्शाया गया है।

2.2 प्रथम अवस्था या सोपान: शिक्षण-पूर्व अवस्था

शिक्षण से सम्बन्धित अनेक क्रियाएँ ऐसी होती हैं जिन्हें कक्षा-शिक्षण के पूर्व शिक्षक करता है। इन क्रियाओं में शिक्षक अपनी योग्यता, अनुभव और विषय के अनुसार कक्षा में शिक्षण के उद्देश्य निर्धारित करता है। उद्देश्यों की प्राप्ति के लिए किस पाठ्यवस्तु को किस क्रम से प्रस्तुत किया जाये इसकी योजना बनाता है। इस योजना के अनुसार शिक्षण की पद्धतियों तथा युक्तियों का चयन करते हुए शिक्षण की विशिष्ट व्यूह-रचना करता है। ये सभी क्रियाएँ पाठ को सफल बनाने के लिए अत्यन्त महत्त्वपूर्ण हैं। इस सोपान पर शिक्षण के अन्य सोपानों की सफलता आधारित है।

प्रथम सोपान की प्रमुख क्रियाएँ

- उद्देश्यों का निर्माण एवं निर्धारण
- पाठ्यवस्तु का चुनाव
- शिक्षण शैली का चुनाव

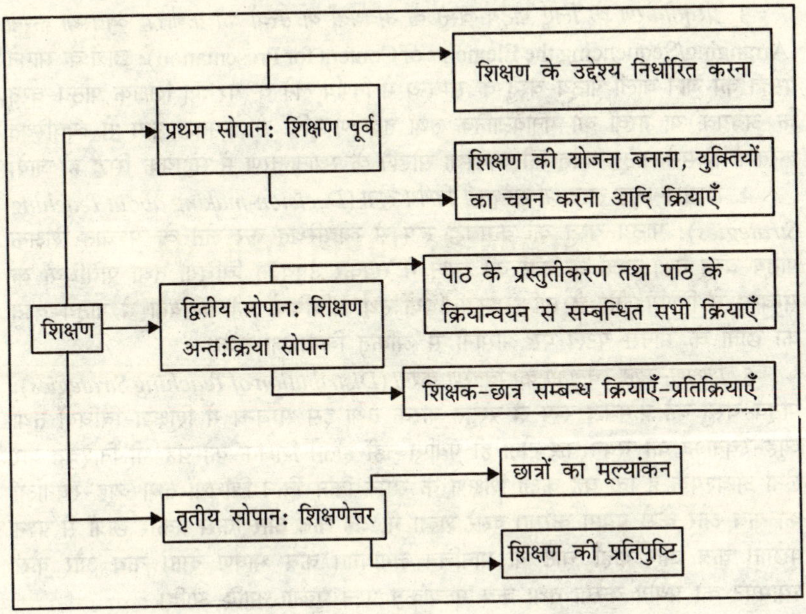

चित्र 2.1: शिक्षण के सोपान अथवा अवस्थाएँ एक दृष्टि में
(Overview of the Stages of Teaching)

- शिक्षण व्यूह-रचना का चयन
- शिक्षण युक्तियों का चयन।

1. *शिक्षण के उद्देश्यों का निर्धारण करना (Fixation of Goals)*: सर्वप्रथम शिक्षक शिक्षक के उद्देश्यों को निर्धारित करके उन्हें व्यावहारिक शब्दावली (Behavioural Terms) में परिवर्तित करता है। शिक्षक यह निश्चित करता है कि उद्देश्यों की प्राप्ति के परिणामस्वरूप छात्रों के व्यवहार में उनसे किस प्रकार के परिवर्तन किये जाने हैं। शिक्षण के इस चरण में दो तत्त्व महत्त्वपूर्ण होते हैं:

(i) छात्रों के पूर्व-व्यवहारों के रूप में (Entering Behaviours)

(ii) छात्रों के अन्तिम व्यवहारों के रूप में (Terminal Behaviours)

2. *पाठ्य-वस्तु सम्बन्धी निर्णय लेना (Decision-making about Subject Matter)*: शिक्षण उद्देश्यों के निर्धारण के पश्चात् शिक्षक उस पाठ्य-वस्तु के सम्बन्ध में निर्णय लेता है जिसे उसने छात्रों के सम्मुख प्रस्तुत करके उनके व्यवहार में परिवर्तन लाना होता है। यह निर्णय शिक्षक निम्नलिखित बातों को ध्यान में रखते हुए लेता है:

(i) छात्रों का पूर्व व्यवहार क्या है?

(ii) शिक्षक द्वारा छात्रों के लिए प्रस्तावित पाठ्यक्रम की क्या आवश्यकता है?

(iii) पाठ्य-वस्तु से सम्बन्धित ज्ञान का मूल्यांकन शिक्षक कौन-कौन-सी विधियों द्वारा करे?

(iv) छात्रों को किस स्तर की प्रेरणा प्रभावशाली हो सकती है?

3. *प्रस्तुतीकरण के लिए पाठ्य-वस्तु के अवयवों या तत्त्वों की क्रमबद्ध व्यवस्था करना* (Arranging/Sequencing the Elements of Content for Presentation): छात्रों के सामने प्रस्तुत की जाने वाली पाठ्य-वस्तु के सम्बन्ध में निर्णय लेने के पश्चात् शिक्षक पाठ्य-वस्तु के अवयवों या तत्त्वों को मनोवैज्ञानिक तथा तर्कपूर्ण दृष्टि से क्रमबद्ध रूप से व्यवस्थित करता है जिससे पाठ्य-वस्तु की व्यवस्था सीखने के स्थानान्तरण में सहायक सिद्ध हो जाये।

4. *शिक्षण-व्यूह रचनाओं सम्बन्धी निर्णय लेना (Decision-making about Teaching Strategies)*: पाठ्य-वस्तु को क्रमबद्ध रूप से व्यवस्थित कर लेने के पश्चात् शिक्षक पाठ्य-वस्तु तथा छात्रों के स्तर को ध्यान में रखकर उपयुक्त विधियों तथा प्रविधियों के सम्बन्ध में निर्णय लेता है ताकि इन विधियों तथा प्रविधियों की सहायता से पाठ्य-वस्तु को छात्रों के मानस-पटल पर आसानी से अंकित किया जा सके।

5. *शिक्षण-व्यूह रचनाओं का वितरण करना (Distribution of Teaching Strategies)*: पाठ्य-वस्तु को क्रमबद्ध रूप से प्रस्तुत करके तथा इस सम्बन्ध में शिक्षण-विधियों तथा व्यूह-रचनाओं का चयन कर लेना ही पर्याप्त नहीं होता। शिक्षक को यह भी निश्चित कर लेना आवश्यक है कि वह कक्षा शिक्षण के समय किन-किन विधियों तथा व्यूह-रचनाओं का कब और कैसे प्रयोग करेगा। दूसरे शब्दों में, वह कब और किस प्रकार छात्रों से प्रश्न पूछेगा। कब और कहाँ चार्ट या मानचित्र लगायेगा। कब भाषण देगा। कब और कैसे श्यामपट का प्रयोग करेगा तथा कब मूल्यांकन प्रश्न पूछेगा आदि-आदि।

2.3 शिक्षण का दूसरा सोपान अथवा चरण: अन्त:क्रिया सोपान

इस सोपान के अन्तर्गत शिक्षण की वे सभी क्रियाएँ आ जाती हैं जो शिक्षक कक्षा में प्रवेश करने के पश्चात् करता है। इस सोपान में पाठ के प्रस्तुतीकरण से सम्बन्धित सभी क्रियाएँ सम्मिलित हैं। शिक्षण-पूर्व और अन्त:क्रिया अवस्था में मुख्य अन्तर यह है कि शिक्षण-पूर्व की क्रियाएँ शिक्षक द्वारा बहुत ही सोच-विचारकर स्वयं द्वारा की जाती है, परन्तु इसके विपरीत अन्त:क्रिया अवस्था में शिक्षक का व्यवहार अधिकतर कक्षा की परिस्थितियों एवं छात्रों की आवश्यकताओं से निर्देशित होकर तत्काल सहज भाव से होने वाला होता है क्योंकि छात्र शिक्षक के सामने रहते हैं। शिक्षक उस समय वही क्रियाएँ करते हैं जिन्हें वे उस परिस्थिति के सन्दर्भ में उचित समझते हैं। पूर्व शिक्षण और अन्त:क्रिया अवस्था में एक अन्तर यह भी है कि अन्त:क्रिया अवस्था में कक्षा में घटनाएँ बहुत तेजी के साथ घटित होती हैं और शिक्षक को उसी गति से कक्षा में क्रियाओं को चलाना पड़ता है। किसी कक्षा में पढ़ाते समय एक शिक्षक को अपने ध्यान के केन्द्रबिन्दु को कई बार बदलना पड़ता है।

शिक्षक अन्त:क्रिया सोपान में पूर्व चरण में निर्मित योजना का दास बनकर नहीं रह सकता। आवश्यकता के अनुसार छात्रों के स्तर को देखकर उस योजना में परिवर्तन ला सकता है। शिक्षण प्रक्रिया गतिशील है। इस तथ्य को शिक्षक सर्वदा ध्यान में रखें।

अन्त:क्रिया सोपान में शिक्षण क्रियाएँ

- कक्षा आकार की अनुभूति (Sizing of the Class)
- छात्रों का निदान (Diagnostic of Students)
- निष्पत्ति कार्य (Action or Achievement Operation)

- उद्दीपनों का प्रस्तुतीकरण (Presentation of Stimuli)
- पृष्ठ–पोषण तथा पुनर्बलन (Feedback and Reinforcement)
- शिक्षण युक्तियों का विस्तार (Expansion of Strategies)

1. *कक्षा आकार की अनुभूति*: कक्षा में प्रवेश करते ही शिक्षक एक नजर में छात्रों की क्षमताओं को जाँच कर लेता है अर्थात् कौन–कौन–से छात्र पढ़ने में निपुण अथवा कमजोर हैं। इसी प्रकार छात्र भी शिक्षक के व्यक्तित्व की अनुभूति कुछ ही क्षणों में कर लेते हैं।

2. *छात्रों का निदान*: कक्षा के आकार की अनुभूति हो जाने के पश्चात् अध्यापक यह जानने का प्रयास करता है कि छात्रों का विषय सम्बन्धी पूर्व–ज्ञान कितना है। छात्रों के बारे में निम्नलिखित क्षेत्रों से जुड़ी बातों को जानने का प्रयास किया जाता है:

(i) छात्रों की योग्यताएँ।

(ii) छात्रों की रुचियाँ तथा अभिरुचियाँ।

(iii) छात्रों की शैक्षिक पृष्ठभूमि।

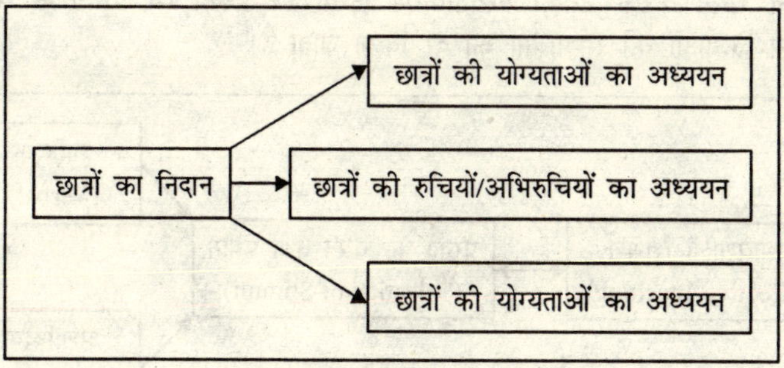

चित्र 2.2: छात्रों का निदान

3. *क्रिया तथा प्रतिक्रिया या उपलब्धि*: शिक्षण की सम्पूर्ण प्रक्रिया में दो प्रकार की क्रियाएँ शामिल होती हैं: (i) प्रारम्भ (Initiation), (ii) अनुक्रिया (Response)। ये दोनों क्रियाएँ अध्यापक और छात्रों के बीच सम्पन्न होती हैं। इन दोनों क्रियाओं को शाब्दिक अन्त:क्रिया (Verbal Interaction) का नाम दिया गया है।

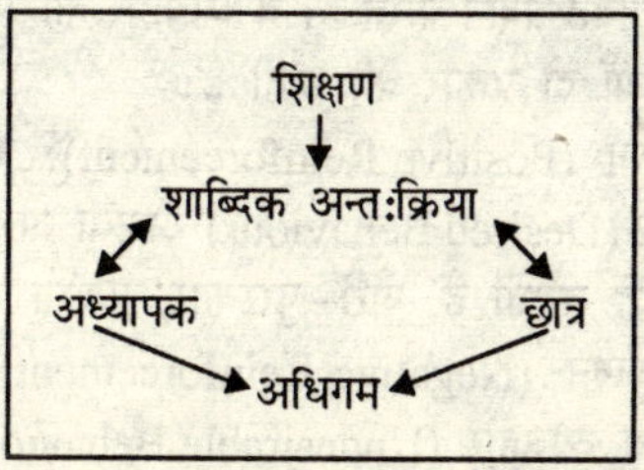

चित्र 2.3: शिक्षण में शाब्दिक अन्त:क्रिया

जब अध्यापक कुछ क्रियाएँ करता है तो छात्र उसके प्रति अनुक्रिया करते हैं अथवा जब छात्र कुछ क्रियाएँ करते हैं और शिक्षक उनके प्रति अनुक्रिया करता है तो शिक्षण की अन्त:क्रिया चलती रहती है।

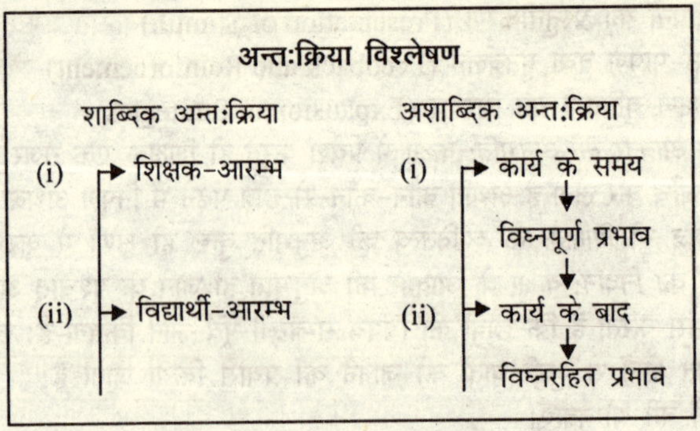

4. *उद्दीपकों अथवा प्रेरकों का प्रयोग*: शिक्षण की क्रियाओं के शाब्दिक तथा अशाब्दिक अन्तःक्रिया के पश्चात् शिक्षक शिक्षण को प्रभावशाली बनाने के लिए उपयुक्त प्रेरकों का चयन करके उनका प्रस्तुतीकरण करता है। प्रेरकों के प्रयोग से कक्षा में अवांछनीय क्रियाओं की सम्भावना को दूर किया जाता है।

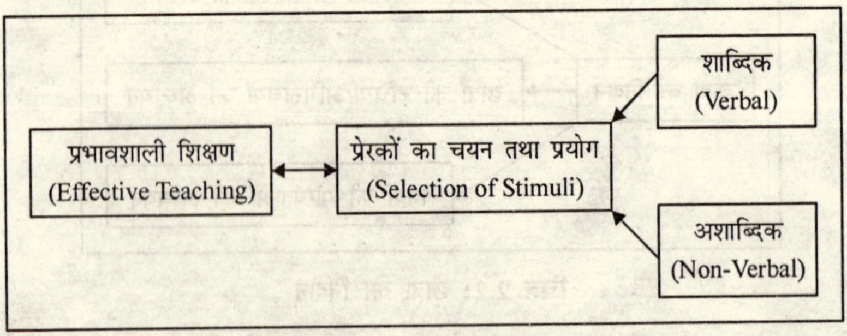

चित्र 2.4: प्रेरकों का प्रयोग

5. *पृष्ठ-पोषण तथा पुनर्बलन*: पृष्ठ-पोषण तथा पुनर्बलन के माध्यम से छात्रों के वांछित व्यवहार या अनुक्रिया को स्थायी बनाया जा सकता है। पृष्ठ-पोषण तथा पुनर्बलन व्यवहार या अनुक्रिया को शक्ति प्रदान करते हैं। वे व्यवहार को सही अथवा संशोधित करते हैं। पुनर्बलन की परिस्थितियाँ दो प्रकार की होती हैं:

(i) धनात्मक पुनर्बलन (Positive Reinforcement): ये वे परिस्थितियाँ हैं जो अपेक्षित व्यवहार (Desired Behaviour) अथवा अनुक्रिया के दोबारा होने की सम्भावना में वृद्धि करती हैं, जैसे–पुरस्कार, प्रशंसा आदि।

(ii) नकारात्मक पुनर्बलन (Negative Reinforcement): ये वे परिस्थितियाँ हैं जिनमें अवांछनीय व्यवहार (Undesirable Behaviour) अथवा अनुक्रिया के दो बार होने की सम्भावना कम होती है, जैसे–डाँटना, दण्ड आदि।

6. *शिक्षण युक्तियों का विस्तार*: शिक्षण की व्यूह रचनाओं का विस्तार अध्यापक तथा छात्रों की अन्तःप्रक्रिया को प्रभावशाली बनाता है। जिस समय से शिक्षक अध्यापन कार्य को प्रारम्भ करता है और जिस समय तक शिक्षण कार्य चलता है, उस समय तक पुनर्बलन

की विधियाँ छात्रों के शाब्दिक और अशाब्दिक व्यवहार को नियन्त्रित करके पाठ्यक्रम को प्रभावशाली ढंग से प्रस्तुत करने में सहयोग प्रदान करती हैं। शिक्षण-व्यूह रचनाओं के विस्तार या प्रयोग के समय तीन तत्त्वों को ध्यान में रखना अति आवश्यक है:

(i) पाठ्य-वस्तु का प्रस्तुतीकरण।
(ii) अधिगम के स्तर।
(iii) छात्रों के सन्दर्भ।

2.4 शिक्षण का उत्तर-क्रिया चरण

शिक्षण-प्रक्रिया का अन्तिम सोपान शिक्षण अथवा छात्रों के मूल्यांकन से सम्बन्धित है। शिक्षण किसी शैक्षिक उद्देश्य की प्राप्ति के लिए संचालित किया जाता है। मूल्यांकन के द्वारा शिक्षक यह ज्ञात करता है कि शिक्षण उद्देश्यों के सन्दर्भ में कितना सफल रहा अर्थात् छात्र शैक्षिक उद्देश्यों की प्राप्ति किस सीमा तक कर सके। छात्रों में वांछित व्यवहार-परिवर्तन का मापन एवं मूल्यांकन, शिक्षण की इस अवस्था में शिक्षक मौखिक या लिखित अथवा व्यावहारिक परीक्षणों के सहारे करता है।

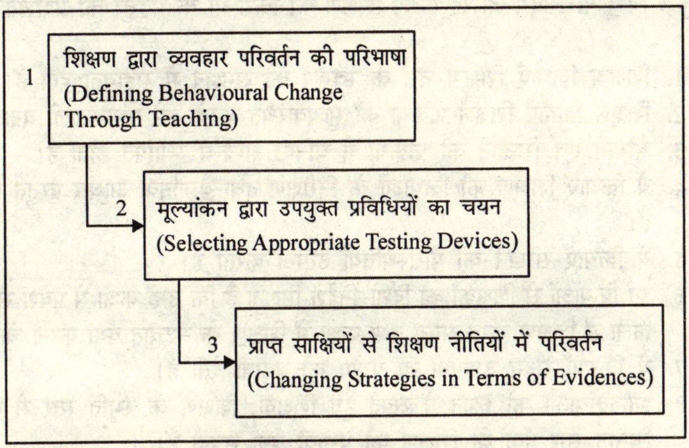

चित्र 2.5: शिक्षण के उत्तर-क्रिया चरण की क्रियाएँ

(i) *शिक्षण द्वारा व्यवहार परिवर्तन की परिभाषा*: वास्तविक शिक्षण प्रक्रिया के अन्तर्गत शिक्षक शिक्षण द्वारा व्यवहार परिवर्तन के शुद्ध रूप को परिभाषित करता है जिसे मानदण्ड व्यवहार (Criterion Behaviour) कहा जाता है। इस कार्य के लिए शिक्षक शिक्षण द्वारा छात्रों के वास्तविक परिवर्तन (Actual Behavioural Changes) की अपेक्षित व्यवहार परिवर्तन (Expected Behavioural Changes) से तुलना करता है। यदि वह यह अनुभव करता है कि अधिकांश छात्रों के व्यवहार में अपेक्षित परिवर्तन हो गया है तो वह इस निष्कर्ष पर पहुँचता है कि उसके शिक्षण में प्रयोग की गई विधियाँ और व्यूह रचनाएँ प्रभावशाली हो रही हैं तथा उनकी सहायता से शिक्षण के उद्देश्य प्राप्त हुए।

(ii) *मूल्यांकन की उपयुक्त प्रविधियों का चयन* (*Selecting Appropriate Testing Devices and Techniques*): छात्रों के वास्तविक व्यवहार परिवर्तन की अपेक्षित व्यवहार

परिवर्तन से तुलना करने के लिए अध्यापक ऐसी परीक्षण प्रविधियों का चयन करता है जो विश्वसनीय (Reliable) तथा वैध (Valid) हों तथा जो छात्रों के ज्ञानात्मक तथा व्यावहारिक पक्षों का मूल्यांकन कर सकें।

(iii) *प्राप्ति साक्षियों से शिक्षण नीतियों में परिवर्तन (Changing Strategies in Terms of Evidences)*: विश्वसनीय तथा वैध (Reliable and Valid) प्रविधियों (Techniques) के प्रयोग से शिक्षक को छात्रों की निष्पत्तियों या उपलब्धियों तथा उद्देश्यों की प्राप्ति के सम्बन्ध में ज्ञान होता है तथा इसे परीक्षाओं के परिणामों से अपने अनुदेशन (Instruction) तथा अपने शिक्षण की विधियों तथा व्यूह रचनाओं के सम्बन्ध में भी स्पष्ट जानकारी मिलती है कि शिक्षण के उद्देश्य प्राप्त हुए अथवा नहीं। उसके शिक्षण में क्या-क्या कमियाँ रहीं। इस प्रकार शिक्षक को अपने शिक्षण के सुधार का अवसर प्राप्त होता है। अतः वह अपने शिक्षण को प्रभावशाली बनाने का प्रयास करता है।

2.5 शिक्षण क्रियाओं का महत्त्व (Significance of Teaching Operations)

कुछ बिन्दु नीचे दिये जा रहे हैं जो शिक्षण की क्रियाओं के महत्त्व को प्रदर्शित करते हैं:

1. शिक्षक क्रियाएँ शिक्षण चरों के स्वरूप को समझने में सहायता देती हैं।
2. शिक्षण क्रियाएँ शिक्षण प्रक्रिया को सुव्यवस्थित करके इसे प्रभावशाली बनाती हैं।
3. सीखने एवं सिखाने की प्रक्रिया में घनिष्ठ सम्बन्ध स्थापित होता है।
4. ये क्रियाएँ शिक्षण की क्रियाओं के निरीक्षण तथा वैज्ञानिक आधार प्रस्तुत करती हैं।
5. ये क्रियाएँ सीखने की परिस्थितियाँ उत्पन्न करती हैं।
6. इन क्रियाओं से शिक्षकों को दिशा-निर्देश मिलता है कि उन्हें कक्षा में प्रवेश से पूर्व, कक्षा में शिक्षण करते समय तथा कक्षा में शिक्षण के पश्चात् क्या करना चाहिए?
7. ये क्रियाएँ सूक्ष्म उपागमों के प्रयोग को बढ़ावा देती हैं।
8. इन क्रियाओं को ध्यान में रखते हुए शिक्षक, शिक्षण के स्मृति स्तर से लेकर चिन्तन स्तर तक के शिक्षण को प्रभावी बना सकते हैं।
9. शिक्षण की क्रियाएँ, अनुदेशन प्रारूप तैयार करने के लिए वैज्ञानिक आधार प्रदान करती हैं।
10. ये क्रियाएँ शिक्षण के मूल्यांकन के लिए उचित विधियों के विषय में निर्देशन देती हैं।
11. ये क्रियाएँ छात्रों और शिक्षकों को वास्तविक धरातल पर लाकर शिक्षण व्यवस्था सुधार में सहायता देती हैं।

2.6 शिक्षण के चर (Variables of Teaching)

चरण का अर्थ

शिक्षण व्यवस्था में अनेक क्रियाएँ होती हैं। इन क्रियाओं को विभिन्न तत्त्वों के द्वारा सम्पन्न किया जाता है। ये तत्त्व परिस्थिति तथा समय के अनुसार अपनी भूमिका बदलते

रहते हैं। इन तत्त्वों को ही शिक्षण का चर कहा जाता है अर्थात् "शिक्षण अधिगम प्रक्रिया में अपनी परिवर्तित होती हुई भूमिका निभाने वाले आवश्यक तत्त्वों को शिक्षण का चर कहा जाता है।" इन तत्त्वों पर ही शिक्षण प्रक्रिया की सफलता निर्भर करती है। शिक्षण के इन चरों को तीन भागों में बाँटा जा सकता है:

1. स्वतन्त्र चर।
2. आश्रित चर अथवा परतन्त्र चर।
3. मध्यस्थ चर।

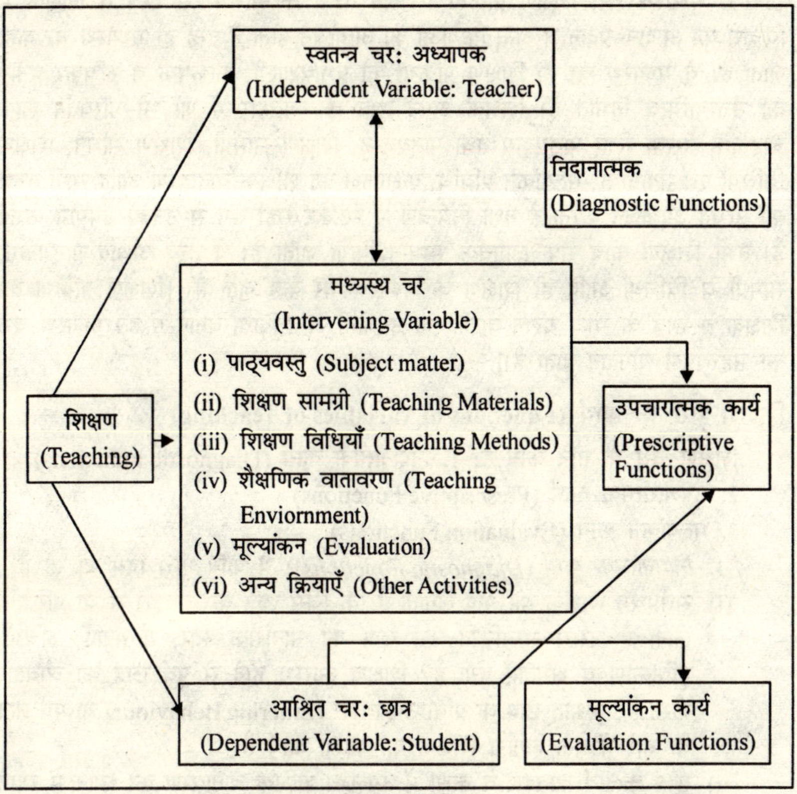

चित्र 2.6: शिक्षण के चर

1. *स्वतन्त्र चर:* शिक्षक स्वतन्त्र चर है। उसी पर शिक्षण की सम्पूर्ण प्रक्रिया के नियोजन, आयोजन, नियन्त्रण, निरीक्षण आदि का सम्पूर्ण उत्तरदायित्व होता है। शिक्षक अपनी योग्यता व सुविधा के अनुसार शिक्षण प्रक्रिया को आयोजित करता है और अपने नियन्त्रण में रखकर छात्रों के व्यवहार में अपेक्षित परिवर्तन लाने का प्रयास करता है। छात्र शिक्षक द्वारा बताये गये आदेशों का पालन करते हैं और शिक्षक के व्यवहार का अनुकरण करते हैं अर्थात् सम्पूर्ण शिक्षण प्रक्रिया शिक्षक के नियन्त्रण में रहती है, इसीलिए शिक्षक को स्वतन्त्र चरण जाता है।

2. *आश्रित अथवा परतन्त्र* चर: छात्रों को शिक्षक के आदेशों के अनुसार कार्य करना पड़ता है क्योंकि शिक्षण प्रक्रिया का मुख्य प्रयोजन छात्रों के व्यवहार में परिवर्तन लाना है। यह परिवर्तन शिक्षक और शिक्षण प्रक्रिया के प्रयत्नों के फलस्वरूप लाया जाता है। समय-समय पर शिक्षक और शिक्षण प्रक्रिया द्वारा जो भी आयोजन किया जाता है, छात्रों को उसी के अनुसार कार्य करना पड़ता है। इस प्रकार से चूँकि छात्र को शिक्षक व शिक्षण प्रक्रिया का आश्रित होना पड़ता है अत: उसे आश्रित चर या परतन्त्र चर के रूप में जाना जाता है।

3. *मध्यस्थ* चर: शिक्षण प्रक्रिया में जिन तत्त्वों के माध्यम से छात्र व शिक्षक में विचारों का आदान-प्रदान व अन्त:क्रियाओं का आयोजन होता है उन्हें ही मध्यस्थ चर कहा जाता है। ये मध्यस्थ चर ही शिक्षण प्रक्रिया को प्रभावशाली, आकर्षक व रुचिकर बनाने का उत्तरदायित्व निभाते हैं। शिक्षक अपने छात्र के व्यवहार में जो भी परिवर्तन लाना चाहता है उसके लिए पाठ्यक्रम तथा पाठ्यवस्तु, शिक्षण सामग्री, शिक्षण साधन, शिक्षण विधियाँ एवं तकनीकें, मूल्यांकन प्रविधि, कक्षाकक्ष का शैक्षिक वातावरण आदि सभी तत्त्वों का उचित आयोजन करता है तथा नियन्त्रण में रखकर सही ढंग से उनका उपयोग करता है। तभी शिक्षण कार्य सफलतापूर्वक सम्पन्न किया जाता है। ये तत्त्व अर्थात् पाठ्यक्रम, सामग्री व विधियाँ आदि ही शिक्षण के मध्यस्थ चर कहे जाते हैं। [शिक्षण प्रक्रिया को शिक्षक व छात्र के मध्य चलने वाली एक उपयोगी अन्त:क्रिया बनाने में इन मध्यस्थ चरों का महत्त्वपूर्ण योगदान होता है।]

शिक्षण चरों के कार्य (Functions of Variables of Teaching)

शिक्षण चरों के तीन कार्य हैं: 1. निदानात्मक कार्य (Diagnostic Functions)
2. उपचारात्मक कार्य (Prescriptive Functions)
3. मूल्यांकन कार्य (Evaluation Functions)

1. *निदानात्मक कार्य* (*Diagnostic Functions*): ये कार्य नीचे दिये जा रहे हैं:

(i) सर्वप्रथम शिक्षक यह पता लगाता है कि जिस छात्र के व्यवहार में जो परिवर्तन लाना है उससे सम्बन्धित उस छात्र का मानसिक स्तर, योग्यताएँ, रुचियाँ, दृष्टिकोण व क्षमताएँ क्या हैं? शिक्षण आरम्भ होने से पूर्व छात्र का व्यवहार कैसा है? अर्थात् छात्र के प्रविष्टि व्यवहार (Entering Behaviour) या पूर्व ज्ञान के बारे में पता लगाना शिक्षक का पहला कार्य है।

(ii) छात्र के पूर्व व्यवहार व कक्षा में उपलब्ध शैक्षिक वातावरण को ध्यान में रखते हुए शिक्षक विद्यार्थी के व्यवहार में जो भी परिवर्तन लाना चाहता है, उसके अनुसार शैक्षणिक उद्देश्यों का निर्धारण वह करता है।

(iii) जो विषय-सामग्री बच्चों के सम्मुख प्रस्तुत करनी है, उस पाठ्य-वस्तु का शिक्षक विश्लेषण करता है।

(iv) पाठ्य-वस्तु के विश्लेषण के आधार पर शिक्षण कार्य के लिए प्रयोग में लाई जाने वाली अनुदेशन सामग्री (Instructional Material), विधि और तकनीक आदि की शिक्षक जाँच करता है।

(v) शिक्षण की सफलता के लिए शैक्षिक वातावरण की उपयुक्तता की शिक्षक जाँच करता है।

(vi) तत्पश्चात् शिक्षण कार्य में सफलता प्राप्त करने के लिए अध्यापक स्वयं अपनी योग्यताओं, शक्तियों व क्षमता का मूल्यांकन व निदान कार्य करता है।

वैसे तो शिक्षक स्वतन्त्र चर है अतः शिक्षण प्रक्रिया की सफलता का प्रमुख उत्तरदायित्व उसी पर होने के कारण शिक्षक को ही निदानात्मक कार्य करने होते हैं, परन्तु शिक्षक एक अन्तःक्रियात्मक प्रक्रिया है अतः शिक्षण की सफलता का उत्तरदायित्व छात्र का भी उतना ही है जितना शिक्षक का। यहाँ छात्रों को भी कुछ निदानात्मक कार्य करने पड़ते हैं।

2. *उपचारात्मक कार्य* (*Prescriptive Functions*): शिक्षक को निम्नलिखित कार्य करने होते हैं:

(i) उचित पाठ्य-सामग्री का चयन, विभिन्न इकाइयों में उसका विभाजन व उचित आयोजन।

(ii) विषय-वस्तु के अनुरूप शिक्षण-सामग्री का चयन एवं उचित आयोजन।

(iii) छात्रों के प्रविष्टि व्यवहार व क्षमताओं के अनुरूप विषय-सामग्री को बोधगम्य बनाने हेतु उचित शिक्षण विधियों, शिक्षण युक्तियों एवं शिक्षण कौशलों का चयन, आयोजन व प्रयोग।

(iv) छात्रों को प्रतिपुष्टि (Feedback) देने हेतु प्रतिपुष्टि या पृष्ठ-पोषण विधियों (Feedback Devices) का चयन व प्रयोग।

(v) शिक्षण की सफलता के लिए शिक्षक-छात्र अन्तःक्रिया अधिक-से-अधिक हो, इसके लिए छात्रों का सहयोग प्राप्त करने हेतु विविध प्रयास।

जिस प्रकार डॉक्टर अपने रोगी को रोगमुक्त करने के लिए हर सम्भव प्रयास करता है उसी प्रकार से छात्रों के व्यवहार परिवर्तन हेतु शिक्षक को भी हर सम्भव प्रयास करना पड़ता है।

दूसरी और अपने आपको रोगमुक्त कराने के लिए जिस तरह रोगी डॉक्टर के द्वारा दिये गये हर निर्देश का पालन करता है, डॉक्टर को पूरा-पूरा सहयोग देता है, उसी तरह शिक्षण प्रक्रिया में उपचारात्मक कार्यों की दृष्टि से छात्र का कार्य भी शिक्षक के निर्देशों का पालन करना व शिक्षक को पूरी तरह से सहयोग देना होता है।

3. *मूल्यांकन कार्य* (Evaluate Functions): निदानात्मक व उपचारात्मक कार्यों की उपलब्धि का पता लगाने के लिए मूल्यांकन कार्य सम्पादित किया जाता है। मूल्यांकन कार्य में इस बात की जाँच करनी पड़ती है कि शिक्षक के उपचारात्मक कार्यों द्वारा पूर्व निर्धारित उद्देश्यों की प्राप्ति हुई है या नहीं।

3

शिक्षण के स्तर
(Levels of Teaching)

3.1 शिक्षण के तीन स्तर
(Three Levels of Teaching)

शिक्षण का उद्देश्य छात्रों को सीखने के व्यवहारों में वांछित परिवर्तन लाना है। उन्हें सीखने के लिए प्रेरित करना है। विभिन्न स्तरों पर विभिन्न शैक्षिक उद्देश्यों की प्राप्ति के लिए विषय-वस्तु को पढ़ाया जाता है। बिग्गी ने शिक्षण अधिगम के तीन स्तर बताये हैं।

स्मृति स्तर (Memory Level)	→	बोध स्तर (Understanding Level)	→	चिन्तन अथवा मनन स्तर (Reflective Level)

चित्र 3.1: शिक्षण के तीन स्तर

3.2 स्मृति स्तर का शिक्षण
(Teaching at Memory Level)

जैसा कि इस स्तर का नाम है, इस स्तर पर शिक्षण में स्मृति प्रधान तत्त्व हैं। छात्र विषय-वस्तु को कण्ठस्थ करते हैं तथा उसकी ज्यों-की-त्यों मौखिक या लिखित आवृत्ति करते हैं। यह शिक्षण अनुबन्धन पर आधारित है। इस प्रकार के शिक्षण में सोचने की शक्ति को बढ़ावा नहीं मिलता है। एक तोते की तरह रट्टा लगाया जाता है।

स्मृति स्तर की शिक्षण के मान्यताएँ
(Assumptions of Teaching at Memory Level)

स्मृति स्तर के शिक्षण की निम्नलिखित मान्यताएँ हैं:

(i) सार्थक विषय-वस्तु या सामग्री आसानी से स्मरण होती है उसे अधिक समय तक स्मृति में धारण किया जा सकता है।

(ii) स्मरण करने और सामग्री (तथ्यों आदि) की स्मृति में धारण करने की क्षमता का बुद्धियुक्त व्यवहार करने की क्षमता से कोई धनात्मक अथवा सार्थक सम्बन्ध नहीं है।

(iii) छात्रों के भावनात्मक विकास के लिए स्मरण किये गये तथ्यों का योगदान न के बराबर होता है।

उपर्युक्त विवरण से हमें यह नहीं समझना चाहिए कि इस स्तर के शिक्षक का कोई महत्त्व नहीं है। अत्यन्त सर्जनशील एवं कल्पनाशील शिक्षण में भी स्मृति और अभ्यास की आवश्यकता पड़ती है। स्मृति के बिना बोध एवं चिन्तन सम्भव नहीं है। अत: प्रत्येक विषय के शिक्षण में कुछ तथ्य ऐसे होते हैं जिन्हें याद करने से ही विषय में आसानी से प्रगति होती है, जैसे—गणित में पहाड़े याद करना तथा व्याकरण के नियम या रूप याद करना आदि। हर प्रकार के शिक्षण में पूर्वज्ञान को नवीन ज्ञान से जोड़ना ही होता है। अत: पूर्वज्ञान स्मृति में रहे, इसके लिए शिक्षकों को सभी विषयों के शिक्षण में स्मृति को स्थायी बनाने का प्रयास करना ही पड़ता है।

स्मृति स्तर पर महत्त्वपूर्ण तत्त्व

इस स्तर के शिक्षण की रूपरेखा में निम्नलिखित महत्त्वपूर्ण तत्त्वों का होना आवश्यक है:

(i) विषय-वस्तु का विश्लेषण करना।

(ii) विषय-वस्तु को सुनिश्चित और तारतम्य में व्यवस्थित करना।

(iv) बिना किसी फेर-बदल के सुनिश्चित तारतम्य में विषय-वस्तु को प्रस्तुत करना।

(iv) विषय-वस्तु एवं शिक्षण के विभिन्न अंशों एवं घटकों को यन्त्रवत् संचालित करना।

स्मृति स्तर के शिक्षण का प्रतिमान
(Model of Memory Level of Teaching)

प्रतिमान तत्त्व	*स्मृति स्तर पर शिक्षण क्रियाएँ*
1. उद्देश्य (Focus)	1. छात्र के मानसिक पक्षों का प्रशिक्षण करना। 2. छात्रों को तथ्यों का ज्ञान प्रदान करना। 3. छात्रों द्वारा सीखे हुए तथ्यों को स्मरण करना। 4. छात्रों द्वारा सीखे गये तथ्यों का प्रत्यास्मरण तथा उन्हें पुनः प्रस्तुत करना।
2. संरचना (Syntax)	शिक्षण की व्यवस्था को हरबार्ट (Herbart) द्वारा दर्शायी गई पंचपदीय प्रणाली का प्रयोग किया जाता है। 1. तैयारी अथवा प्रस्तावाना। 2. प्रस्तुतीकरण। 3. तुलना व सम्बन्ध। 4. सामान्यीकरण। 5. प्रयोग तथा अभ्यास।

(क्रमशः)

प्रतिमान तत्त्व	*स्मृति स्तर पर शिक्षण क्रियाएँ*
3. सामाजिक प्रणाली (Social System)	सामाजिक प्रणाली के मुख्य तत्त्व इस प्रकार हैं: 1. शिक्षक का कक्षा में अधिक सक्रिय होना तथा हावी होना। 2. छात्रों का स्थान गौण होता है। 3. छात्र शिक्षक का चुपचाप आदेश मानते हैं। 4. अनुशासन कठोर होता है।
4. मूल्यांकन प्रणाली (Support System)	1. मूल्यांकन मौखिक तथा लिखित दोनों प्रकार का होता है। 2. परीक्षा में रटने की क्षमता पर बल दिया जाता है। 3. वस्तुनिष्ठ परीक्षण में प्रत्यास्मरण तथा अभिज्ञान के पदों की प्रधानता होती है।

स्मृति शिक्षण में प्रमुख त्रुटियाँ तथा इसकी सीमाएँ (Shortcomings and Limitations of Memory Level Teaching)

ये निम्नलिखित हैं:

1. अध्यापक और विद्यार्थियों में अन्तक्रिया (Interaction) नहीं होती।
2. स्मृति स्तर शिक्षण में शिक्षक प्रधान होता है।
3. इसमें छात्रों का स्थान गौण होता है।
4. छात्रों को कठोर अनुशासन में रखा जाता है।
5. इसमें रटने पर अधिक बल दिया जाता है।
6. इस शिक्षण में बुद्धि का महत्त्व नहीं होता।
7. इस स्तर पर शिक्षण ज्ञानात्मक पक्ष तक ही सीमित रहता है।
8. इस स्तर के शिक्षण में अभिप्रेरणा (Motivation) का अभाव रहता है।
9. सीखे हुए ज्ञान का मूल्यांकन परम्परागत ढंग से ही किया जाता है।
10. स्मृति स्तर का शिक्षण बोध और चिन्तन स्तर के शिक्षण के लिए प्रथम सीढ़ी का कार्य करता है अर्थात् स्मृति स्तर के शिक्षण के पश्चात् ही बोध (Understanding) और चिन्तन (Reflective) स्तर का शिक्षण सम्भव है।
11. स्मृति स्तर पर ज्ञान 'सतही ज्ञान' ही रहता है।
12. स्मृति स्तर शिक्षण में छात्रों पर अधिक बोझ पड़ता है।

स्मृति स्तर शिक्षण को प्रभावी बनाने के सुझाव (Suggestions for Making Teaching at Memory Level Effective)

ये निम्नलिखित हैं:

1. प्रस्तुत की जाने वाली विषय-वस्तु सार्थक होनी चाहिए।
2. शिक्षक को चाहिए कि पाठ्य-वस्तु को क्रमबद्ध रूप से प्रस्तुत करे।

3. थकान के दौरान छात्रों का शिक्षण नहीं करना चाहिए।
4. इस स्तर के शिक्षण में केवल ज्ञान के उद्देश्य (Cognitive Objectives) को ही प्राप्त करने का प्रयत्न किया जाना चाहिए।
5. इस स्तर पर सुनिश्चित पुनर्बलन प्रणाली (Reinforcement System) का प्रयोग किया जाना चाहिए।
6. अभ्यास के द्वारा धारणा (Retention) की वृद्धि की जानी चाहिए।
7. शिक्षण के सभी बिन्दुओं (Points) को समग्र रूप से प्रस्तुत किया जाना चाहिए।
8. इस स्तर पर पूर्ण विधि (Whole Method) से अंश विधि (Part Method) का प्रयोग किया जाना चाहिए।
9. पुनरावृत्ति (Re-capitulation) प्रभावी ढंग से की जानी चाहिए।
10. शिक्षक यह सुनिश्चित करे कि स्थायीकरण की प्रक्रिया (Process of Consolidation) किस प्रकार अर्जित की जा सकती है।

3.3 बोध स्तर पर शिक्षण
(Understanding Level of Teaching)

बोध स्तर पर शिक्षण का अर्थ
(Meaning of Understanding Level of Teaching)

बोध स्तर शिक्षण को भली-भाँति जानने के लिए आवश्यक है कि पहले बोध के अर्थ को समझ लिया जाये।

शिक्षा तथा मनोविज्ञान के सन्दर्भ में निम्न प्रकार से बोध का अर्थ स्पष्ट किया जा सकता है:

(i) 'बोध' को तथ्य को प्रयोग करने के उपकरण के रूप में देखना।
(ii) 'बोध' सम्बन्ध को देखने के रूप में।
(iii) 'बोध' को दोनों ही सम्बन्ध और उपकरण प्रयोग के रूप में देखना।
(iv) 'बोध' एक सामन्यीकृत अन्तर्दृष्टि के रूप में।

'बोध' स्तर पर शिक्षण के अर्थ को स्पष्ट करते हुए ***मौरिसन*** ने लिखा है कि 'बोध शिक्षण' किसी सीखी हुई सामग्री का पुनः स्मरण मात्र नहीं है और न ही सामान्यीकरण। अपितु यह वह अन्तर्दृष्टि है जिसके द्वारा हम यह जान पाते हैं कि सीखी हुई सामग्री को के नयी परिस्थितियों में कैसे प्रयोग में लाया जा सकता है। उन्होंने इस बात पर विशेष बल दिया है कि शिक्षण का उद्देश्य छात्रों में नैपुण्य (Mastery) विकसित करना है, न कि उन्हें विषय-वस्तु को कंठस्थ (Memorise) करा देना। उनके अनुसार शिक्षकों को चाहिए कि वे अनुबन्धन (Conditioning) जैसे अधिगम पर बल न देकर व्यक्तित्व के अनुकूलन की ओर अधिक ध्यान दें।

बोध स्तर शिक्षण स्तर पर छात्रों में विषय-वस्तु का बोध या समझ विकसित करने का प्रयास किया जाता है। बोध तभी उत्पन्न होता है जब हम यह देखते या समझते हैं कि सीखी हुई वस्तु या सीखे हुए विचार को किस प्रकार रचनात्मक ढंग से प्रयुक्त कर सकते हैं और उनके आधार पर किस प्रकार सामान्यीकरण कर सकते हैं। बोध के द्वारा ही अन्तर्दृष्टि (Insight) उत्पन्न होती है। बोध विकसित होने पर छात्र अपनी ज्ञानात्मक

संरचना को पुन: संरचित कर सकते हैं तथा ज्ञान में अन्तर्निहित घटकों में नये-नये सम्बन्ध देख सकते हैं।

बोध स्तर शिक्षण की प्रमुख विशेषताएँ

- विभिन्न तथ्यों के सम्बन्धों को समझना।
- तथ्यों के संचालन के रूप को देखना।
- तथ्यों के सम्बन्ध तथा संचालन दोनों को समन्वित करना।

3.4 मौरिसन बोध स्तर शिक्षण प्रतिमान (Morrison's Model of Teaching at Understanding Level)

प्रतिमान तत्त्व	*स्मृति स्तर पर शिक्षण क्रियाएँ*
1. उद्देश्य (Focus)	प्रत्यय का स्वामित्व प्राप्त करना।
2. संरचना (Syntax)	बोध स्तर शिक्षण स्तर के पाँच सोपान निम्नलिखित होते हैं: 1. *अन्वेषण*: (i) प्रश्न पूछना, (ii) पाठ्य-वस्तु का विश्लेषण करना। 2. *प्रस्तुतीकरण*: (i) लघु इकाइयाँ, (ii) निदान कार्य, (iii) पुनरावृत्ति। 3. आत्मीकरण (Assimilation)। 4. व्यवस्था। 5. अभिव्यक्तिकरण अथवा पाठ करना (Recitation)।
3. सामाजिक प्रणाली (Social System)	1. शिक्षक व्यवहार का नियन्त्रण करता है। 2. शिक्षक तथा छात्र दोनों सक्रिय रहते हैं। 3. छात्र अपने विचार प्रदर्शित कर सकते हैं। 4. आन्तरिक तथा बाह्य दोनों प्रकार की प्रेरणा उपयोगी है।
4. मूल्यांकन प्रणाली (Support System)	निम्नलिखित विधियों का आवश्यकतानुसार प्रयोग किया जाता है: 1. लिखित विधि। 2. मौखिक विधि। 3. निबन्धात्मक विधि। 4. वस्तुनिष्ठ विधि। 5. अभिक्रमित अधिगम (Programmed Learning) का प्रयोग।

बोध स्तर शिक्षण की आलोचना
(Criticism of Understanding Level of Teaching)

ये निम्नलिखित हैं:

1. इस प्रतिमान में मानवीय व्यवहारों की ओर उचित ध्यान नहीं दिया जाता है।
2. इस स्तर पर छात्रों के भावात्मक तथा क्रियात्मक पक्षों की अवहेलना की जाती है।

बोध स्तर के शिक्षण को प्रभावी बनाने के सुझाव
(Suggestions for Making Understanding Level of Teaching Effective)

बोध स्तर के शिक्षण अधिगम को प्रभावपूर्ण बनाने के लिए शिक्षक को निम्नलिखित बिन्दुओं पर ध्यान देना चाहिए:

1. पाठ का उद्देश्य बहुत ही स्पष्ट करना चाहिए।
2. पाठ-योजना छात्रों के मानसिक स्तर की होनी चाहिए।
3. क्रमबद्ध एवं सुव्यवस्थित पाठ्यक्रम के महत्त्व को समझा जाये।
4. अभिक्रमित अधिगम और शिक्षण-मशीनों का भी समुचित प्रयोग किया जाना चाहिए।
5. पाठ में अभ्यास की भूमिका के महत्त्व को समझना चाहिए।
6. आन्तरिक अभिप्रेरणाओं का अधिक सहारा लेना चाहिए।
7. छात्रों के आकांक्षा स्तर को भी ऊँचा उठाने का प्रयास किया जाना चाहिए।
8. छात्रों को अभिप्रेरणा दी जाये।
9. स्मृति स्तर के पश्चात् ही बोध-स्तर के शिक्षण की व्यवस्था की जानी चाहिए।
10. प्रत्येक सोपान को क्रमबद्ध तरीके से पार किया जाये।

3.5 चिन्तन अथवा मनन स्तर का शिक्षण
(Reflective Level of Teaching)

चिन्तन स्तर शिक्षण का अर्थ

चिन्तन स्तर का शिक्षण वह शिक्षण है जो समस्या केन्द्रित हो: छात्रों को मौलिक कल्पना में व्यस्त रखे तथा विषय के प्रति आलोचनात्मक दृष्टिकोण का निमाण करे।

चिन्तन स्तर के बारे में बिगे (Bigge) ने कहा है, "चिन्तन स्तर का शिक्षण ऐसा कक्षा-वातावरण बनाने का प्रयास करता है जो कि अधिक सजीव और उत्साहवर्धक हो, अधिक आलोचनात्मक और गहराई तक ले जाने वाला हो तथा ताजी और मौलिक सोच के लिए अधिक खुला हो।"

चिन्तन स्तर पर शिक्षण की विशेषताएँ

- यह स्तर समस्या केन्द्रित है।
- इस स्तर पर छात्रों के सम्मुख कोई सम्बन्धित ज्वलन्त समस्या प्रस्तुत की जाती है।
- इस स्तर पर छात्र सक्रिय रहते हैं।
- इस स्तर पर स्मृति तथा बोध दोनों स्तरों का शिक्षण निहित होता है।

- यह शिक्षण का सर्वोच्च स्तर है।
- इस स्तर पर छात्र अपनी अभिव्यक्ति, धारणा, विचार तथा मान्यता के अनुसार समस्या समाधान हेतु तर्क करते हुए नवीन ज्ञान की खोज करते हैं।

3.6 चिन्तन स्तर के शिक्षण का हण्ट प्रतिमान (Hunt's Model of Reflective Level of Teaching)

प्रतिमान तत्त्व	*शिक्षण की विशेषताएँ*
1. उद्देश्य (Focus)	1. छात्रों में समस्या समाधान की क्षमता का विकास करना। 2. छात्रों में स्वतन्त्र तथा मौलिक चिन्तन शक्ति का विकास करना। 3. छात्रों में आलोचनात्मक तथा सृजनात्मक चिन्तन का विकास करना।
2. संरचना (Syntax)	संरचना के सोपान निम्नलिखित हैं: 1. पहले सोपान पर शिक्षक छात्रों के सम्मुख सकारात्मक स्थिति पैदा करता है। 2. दूसरे सोपान पर छात्र समस्या समाधान के लिए उपकल्पना (Hypothesis) बनाते हैं। समस्या-समाधान के लिए एक से अधिक उपकल्पनाएँ भी बनाई जा सकती हैं। 3. तीसरे सोपान पर छात्र अपनी उपकल्पनाओं की पुष्टि के लिए आवश्यक आँकड़ों तथा तथ्यों को एकत्रित करते हैं। इन आँकड़ों तथा तथ्यों के आधार पर यह निर्णय लिया जाता है कि बनाई गई उपकल्पना समस्या-समाधान में सहायता दे सकती है या नहीं। 4. चौथे सोपान में उपकल्पना का परीक्षण किया जाता है। इस परीक्षण के आधार पर निष्कर्ष निकाले जाते हैं जो कि छात्रों के मौलिक विचार होते हैं।
3. सामाजिक प्रणाली (Social System)	1. कक्षा-वातावरण स्वतन्त्र तथा खुला होता है। 2. छात्रों का स्थान प्रमुख होता है। 3. अध्यापकों का स्थान गौण होता है। 4. छात्रों को स्वतः प्रेरणा तथा सामाजिक प्रेरणा दोनों ही प्राप्त होती हैं। इस स्तर के शिक्षण पर शिक्षण की निम्न कार्य करता है: (i) समस्या पर वाद-विवाद तथा सेमीनार आदि का आयोजन। (ii) छात्रों के आकांक्षा स्तर (Level of Aspiration) को ऊँचा उठाना।

(क्रमशः)

प्रतिमान तत्त्व	स्मृति स्तर पर शिक्षण क्रियाएँ
4. मूल्यांकन प्रणाली (Support System)	1. छात्रों की अभिवृत्तियों (Attitudes) तथा विश्वासों (Beliefs) का मूल्यांकन करना। 2. छात्रों की अधिगम की क्रियाओं में भागीदारी (Involvement) की जाँच करना। 3. छात्रों की आलोचनात्मक और सृजनात्मक क्षमताओं के विकास की जाँच करना। इसमें वस्तुनिष्ठ परीक्षा उपयोगी नहीं होती है।

चिन्तन स्तर के शिक्षण की सीमाएँ (Limitations of Reflective Level of Teaching)

ये निम्नलिखित हैं:

1. इस स्तर का शिक्षण केवल उच्च कक्षाओं के छात्रों के लिए ही उपयुक्त रहता है, क्योंकि चिन्तन स्तर के शिक्षण में आयु तथा परिपक्वता का विशो महत्त्व तथा योगदान होता है।
2. इस स्तर के शिक्षण में केवल सामूहिक वाद-विवाद को ही प्रभावशाली माना जाता है।
3. चिन्तन स्तर के शिक्षण में, स्मृति और बोध स्तर के शिक्षण की भाँति किसी निश्चित कार्यक्रम का अनुसरण नहीं किया जा सकता।
4. चिन्तन स्तर शिक्षण पाठ्यवस्तु पाठ्य-पुस्तक तथा पाठ्यक्रम तक ही सीमित नहीं किया जा सकता।

चिन्तन-स्तर के शिक्षण के लाभ (Merits of Reflective Level of Teaching)

ये निम्नलिखित हैं:

1. चिन्तन स्तर का शिक्षण समस्या-केन्द्रित होता है।
2. चिन्तन स्तर पर छात्र अपने विचार स्वतन्त्रतापूर्वक रख सकते हैं।
3. चिन्तर-स्तर के शिक्षण से छात्रों में सृजनात्मक, मौलिक और स्वतन्त्र चिन्तन का विकास होता है। यह एक स्वतन्त्र परिस्थिति होती है।।
4. चिन्तन-स्तर के शिक्षण में विषय-वस्तु की कठोर या निश्चित संरचना का प्रयोग किया जा सकता है।

चिन्तन-स्तर के शिक्षण को प्रभावी बनाने के लिए सुझाव तथा सावधनियाँ (Suggestions and Precautions for Making Reflective Teaching Level Effective)

ये निम्नलिखित हैं:

1. चिन्तन-स्तर का शिक्षण तभी होना चाहिए जब विद्यार्थी स्मृति और बोध-स्तर के शिक्षण की परीक्षा पास कर ले।

2. छात्र समस्या को ठीक से समझें ताकि वे उपकल्पनाओं (Hypothesis) का निर्माण कर सकें।
3. कक्षा का वातावरण स्वतन्त्रता से परिपूर्ण तथा स्पष्टता ये युक्त होना चाहिए।
4. शिक्षक को प्रजातान्त्रिक नेतृत्व प्रदान करना चाहिए।
5. शिक्षकों को एक ऐसा वातावरण निर्मित करना चाहिए जिसमें छात्र स्वेच्छा से कक्षा-कार्य में भाग लेने के लिए उत्सुक हों।
6. शिक्षकों को चाहिए कि वे छात्रों में खुलेपन तथा ग्रहणशीलता की मनोवृत्ति का विकास करें।
7. शिक्षक समस्यात्मक परिस्थिति उत्पन्न करे जिससे उसमें मौलिक और सृजनात्मक चिन्तन का विकास हो।
8. चिन्तन-स्तर के शिक्षण में शिक्षक इन चारों सोपानों का अनुकरण दृढ़ता से करे।
9. छात्र समस्या के प्रति संवेदनशील हो।
10. शिक्षक छात्रों के समस्या में संलिप्त होने के लिए उनका आकांक्षा स्तर ऊँचा उठाये।
11. छात्रों की समस्या के लिए निष्कर्ष निकालने के लिए प्रमाण इकट्ठे करने हेतु वस्तुनिष्ठ (Objective) होना चाहिए।

3.7 स्मृति स्तर, बोध स्तर तथा चिन्तन स्तर के शिक्षण का तुलनात्मक अध्ययन (A Comparative Study of Memory Level, Understanding Level and Reflective Level of Teaching)

	तुलना के बिन्दु	स्मृति स्तर	बोध स्तर	चिन्तन स्तर
1.	प्रवर्तक	हरबार्ट (Herbart)	मौरिसन (Morrison)	हण्ट (Hunt)
2.	शिक्षण की प्रकृति	न्यूनतम विचार	विचारपूर्ण	अधिकतम विचार
3.	उद्देश्य	ज्ञान प्राप्ति	बोध तथा प्रयोग करने पर बल	विश्लेषण तथा संश्लेषण पर बल
4.	पाठ्यवस्तु की प्रकृति	तथ्यात्मक	व्याख्यात्मक	चिन्तन से परिपूर्ण
5.	अधिगम की प्रकृति	तथ्यात्मक	बोध, अन्तर्दृष्टि	बोध, अन्तर्दृष्टि, स्वतन्त्र चिन्तन, वैज्ञानिक दृष्टिकोण
6.	कक्षा का वातावरण	निष्क्रिय	आलोचनात्मक	विवादास्पद
7.	अधिगम संरचना	संकेत, शृंखला	सम्बन्ध	समस्या समाधान नियम बनाना
8.	शिक्षक की भूमिका	छात्रों के व्यवहार पर शिक्षक का नियन्त्रण	शिक्षण तथा छात्रों की संभागिता	लोकतान्त्रिक, छात्र-स्वतन्त्रता

(क्रमशः)

	तुलना के बिन्दु	*स्मृति स्तर*	*बोध स्तर*	*चिन्तन स्तर*
9.	सीखने के सिद्धान्त	उद्दीपन-अनुक्रिया सिद्धान्त (S-R Theory)	अन्तर्दृष्टि का सिद्धान्त	मनोवैज्ञानिक सूत्र
10.	युक्तियाँ	व्याख्यान	प्रश्नोत्तर	विचार-विमर्श, वाद-विवाद
11.	अभिप्रेरणा	बाह्य	बाह्य तथा आन्तरिक	आन्तरिक
12.	परीक्षण	मौखिक, लिखित, प्रत्यास्मरण, वाक्य-पूर्ति	व्याख्यात्मक, सम्बन्धात्मक तथा वस्तुनिष्ठ	निबन्धात्मक, समीक्षात्मक तथा टिप्पणीकरण

4

शिक्षण विधियाँ
(Teaching Methods)

4.1 शिक्षण विधियों का महत्त्व (Significance of Teaching Methods)

शिक्षण विधियों के महत्त्व पर प्रकाश डालते हुए माध्यमिक शिक्षा आयोग (1952–53) ने लिखा है कि सर्वश्रेष्ठ पाठ्यक्रम तथा सलेबस बेजानदार रहता है जब तक कि उपयुक्त शिक्षण विधियाँ तथा उपयुक्त अध्यापक उसको सजीव नहीं बनाते। इसमें कोई सन्देह नहीं है कि अध्यापक के लिए जहाँ विषय-वस्तु का ज्ञान आवश्यक है, वहाँ उसे प्रभावी शिक्षण विधियों का ज्ञान होना भी आवश्यक है।

प्रभावी शिक्षण विधियों में अध्यापक के साथ-साथ छात्र भी क्रियाशील रहते हैं। अध्यापक के शिक्षण की प्रभावशीलता छात्रों के शिक्षण में रुचि लेने तथा उसमें क्रियात्मक तथा सर्जनशील भागेदारी पर निर्भर रहती है। उत्तम शिक्षण विधियाँ छात्रों में प्रेरणा जागृत करती हैं। उत्तम शिक्षण विधियाँ छात्रों में चिंतन, मनन तथा खोज की प्रवृत्तियों का विकास करती हैं। उत्तम शिक्षण विधियाँ पाठ के निर्धारित उद्देश्यों को प्राप्त करने में सहायक हैं।

संक्षेप में शिक्षण विधियों का निम्न महत्त्व है:

1. छात्र क्रियाशील रहते हैं।
2. छात्र की रोचकता अधिगम प्रक्रिया में बढ़ती है।
3. छात्रों के लिए प्रयोजन-युक्त कार्य परिस्थितियाँ उत्पन्न होती हैं।
4. पाठ्य-वस्तु के विभिन्न पक्षों में सह-सम्बन्ध स्थापित किया जा सकता है।
5. छात्रों में तर्कशक्ति का निर्माण तथा विकास होता है।
6. छात्रों में गहन सोच-शक्ति का विकास होता है।
7. छात्रों को अधिकाधिक ज्ञानेन्द्रियों के प्रयोग के अवसर मिलते हैं।
8. पाठ को दोहराने के अवसर प्रदान किए जाते हैं।
9. निर्धारित उद्देश्यों की पूर्ति में सहायता मिलती है।
10. छात्रों को नए प्रयोग करने की प्रेरणा मिलती है।

वेस्ले (Wesley) के अनुसार, "शिक्षा में 'शिक्षण विधि' शब्द शिक्षक द्वारा पथ-प्रदर्शित की हुई उन क्रियाओं की एक शृंखला है जो छात्रों के द्वारा सीखने में परिणत होती है।"

जॉन ड्यूवी (John Dewey) के शब्दों में, "शिक्षण विधि निष्कर्ष के विकास के लिए पाठ्य-वस्तु को सुव्यवस्थित करने की विधि है।"

4.2 उपयुक्त शिक्षण विधि की प्रमुख विशेषताएँ (Characteristics of Main Teaching Methods)

1. छात्र-क्रियाशीलता।
2. छात्र-रोचकता।
3. छात्रों के लिए प्रयोजन-युक्त कार्य परिस्थितियाँ उत्पन्न करना।
4. पाठ्यवस्तु के विभिन्न पक्षों में सह-सम्बन्ध स्थापित करना।
5. छात्रों में तर्कशक्ति का निर्माण तथा विकास करना।
6. छात्रों में गहन सोच-शक्ति का विकास करना।
7. छात्रों को अधिकाधिक ज्ञानेन्द्रियों के प्रयोग के अवसर उत्पन्न करना।
8. शिक्षण सहायक सामग्री के प्रयोग के अवसर प्रदान करना।
9. पाठ को दोहराने के अवसर प्रदान करना।
10. निर्धारित उद्देश्यों की पूर्ति में सहायक होना।

4.3 शिक्षण विधियों का संक्षिप्त इतिहास (Brief History of Teaching Methods)

1. *जे.ए. कॉमेनियस* (*J.A. Comenius* 1592-1670) ने अपने महान् ग्रन्थ 'ग्रेट डाइडेक्टिक' (Great Didiactic) में सम्पूर्ण अनुदेशन को प्राकृतिक रूप में श्रेणीबद्ध एवं व्यक्तिगत करने पर बल दिया।

2. *जे.जे. रूसो* (*J.J. Rousseau* 1712-1778) ने अपने प्रसिद्ध ग्रन्थ 'एमील' (Emile) में क्रियाशीलता या करके सीखने के सिद्धान्त (Learning by Doing), 'प्रयोग द्वारा सीखना' (Learning by Experiment) तथा 'निरीक्षण द्वारा सीखना' (Learning by Observation) पर जोर दिया।

3. *पेस्टालॉजी* (*Pestalozzi* 1746-1827) ने अनुदेशन को मनोवैज्ञानिक का आधार माना तथा नयी शिक्षण विधियों का सूत्रपात किया और नयी अवधारणा आनशांग (Anschauung) प्रस्तुत की।

4. *हरबर्ट* (*Herbart* 1746-1841) ने पाठ योजना के विभिन्न पदों का उल्लेख किया।

5. *फ्रोबेल* (*Froebel* 1782-1852) ने किण्डरगार्टन पद्धति का निर्माण किया तथा खेल (Play) पर जोर दिया।

6. *मैडम मोरया माँटेसरी* (*M. Montessori* 1870-1952) ने मॉण्टेसरी पद्धति का निर्माण किया।

7. *जॉन ड्यूवी* (*John Dewey* (1857-1952) ने 'अनुभव द्वारा सीखना' (Learning by Experience) को शिक्षण पद्धति का आधार बनाया।

8. *महात्मा गाँधी* (*Mahatma Gandhi* 1869-1948) ने हस्तकला को शिक्षण पद्धति का आधार बनाया।

4.4 शिक्षण विधियों का वर्गीकरण (Classification of Teaching Methods)

1. *ज्ञानेन्द्रियों पर आधारित शिक्षण विधियाँ* (*Teaching Methods Based upon Senses*): (i) दृश्य (Visual), (ii) श्रव्य, (iii) गत्यात्मक (Motor)

2. *सीखने के सिद्धान्तों पर शिक्षण विधियाँ* (*Teaching Methods Based on Theories of Learning*): (i) अभ्यास (Drill), (ii) समस्या समाधान (Problem Solving), (iii) क्रिया (Activity)।

3. *अध्यापक-अभिप्राय: पर आधारित शिक्षण विधियाँ* (*Teaching Methods Based on Teacher Purpose*): (i) व्याख्यात्मक (Exploratory), (ii) तर्कात्मक (Reasoning), (iii) नैदानिक (Diagnostic), (iv) विकासात्मक (Developmental)।

4. *उपकरणों पर आधारित शिक्षण विधियाँ* (*Teaching Methods Based on Equipment*): (i) पाठ्य-पुस्तक विधि (Text-book based), (ii) पुस्तकालय विधि (Library Method), (iii) प्रयोगशाला विधि (Laboratory Method)।

5. *उपागम पर आधारित शिक्षण विधियाँ* (*Teaching Methods Based on Approach*): (i) मौखिक (Verbal), (ii) नमूने (Specimens), (iii) भ्रमण (Excursion)।

6. *छात्र-केन्द्रित आधारित शिक्षण विधियाँ* (*Student-Centred Based Teaching Methods*): (i) डाल्टन (Dalton), (ii) प्रोजेक्ट (Project), (iii) किण्डरगार्टन (Kindergarten), (iv) मॉण्टेसरी (Montessori), (v) मुक्त रूप से चयनित कार्य (Freely Chosen Activity)।

7. *सामाजिक आधार पर शिक्षण विधियाँ* (*Socialised Methods of Teaching*): (i) समाजीकृत अभिव्यक्ति (Socialized Recitation), (ii) सेमिनार (Seminar), (iii) वाद-विवाद (Debate), (iv) परिचर्चा (Discussion), (v) कार्यशाला (Workshop)।

8. *विचार की स्वतन्त्रता पर आधारित शिक्षण विधियाँ* (*Teaching Methods Based on the Freedom of Speech*): (i) अन्वेषण (Heuristic), (ii) प्रायोगिक (Experiment), (iii) खोज/अनुसंधान (Research)।

9. *वैयक्तिक शिक्षण विधियाँ* (*Individualized Teaching Methods*): (i) अभिक्रमित अनुदेशन (Programmed Instruction), (ii) खोज (Research), (iii) डाल्टन योजना (Dalton Plan)

10. *खोज विधियाँ* (*Discovery Methods*): (i) प्रयोग (Experiment), (ii) क्षेत्रीय भ्रमण (Field Trip), (iii) भूमिका-निर्वहन (Role Play)।

मोटे तौर पर शिक्षण विधियों का वर्गीकरण
(Broad Classification of Teaching Methods)

(1) परम्परागत शिक्षण विधियाँ (Traditional Teaching Methods)

(2) अध्यापक केन्द्रित विधियाँ (Teacher Centred Methods)

(3) छात्र केन्द्रित विधियाँ (Student Centred Methods)

नोट: शिक्षण विधियों का वर्गीकरण लोचक है।

4.5 महत्त्वपूर्ण शिक्षण विधियाँ (Significant Methods of Teaching)

1. दत्तकार्य/डाल्टन योजना (Assignment Method or Dalton Plan)
2. वाद-विवाद विधि (Debate Method)
3. विचार-विमर्श विधि (Discussion Method)
4. खोज विधि (Enquiry Method)
5. प्रयोगशाला विधि (Laboratory Method)
6. व्याख्यान विधि (Lecture Method)
7. खेल विधि (Playway Method)
8. समस्या समाधान विधि (Problem Solving Method)
9. योजना विधि (Project Method)
10. प्रश्न विधि (Question Method)
11. समाजीकृत अभिव्यक्ति विधि (Socialized Recitation Method)
12. स्रोत विधि (Source Method)
13. परिविदित अध्ययन विधि (Supervised Study Method)
14. सर्वेक्षण विधि (Survey Method)
15. कहानी कथन विधि (Story Telling Method)
16. इकाई विधि (Unit Method)
17. क्रिया द्वारा सीखने की विधि (Learning by Doing or Activity Method of Teaching)
18. प्रदर्शन विधि (Demonstration Method)
19. मुक्त अथवा स्वतन्त्र भाव अभिव्यक्ति (Free Expression Method)
20. वस्तु चित्रण एवं अवलोकन विधि (Object Drawing and Observation)
21. स्मरण चित्रण विधि (Memory Drawing Method)
22. कल्पना विधि (Imagination Method)
23. अलंकरण अथवा प्रसाधन विधि (Decoration Method)
24. प्रतीकात्मक चित्रण (Symbolic Method)
25. प्रदर्शन विधि (Demonstration Method)
26. परिभ्रमण विधि (Field Trip Method)
27. प्रदर्शनीय सामग्री तथा प्रदर्शनी विधि (Display and Exhibition Method)
28. निरीक्षण विधि (Observation Method)
29. सहभागिता अनुभव विधि (Participatory Experience Method)

5

आगमन-निगमन, विश्लेषणात्मक-संश्लेषणात्मक विधियाँ (Inductive-Deductive Analytical-Synthetic Method)

5.1 आगमन तथा निगमन विधियाँ (Inductive and Deductive Methods)

आगमन तथा निगमन बालकों के समक्ष ज्ञान प्रस्तुत करने की दो भिन्न-भिन्न विधियाँ हैं। विशेष उदाहरण लेकर जब कोई सामान्य नियम बनाया जाता है तो आगमन विधि कहलाती है। यदि इसके विपरीत सामान्य नियम या सूत्र बनाकर शिक्षण का कार्य आरम्भ किया जाए तो उसे निगमन विधि कहते हैं।

5.2 आगमन विधि (Inductive Method)

इसमें यह सिद्धान्त अपनाया गया है कि प्रत्यक्ष अनुभव तथा उदाहरण बालकों की अच्छी प्रकार समझ में आते हैं। इनके आधार से ही उन्हें सामान्यीकरण या सामान्य नियम बनाने की ओर अग्रसर करना सुविधाजनक माना जाता है। विशिष्ट तथा मूर्त उदाहरण लेकर सामान्य या अमूर्त की ओर अग्रसर होना ही आगमन विधि है। किसी प्रकार के विशेष उदाहरण बालकों के लिए प्रस्तुत किए जाते हैं और इनके निष्कर्ष से सामान्य नियम बना लिया जाता है। बालक यदि कई त्रिभुजों के कोणों को नापें और प्रत्येक त्रिभुज के कोणों का अध्ययन करें तो ज्ञात होता है कि प्रत्येक त्रिभुज के कोणों का योग दो समकोण है। इसमें कई विशिष्ट उदाहरण लेकर छात्र सामान्य निर्णय पर पहुँच जाते हैं कि त्रिभुज के कोणों का योग दो समकोण होता है। इसी प्रकार यदि कई साधारण कोंओं का निरीक्षण करें तो रंग के लिए क्या सामान्य अनुमान लगाते हैं? बालक आसानी से बता सकते हैं कि उनका रंग काला होता है। विज्ञान, गणित, व्याकरण आदि में इस विधि का उपयोग आसानी से होता है।

इस विधि में सामान्यीकरण छात्र स्वयं विशिष्ट समस्याओं या उदाहरणों का निरीक्षण करके करते हैं। वे ज्ञात तथ्यों से सामान्य नियम खोजते हैं। ज्ञात से अज्ञात, विशिष्ट से सामान्य तथा मूर्त से अमूर्त तथ्यों पर पहुँचना ही आगमन विधि है।

5.3 आगमन विधि के गुण
(Merits of Inductive Method)

1. सीखने की क्रिया में छात्र स्वयं संलग्न रहते हैं। यह उनकी स्व-क्रियाओं का परिणाम है।
2. इस विधि का महत्त्व केवल ज्ञान ग्रहण करना नहीं, बल्कि ज्ञान को खोजने का अधिक मानसिक महत्त्व है।
3. इसमें ज्ञान अपच मानसिक भोजन के समान ही नहीं बल्कि वह ज्ञान-भण्डार का अभिन्न अंग बन जाता है।
4. सीखने में बालक स्वयं रुचि प्रदर्शित करते हैं। बलपूर्वक उनके ऊपर कुछ बात थोपी नहीं जाती।
5. मानसिक क्रियाओं को प्रोत्साहन मिलता है।
6. यह बड़ी मनोवैज्ञानिक विधि है।
7. बालकों में आत्मबल, प्रयास करने की शक्ति और साधन-पूर्णता जैसे गुणों का विकास होता है।
8. यह सीखने की स्वाभाविक तथा सरल क्रिया है। विभिन्न खोजें इसी प्रकार हुई हैं।
9. यहाँ ज्ञान को व्यावहारिक बनाने पर बल दिया गया है। बालक ज्ञान का उपयोग दैनिक जीवन में कर सकने की क्षमता ग्रहण करता है।

5.4 आगमन विधि की सीमाएँ
(Limitations of Inductive Method)

1. यह बड़ी धीमे चलने वाली प्रक्रिया है।
2. सब बालकों में सामान्य नियम बनाने की क्षमता नहीं होती। मंद बुद्धि वाले छात्र पीछे रह जाते हैं।
3. कभी-कभी गलत नियम भी बनाये जा सकते हैं, क्योंकि बालकों की तर्कशक्ति बहुत अधिक विकसित नहीं होती।
4. सब पाठ इस विधि से नहीं पढ़ाये जा सकते।
5. इसमें ज्ञान प्राप्ति कम और प्रशिक्षण अधिक है।
6. यह विधि पूरी नहीं। निगमन विधि जो इसकी सहायक है, वही इसकी सत्यता को प्रमाणित करते है। दोनों का उपयोग ही ज्ञान-प्राप्ति में पूर्णता लाता है।

5.5 निगमन विधि
(Deductive Method)

इस विधि में सामान्य नियम का विद्यार्थी को पहले ज्ञान करा दिया जाता है और इसकी प्रामाणिकता को उसके उपयोग के द्वारा सिद्ध करते हैं। आगमन विधि के यह विपरीत प्रणाली है। निगमन विधि में बालकों को पहले ही यह बता दिया जाता है कि त्रिभुज कोणों का योग दो समकोण होता है। इसके उपरान्त बालक त्रिभुज के कोणों को नापकर तथा उनका योग करके इसकी सत्यता की परख कर सकते हैं। कौओं का रंग काला होता है, यह जानने पर बालक निरीक्षण द्वारा इस बात की सच्चाई परख लेंगे। इस

प्रकार सामान्य विचार पहले आता है और उसका उपयोग विशिष्ट प्रश्नों के हल करने के लिए किया जाता है।

व्याकरण में सामान्य नियम परिभाषा बतलाकर बालकों से उसमें संज्ञा, सर्वनाम आदि वाक्यों में से छँटवाये जा सकते हैं। किसी विशेष प्रकार के वाक्य बनाने का नियम बतलाकर, अंग्रेजी में अनुवाद का इसी प्रकार का कार्य किया जा सकता है। गणित में भी वर्ग करने का सामान्य सूत्र बताकर उस पर आधारित प्रश्न हल कराये जा सकते हैं।

5.6 निगमन विधि के गुण
(Merits of Deductive Method)

1. शिक्षण-कार्य शीघ्रता से चलता है।
2. यह बड़ी कक्षाओं के लिए काफी उपयुक्त है।
3. अध्यापक का कार्य काफी सरल हो जाता है।
4. आगमन विधि द्वारा प्राप्त सामान्य सिद्धान्तों की परख विधि से की जा सकती है।
5. इसमें समय तथा शक्ति कम खर्च होती है।
6. इसका उपयोग सब प्रकार के पाठों में सरलता से किया जा सकता है।

5.7 निगमन विधि की सीमाएँ
(Limitations of Deductive Method)

1. इस विधि का व्यवहार बालक के मन में ज्ञान भरने जैसा होता है। ज्ञान अपच भोजन की तरह उसके मन में रखा रहता है।
2. बालकों को सीखने में स्वयं कम प्रयास करना पड़ता है। अतः ज्ञान अधिक स्थायी नहीं हो पाता।
3. बालकों की रुचि इस प्रकार सीखने में कम दिखाई देती है।
4. बालकों में नये कार्य करने या खोजने के लिए आत्म-बल का विकास नहीं हो पाता।
5. यह विधि अमनोवैज्ञानिक है क्योंकि इसमें हम अमूर्त से मूर्त या सामान्य से विशिष्ट की ओर अग्रसर होते हैं।
6. बालकों को क्रियाशीलता के लिए कम अवसर प्राप्त होते हैं।

5.8 आगमन तथा निगमन विधियों की तुलना
(Comparison of Inductive and Deductive Method)

1. आगमन विधि में विशेष से सामान्य, ज्ञात से अज्ञात तथा स्थूल से सूक्ष्म की ओर अग्रसर होते हैं। निगमन में यह क्रम विपरीत है।
2. आगमन विधि निगमन की अपेक्षा सीखने में सरल तथा सुग्राह्य प्रतीत होती है।
3. आगमन विधि में बालक अधिक क्रियाशील रहता है।
4. आगमन विधि खोज करने के समान है।
5. आगमन में समझने पर तथा निगमन में रटने और स्मरण करने पर बल है।
6. निगमन विधि बड़े बालकों के लिए अधिक उपयोगी है।
7. निगमन विधि से शिक्षण अधिक शीघ्रता से चलता है।

8. निगमन में अध्यापक कम परिश्रम से अधिक ज्ञान दे सकता है।
9. निगमन विधि सामूहिक रूप से सफल हो सकती है। आगमन विधि में व्यक्तिगत ध्यान देना अनिवार्य है।
10. आगमन विधि से प्राप्त सिद्धान्त निगमन द्वारा परख लिये जाने पर अन्तिम रूप से स्वीकार किये जाते हैं।

इस प्रकार ये दोनों एक-दूसरे की सहायक तथा पूरक हैं। दोनों के अपने गुण तथा दोष हैं। इनमें आगमन विधि मनोवैज्ञानिक है परन्तु प्रत्येक विषय या पाठ में यह अपनायी जा सकती। अत: निगमन का तिरस्कार नहीं किया जा सकता।

विश्लेषणात्मक तथा संश्लेषणात्मक विधियाँ (Analytic and Synthetic Methods)

5.9 विश्लेषणात्मक विधि (Analytical Method)

इस विधि का आधार विश्लेषण है अर्थात् समस्या को अलग-अलग छोटे भागों में बाँटना। इसमें पूरी समस्या के विभिन्न भागों पर विचार करके उनसे समस्या को हल करने का प्रयास किया जाता है।

विश्लेषणात्मक विधि आगमन विधि से मेल खाती है। इसमें बालक को स्व-क्रिया से हल निकालना होता है। समस्या के विभिन्न पक्षों पर ध्यान से निरीक्षण करके उसके समस्या-समाधान का प्रयास किया जाता है। विभिन्न भाग या पक्षों में समस्या बाँटने से उसमें स्पष्टता आ जाती है। इनमें से आवश्यक भाग छाँटकर तथा उनसे प्राप्त तथ्यों को एकत्र करके समस्या का हल ढूँढा जाता है। बालक इसमें विभिन्न पक्षों से शुरू करके किसी निष्कर्ष पर पहुँचते हैं, और समस्या के दिए तथ्यों से उसकी सत्यता की परख करते हैं।

यदि किसी समस्या का दिया हुआ तथ्य है और इससे B परिणाम सिद्ध करना है तो हम B से आरम्भ करते हैं। B की सत्यता के लिए क्या आवश्यक है और उस मध्य की आवश्यकता को हम A से प्राप्त कर सकते हैं या नहीं। उससे यदि A की प्रामाणिकता सिद्ध हो जाती है तो B की सत्यता भी सिद्ध हो जाती है अन्यथा नहीं। अज्ञात से ज्ञात प्राप्त करना इस विधि का आधार है।

5.10 विश्लेषण विधि के उपयोग के उदाहरण (Examples of Analytical Method)

गणित: त्रिभुज के तीनों कोणों का योग दो समकोण करने के लिए हमें एक सरल कोण बनाना होता है। वह हम शीर्ष से समानान्तर खींचकर या कोई भुजा बढ़ाकर प्राप्त करते हैं। समानान्तर खींचने से जो सरल कोण बना उसके तीन भाग, त्रिभुज के कोणों के बराबर हैं, अत: त्रिभुज के तीनों कोणों का योग दो समकोण हो जाता है। दूसरी विधि में भुजा बढ़ाने से बने बाह्य कोण को उसके सामने के अन्त:कोणों के बराबर सिद्ध करने से प्रमाणिकता सिद्ध हो सकती है। यह अनुमान लगाना ही समस्या को छोटे टुकड़ों में तोड़ना

या विश्लेषण करना है। इससे आगे फिर सामने वाली भुजा के समानान्तर खींचने से बाह्य कोण के दो भाग सामने वाले सम्मुख कोणों के बराबर किये जा सकते हैं।

भूगोल: किसी स्थान की जलवायु के अध्ययन के लिए कई बातों पर विचार करना आवश्यक है; जैसे, समुद्र से दूरी, भूमध्य-रेखा से दूरी, पहाड़ की निकटता आदि। इन सबके विश्लेषण की आवश्यकता है और इनसे परिणाम पर पहुँचना ही विश्लेषणात्मक विधि है।

विज्ञान: अध्यापक प्रयोग करके किसी गैस आदि के गुणों को पूछता है तो यह विधि विश्लेषणात्मक होगी। यदि सीधे हम उसके गुणों का विवरण दे दें और बालकों को अपनी बुद्धि से अनुमान लगाकर कुछ न बताना पड़े तो यह संश्लेषणात्मक विधि होगी।

इतिहास: चन्द्रगुप्त मौर्य के शासन, युद्ध, सामान्य कार्य, शिक्षा आदि पर अलग-अलग अध्ययन विश्लेषणात्मक रीति है। लेकिन कुल मिलाकर उसके विषय में कोई विचार प्रस्तुत करने में इन सब तथ्यों को संगठित रूप देना होगा। इस अंतिम परिणाम को संश्लेषण कहते हैं। लेकिन अगर चन्द्रगुप्त के बारे में यह मान लें कि वह एक अच्छा शासक था और उसके बारे में तर्क दें तो यह संश्लेश्रणात्मक विधि होगी।

भाषा: किसी शब्द के व्याकरण के अनुसार कई ढंग से अध्ययन करना तथा फिर अर्थ समझना विश्लेषण की रीति है। इसके विपरीत पहले ही अर्थ स्पष्ट कर देना संश्लेषणात्मक विधि है।

5.11 संश्लेषणात्मक विधि
(Synthetic Method)

यह विधि तर्क तथा क्रम पर आधारित है। ज्ञान को किसी सुनियोजित क्रम से विद्यार्थियों के सम्मुख प्रस्तुत किया जाता है। पहले सामान्य प्रमेय, तथ्य या ज्ञान की जानकारी बालक को दे दी जाती है और तर्क से उसकी पुष्टि कर दी जाती है, जैसे, अशोक एक महान् सम्राट् था। इसके बतलाने के बाद अध्यापक उसके गुण, प्रबन्ध तथा राज्य के बारे में बताता है, इन तर्कों से वह अपने कथन का समर्थन कर देता है। भूगोल में किसी स्थान की जलवायु के बारे में पहले यह सूचना दी जाती है वह गर्म है या ठण्डा। इसके बाद कारण बतलाकर उस बात को जताना ही संश्लेषणात्मक विधि है।

इसमें दिए गए ज्ञान, कथन या तथ्य की पहले घोषणा की जाती है। हम उसकी सत्यता पर सन्देह नहीं कर सकते क्योंकि उसके कारण घोषणा के बाद हमें पढ़ने हैं। इसमें विभिन्न पदों के क्रम के बारे में अदल-बदल का अधिकार भी सीखने वाले को नहीं, केवल तर्क में गलती नहीं होनी चाहिए। यह विधि निगमन विधि के समान है। यहाँ ज्ञान की सत्यता को अनुभवी व्यक्तियों द्वारा पहले परखा गया और उसे विषय क्रम या ढंग से सुनियोजित करके सीखने वालों के लिए एकदम तैयार सामग्री के रूप में प्रस्तुत कर दिया गया है।

6

डाल्टन तथा प्रोजक्ट (प्रायोजन) शिक्षण विधियाँ (Dalton and Project Teaching Methods)

6.1 डाल्टन योजना (Daltan Plan)

डाल्टन योजन का प्रारम्भ: यह योजना वर्ष 1920 में हेलेन पार्कहर्स्ट (Helen Parkhurst) द्वारा अमेरिका के नगर डाल्टन के एक स्कूल में चलाई गई।

6.2 डाल्टन योजना की विशेषताएँ तथा स्वरूप (Characteristics and Form of Dalton Plan)

1. *पाठों का अथवा पठन सामग्री का अनुबन्ध* (***Contract of the Lessons***)**:** इस विधि में वर्ष के आरम्भ में ही प्रत्येक विषय का अध्यापक वर्ष-भर में किए जाने वाले कार्यक्रम की रूप-रेखा तैयार कर लेता है। फिर वर्ष भर के कार्य का विभाजन महीनों के आधार पर करके छात्रों को आरम्भ में बता देता है कि उन्होंने कितना कार्य करना है। छात्रों को यह स्वतन्त्रता रहती है कि वे किस गति से किसी भी समय, किसी भी विषय का कार्य करें।

2. *विषय कक्ष अथवा प्रयोगशालाएँ* (***Subject Rooms/Laboratories***)**:** विषय या विषय की प्रयोगशालाएँ होती हैं। इसमें विषय से सम्बन्धित सम्पूर्ण सामग्री उपलब्ध रहती है। जैसे–विषय सम्बन्धी पुस्तकें, चित्र, रेखाचित्र, पत्रिकाएँ, शब्दकोष आदि तथा उपकरण। इसी कक्ष में अध्यापक द्वारा छात्रों का मार्गदर्शन किया जाता है। छात्र अपनी सुविधानुसार किसी भी कक्ष में जाकर कार्य कर सकते हैं।

3. *विषय-शिक्षक* (***Subject Teachers***)**:** इस पद्धति में शिक्षक का कार्य व्याख्यान देना नहीं, अपितु छात्रों को उचित व आवश्यक सहायता देना है, इसलिए उसका अपने विषय का विशेषज्ञ होना आवश्यक है। वह विषय में निपुणता-प्राप्ति के साथ-साथ यह देखता है कि प्रत्येक छात्र अपने समय का सदुपयोग करे। वह उन्हें कार्य से संबंधित उपकरणों का प्रयोग बताता है तथा उनका मार्गदर्शन करता है।

4. *अभिलेखा* (***Records***)**:** इस पद्धति में प्रत्येक छात्र की प्रत्येक विषय में उन्नति का ब्यौरा प्रगति-कार्डों पर लिख लिया जाता है। यह मासिक प्रगति का लेखा होता है। एक अन्य कार्ड पर सभी विषयों की प्रगति का लेखा भी रखा जाता है। यह प्रगति-कार्ड सदैव छात्रों के पास रहते हैं तथा उन्हें उनके कार्य के प्रति सचेत रखते हैं।

5. ***सम्मेलन तथा विमर्श-सभा (Conference)*:** कई बार शिक्षक विचार-विमर्श की आवश्यकता अनुभव करता है, तब वह ऐसे सम्मेलन बुलाता है। इसमें वह सामूहिक निर्देशन देता है। विद्यार्थी भी अपनी कठिनाइयाँ उसके सामने रखते हैं तथा वह उन्हें सुलझाता है। इनमें सामूहिक विचार-विमर्श होता है। ऐसे सम्मेलन प्रायः सप्ताह में चार बार होते हैं, परन्तु ये आवश्यकतानुसार घटाये-बढ़ाये भी जा सकते हैं।

6.3 डाल्टन योजना के सिद्धान्त

इस योजना के सिद्धान्त निम्नलिखित हैं: 1. व्यक्तिगत भिन्नता का सिद्धान्त (Principle of Individual Differences), 2. स्वतन्त्रता का सिद्धान्त (Principle of Freedom), 3. स्वयं प्रयत्न का सिद्धान्त (Principle of Self Education), 4. सहयोग का सिद्धान्त (Principle of Cooperation)

शिक्षक के कार्य (Functions of the Teacher): इस पद्धति में शिक्षक मार्गदर्शक होता है। उसे आदेश न देकर निर्देश देने होते हैं तथा समय पर छात्रों की उचित सहायता करनी होती है। इसलिए उसके कुछ विशेष कर्त्तव्य होते हैं; जैसे कि:

1. शिक्षक को अपने विषय का विशेषज्ञ होना चाहिए ताकि वह अपने छात्रों का व्यक्तिगत रूप से मार्ग-दर्शन कर सके।
2. उसे इस पद्धति के अनुसार पढ़ाने का प्रशिक्षण प्राप्त करना चाहिए ताकि वह सफलतापूर्वक शिक्षा दे सके।
3. उसे अपने विषय में प्रत्येक छात्र को विषय से सम्बन्धित उपकरणों का उपयोग, पुस्तकों तथा सहायक पुस्तकों के अध्ययन का उचित ढंग बताना चाहिए।
4. उसे यह ध्यान रखना चाहिए कि आवश्यकता पड़ने पर प्रत्येक छात्र को आवश्यक उपकरण तथा पुस्तकें विषय-कक्ष में उपलब्ध हो सकें।
5. छात्रों के प्रति उसका व्यवहार सहानुभूतिपूर्ण व मित्रतापूर्ण होना चाहिए ताकि आवश्यकता पड़ने पर छात्र उसके पास समस्या समाधान के लिए जाने में संकोच व डर न अनुभव करें।
6. उसे प्रत्येक छात्र की व्यक्तिगत प्रगति की जाँच करनी चाहिए।

6.4 डाल्टन-योजना के गुण (Merits of the Dalton Plan)

1. इस योजना में व्यक्तिगत विभिन्नता को मान्यता दी जाती है तथा छात्रों को स्वतन्त्र रूप से अपनी योग्यता, क्षमता, आयु तथा रुचि के अनुसार कार्य करने दिया जाता है। इससे मन्दबुद्धि छात्रों के कारण तीव्र बुद्धि वाले छात्रों की गति में कोई बाधा नहीं पड़ती और वे अधिक ज्ञान ग्रहण कर सकते हैं तथा मन्द-बुद्धि वालों को ठीक प्रकार समझने में सुविधा हो जाती है।

2. इस पद्धति में छात्र स्वयं क्रिया तथा अनुभव से सीखते हैं। समय पर कार्य पूरा करना होता है, जिससे उनमें सक्रियता की भावना, आत्मविश्वास तथा उत्तरदायित्व की भावना आ जाती है।

3. इस पद्धति में बालक अपनी गति से कार्य करते हैं, इसलिए यदि कोई किसी दिन अनुपस्थित हो तो वह ज्ञान से वंचित नहीं रहता, बल्कि अगले दिन उसे कर सकता है।

4. इस योजना में छात्रों को निश्चित समय में ही निश्चित कार्य करना होता है इसलिए वे सक्रिय रहते हैं तथा उनकी कार्यक्षमता बढ़ जाती है।

5. इससे बालकों में उत्तरदायित्व, तथा स्वावलम्बन की भावना आती है।

6. इस पद्धति में बालक स्वेच्छा से कार्य करते हैं तथा स्व-अनुशासन का महत्त्व समझते हैं क्योंकि उन्हें समय पर अपना कार्य पूर्ण करना होता है। इससे स्कूल में अनुशासन की कोई समस्या नहीं आती।

7. इस पद्धति में शिक्षक तथा शिष्य का गहरा संबंध हो जाता है जिससे शिष्य काफी बातें सीख लेते हैं। वे अपनी कठिनाइयों को शिक्षक के सामने रखते हुए संकोच अनुभव नहीं करते जिससे किसी प्रकार का भ्रम नहीं रहता और सब ज्ञान स्पष्ट हो जाता है।

8. बालकों की प्रगति की उचित जाँच की जाती है जिससे वे विकासशील बनते हैं तथा अधिक-से-अधिक ज्ञान ग्रहण करने के लिए उत्सुक रहते हैं।

6.5 योजना के दोष (Demerits/Limitations of Dalton Plan)

1. यह योजना उन बालकों के लिए उचित नहीं जो मन्द-बुद्धि वाले हैं या कार्य से जी चुराते हैं। इससे वे पिछड़ जाते हैं तथा ज्ञान ग्रहण नहीं कर सकते।

2. इस योजना में लिखित कार्य पर जोर दिया जाता है तथा बोलने के कम अवसर मिलते हैं। इस प्रकार भाषा-शिक्षण में यह अनुपयोगी है क्योंकि शुद्ध उच्चारण व मौखिक अभ्यास की कमी रह जाती है।

3. इस योजना में विषय कक्ष में उपयुक्त पुस्तकों, चित्रों, मानचित्रों व बहुत-से उपकरणों की आवश्यकता होती है। इन सबके लिए बहुत धन की आवश्यकता है, किन्तु भारत जैसे देश में प्रत्येक विद्यालय के पास इतना धन नहीं हो सकता कि वह साधन जुटा सके, अतः इसकी सफलता अनिश्चित है।

4. इस योजना के अनुसार बहुत-से कमरों वाले भवन की आवश्यकता है परन्तु अधिकतर स्कूलों में जगह तथा कमरों की कमी ही पाई जाती है जिससे यह विधि लागू नहीं की जा सकती।

5. इस पद्धति में प्रशिक्षित तथा विषय-विशेषज्ञों की आवश्यकता है लेकिन आजकल ऐसे शिक्षकों का मिलना कठिन है।

6. इस योजना में ऐसे विषय नहीं पढ़ाए जा सकते जिनमें सामूहिक प्रयास हो; जैसे शारीरिक शिक्षा, संगीत, नृत्य, कविता तथा भाषा आदि।

7. इसमें प्रत्येक विषय पृथक्-पृथक् पढ़ाया जाता है जिससे विभिन्न विषयों में कोई समन्वय नहीं होता। शिक्षक भी अपने ही विषय का ज्ञाता होता है; दूसरे विषयों को कोई महत्त्व नहीं देता।

8. इस पद्धति से व्यक्तिगत कार्य की भावना बढ़ती है तथा सामूहिकता जैसी सामाजिक भावना का विकास नहीं हो पाता।

6.6 डाल्टन योजना को भारतीय विद्यालयों में लागू करने के लिए कुछ सुझाव (Some Suggestions for Introducing Dalton Plan in Indian Schools)

इस पद्धति के दोनों पहलुओं को देखकर यही कहा जाता है कि यदि इसमें कुछ सुधार कर दिया जाए तो यह हमारे स्कूलों के लिए काफी उपयोगी सिद्ध हो सकती है। इसे लागू करने के लिए कुछ बातें ध्यान में रखनी चाहिएं; जैसेः

1. इस पद्धति को व्यावहारिक बनाने के लिए सभी छात्रों को उनकी रुचि तथा योग्यता के अनुसार छोटे-छोटे समूहों में विभाजित कर देना चाहिए, ताकि वे कुछ विशेष पाठों का सामूहिक अध्ययन कर सकें और अपनी कठिनाइयों को आपसी सहयोग से दूर कर सकें। इससे व्यक्तिगत शिक्षा के साथ-साथ सामूहिक शिक्षा भी मिल जाती है। इससे उनमें सहयोग तथा आपसी प्रतियोगिता की भावना आती है।

2. भिन्न-भिन्न समूहों का बुद्धि-स्तर भी अलग-अलग होना चाहिए।

3. अध्यापक को यह ध्यान रखना चाहिए कि प्रत्येक बालक सामूहिक कार्य कर रहा है या नहीं।

4. बालकों को सदैव अपनी क्रिया के उद्देश्य से परिचित होना चाहिए।

5. शिक्षक योग्य, अनुभवी तथा परिश्रमी होने चाहिएं।

6. इसका स्वरूप कठोर नहीं बल्कि लचीला होना चाहिए ताकि यह हमारे स्कूलों में सफल हो सके।

परियोजना विधि/प्रोजेक्ट विधि (Project Method)

6.7 प्रयोजन विधि का अर्थ (Meaning of the Project Method)

प्रयोजन विधि शिक्षण की वह विधि है जो छात्रों द्वारा वास्तविक कार्य या क्रिया पर आधारित है। इस विधि में पाठ्य-वस्तु सामग्री तथा शिक्षण क्रियाओं का आधार छात्र केन्द्रित दृष्टिकोण होता है। इसका जन्म ड्यूवी के प्रयोजनवाद के दर्शन से हुआ परन्तु इस विधि के प्रवर्त्तक विलियम किलपैट्रिक (William Kilpatrick) थे जो जॉन ड्यूवी के शिष्य थे। उन्होंने सन् 1918 में प्रयोजनवाद के सिद्धान्त को एक निश्चित रूप प्रदान किया।

योजना विधि को विद्वानों ने निम्न प्रकार से परिभाषित किया है:

डॉ. डब्ल्यू. एच. किलपैट्रिक: "योजना (विधि) एक ऐसी सौद्देश्य क्रिया है, जो सामाजिक वातावरण में पूर्ण तन्मयता के साथ सम्पन्न की जाती है।"

जे.ए. स्टीवेन्सन (*J.A. Stevenson*) के अनुसार, "प्रोजेक्ट एक समस्यामूलक कार्य है जो स्वाभाविक स्थिति में पूरा किया जाता है।"

बैलर्ड (*Ballard*) का कथन है, "प्रोजेक्ट यथार्थ जीवन का ही एक अंग है जो विद्यालय में प्रदान किया जाता है।"

बर्टन (*Burton*) का कहना है, "समस्या ही एक प्रोजेक्ट है जिसका परिणाम निकलता है-क्रियाशीलता। परन्तु यह बात स्मरणीय है कि केवल यान्त्रिक तत्त्वों से ही कोई कार्य प्रोजेक्ट नहीं हो जाता, अपितु किसी स्वाभाविक समस्या को कार्यशील रहकर सुलझाने से ही कोई प्रोजेक्ट बनता है।"

सनीडन (*Sneeden*) के विचार में, "प्रोजेक्ट शिक्षात्मक कार्य की एक कड़ी है जिसका महत्त्वपूर्ण तत्त्व है निश्चित तथा ठोस निष्पत्ति।"

चार्टर्स (*Charters*) ने कहा है, "प्रचलित शिक्षित प्रणाली में विषय संगठन इस प्रकार होता है कि सिद्धान्त पहले पढ़ाए जाते हैं, परन्तु प्रोजेक्ट व्यूह-रचना में पहले समस्याएँ रखी जाती हैं जिनका समाधान करते हुए विद्यार्थी आवश्यकतानुसार सिद्धान्तों का निर्माण कर लेता है।"

सी.वी. गुड (C.V. Good) का कहना है, ''प्रयोजन योजना क्रिया की वह महत्त्वपूर्ण इकाई है जिसका शैक्षिक महत्त्व हो तथा जिसका उद्देश्य एक से अधिक प्रकार का निश्चित ज्ञान देना हो। इसमें समस्या की खोज व पूर्ति सम्मिलित है तथा बहुधा भौतिक सामग्री का प्रयोग करना पड़ता है। यह नियोजित होती है तथा इसकी पूर्ति का प्रयास शिक्षक तथा छात्रों के द्वारा प्राकृतिक जैसी परिस्थितियों में किया जाता है।''

ए.सी. पार्कर (A.C. Parker) के विचार में, ''प्रायोजन कार्य की एक इकाई है जिसमें छात्रों को कार्य की योजना और सम्पन्नता के लिए उत्तरदायी बनाया जाता है।''

प्रोजेक्ट की विशेषताएँ (Characteristics of a Project): इस प्रकार, उपरोक्त व्याख्याओं के आधार पर निम्नलिखित बातों पर बल दिया जाता है जो कि प्रोजेक्ट व्यूह-रचना की विशेषताएँ कही जा सकती हैं:

1. समस्यामूलक क्रियाशीलता (Problematic activity)
2. उद्देश्यपूर्ण क्रियाशीलता (Purposeful activity)
3. तन्मयतापूर्ण क्रियाशीलता (Whole-hearted activity)
4. प्राकृतिक वातावरण में क्रियाशीलता (Activity in a natural setting)
5. सामाजिक वातावरण में क्रियाशीलता (Activity in a social environment)
6. स्कूल में वास्तविक जीवन की प्रस्तावना (A bit of real life introduced in school)
7. व्यावहारिक समस्याओं का समाधान (Problems solving of a practical nature)
8. इसकी मुख्य विशेषता है ठोस तथा निश्चित निष्पत्ति (Positive and concrete achievement)
9. एक ऐसी क्रियाशीलता जिसके द्वारा अनेकानेक समस्याओं के हल निकाले जाते हैं (An activity through which solutions of various problems are found out)

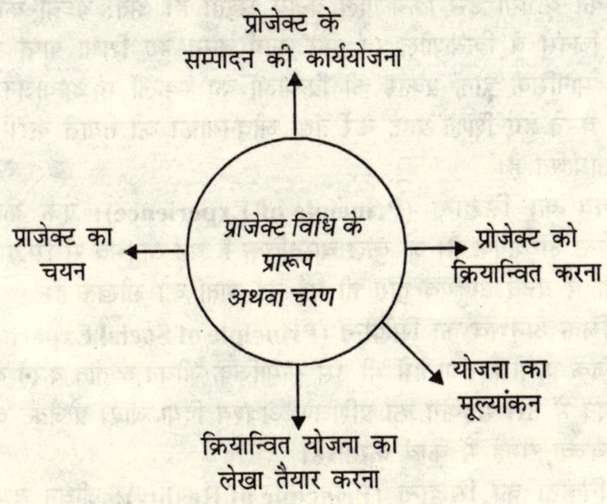

चित्र 6.1: प्रोजेक्ट विधि के प्रारूप अथवा चरण

प्रोजेक्ट के प्रकार

(1) अभ्यासात्मक प्रोजेक्ट

(2) समस्यात्मक प्रोजेक्ट

(3) उपभोगात्मक प्रोजेक्ट

(4) रचनात्मक या उत्पादात्मक प्रोजेक्ट

6.8 प्रोजेक्ट विधि के प्रारूप अथवा चरण

(1) प्रोजेक्ट का चयन

(2) प्रोजेक्ट के सम्पादन की कार्ययोजना

(3) प्रोजेक्ट को क्रियान्वित करना

(4) प्रोजेक्ट का मूल्यांकन

(5) क्रियान्वित प्रोजेक्ट का लेखा तैयार करना

6.9 प्रोजेक्ट विधि के मुख्य सिद्धान्त (Main Principles of Project Method)

1. उद्देश्य का सिद्धान्त (Principle of Objective): उद्देश्य का ज्ञान एक उपयुक्त प्रेरणा है जो बच्चे को उस तक पहुँचने के लिए उत्सुक किए रहता है। बच्चे के मस्तिष्क में निश्चित कल्पना होनी चाहिए कि वह अमुक कार्य क्यों कर रहा है? उद्देश्य शिक्षा प्राप्ति का उत्प्रेरण है। उद्देश्यरहित तथा निरर्थक कार्यक्रमों से बच्चे की रुचियों को जागृत नहीं किया जा सकता। प्रोजेक्ट में उद्देश्य स्पष्ट रहता है।

2. क्रियाशीलता का सिद्धान्त (Principle of Activity): बच्चे स्वभाव से क्रियाशील होते हैं। उन्हें कोई न कोई क्रिया करते रहने में ही आनन्द मिलता है। उत्सुकता, सृजन अथवा समूह की वृत्तियाँ उसे क्रियाशील बनाये रखती हैं। अतः बच्चों को ऐसे अवसर जुटाने चाहिए जिनसे वे क्रियाशील रहें और कार्य करते हुए शिक्षा प्राप्त भी करते रहें। शारीरिक तथा मानसिक दोनों प्रकार की क्रियाओं का स्कूलों में आयोजन होना चाहिए ताकि वे कार्य करते हुए शिक्षा प्राप्त करें तथा जीवनयापन की तैयारी करें। प्रायोजन इसी सिद्धान्त पर आधारित है।

3. अनुभव का सिद्धान्त (Principle of Experience): एक कहावत है कि अनुभव एक श्रेष्ठ अध्यापक है। जो कुछ वास्तविक है वह अनुभव से सिद्ध होना चाहिए। इस व्यूह-रचना में बच्चे अनुभव द्वारा ही नई-नई बातों को सीखते हैं।

4. सामाजिक अनुभव का सिद्धान्त (Principle of Social Experience): बच्चा भी एक सामाजिक प्राणी है तथा हमें भी उसे सामाजिक जीवन व्यतीत करने के लिए तैयार करना है। बचपन में उसे सहयोग का प्रशिक्षण अवश्य दिया जाए। प्रोजेक्ट व्यूह-रचना में यही होता है–बच्चा समूह में कार्य करता है।

5. वास्तविकता का सिद्धान्त (Principle of Reality): जीवन यथार्थ है, अतः जीवन की शिक्षा भी यथार्थ ही होनी चाहिए। बच्चे ने अपना सारा जीवन यथार्थताओं में ही व्यतीत करना है, अतः उनका शिक्षण भी उसी के अनुरूप होना चाहिए। प्रोजेक्ट

व्यूह-रचना क्योंकि एक शिक्षण-पद्धति है इसलिए यह भी वास्तविक ही होनी चाहिए। शिक्षणालय में भी जीवन की वास्तविक परिस्थितियों के आयोजन का प्रबन्ध होना चाहिए। यह कार्य प्रायोजन द्वारा किया जाता है।

6. स्वतन्त्रता का सिद्धान्त (Principle of Freedom): कार्य को करने की इच्छा स्वयं होनी चाहिए न कि अध्यापक विद्यार्थियों पर किसी कार्य को ठूँसे। बच्चे पर किसी प्रकार का दबाव तथा प्रतिबन्ध नहीं होना चाहिए ताकि वह अपने आपको स्वतन्त्रतापूर्वक पूर्ण रूप से व्यक्त कर सके। अपनी योग्यता, आवश्यकता तथा रुचि के अनुसार उसे कार्य का स्वतन्त्रतापूर्वक चुनाव करके उसे करने का पूरा अधिकार मिलना चाहिए। प्रोजेक्ट में इस प्रकार के पर्याप्त अवसर मिलते हैं।

7. उपयोगिता का सिद्धान्त (Principle of Utility): ज्ञान तभी उपयोगी होता है जबकि वह क्रियात्मक तथा व्यावहारिक हो। शिक्षण का परम्परागत सिद्धान्त पुस्तकीय तथा मौखिक शिक्षा को ही महत्त्व देता है जो कि किसी भी रूप में पर्याप्त उपयोगी नहीं है। प्रोजेक्ट व्यूह-रचना द्वारा अर्जित ज्ञान बहुत ही उपयोगी सिद्ध होता है। इस व्यूह-रचना द्वारा छात्रों की विभिन्न रुचियों तथा मूल्यों का निर्माण होता है जो कि व्यावहारिक तथा रचनात्मक दृष्टि से बहुत ही लाभदायक सिद्ध होती है।

6.10 परियोजना के चरण (Steps in a Project)

1. स्थिति का आयोजन (Providing a Situation): अनिच्छित (Unwilling) बच्चों पर किसी प्रोजेक्ट को ठूँसना अहितकर है। बच्चों को प्रोजेक्ट चुनने के पर्याप्त अवसर मिलने चाहिए। निस्सन्देह अध्यापक का कार्य है कि वह बच्चों की रुचियों, योग्यताओं तथा स्वभावों का अध्ययन करके इस प्रकार की स्थिति का आयोजन करें जिसमें बच्चे अपनी आवश्यकताओं के अनुसार स्वयं कार्य करने के लिए प्रेरित होंगे। *स्टीवनसन* (Stevenson) ने बिजली की घण्टी का प्रयोग बच्चों को प्रोजेक्ट व्यूह-रचना द्वारा ही बताया था। स्कूल की घण्टी की पूरी मरम्मत (Overhaul) करने की आवश्यकता पड़ी और इसी सुअवसर को एक स्थिति के रूप में उपस्थित कर दिया है।

2. चुनाव तथा उद्देश्य (Choosing and Purposing): उद्देश्य निश्चित करना बहुत आवश्यक है। यही एक केन्द्र-बिन्दु है जिस पर प्रोजेक्ट स्थिर रहता है। जिस प्रोजेक्ट का चुनाव किया जाए वह किसी न किसी आवश्यकता अथवा उद्देश्य को अवश्य पूरा करे। जहाँ तक हो सके, उद्देश्य ऐसा निश्चित किया जाए जिसे श्रेणी के सभी विद्यार्थी स्वीकार करें। क्रियात्मक रूप से यही मूल कार्य है। बच्चों को प्रोजेक्ट स्वयं चुनना चाहिए। अध्यापक को जल्दी-जल्दी अधीर होकर स्वयं प्रोजेक्ट का चुनाव नहीं कर देना चाहिए। बच्चों को बहुत-सी अवस्थाएँ जुटानी चाहिए। इन अवस्थाओं के प्रति विचार-विमर्श किया जाए और अध्यापक उपयोगी राय दे। प्रोजेक्ट का निश्चय प्रजातन्त्रात्मक ढंग से होना चाहिए। अध्यापक केवल मार्गदर्शन करे न कि अपनी राय को बच्चों पर थोप दे। बच्चे यह अनुभव अवश्य करें कि प्रोजेक्ट का चुनाव उनकी इच्छानुसार ही हुआ है।

3. योजना (Planning): जब प्रोजेक्ट का निश्चय हो जाए तो अगली समस्या है योजना की। अध्यापक प्रोजेक्ट आरम्भ करने से पहले बच्चों का ध्यान योजना की आवश्यकता की ओर आकर्षित अवश्य करे। योजना बनाने का कार्य बहुत कठिन है।

अच्छी योजना अच्छे परिणाम का मूल है। प्रत्येक बच्चा अपनी राय दे। अध्यापक बच्चों का ध्यान उनके कार्य तथा शक्ति स्रोतों की ओर दिलवाएँ। विभिन्न प्रस्तावों तथा उनके परिणामों पर विचार किया जाए। समुचित विचार-विमर्श तथा वाद-विवाद के पश्चात् सबसे अच्छी योजना पर सब सहमत हो जाएँ। सबसे पहले मौखिक विचार-विमर्श हो, तत्पश्चात् बच्चों को प्रोजेक्ट अपनी कॉपी में सारी योजना लिखने के लिए प्रेरित किया जाना चाहिए।

यह नितान्त अनिवार्य है कि अध्यापक पहले से ही योजना के सम्बन्ध में कुछ धारणाएँ निश्चित कर ले ताकि वह योजना बनाने में बच्चों की श्रेष्ठतम सम्भव ढंग से सहायता कर सके।

4. योजना को कार्य रूप में परिणत करना (Executing the Plan): यह चरण सबसे अधिक लम्बा है और इसमें पर्याप्त परिश्रम करना पड़ता है। सभी बच्चे सहयोगात्मक रूप से प्रोजेक्ट को पूरा करने में प्रयत्नशील रहते हैं। प्रोजेक्ट की विभिन्न प्रक्रियाओं को श्रेणी के विद्यार्थियों की विभिन्न रुचियों, योग्यताओं तथा क्षमताओं के अनुसार विभाजित कर देना चाहिए। अध्यापक बच्चों का समुचित मार्गदर्शन करे।

यह एक ऐसी अवस्था है जिसमें बच्चे बहुत से कार्य करते हैं तथा अन्यान्य उपयोगी अनुभव प्राप्त करते हैं। बच्चे अपने आपको सामग्री तथा सूचना एकत्रित करने, विभिन्न भाषाओं में पढ़ना-लिखना सीखने, हिसाब-किताब रखने, कीमतें निकालने, मानचित्र का अध्ययन करने, विभिन्न चीजों के नमूने इकट्ठे करने, लम्बाई-चौड़ाई मापने, मार्किटों में जाने, चिड़ियाघर, खेत, फसलों का सर्वेक्षण करने तथा एक-दूसरे से सहायता लेने के कार्य में व्यस्त रखते हैं।

5. समालोचना एवं मूल्यांकन (Judging and Evaluating): प्रोजेक्ट जब पूरा हो जाता है तब उसकी समालोचना होती है। प्रोजेक्ट पर कार्य करते हुए जो त्रुटियाँ हुई हैं उनसे शिक्षा ग्रहण की जाती है। बच्चे अपने ही कार्य की आलोचना करना सीखते हैं। आत्मालोचन प्रशिक्षण का एक बहुमूल्य रूप है। बच्चे अन्त में जान जाते हैं कि उन्होंने प्रोजेक्ट से क्या सीखा।

6. अभिलेखन (Recording): प्रोजेक्ट से सम्बन्ध रखने वाली सभी क्रियाओं का पूरा रिकॉर्ड रखा जाना चाहिए। प्रोजेक्ट की कॉपी सँभालकर रखी जाए। विभिन्न चरणों में आई सूक्ष्मताओं का पूरा लेखा-जोखा तैयार किया जाए। प्रोजेक्ट की कॉपी ऐसी हो कि वह प्रोजेक्ट का विस्तृत तथा स्पष्ट चित्र प्रस्तुत करे। पुस्तक दर्शाये कि कैसे स्थिति का निर्माण हुआ, कैसे प्रोजेक्ट का चुनाव हुआ, कैसे उत्तरदायित्व लिए गए, प्रोजेक्ट में क्या कठिनाइयाँ आईं तथा कौन-कौन से नए अनुभव प्राप्त किए गए?

6.11 अच्छे प्रोजेक्ट की विशेषताएँ (Characteristics of a Good Project)

1. समयानुकूल (Timely): प्रोजेक्ट बच्चे के खेल तथा व्यवसाय से स्पष्ट सम्बन्धित हो। प्रोजेक्ट बच्चों की मानसिक अवस्थाओं के अनुसार हो। वातावरण तथा ऋतु सम्बन्धी विचार करना भी आवश्यक है।

2. उपयोगिता (Utility): व्यावहारिक उपयोगिता की अपेक्षा भी नहीं की जा सकती। जो अनुभव प्रोजेक्ट से प्राप्त हों, वे व्यावहारिक जीवन में काम आ सकें।

3. रुचिकर: प्रोजेक्ट बच्चों के लिए रुचिकर हो। प्रोजेक्ट बच्चों की संवेगात्मक तृष्णा को सन्तुष्ट करने वाले हों।

4. चुनौती प्रदत्त (Challenging): प्रोजेक्ट न तो बहुत आसान और न ही बहुत कठिन होने चाहिए। वे बच्चों की शक्तियों को चुनौती देने वाले हों। यह सर्वमान्य तथ्य है कि छात्र उन्हीं कार्यों में बढ़-चढ़कर भाग लेते हैं जो उनकी शक्तियों को चुनौती दे।

5. अनुभव प्रदान (Experience Providing): प्रोजेक्ट में अनेकानेक सामाजिक अनुभव प्रदान किए जाएँ। प्रोजेक्ट का चुनाव ऐसा हो कि वह जीवन की विभिन्न प्रक्रियाओं तथा विषयों का आपस में समन्वय करे।

6. सहभागिता (Participation): बच्चों को व्यक्तिगत तथा सामाजिक रूप से सोच-विचार करने की सुविधा हो। प्रोजेक्ट इस प्रकार से पूरा किया जाए कि बच्चे मानसिक तथा शारीरिक दृष्टि से चेतन्य रहें।

6.12 प्रोजेक्ट विधि के गुण (Merits of the Project Method)

1. शिक्षा-प्राप्ति के सिद्धान्तों पर आधारित है (Principle of Readiness): योजना व्यूह-रचना अथवा प्रोजेक्ट व्यूह-रचना मनोवैज्ञानिक शिक्षा-प्राप्ति के सिद्धान्तों पर निर्भर है:

(क) *तैयारी का सिद्धान्त*: इस सिद्धान्त के अनुसार, हम तभी शिक्षा प्राप्त कर सकते हैं जबकि हम इसके लिए पहले तैयार हों। प्रोजेक्ट व्यूह-रचना स्थिति उपस्थित कर बच्चों को कार्य करने के लिए तैयार करती है।

(ख) *अभ्यास का सिद्धान्त* (*Principle of Practice*): अभ्यास द्वारा ही शिक्षा स्थायी और प्रभावपूर्ण होती है। प्रोजेक्ट व्यूह-रचना में बच्चे क्रियाशीलता द्वारा शिक्षा प्राप्त करते हैं, अत: क्रियाशीलता उन्हें समुचित अभ्यास के लिए तैयार करती है।

(ग) *प्रभाव का सिद्धान्त* (*Principle of Effect*): इस सिद्धान्त से तात्पर्य यह है कि शिक्षण-अधिगम तभी सफल तथा प्रभावपूर्ण हो सकता है जब इस कार्य में उन्हें सन्तोष तथा आनन्द मिले। जब बच्चे अपने कार्यों का प्रदर्शन करते हैं तो उन्हें अतीव आनन्द प्राप्त होता है।

2. जीवन से सम्बन्धित (Linked with Life): जब शिक्षा व्यावहारिक रूप धारण करती है तो वह जीवन से गुम्फित हो जाती है। बच्चों को ऐसे कार्यक्रम जुटाए जाते हैं जो उद्देश्य तथा अर्थपूर्ण हैं। बच्चों को वास्तविक जीवन में आने वाली समस्याओं का परिचय प्राप्त होता है। बच्चे पाठ्यक्रम के विषयों की व्यावहारिक उपयोगिता का ज्ञान प्राप्त करते हैं।

3. विषयों का समन्वय (Correlation of Subjects): प्रोजेक्ट पाठ्यक्रम को एकता प्रदान करता है। विषयों को एक-दूसरे से नितान्त भिन्न न समझकर उन्हें एक-दूसरे के पूरक अथवा सहायक समझा जाता है। उनका शिक्षण उद्देश्यपूर्ण कार्यक्रमों द्वारा किया जाता है।

4. प्रजातन्त्रात्मक जीवनयापन का प्रशिक्षण (Training in Democratic Values): यह साझे उद्देश्य के लिए मिलकर कार्य करने के अनेक अवसर जुटाती है। सभी निर्णय प्रजातन्त्रात्मक ढंग से होते हैं। बच्चे जो कार्य चुनते हैं या जिन्हें योजनाबद्ध करते अथवा पूर्ण करते हैं, उनके विषय में वे अपना मत देते हैं।

5. नागरिकता के लिए प्रशिक्षण (Training in Citizenship): यह व्यूह-रचना बच्चों में आवश्यक गुण, जैसे–सहिष्णुता, आत्म-निर्भरता, उदारता इत्यादि उत्पन्न करती है।

6. श्रम की महत्ता (Significance of Dignity of Work): प्रोजेक्ट व्यूह-रचना श्रम की महत्ता पर बल देती है। विद्यार्थी अपने हाथों से कार्य करते हैं तथा इस प्रकार से हर प्रकार के कार्य करने में अभ्यस्त हो जाते हैं। वे स्वयं कार्य करने में ही गौरव का अनुभव करते हैं।

7. समस्या–समाधानमूलक (Problem-Solving): यह व्यूह-रचना रटन्त तथा बहुत अधिक स्मरण कार्य का विरोध करती है। यह समस्या के समाधान पर बल देती है। इसके द्वारा बच्चों में चिन्तन तथा तर्क-शक्ति का निर्माण होता है।

8. पिछड़े बच्चों की खुशी का साधन (Source of Joy for Backward Children): यह व्यूह-रचना पिछड़े बच्चों के लिए एक वरदान है, क्योंकि यह उन्हें रचनात्मक कार्य करने की सुविधा प्रदान करती है। ऐसे बच्चे अमूर्त परिभाषाओं पर सोच-विचार नहीं कर सकते, अत: वे मूर्त तथा रचनात्मक कार्य में व्यस्त रहते हैं।

9. उत्साहवर्धक (Encouraging): अपने ही द्वारा निर्वाचित प्रोजेक्ट पर बच्चे बहुत ही उत्साह तथा खुशी से कार्य करते हैं। वातावरण पूर्णतया स्वतन्त्र होता है और बच्चे भिन्न-भिन्न कार्य करते हुए थकते नहीं।

10. अनुशासन की समस्या का हल (Disciplinary Solution): चूँकि बच्चे अपने-अपने कार्य में व्यस्त रहते हैं, अत: उन्हें समाज-विरोधी कार्य करने का समय ही नहीं मिलता।

6.13 प्रोजेक्ट विधि की सीमाएँ (Limitations of the Project Method)

1. बौद्धिक कार्य की उपेक्षा (Neglect of Intellectual Work): कहा जाता है कि प्रोजेक्ट व्यूह-रचना हाथ के कार्यों को बौद्धिक कार्यों से अधिक महत्त्व प्रदान करती है। समालोचक यह तर्क देते हैं कि बच्चों को मॉडल अथवा इसी प्रकार की अन्य चीजें बनाने में ही व्यस्त रखा जाता है।

2. असम्बन्धित शिक्षण (Un-correlated Teaching): प्रोजेक्ट व्यूह-रचना परीक्षा-सम्बन्धी तत्त्वों पर कम ध्यान देती है। एक ही प्रोजेक्ट में सभी विषयों का अध्ययन नहीं हो सकता। बहुत से विषय ऐसे भी हैं जिनका इस व्यूह-रचना द्वारा शिक्षण नहीं हो सकता। इस कठिनाई का हल यह है कि इस कमी को पूरा करने के लिए कुछ पीरियड खाली रखे जाएँ।

3. समय-सारिणी की विशृंखलता (Disorderly Time-Table): इस व्यूह-रचना में एक ही समय-सारिणी का अनुकरण करना बहुत कठिन है। यह स्कूल के सारे कार्यक्रम को विशृंखल कर सकता है।

4. अभ्यास की उपेक्षा (Neglect of Drill Work): यह व्यूह-रचना विभिन्न विषयों में निपुणता प्राप्त करने के लिए आवश्यक अभ्यास की उपेक्षा करती है। बच्चों को गणित, अध्ययन, स्पैलिंग तथा ड्राइंग में समुचित अभ्यास करने का पूरा अवसर नहीं मिलता।

5. उपयुक्त पाठ्य-पुस्तकों की कठिनाई (Lack of Suitable Text-books): प्रोजेक्ट के लिए उपयुक्त पुस्तकों का निर्माण कोई मामूली कार्य नहीं है। इसके अतिरिक्त

प्रोजेक्ट को पूरा करने के लिए आवश्यक सामान बहुत कीमती होता है। यह व्यूह-रचना सामान्य स्कूलों के अनुकूल नहीं है।

6. अप्राकृतिक समन्वय (Unnatural Correlation): कभी-कभी अध्यापक प्रोजेक्ट की सीमा को बहुत बढ़ा देते हैं और इन विषयों को भी उससे सम्बन्धित करने का प्रयत्न करते हैं जिनका कि उससे दूर का भी सम्बन्ध नहीं।

7. शर्मीले बच्चों के लिए अनुपयुक्त (Unsuitable for Shy Children): वे बच्चे जो अपने ऊपर उत्तरदायित्व नहीं लेना चाहते, पीछे रह जाते हैं और प्रोजेक्ट में कोई ठोस काम नहीं करते।

8. छोटे बच्चों पर अत्यधिक निर्भरता: बच्चों के चुनाव पर ही निर्भर रहना उचित नहीं होता।

9. सुयोग्य अध्यापकों की कमी (Lack of Qualified Teachers): इस व्यूह-रचना की सफलता के लिए विद्वान योग्य तथा प्रसाधन सम्पन्न अध्यापकों की आवश्यकता है। यह अध्यापकों पर भारी बोझ तथा उत्तरदायित्व लाद देती है।

10. स्थानान्तरित (Problem of Transferred Students) बच्चों के लिए अनुपयुक्त: एक बच्चा जो कि सामान्य स्कूल में पढ़ता है वह अपने आपको प्रोजेक्ट व्यूह-रचना पर चलाए गए स्कूल के अनुसार नहीं बना सकता और न ही ऐसे स्कूलों के बच्चों का स्थानान्तरण ही हो सकता है।

6.14 प्रोजेक्ट विधि की सीमाएँ
(Limitations of the Project Method)

(1) खर्चीली विधि
(2) अव्यवस्थित ज्ञान
(3) स्कूल समय-सारिणी में अव्यवस्था
(4) अध्यापक पर अधिक बोझ
(5) उपयुक्त शिक्षण सामग्री का अभाव
(6) अध्यास का अभाव
(7) शर्मीले छात्रों के लिए अनुपयुक्त

उपरोक्त विवेचना के पश्चात् हम इस निर्णय पर पहुँचते हैं कि बहुत से दोष तो अस्वाभाविक तथा बिना महत्त्व के हैं। यह एक रिवाज है कि जब भी कोई नई पद्धति सामने आती है तो अनावश्यक आलोचना या टीका-टिप्पणी की भरमार हो जाती है।

परम्परागत व्यूह-रचनाएँ इस परिवर्तनशील समय में अनुपयुक्त सिद्ध हुई हैं। नये सिद्धान्तों पर कार्य होना चाहिए और यदि वे उपयोगी तथा उपयुक्त हों तो उन्हें स्वीकार कर लेना चाहिए चाहे वे कतिपय अपव्ययी ही क्यों न हों।

6.15 प्रायोजन में अध्यापक की भूमिका
(Role of the Teacher in the Project Method)

प्रायोजन की सफलता अध्यापक की सूझबूझ तथा कार्यकुशलता पर निर्भर करती है। वह निम्नलिखित ढंग से प्रोजेक्ट को सफल बना सकता है:

स्थिति प्रस्तुत करना: सर्वप्रथम अध्यापक का यह कर्त्तव्य है कि वह ऐसी परिस्थिति

उत्पन्न करे जिसमें कि बच्चे अपने आप अपनी समस्याओं को सुलझाने के लिए प्रेरित हों। अध्यापक को चाहिए कि वह बच्चों की रुचियों, योग्यताओं, झुकावों तथा आवश्यकताओं का अध्ययन करता रहे। परिस्थिति प्रस्तुत करने के विभिन्न तरीके हैं। जहाँ तक सम्भव हो, बच्चों के सामने रखी जाने वाली समस्याएँ सामाजिक हों। ऐसी समस्याएँ बच्चों का सामाजिक प्रशिक्षण बहुत उचित ढंग से करती हैं तथा बच्चों की अधिक सन्तुष्टि होती है।

अध्यापक चाहे तो बच्चों के साथ विभिन्न रुचिकर विषयों पर बातचीत कर सकता है। विभिन्न दृश्यों की तस्वीरें बच्चों को दिखाई जाएँ। आस-पास के स्थानों का सर्वेक्षण किया जाए। अध्यापक को चाहिए कि वे सब सूत्रों से सूचना प्राप्त करें। अमेरिकन स्कूल में डाक भेजने के प्रोजेक्ट को चौथी श्रेणी (Fourth Grade) के बच्चों में शुरू किया। छुट्टियों के दिन थे। चिट्ठी-पत्री की दिक्कत दूर करने के लिए यह प्रोजेक्ट शुरू किया गया। दूर-दूर रहने वाले मित्रों को बण्डल इत्यादि भेजे गए। स्टीवनसन (Stevenson) ने बिजली की घण्टी का उपयोग बच्चों को इसी पद्धति द्वारा करवाया था।

बहुत से शिक्षाशास्त्रियों का मत है कि प्रोजेक्ट का चुनाव विद्यार्थियों को स्वयं करना चाहिए। उनका यह कहना है कि इससे विद्यार्थियों का उत्प्रेरण होगा और यदि वे जो कुछ करते हैं उसके निर्धारण में उनका हाथ होगा तो वह कार्य उनके लिए रुचिकर होगा।

कुछ शिक्षाशास्त्रियों का विचार है कि प्रोजेक्ट का चुनाव अध्यापक करें, उनका यह मत है कि विद्यार्थी इस प्रकार केवल वही कार्य करते हैं जो कि उनकी पहुँच में हो। विद्यार्थी अपरिपक्व बुद्धि के होते हैं और प्रोजेक्ट में उनका मार्गदर्शन बहुत आवश्यक है।

फिर भी मध्यम मार्ग सबसे उत्तम है। इस योजना के अनुसार, 'उद्देश्य', 'योजना' तथा 'कार्य करना' ये सब अध्यापक की देख-रेख में होना चाहिए। प्रोजेक्ट के चुनाव में कोई कड़े नियम नहीं हैं।

सामान्य श्रेणी शिक्षण की अपेक्षा प्रोजेक्ट व्यूह-रचना में विद्यार्थी तथा अध्यापकों के सम्बन्ध अधिक घनिष्ठ हो जाते हैं। अध्यापक एक मित्र अथवा बड़ा भाई है जो कि छात्रों के साथ मिलकर कार्य करता है और उनको समृद्ध अनुभव ग्रहण करने में सहायता करता है। उसको चाहिए कि वह शर्मीले बच्चों को अधिक से अधिक कार्य करने के लिए प्रेरित करे। वह बच्चों को आत्म-निर्भर बनाए। प्रयास यह किया जाए कि प्रोजेक्ट प्रजातन्त्रात्मक व्यूह-रचना द्वारा पूर्ण हो।

6.16 प्रयोजन विधि का उदाहरण: महात्मा बुद्ध के जीवन की झाँकी

इस योजना में, जो छात्रों द्वारा अध्यापक के निर्देशन में क्रियान्वित की जाती है, छात्र विभिन्न विषयों के समन्वय तथा सहसम्बन्ध द्वारा निम्नलिखित ज्ञान, कौशल तथा भावों को अर्जित करते हैं:

1. इतिहास: तत्कालीन सामाजिक, धार्मिक तथा राजनीतिक परिस्थितियाँ।
2. भूगोल: महात्मा बुद्ध से सम्बन्धित विभिन्न स्थान।
3. भाषा: महात्मा बुद्ध के जीवन पर प्रकाश डालने वाली अनुदेशनात्मक सामग्री।
4. नागरिकशास्त्र: आने-जाने के साधन, प्रशासन पद्धति, सहयोग की भावना, सामाजिक कुरीतियाँ।

5. धर्म: अहिंसा, जातपात का खण्डन, सादा धर्म।

6. अभिवृत्तियाँ: समाज सुधार की मनोवृत्ति। दूसरे के साथ अच्छा व्यवहार करना। स्नेह तथा दयाभाव। सहिष्णुता।

7. ड्राइंग: महात्मा बुद्ध के जीवन से सम्बन्धित चार्ट तथा मॉडल बनाना।

8. क्राफ्ट बनाना: मंच का निर्माण, प्रकाश का प्रबन्ध, झाँकी बनाना।

9. आर्ट: झाँकी को सजाना।

10. मानचित्र कार्य: तत्कालीन राजनीतिक मानचित्र बनाना।

11. गणित: झाँकी बनाने में विभिन्न कामों पर आय-व्यय का लेखा-जोखा रखना।

कतिपय विचारणीय प्रोजेक्ट्स

1. विद्यालय बचत बैंक, 2. विद्यालय में सफाई अभियान, 3. स्थानीय सफाई, 4. विद्यालय सहकारी समिति, 5. स्थानीय सर्वेक्षण, 6. विद्यालय समाचार बुलेटिन, 7. विद्यालय पंचायत अथवा संसद, 8. विभिन्न वस्तुओं के नमूने बनाना। 9. ऐतिहासिक काल से सम्बन्धित नाटक रचना, 10. सामाजिक सर्वेक्षण का आयोजन करना, 11. साक्षरता अभियान चलाना।

7

क्रिया द्वारा सीखने की विधि तथा खोज विधि
(Learning by Doing and Enquiry Method)

7.1 शिक्षाविदों के विचार (Views of Educators)

प्रकृति ने बच्चों में अद्भुत शक्ति तथा सजीवता भर कर दी है। प्रसन्नता तथा सजीवता का अजर स्रोत बहता रहता है। उनमें अपने आस-पास को जानने की जिज्ञासा हर समय बनी रहती है।

बच्चे का जीवन प्रवाह गंगा नदी के समान है। जीवन की गंगा बड़ी शान से आगे ही आगे बढ़ती चली जाती है। परन्तु यदि कोई यह चाहे कि इस प्रवाह को बिना मोड़ बाँध लगाकर रोक दिया जाए तो वह बाँध अवश्य ही टूट जाएगा। उस प्रवाह को किसी अन्य दिशा में प्रवाहित तो किया जा सकता है परन्तु रोका नहीं जा सकता और यदि कोई असम्भव को सम्भव बनाने की चेष्टा करता है तो मानो अपने नाश का सामान जुटाता है। ठीक इसी प्रकार ही बच्चों की प्रकृति होती है। बच्चों की अदम्य शक्ति तथा उत्सुकता को बहुत देर तक किसी अन्य दिशा में मोड़े बिना दबाकर रखना असम्भव है। श्रेणी-कक्ष में केवल किताबी ज्ञान ही दिया जाता है। अध्यापक बोलता जाता है, छात्रगण चुपचाप निष्क्रय श्रोतागण के रूप में बैठे अध्यापक के भाषण को सुनते रहते हैं, चाहे उनकी समझ में आए या न आए। उनकी शक्तियाँ, मार, झिड़कन इत्यादि के नीचे दबी रहती हैं। यह सब एकदम अस्वाभाविक और उनकी कौतूहलपूर्ण प्रकृति के प्रतिकूल है। इसके विपरीत यदि हम बच्चों को कुछ ऐसा काम करने को दें जिनमें बच्चे स्वयं भाग ले सकें तो अनुशासन में रहना उनका स्वभाव बन जाएगा। इस प्रकार हम बच्चों को कुछ ऐसे कार्य सुझावें जिनमें वे स्वयं खुशी-खुशी भाग लें। वे समझें और स्वयं अपने हाथ से कार्य करके सन्तुष्ट तथा प्रसन्न हों।

'क्रियाशीलता द्वारा शिक्षा देने की विधि अथवा सिद्धान्त' को सभी शिक्षा-शास्त्रियों ने मान्यता दी है। सभी शिक्षा-शास्त्रियों का मत है कि शिक्षा प्राप्ति स्वयं कार्य करना एक बहुत बड़ा साधन है। कला शिक्षण में तो इसका विशेष महत्त्व है।

कामिनीयस (Comenius) का मत: कामिनीयस के अनुसार–"आत्माभिव्यक्ति द्वारा ही शिक्षा को स्थायी बनाया जा सकता है और जो कुछ भी हम चाहते हैं केवल

क्रियाशीलता अर्थात् अभिव्यक्ति द्वारा ही सीख सकते हैं।" (Impression must be ensured by expression and what has to be done must be learnt by doing.)

रूसो (*Rousseau*) *का मत*: रूसो ने परम्परागत शिक्षण-पद्धति का बड़े जोरदार शब्दों में खण्डन करते हुए कहा है कि "बच्चे प्रारम्भ में चंचल वृत्ति के होते हैं और बाद में उनमें कौतूहलता आ जाती है। वे अपने आस-पास की चीजों के अस्तित्व तथा उनके कारणों को एक बार ही जान लेना चाहते हैं। इसलिए मैं उन्हें किताबी कीड़ा बनाने की अपेक्षा वर्कशाप में व्यस्त रखूँगा ताकि वे हाथों द्वारा काम करके ज्ञान प्राप्त करें"। (Chil lren are first restless and then curious. Instead of making the child stick to his books, I keep him busy in workshop, his hands will work to the profit of his mind.)

पेस्तालौजी (*Pestalozzi*) *का मत*: इन्होंने परम्परागत पद्धति को शाब्दिक पद्धति (wordy system) कहकर पुकारा है। वे कहते हैं कि हमारे विद्यालय बच्चों के मनोविज्ञान के विपरीत हैं। वे अनिवार्यतः कृत्रिम अभिकरण हैं जहाँ कि शक्ति तथा अनुभव के द्वारा निकाले गए परिणामों का सर्वथा दुरुपयोग होता है। (Our unpsychological schools are essentially only artificial stifling machines for destroying all the results of the power and experience)। प्रकृति स्वयं उनके जीवन को आरम्भ करती है और जब वे अपने पूरे पाँच वर्ष प्रकृति की गोद में, उसके अद्‌भुत दृश्यों में गुजार लेते हैं तो हम उन्हें स्कूल भेजकर उनका नाता प्रकृति से एकदम विछिन्न कर देते हैं। उन्हें भेड़ बकरियों की भाँति बाँध लेते हैं और फिर इसी प्रकार घण्टे, दिन, महीने और वर्ष पर वर्ष बीतते चले जाते हैं और बेचारे उस वर्णमाला के चक्कर में फँसे रहते हैं जो न तो प्राकृतिक ही है और न ही रुचिकर है।

फ्रोबेल (*Froebel*) *का मत*: खेल बाल्यकाल तथा शैशव की मुख्य क्रिया है. जो कि बच्चे के निर्माण में बहुत महत्त्वपूर्ण कार्य करती है क्योंकि यह अन्तर ही आत्माभिव्यक्ति है। इस अवस्था में खेल पवित्रतम तथा आध्यात्मिक क्रिया है। यह हृदय में प्रसन्नता, स्वतन्त्रता तथा सन्तोष उत्पन्न करती है और संसार में शान्तिपूर्वक रहने की प्रेरणा देती है। यह समस्त अच्छाइयों का स्रोत है। परन्तु यदि बच्चों का उपयुक्त मार्गदर्शन न किया जाए तो ये सब खेल व्यर्थ और उद्देश्य रहित हो जाएँगे और बच्चों को अपने जीवन के लिए तैयार नहीं कर सकेंगे। सफलतापूर्वक जीवनयापन करने की योग्यता देना ही इन खेलों का उद्देश्य है।

ड्यूवी (*Dewey*) *का मत*: ड्यूवी ने किताबी ज्ञान की अपेक्षा खोज तथा प्रयोग कार्य का बड़े जोरदार शब्दों में समर्थन किया है। उनका कहना है कि स्कूल एक विशिष्ट वातावरण है जहाँ पर कि बच्चों का अपेक्षित निर्माण करने के लिए एक निश्चित प्रकार का जीवन तथा कार्यक्रम जुटाये जाते हैं। अध्यापक तो एक मार्गदर्शक और निर्देशक है जो कि उनकी नौका को ठेल भर देता है परन्तु नौका को खेने की शक्ति तो उन्हीं में है जो कि सीखना चाहते हैं।

माण्टेसरी (*Madam Montessori*) *का मत*: माण्टेसरी ने अध्यापक की अपेक्षा स्वयं सीखने पर जोर दिया है। उनका विश्वास है कि स्व-शिक्षा सबसे उत्तम शिक्षा है जिसके

द्वारा बच्चा, अपने ढंग से और स्वानुकूल मात्रा में शिक्षा प्राप्त करता है। उन्होंने शिक्षक के लिए निर्देशिका शब्द का प्रयोग किया है।

वेल्टन (James Welton) का मत: शिक्षा के अनजाने देश में बच्चा एक यात्री के समान है और शिक्षक एक मार्गदर्शक के समान। बच्चा यह तो जानता है कि उसने पहुँचना कहाँ है परन्तु न तो उसे रास्ते का ही पता है और न ही उस स्थान की निश्चित कल्पना है जहाँ पर कि उसे पहुँचना है। परन्तु जब तक कि यात्री (विद्यार्थी) स्वयं यात्रा आरम्भ नहीं करता, कोई भी कार्य पूरा नहीं हो सकता। बहुत से पाठों में तो ऐसा होता है कि अध्यापक बताता जाता है और बच्चा अपने स्थान से हिले-डुले बिना सुनता रहता है। परन्तु कुछ पाठ ऐसे होते हैं जिनमें मार्गदर्शक तो बार-बार यात्रा आरम्भ करता है परन्तु यात्री केवल देखता भर ही है और स्वयं कुछ नहीं करता। संक्षेप में, चाहे कोई पाठ अथवा अनुभव कितना ही अच्छी प्रकार योजनाबद्ध क्यों न किया गया हो; परन्तु तब तक वह पाठ अथवा अनुभव वास्तव में सफल नहीं हो सकता जब तक कि बच्चा स्वयं उस मार्ग पर अग्रसर नहीं होता जो कि उसके लिए तैयार किया गया है। वास्तविक शिक्षा वही है जो कि बच्चे में शिक्षा प्राप्त करने के लिए उत्साह तथा प्रेरणा उत्पन्न कर सके।

गाँधीजी (Gandhiji) का मत: गाँधीजी ने कहा है कि अब समय आ गया है कि हम बच्चे की शिक्षा क्रियात्मकता पर आधारित करें। क्रियात्मकता बौद्धिक शिक्षण के लिए एक मुख्य साधन है।

इस प्रकार हम देखते हैं कि शिक्षा-शास्त्रियों ने इस बात का समर्थन किया है कि शिक्षा रचनात्मक कार्यक्रमों द्वारा ही उत्तम ढंग से दी जा सकती है। शिक्षा के लिए ये नए विचार बच्चों के लिए एक नया और आशापूर्ण सन्देश देते हैं।

यदि कोई विद्यार्थी अपने व्यक्तित्व का पूर्ण विकास करना चाहता है तो उसे अपनी सारी शक्तियों का प्रयोग करना होगा, उसे हर प्रकार से दक्ष रहना होगा। शिक्षा प्राप्ति के लिए क्रिया आवश्यक है। क्रिया शिक्षा का अभिन्न अंग है। इसके बिना शिक्षा अधूरी है, परन्तु क्रिया उद्देश्य सहित होनी चाहिए।

7.2 क्रिया द्वारा शिक्षा के मनोवैज्ञानिक आधार (Psychological Basis of Learning by Doing)

1. *संवेगात्मक प्रवृत्तियाँ:* बच्चे स्वाभावत: ही क्रियाशील होते हैं। बच्चों में सृजनात्मक-शक्ति बहुत होती है। बच्चों के हाथ हमेशा कुछ-न-कुछ नई-नई चीजें बनाने में लगे रहते हैं। यदि उन्हें बनाने के लिए कुछ नहीं मिलता तो वे कुछ तोड़ना शुरू कर देते हैं।

अध्यापक को यह चाहिए कि वह बच्चों की इस प्रवृत्ति का सुदपयोग करे और इसे नवनिर्माण में लगाए। बच्चों में कौतुहल होता है। वे अपने आसपास की चीजों को जानना चाहते हैं। वे सैकड़ों प्रश्न पूछना चाहते हैं। इस प्रवृत्ति को सन्तुष्ट करना अध्यापक का कर्त्तव्य है। बच्चे नई-नई चीजें इकट्ठी करते हैं। उन्हें उनके संग्रहालय के लिए उपयुक्त वस्तुओं को एकत्र करने के लिए प्रेरित करना चाहिए।

2. *मनोवेग वर्द्धन*: मनोवेग वर्द्धन द्वारा शिक्षा-प्राप्ति का कार्य सुगम हो जाता है। इससे बच्चों की रुचियाँ जागृत हो जाती हैं और बच्चा रुचि से कार्य करना आरम्भ कर देता है। इसी प्रकार वह शिक्षा प्राप्त करता है।

3. *हेतु-पूर्ण क्रियाशीलता*: बच्चे अमूर्त (Abstract) चीजों को नहीं समझते। मूर्त कार्यक्रमों द्वारा उनकी मानसिक क्रिया को क्रियाशील रखना चाहिए। ऐसा करने से उन्हें यह सन्तोष हो जाएगा कि वे उद्देश्यपूर्ण कार्य कर रहे हैं।

4. *चेतनाओं का प्रयोग*: बच्चों की समस्त चेतनाओं को शिक्षा-प्राप्ति के लिए कार्यरत कर देना चाहिए। वे देखने, अनुभव करने, शिक्षा प्राप्त करने के कार्य में सावधान रहें तभी शिक्षा फलदायक हो सकती है।

5. *शरीर और मस्तिष्क का सम्बन्ध*: क्रिया द्वारा शिक्षा तभी होती है जब कि हमारे हाथ और मस्तिष्क पारम्परिक सहयोग से काम करें।

6. *जीवन से सम्बद्ध करने का सिद्धान्त*: यदि शिक्षा को जीवन और वातावरण से जोड़ दिया जाए तो शिक्षा हमारे स्वभाव का अभिन्न अंग हो जाएगी। बागवानी के पाठ में यदि हम बच्चों को बाग में ले जाकर सम्बन्धित विषय का वर्णन करें तो यह विशेष प्रभावशाली होगा।

7. *थकान का अभाव*: मानसिक कार्य शारीरिक कार्य से अधिक थकावट पैदा करते हैं। यदि बच्चों को केवल मानसिक कार्यों में ही व्यस्त रखा गया तो वे शीघ्र ही मानसिक थकावट अनुभव करेंगे। परन्तु यदि हम मानसिक-शारीरिक कार्यों को सम्बन्धित कर देंगे तो थकावट पर्याप्त मात्रा में कम हो जाएगी।

8. *समष्टिगत निर्माण*: समष्टिगत निर्माण उतना ही आवश्यक है जितना व्यक्तिगत। बच्चे समूह में कार्य करना चाहते हैं। क्रिया द्वारा शिक्षा में वे एक-दूसरे से शिक्षा प्राप्त करते हैं। इस प्रकार उनमें सहयोग की भावना आती हैं। कभी-कभी बच्चे मिलकर सृजन कार्य करते हैं। वे समाज के लिए चीजें बनाते हैं। और इस प्रकार अनुभव करते हैं कि वे समाज का ही एक अंग हैं और उन्हें उपयोगी बनना चाहिए।

9. *हीनता की भावना का समाप्त होना*: क्रिया द्वारा शिक्षा में पिछड़े बच्चों को भी सुविधाएँ मिलती हैं ताकि वे भी शिक्षा तथा विभिन्न प्रकार के रचनात्मक एवं सृजनात्मक कार्यक्रमों और शारीरिक कार्यक्रमों में अपने गुणों का प्रदर्शन कर सकें। इससे वे आत्मविश्वास प्राप्त करते हैं जो आगे चलकर उनकी हीन भावनाओं को समाप्त करने में सहायता देता है तथा फिर वे मानसिक कार्यक्रमों में सफल होते हैं।

खोज विधि (Enquiry Method)

7.3 खोज विधि का महत्त्व (Importance of Enquiry Method)

वास्तव में देखा जाए तो संसार में जीवन के विभिन्न क्षेत्रों में तीव्र गति से जो विकास हो रहा है, उसका आधार खोज विधि ही है। प्रसिद्ध शिक्षाविद् स्पेन्सर (*Spencer*) (1820-1903) का कथन है कि सच्ची शिक्षण-अधिगम विधि वह है जिसमें छात्रों को कम से कम बताया जाए और उन्हें यथासम्भव खोज के लिए प्रेरित किया जाए।

खोज विधि को *ह्यूरिस्टिक विधि* (*Heuristic Method or Strategy*) भी कहा जाता है।

ह्यूरिस्टिक शब्द की उत्पति यूनानी भाषा के 'Heurise' या 'Heuristicism' से हुई है जिसका अर्थ है–"मैं अन्वेषण करता हूँ।" इसके अनुसार छात्र को 'अन्वेषक' की संज्ञा दी जाती है।

प्रो. एच.ई. आर्मस्ट्रांग (*Prof. H.E. Armstrong*) खोज प्रणाली के प्रवर्तक माने जाते हैं। उन्होंने खोज प्रणाली की इस प्रकार व्याख्या की है, "अनुसंधानात्मक अथवा खोज विधि शिक्षण की वह विधि है जिसमें हम छात्रों को यथासंभव एक खोजी या अनुसंधानकर्त्ता की स्थिति में रखना चाहते हैं। दूसरे शब्दों में यह एक ऐसी विधि है जिसमें वस्तुओं की खोज पर बल दिया जाता है न कि वस्तुओं के बनाने में।"

रायबर्न (*Ryburn*) के विचार में, "जब कभी भी हम छात्र को अन्वेषण की स्थिति में डालने के योग्य होते हैं और वह प्राप्त यन्त्रों तथा सूचनाओं के आधार पर किसी अपने निष्कर्ष पर पहुँचने के योग्य होता है–उस समय वास्तव में हम उसे अन्वेषण विधि के अनुसार शिक्षा देते हैं।"

7.4 खोज विधि के उद्देश्य (Objectives of Inquiry Method)

रायबर्न के शब्दों में, "खोज विधि का उद्देश्य छात्रों को उतना तथ्यों का ज्ञान कराना नहीं है जितना कि इस बात का बोध कराना कि तथ्यों का ज्ञान कैसे प्राप्त किया जाता है।"

संक्षेप में खोज विधि के निम्नलिखित उद्देश्य हैं:

1. छात्रों में विवेचनात्मक दृष्टिकोण का निर्माण करना।
2. छात्रों में वैज्ञानिक दृष्टिकोण का निर्माण करना।
3. छात्रों में परिश्रम मूल्य का विकास करना।
4. छात्रों में आत्मविश्वास की भावना का विकास करना।
5. छात्रों में स्वयं करने के भावों का विकास करना।
6. छात्रों में अवलोकन शक्ति का विकास करना।
7. छात्रों को अधिक विचारशील बनाना।
8. छात्रों को अधिक सत्यप्रिय बनाना।

7.5 खोज प्रणाली के मनोवैज्ञानिक आधार (Psychological Basis of Enquiry Method)

(1) क्रियात्मकता अथवा क्रिया द्वारा शिक्षा का सिद्धान्त

(2) अनुभव से सीखने का सिद्धांत

(3) खेल का सिद्धांत

(4) उद्देश्य का सिद्धांत

7.6 खोज प्रणाली के चरण: अध्यापक की भूमिका (Role of the Teacher in Enquiry Method)

(1) वस्तुओं तथा तथ्यों के निरीक्षण करने के अवसर प्रदान करना
(2) तथ्य एकत्रित कराना
(3) निरीक्षण तथा तथ्यों के आधार पर तुलना कराना
(4) तथ्यपरक रूप देना
(5) तथ्यों का सामान्यीकरण करवाना
(6) लिखित रूप देना

7.7 खोज विधि के सोपान (Steps in Enquiry Method)

1. जो छात्रों ने खोजना है, उसके बारे में उन्हें स्पष्ट ज्ञान कराना।
2. खोज की विधियों की छात्रों को जानकारी देना।
3. खोज की विधियों में प्रयोग किए जाने वाले उपकरणों (Tools) की जानकारी छात्रों को देना।
4. आवश्यक सूचनाओं अथवा आँकड़ों का संग्रह करना।
5. संग्रह किए गए आँकड़ों या सूचनाओं का विश्लेषण करना।
6. संभावित परिकल्पनाओं का निर्माण (छोटी कक्षाओं में सामान्यतया इसकी आवश्यकता नहीं है।)
7. निर्मित परिकल्पनाओं का परीक्षण (छोटी कक्षाओं में सामान्यतया इसकी आवश्यकता नहीं है।)
8. निष्कर्ष निकालना।
9. निष्कर्षों का आवश्यकतानुसार वर्गीकरण करना।

7.8 खोज विधि के गुण (Merits of Enquiry Method)

1. छात्रों की अवलोकन शक्ति का विकास होता है।
2. यह विधि छात्रों को स्वयं सीखने के लिए प्रेरित करती है।
3. इस विधि के प्रयोग से छात्र क्रियाशील रहते हैं।
4. यह विधि छात्रों में वैज्ञानिक दृष्टिकोण का विकास करती है।
5. जो कुछ सीखा जाता है, वह स्पष्ट तथा स्थाई होता है।
6. बच्चों में परिश्रम की आदत का विकास होता है।
7. बच्चों को अपने कार्यक्रम आयोजित करने का ढंग आता है।
8. बच्चों में पारस्परिक सहयोग की भावना बढ़ती है।
9. बच्चों तथा अध्यापक का संबंध गहरा होता है।
10. बच्चे स्वयं खोज कार्य द्वारा अपने आप को वास्तविक जीवन के लिए तैयार करते हैं। ये अनुभव उनके आगामी जीवन में बहुत सहायक सिद्ध होते हैं।

11. बच्चों में मौलिकता का विकास होता है।

12. अनुशासन निर्माण में सहायता मिलती है।

7.9 खोज पद्धति की सीमाएँ/दोष (Limitations/Demerits of Enquiry Method)

1. प्रारम्भिक कक्षाओं के लिए यह विधि अनुपयुक्त है।
2. छात्रों से अत्यधिक आशा की जाती है।
3. अध्यापकों से बहुत आशा की जाती है।
4. उपयुक्त प्रकार की अनुदेशनात्मक सामग्री का अभाव है।
5. कक्षा में विद्यार्थियों की संख्या बहुत अधिक होने के कारण इस विधि को अपनाना सामान्य परिस्थितियों में संभव नहीं है।
6. यह विधि बहुत खर्चीली है।
7. इस विधि के कार्यान्वयन के लिए बहुत अधिक समय चाहिए। पाठ्यक्रम यथा समय पूरा नहीं हो सकता।

खोज विधि के प्रयोग में सावधानियाँ: अध्यापक का विशेष उत्तरदायित्व (Precautions in Enquiry Method: Special Role of the Teacher)

1. अध्यापक को अपने विषय का तथा विषय से संबंधित अन्य तत्त्वों का पर्याप्त ज्ञान होना चाहिए।
2. अध्यापक स्वयं खोजी दृष्टिकोण रखता हो।
3. अध्यापक मार्गदर्शन की कला में निपुण हो।
4. अध्यापक का दृष्टिकोण सहानुभूतिपूर्ण हो।
5. अध्यापक तथा छात्रों में बहुत धैर्य की आवश्यकता है।
6. खोज के प्रकरण छात्रों की आयु, योग्यताओं तथा रुचियों के अनुसार हों।

7.10 सामाजिक अध्ययन में खोज विधि के कुछ साधारण प्रकरण (Some Simple Examples of Enquiry Method in Social Study)

1. छात्रों का टैम्प्रेचर के उतार-चढ़ाव का वृत्त बनाना।
2. छात्रों का अधिकतम वर्षा वाला या अधिकतम ठण्डा तथा गर्म दिन मालूम करना।
3. छात्रों का सूर्य के निकलने और अस्त होने के समय को देखकर वर्ष का सबसे बड़ा और छोटा दिन ज्ञात करना आदि।
4. बच्चों से मौलिक अभिलेख तैयार करवाना।
5. औद्योगिक, ऐतिहासिक, सांस्कृतिक, प्राकृतिक, आर्थिक, राजनीतिक स्थानों का निरीक्षण करना तथा उनका विवरण लिखना।
6. छात्रों का पाठ्य-पुस्तक के अतिरिक्त परन्तु विषय संबंधी अन्य पाठ्य-सामग्री का अध्ययन करना।
7. छात्रों द्वारा सिक्कों तथा टिकटों आदि का निरीक्षण करना तथा उनका विवरण लिखना।
8. छात्रों का प्रदर्शिनियों में जाकर वस्तुओं तथा प्रक्रियाओं का निरीक्षण करना।

पर्यावरण अध्ययन में खोज विधि तथा उनका विवरण लिखना

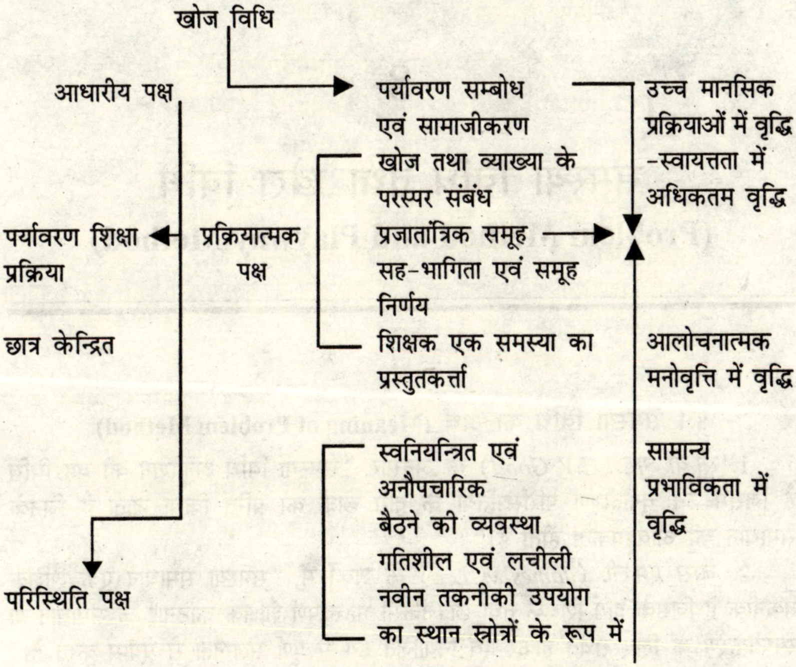

चित्र 7.3: पर्यावरण अध्ययन में खोज विधि

7.11 खोज विधि में अध्यापक की भूमिका (Role of the Teacher in Enquiry Method)

छात्र अकेले, विशेषकर प्राथमिक तथा उच्च प्राथमिक स्तर के, स्वयं तथ्यों तथा सत्यों की जानकारी खोज द्वारा प्राप्त नहीं कर सकते। उन्हें अध्यापक का मार्गदर्शन तथा सहायता की आवश्यकता रहती है।

अध्ययनशील प्रवृत्ति का अध्यापक छात्रों को खोज प्रणाली के पदों की व्यवस्थित ढंग से जानकारी दे सकता है। वह उन्हें बताएगा कि अमुक प्रकरण पर किन-किन सावधानियों को ध्यान में रखा जाए। छात्रों का उत्साह बढ़ाएगा। उनकी उत्सुकता का अवलोकन करें तथा धैर्य से काम करने की प्रेरणा दे।

अध्यापक में वैज्ञानिक सोच तथा शक्ति हो ताकि वह छात्रों में भी इन मूल्यों का विकास कर सके।

जब छात्र खोज विधि में संलग्न हों तो उसे बीच-बीच में उनसे कुछ प्रश्न भी पूछने चाहिए।

जहाँ तक हो सके छात्रों को स्वतन्त्रता का वातावरण प्रदान किया जाए।

छात्रों द्वारा निकाले गए निष्कर्षों पर मुक्त वातावरण में चर्चा की जाए। छात्रों को परस्पर विचार-विमर्श के अवसर मिलने चाहिए।

संक्षेप में अध्यापक पर्याप्त जागरूक, सावधान तथा सतर्क रहे। तभी खोज विधि से अच्छे परिणाम निकल सकते हैं।

8

समस्या विधि तथा खेल विधि
(Problem Method and Playway Method)

8.1 समस्या विधि का अर्थ (Meaning of Problem Method)

1. *सी.वी. गुड* (*C.V. Good*) के अनुसार, "समस्या विधि अनुदेशन की वह विधि है जिसमें उन चुनौतीपूर्ण परिस्थितियों के द्वारा छात्रों को प्रेरित किया जाता है जिनके समाधान की आवश्यकता होती है।"

2. *जेम्स एम.ली.* (*James M. Lee*) के शब्दों में, "समस्या समाधान एक शैक्षिक तकनीक है जिसके द्वारा शिक्षक तथा छात्र किसी महत्त्वपूर्ण शैक्षिक कठिनाई के समाधान या स्पष्टीकरण के लिए सचेत होकर एवं नियोजित ढंग से पूर्ण संलग्नता से प्रयास करते हैं।"

समस्या समाधान विधि में मानसिक क्रिया प्रमुख रूप से निहित रहती है।

8.2 समस्या समाधान के सामान्य सिद्धान्त (General Principles of Problem Solving)

1. छात्र समस्या को अपनी समस्या समझें।
2. समस्या को स्पष्ट रूप से व्यक्त किया जाए।
3. समस्या समाधान की सामग्री छात्रों की अवस्था तथा क्षमता के अनुरूप होनी चाहिए।
4. समाधान स्पष्ट तथा निश्चित हो।

8.3 समस्या समाधान के चरण (Steps in Problem Solving)

1. समस्या समाधान का चुनाव करना।
2. समस्या का स्पष्टीकरण करना।
3. समस्या से संबंधित तथ्य तथा आँकड़े इकट्ठे करना।
4. समस्या के विभिन्न पक्षों पर तथ्यों तथा आँकड़ों के आधार पर विचार करना।
5. संकलित तथ्यों का मूल्यांकन करना तथा संभावित समाधानों की सूची बनाना।
6. समाधानों पर अन्तिम विचार करके निष्कर्षों का निर्धारण करना।
7. निष्कर्षों के आधार पर सामान्यीकरण करके सामान्य सिद्धांतों की स्थापना करना।
8. सम्पूर्ण कार्य का लेखा-जोखा तैयार करना।

8.4 समस्या समाधान विधि के लाभ
(Merits of Problem Solving Method)

1. छात्रों को अपने विचार प्रकट करने का अवसर मिलता है।
2. छात्रों के विचारों को गति मिलती है।
3. छात्रों के मानसिक दृष्टिकोण को स्वस्थ मोड़ दिया जा सकता है।
4. छात्रों में आलोचनात्मक तथा विवेकपूर्ण विचारों का विकास होता है।
5. छात्रों में किसी भी विषय पर व्यवस्थित रूप में विचार करने की क्षमता का विकास होता है।
6. छात्रों में जनतन्त्रीय रूप में सोचने की क्षमता का विकास होता है।
7. छात्रों में वैज्ञानिक ढंग से काम करने की मनोवृत्ति का विकास होता है।
8. छात्रों में स्वाध्याय एवं पुस्तकालय में शब्दकोष आदि का उचित प्रयोग कर सकने की क्षमता का विकास होता है।
9. छात्रों में आत्मविश्वास की भावना जागृत होती है।
10. छात्रों में क्रियाशीलता बढ़ती है।
11. छात्र नवीन तथ्यों तथा सिद्धान्तों को शीघ्रता से ग्रहण करते हैं क्योंकि ये उनके स्वयं के परिश्रम पर आधारित हैं।
12. अध्यापक तथा छात्रों में स्वस्थ संबंधों का निर्माण होता है।
13. अनुशासन स्वअनुशासन तथा सामाजिक अनुशासन का रूप ले लेता है।

8.5 समस्या समाधान विधि की समस्याएँ
(Problems in the Use of Problem Salving Method)

1. सामान्यतया समस्या समाधान विधि में केवल मस्तिष्क ही व्यस्त रहता है। शारीरिक श्रम का बहुत कम स्थान है।
2. छोटे बच्चे विचार-विमर्श में सक्रिय भाग नहीं ले पाते।
3. छोटे बच्चों के लिए उपयुक्त अनुदेशनात्मक सामग्री का बहुत अभाव है।
4. इस विधि में समस्या का समाधान ढूँढने में बहुत समय व्यय होता है। निर्धारित पाठ्यक्रम समय पर समाप्त नहीं हो पाता।
5. यह आवश्यक नहीं है कि सदैव संतोषजनक परिणाम प्राप्त हों।
6. शर्मीले छात्रों के लिए यह विधि नीरस बन सकती है।
7. कमजोर छात्र इस विधि में भली-भाँति योगदान नहीं दे सकते।

8.6 सामान्य सावधानियाँ तथा अनिवार्य तत्त्व
(Basic Elements in Problem Solving)

1. समस्या सार्थक हो।
2. समस्या छात्र के जीवन से संबंधित हो।
3. समस्या में विभिन्न विषयों से सह-संबंध स्थापित किया जा सके।
4. छात्र समस्या की पृष्ठभूमि से थोड़ा-बहुत परिचय रखते हों।

8.7 समस्या समाधान विधि में अध्यापक के कार्य (Role of the Teacher in Problem Solving)

1. छात्रों द्वारा समस्या की स्पष्ट रूप से व्याख्या करवायी जाए।
2. छात्रों का इस दृष्टि से मार्गदर्शन किया जाए कि वे समस्या के हर पक्ष को अपने सामने रखें।
3. समस्या समाधान के लिए छात्रों को प्रोत्साहित किया जाए।
4. समस्या समाधान के लिए छात्रों को अपने विचार रखने की पूर्ण छूट दी जाए।
5. छात्रों द्वारा दिए गए प्रत्येक सुझाव पर कक्षा में विचार हो।
6. छात्रों द्वारा एकत्रित सामग्री को क्रम में इस प्रकार लगाया जाए:

(i) श्यामपट्ट पर उसकी रूपरेखा बनाई जाए।
(ii) डायग्राम तथा ग्राफ प्रयोग में लाए जाएँ।
(iii) विचार-विमर्श द्वारा निकले समाधानों को संक्षिप्त रूप से लिखा जाए।

8.8 सामाजिक अध्ययन से संबंधित कतिपय समस्याएँ (Some Problems Relating to Social Studies)

1. निरक्षरता की समस्या।
2. राष्ट्रीय एकता की समस्या।
3. दहेज की समस्या।
4. बेरोजगारी की समस्या।
5. प्रभावी शिक्षा की समस्या।
6. प्रदूषण की समस्या।
7. यातायात की समस्या।
8. बढ़ती हुई जनसंख्या की समस्या।
9. सफाई की समस्या।
10. शुद्ध वस्तुओं की समस्या।
11. वृक्षों की आवश्यकता।

8.9 पर्यावरण समस्या समाधान का उदाहरण: विस्तृत विवरण (Example of Environment Problem Solving: Detailed Description)

[समस्या के आधार पर प्रवाह चार्ट अगले पृष्ठ पर]

खेल विधि (Playway Method)

8.10 शिक्षण-अधिगम प्रक्रिया में खेल विधि का महत्त्व (Importance of Playway Method in Education)

खेल का महत्त्व (Importance of Play)

खेल बालकों की स्वाभाविक प्रवृत्ति है। शिक्षा में इस प्रवृत्ति का उपयोग करके अध्यापक शिक्षण को रुचिकर बना सकता है तथा छात्रों का अधिकतम विकास कर सकता है। पुरानी कहावत:

Work while you work
Play while you play
का नया रूप इस प्रकार है–
Work while you play
Play while you work

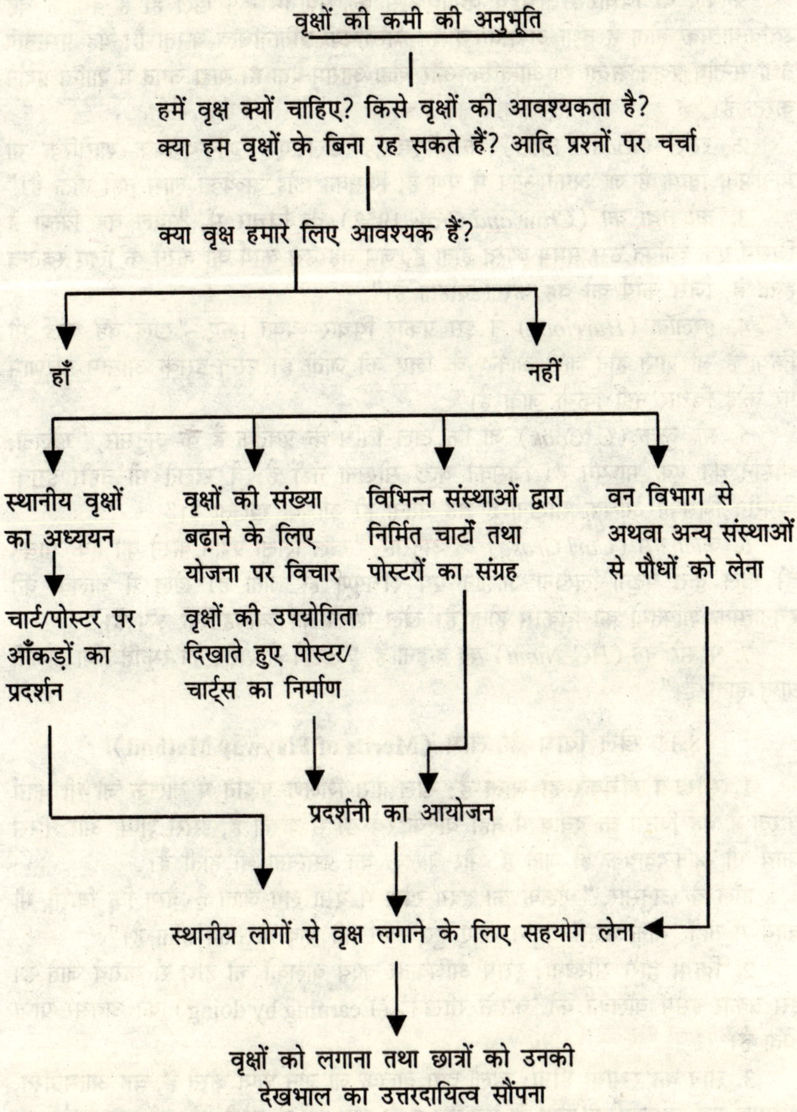

चित्र 8.2: समस्या के आधार पर प्रवाह चार्ट

कुछ विद्वानों के विचार खेल के सम्बन्ध में नीचे दिए गए हैं:

1. *किण्डरगार्टन के निर्माता फ्रोबेल* (*Froebel*, 1782-1852) ने बालकों के विकास में खेल पर बहुत जोर दिया। उनके विचार में खेल-कूद को निश्चित साधनों द्वारा संगठित और नियन्त्रित किया जाए ताकि वह खेल केवल उद्देश्य रहित नकारात्मक क्रिया ही बनकर न रह जाए अपितु उस उद्देश्य को प्राप्त करे जिसकी कल्पना की गई है।

फ्रोबेल के विचार में "बच्चे के विकास का सर्वोत्तम रूप खेल ही है क्योंकि वह स्वक्रियात्मक होता है तथा अन्तःकरण का वास्तविक प्रतिनिधित्व करता है। यह प्रसन्नता तथा सन्तोष प्रदान करता है। आन्तरिक और बाह्य आराम देता है। बाह्य जगत में शान्ति प्रदान करता है।"

2. *रसेल* (*Russel* 1959) के अनुसार, "खेल एक आनन्ददायक शारीरिक या मानसिक क्रिया है जो अपने आप में पूर्ण है, जिसका कोई अव्यक्त लाभ नहीं होता है।"

3. *क्रो तथा क्रो* (*Crow and Crow* 1952) के विचार में, "खेल वह क्रिया है जिसमें एक व्यक्ति उस समय व्यस्त होता है, जब वह उस कार्य को करने के लिए स्वतन्त्र होता है, जिस कार्य को वह करना चाहता है।"

4. *हरलॉक* (*Hurrlock*) ने इस प्रकार विचार व्यक्त किए, "खेल वह कोई भी क्रिया है जो प्राप्त होने वाले आनन्द के लिए की जाती है। परन्तु इसके अन्तिम परिणाम पर कोई विचार नहीं किया जाता है।"

5. *सी. कुक* (*C. Cook*) जो कि खेल-विधि के प्रवर्तक हैं के अनुसार, "खेलना, सीखने का एक माध्यम है। जिसको कुछ सीखना नहीं है, वे खेलते भी नहीं। इसके विपरीत जिसको अधिक सीखना है वह उतना ही अधिक खेलता है।"

6. *कार्ल ग्रस* (*Carl Grose*) के अनुसार, "खेल शिक्षा प्रदान करने का एक साधन है। खेल द्वारा पढ़ना-लिखना आसान एवं रुचिपूर्ण हो जाता है। खेल में बालक की रचनात्मक शक्तियों का विकास होता है। खेल शिक्षा का व्यावहारिक रूप है।"

7. *पी.सी. नन* (*P.C. Nunn*) का कहना है, "खेलने से शरीर को स्फूर्ति तथा ताजगी प्राप्त होती है।"

8.11 खेल विधि के लाभ (Merits of Playway Method)

1. सीखना रुचिकर हो जाता है: खेल द्वारा शिक्षण-पद्धति में बालक जो भी कार्य करता है वह किसी के दबाव में नहीं बल्कि स्वेच्छा से करता है, इससे शुष्क और नीरस कार्य भी आनन्ददायक हो जाते हैं और बालक को प्रसन्नता भी होती है।

हॉल के अनुसार, "बालक का हृदय खेल में ऐसा लग जाता है जैसा कि किसी भी कार्य में नहीं, मानो उसमें मनुष्य खोए हुए स्वर्ग की याद कर रहा होता है।"

2. क्रिया द्वारा सीखना: इसमें अधिकतर कार्य बालकों को हाथ से कराये जाते हैं। इस प्रकार इसमें बालकों को 'करके सीखने' (Learning by doing) का अवसर प्राप्त होता है।

3. ज्ञान का स्थायी होना: खेलों द्वारा बालक जो ज्ञान प्राप्त करते हैं, वह आत्मप्रेरित, रुचिपूर्ण एवं व्यावहारिक होता है। इस प्रकार के ज्ञान को वे कभी भी नहीं भूल पाते। वह ज्ञान स्थायी बन जाता है।

4. व्यक्तिगत योग्यताओं का विकास: खेलों द्वारा शिक्षा देते समय उन विधियों का प्रयोग किया जाता है जो लचीली होती हैं। इसलिए उनके द्वारा व्यक्तिगत विभिन्नताओं के समायोजन का अवसर मिल जाता है।

5. व्यक्तित्व का सर्वांगीण विकास: खेलों द्वारा शिक्षा देने से बालकों को सभी प्रकार की क्रियाएँ जैसे शारीरिक, मानसिक, सामाजिक आदि करने का अवसर मिल जाता है। इसलिए उनका सर्वांगीण विकास होता है।

8.12 खेल विधि में विभिन्न प्रकार के खेल (Different Types of Play in Playway Method)

1. प्रयोगात्मक खेल (Experimental Play): इनमें बच्चे वस्तुओं को स्पर्श करते, उठते-धराते या हिलाते-डुलाते हैं और उनसे परिचय या ज्ञान प्राप्त करते हैं। यह खेल प्राय: वैयक्तिक होते हैं और पर्यावरण की जानकारी देने में सहायक होते हैं।

2. चेष्टा खेल (Movement Play): जिनमें बच्चे निरुद्देश्य चेष्टाएँ करते हैं। जैसे उठना-बैठना, दौड़ना-कूदना आदि।

3. रचनात्मक खेल (Constructive Play): इन खेलों में बालक किसी वस्तु की रचना करते हैं, जैसे मिट्टी, बालू, कागज आदि से चीजों का निर्माण करना।

4. युद्धात्मक खेल (Fighting Play): लड़ने की मूल प्रवृत्ति सभी प्राणियों में होती है जो उन्हें लड़ने-झगड़ने की ओर प्रवृत्त करती है। इससे कुश्ती, मुक्केबाजी और कबड्डी जैसे खेलों की ओर वे प्रेरित होते हैं। ये खेल सामूहिक होते हैं। इनके खेलने के नियम बना दिए जाते हैं जिनसे सामाजिक और मानसिक विकास सम्भव होता है।

5. बौद्धिक खेल (Intellectual Play): ऐसे खेल जिनमें प्रधानत: बुद्धि का प्रयोग किया जाता है। कार्ल ग्रस ने इन खेलों के तीन भेद किए हैं, यथा:

(क) ***विचारात्मक खेल (Thinking Play):*** जिनको सोच-विचार कर खेला जाता है, जैसे ताश, शतरंज, चौपड़ आदि।

(ख) **संवेगात्मक खेल (*Emotional Play*):** जिनमें खेलने वाले को विभिन्न संवेगों की अनुभूति होती है, जैसे नाटक।

(ग) ***कृत्यात्मक खेल (Volitional Play):*** जिसमें इच्छाशक्ति का अभ्यास निहित हो, जैसे छाई-माई, चुप गा हँसी के खेल।

6. रेत के खेल (Sand-Play): रेत के गड्ढों के अलावा किसी कुण्ड या टब में रखी हुई रेत से खेलने में बच्चे बहुत आनन्द अनुभव करते हैं। यह रेत उंगलियों में से पानी की तरह फिसलती है। उन्हें रेत भरने और डालने के लिए बर्तनों की आवश्यकता है। अगर बाहर रेत के गड्ढे की व्यवस्था हो सके तो बच्चों के लिए रेत की एक बड़ी ट्रे या टब का प्रबन्ध करना चाहिए।

बच्चे रेत और पानी को मिलाने में बहुत आनन्द लेते हैं। बच्चों के आसपास रेत और पानी की ट्रे रख दी जानी चाहिए ताकि बच्चे इस खेल की ओर आकृष्ट हो सकें।

7. पानी की क्रियाएँ (Water Play): पानी की क्रियाएँ बच्चों को बहुत से अनुभव तथा अनेक प्रकार के आनन्द प्रदान करती हैं। पानी बच्चे को आराम प्रदान करता है। जब बच्चा अपने को अशान्त अनुभव करता है उस समय उसे पानी से सन्तुष्टि प्राप्त होती है।

8.13 खेल विधि के सिद्धान्त (Principles of Playway)

1. क्रिया द्वारा सीखने के सिद्धान्तः खेल द्वारा शिक्षण, क्रियात्मक पद्धतियों का पूरक है। यह प्रणाली क्रिया के सिद्धान्त पर आधारित है और बच्चे की क्रियाशीलता की इच्छा का प्रत्यक्ष परिणाम है। 'खेल को बच्चे की भाषा कहा गया है।' जिसे वह भाषा से अभिव्यक्त नहीं कर सकता, उसे खेल अथवा क्रिया में अपने व्यवहार से प्रकट कर देता है। इस प्रणाली से बच्चे को उसकी ज्ञानेन्द्रियों द्वारा शिक्षण मिलता है जो बालक के लिए स्वाभाविक शिक्षण है।

2. जीवन-सम्बन्धित शिक्षा का सिद्धान्तः यदि हम कक्षा की क्रियाओं को दैनिक जीवन से सम्बन्धित कर दें तो बालक यह अनुभव नहीं करता कि वह किसी बनावटी वातावरण में है। तब उसे स्कूल का वातावरण घर से अलग नहीं लगता। विद्यार्थी भी अधिकतम प्रयत्न कर सकते हैं जब उनके जीवन व पाठों में स्पष्ट सम्बन्ध हो, क्योंकि इससे उसकी रुचि बढ़ेगी और प्रेरणा मिलेगी। अतः अध्यापक का कार्य यह है कि वह जीवन और ज्ञान में एक कड़ी स्थापित करे, और काम को इस प्रकार आयोजित करे कि विद्यार्थियों को जीवन-सम्बन्धित रचनात्मक कार्य के विविध अवसर प्राप्त हों।

3. स्वाभाविकता का सिद्धान्तः खेल द्वारा शिक्षा की विधि स्वाभाविक है जो बालक की आवश्यकता और रुचि के अनुकूल है।

4. व्यक्तिगत भिन्नता का सिद्धांतः प्रत्येक बालक की रुचि समान नहीं होती। सामग्री तथा प्रणाली का चुनाव करते समय बालकों की व्यक्तिगत रुचि और आवश्यकताओं का ध्यान रखना आवश्यक है।

8.14 खेल द्वारा शिक्षा पर आधारित शिक्षा-प्रणालियाँ

आधुनिक शिक्षा-प्रणालियाँ अधिकतर इस प्रणाली पर आधारित हैं। फ्रोबेल की किण्डरगार्टन पद्धति, जिसमें बच्चों की शिक्षा पुस्तकों द्वारा न होकर, उचित प्रकार से चीजें रखने, मिट्टी के खिलौने बनाने, खेलों तथा क्रियात्मक गानों के द्वारा होती है।

श्रीमती माण्टेसरी की माण्टेसरी पद्धति भी अधिकतर इसी प्रणाली पर आधारित है। इसमें बालक की स्वतन्त्र क्रिया को अधिक महत्त्व दिया गया है। खेल बालक के लिए आवश्यक है, इसलिए खेल के कई प्रकार के उपकरणों द्वारा बच्चों को भाषा तथा गणित का ज्ञान कराया जाता है।

योजना विधि, डाल्टन पद्धति, ह्यूरिष्टि पद्धति, बेसिक शिक्षा, बालचर संस्था, एन.सी.सी., पाठशाला के अन्य उत्सव व खेल आदि इसी प्रणाली पर आधारित हैं।

8.15 सामाजिक अध्ययन शिक्षण में खेल विधि के उदाहरण (Examples of Playway in the Teaching of Social Studies)

इतिहास-भूगोलः ये विषय नाटकों, अन्य अभिनयों, चित्र इकट्ठे करके, टिकट संग्रह करके, चित्र व मानचित्र बनाकर, ऐतिहासिक स्थलों का भ्रमण करके सरस बनाये जा सकते हैं तथा रुचिपूर्वक पढ़ाये जा सकते हैं। नदी, नहर, तालाब, बाँध आदि पर जाने का प्रोग्राम बनाकर पाठ्य-सामग्री को रुचिकर बनाया जा सकता है।

1. स्वशासन प्रणाली शिक्षण-प्रशिक्षण में खेल विधि का प्रयोग किया जाता है।

2. सामाजिक अध्ययन शिक्षण में अनेक प्रकार के समुदाय सर्वेक्षण किए जा सकते हैं।

3. शैक्षिक भ्रमण यात्राओं का आयोजन किया जा सकता है।

4. पर्यावरण के संबंध में कहानियाँ सुनाई जा सकती हैं।

5. गीतों द्वारा पर्यावरण के बारे में जानकारी बढ़ाई जा सकती है।

6. पर्यावरण पर प्रदर्शनियों का आयोजन किया जा सकता है।

7. विभिन्न प्राकृतिक वस्तुओं के नमूने एकत्रित किए जा सकते हैं।

8. चिड़ियाघर आदि में बालकों को ले जाया जा सकता है।

9. विभिन्न विषयों के शिक्षण को खेल विधि के प्रयोग में लाया जा सकता है।

9

प्रश्नोत्तर विधि अथवा तकनीक
(Question-Answer Method or Technique)

9.1 प्रश्नों का महत्त्व (Importance of Questions)

प्रश्नोत्तर के महत्त्व पर कुछ विद्वानों के विचार नीचे दिए गए हैं:

(i) *प्लेटो* (*Plato*) ने अपनी पुस्तक *Republic* में इस पर बल देते हुए कहा कि शासकों के प्रशिक्षण में इसका महत्त्वपूर्ण स्थान है।

(ii) *रिस्क* (*Risk*) का कथन है कि अध्यापन की प्रभावशीलता अध्यापक की प्रश्न करने की क्षमता पर निर्भर करती है।

(iii) *पार्कर* (*Parker*) के अनुसार, प्रश्न ही शिक्षा सम्बन्धी कार्यक्रम की कुँजी है।

(iv) *मेकनी* (*Mckeny*) का विचार है कि अच्छे ढंग से प्रश्न करने की प्रयत्नपूर्ण प्रक्रिया द्वारा एक प्रतिभा सम्पन्न अध्यापक अपने शिक्षा-यात्री (छात्र) को अपरिचित प्रदेशों में से निकालकर अभीष्ट लक्ष्य तक ले जा सकता है।

(v) *मिस स्टीवेन्सन* (*Ms. Stevenson*) ने इस तथ्य पर जोर डाला है कि प्रश्नोत्तर सच्ची शिक्षा के लिए महान् अवसर प्रदान करते हैं।

(vi) *कॉलविन* (*Colvin*) ने 20वीं शताब्दी के आरम्भ में इस तथ्य को इस प्रकार कहा है, "कोई भी अध्यापक जिसका प्रश्नोत्तर व्यूह-रचना पर अच्छा अधिकार नहीं, वह न तो मौलिक विषयों के शिक्षा निर्देशन में सफल हो सकता है और न ही अन्य विषयों में।"

(vii) *योकम और सिम्पसन* (*Yokam and Simpson*) ने कहा है, "प्रश्नोत्तर अध्यापन की तकनीकों में से एक है और इसे अध्यापन में सब अध्यापक प्रयोग करें।"

(viii) *रिवलिन* (*Rivlen*) के विचार में, "प्रश्नोत्तर मुख्य शिक्षण-पद्धतियों में से एक है।"

(ix) *थियोडोर स्ट्रक* (*Thedore Struck*) का लिखना है, "अच्छे प्रश्न स्वाभाविक रूप से ही शिक्षात्मक होते हैं तथा हर प्रकार के शिक्षण में उनका स्थान बहुत महत्त्वपूर्ण है। यदि उनका उपयोग उपयुक्त समय में तथा ठीक प्रकार से किया जाए तो प्रश्न नवीन ज्ञान की प्राप्ति में सहायक होते हैं। वे ज्ञान का संगठन करते हैं, शिक्षा-सम्बन्धी अनुभवों

का समन्वय करते हैं, शिक्षा प्राप्ति की इकाइयों को गुम्फित करते हैं अथवा व्यक्तित्व को महान् बनाते हैं।"

(x) *सालमोन* (*Salmon*) ने कहा है, "एक दोषी प्रश्नकर्त्ता एक दोषी अध्यापक होता है, वह एक अच्छा प्राध्यापक हो सकता है।"

(xi) *रायबर्न* (*Ryburn*) के शब्दों में, "इसमें कोई अतिशयोक्ति नहीं कि एक अध्यापक की विशेष पाठ में तथा सामान्य अध्यापन में सफलता उसके प्रश्न करने की योग्यता पर निर्भर करती है।"

(xii) *रेमॉण्ट* (*Raymont*) के अनुसार, "अच्छे प्रश्न करने की योग्यता को प्राप्त करना ही एक युवा अध्यापक की महत्त्वाकांक्षा होती है।"

प्रश्न करने की कला अध्यापक के लिए एक महत्त्वपूर्ण अस्त्र है। किसी ने ठीक ही कहा है:

"I keep six honest serving men,
They taught me all I know
Their names are what and why and when
And how and where and who."

9.2 प्रश्न करने के उद्देश्य (Objectives of Questioning)

1. मानसिक रूप से छात्रों को क्रियाशील रखना।
2. छात्रों में उत्सुकता को जागृत करना तथा उसको पोषित करना।
3. छात्रों में कल्पना-शक्ति का विकास करना।
4. छात्रों में चिन्तन तथा मनन-शक्ति का विकास करना।
5. छात्रों में सृजनात्मकता का विकास करना।
6. छात्रों में मौलिकता का विकास करना।
7. छात्रों के पूर्व ज्ञान का परीक्षण करना।
8. छात्रों की शंकाओं का निवारण करना।
9. छात्रों की कमजोरियों का पता लगाना।
10. नवीन ज्ञान का पूर्व ज्ञान से सह-संबंध स्थापित करना।
11. यह निश्चित करना कि छात्र कक्षा में ध्यानपूर्वक कार्य कर रहे हैं अथवा नहीं।
12. छात्रों की रुचियों को ढूँढ़ना।
13. छात्रों की जिज्ञासा को उत्तेजित करना।
14. छात्रों को अभ्यास कराना।
15. छात्रों द्वारा सिद्धांतों का सामान्यीकरण करना।
16. पाठ को दोहराना।
17. छात्रों का सहयोग प्राप्त करना।
18. छात्रों की व्यक्तिगत कठिनाईयों को जानना तथा उनका समाधान करना।

9.3 प्रश्नों के प्रकार (Types of Questions)

प्रश्नों के प्रकार–I

(1) निबन्धात्मक प्रश्न (2) लघु प्रश्न (3) अति लघु प्रश्न (4) वस्तुनिष्ठ प्रश्न

प्रश्नों के प्रकार–II

(1) क्यों (2) क्या (3) कैसे (4) कब (5) कौन (6) किसे (7) कहाँ

प्रश्नों के प्रकार–III

- औपचारिक प्रश्न
  - परीक्षण प्रश्न
    - प्रस्तावना प्रश्न
    - पुनरावृत्ति प्रश्न
  - शिक्षण अथवा विकासात्मक प्रश्न
- अनौपचारिक प्रश्न

स्वाभाविक प्रश्न (Natural Questions): प्रश्नकर्त्ता प्रश्नों के उत्तर के सम्बन्ध में विशेष जानकारी नहीं रखता। छात्रों के प्रश्न इसी के अन्तर्गत आते हैं।

औपचारिक प्रश्न (Formal Questions): शिक्षण में इनका विशेष महत्त्व है। ये वे प्रश्न हैं जो अध्यापक छात्रों से पूछते हैं। अध्यापक द्वारा किए जाने वाले सारे प्रश्न इसी के अन्तर्गत आते हैं।

प्रस्तावना प्रश्न (Introductory Questions): ये प्रश्न सामान्यतया: पाठ्य-विषय पढ़ाने से पूर्व किये जाते हैं। इनके उद्देश्य निम्नलिखित हैं:

1. छात्रों का पूर्व ज्ञान जानना।
2. पहले से प्राप्त ज्ञान को नये ज्ञान से जोड़ना।
3. बच्चों का मनोवेग वर्द्धन करना तथा उनकी उत्सुकता बढ़ाना।

इन प्रश्नों से अध्यापक को यह पता चल जाता है कि बच्चों का मस्तिष्क पाठ ग्रहण के लिए तैयार है या नहीं। इस स्तर पर प्रश्न करके अध्यापक 'परिचित से अपरिचित की ओर बढ़ो' के सिद्धान्त पर चलता है। प्रश्न विषय से सम्बन्धित हों और उनकी संख्या तीन से चार तक ही हो।

पुनरावृत्ति के प्रश्न: इस प्रकार के प्रश्न साधारणतया: पाठ के अन्तिम चरण में अथवा हर चरण के अन्त में किए जाते हैं। ऐसे प्रश्नों से दो उद्देश्य सिद्ध होते हैं:

1. अध्यापक यह जान जाए कि उसने जो कुछ पढ़ाया था, बच्चों ने उसे पूरी तरह समझ लिया है अथवा नहीं।

2. बच्चे पाठ दोहरा सकें तथा उन्हें अभ्यास करने का पर्याप्त अवसर मिल सके।

उदाहरणार्थ–शिवाजी के पाठ में से निम्नलिखित प्रश्न पूछे जा सकते हैं:

चरण (1): *शिवाजी का प्रारम्भिक जीवन*

1. शिवाजी पर किन-किन महापुरुषों का प्रभाव पड़ा?
2. शिवाजी ने अपना प्रारम्भिक जीवन कैसे व्यतीत किया?

चरण (2): *शिवाजी का संघर्ष*

1. शिवाजी अफजल खाँ से युद्ध के मैदान में क्यों नहीं लड़े?
2. शिवाजी ने शाईस्ता खाँ को कैसे हराया?
3. शिवाजी औरंगजेब के दरबार से कैसे भाग निकले?

चरण (3): *अन्तिम पुनरावृत्ति*

1. शिवाजी एक महान् पुरुष कैसे बने?
2. मुगलों के साथ संघर्ष में वह क्यों सफल हुए?

विकासात्मक प्रश्न (Developing Questions): ऐसे प्रश्न पाठ की रीढ़ माने जाते हैं। इनका प्रयोग निम्नलिखित उद्देश्यों से किया जाता है–

1. एक विशेष विचार का निर्माण करना।
2. बच्चों को स्वयमेव तथ्य ढूँढने के लिए तैयार करना।
3. आगमन (Inductive) ढंग से साधारणीकरण करना।
4. महत्त्वपूर्ण बातों पर ध्यान केन्द्रित करना।
5. ज्ञान को क्रमशः स्पष्ट करना।
6. बच्चों को इस योग्य बनाना कि वे समानान्तर निरीक्षण तथा केन्द्रीकरण की विशेष शक्तियों का प्रयोग करना जान जाएँ।
7. इस तथ्य का निश्चय करना कि वास्तव में बच्चे समझ रहे हैं या नहीं।
8. असावधान छात्रों को सावधान करना।

9.4 प्रश्नों का नवीन वर्गीकरण तथा प्रश्नों के प्रकार (New Classification of Questions and their Types)

1. **स्मृति प्रश्न:** भारत कब स्वतन्त्र हुआ?

2. **परिभाषा संबंधी प्रश्न:** पर्यावरण की क्या परिभाषा है?

3. **कारण तथा प्रभाव संबंधी प्रश्न (Cause and Effect Questions):** जनसंख्या तथा समृद्धि में क्या संबंध है?

4. **उदाहरण संबंधी प्रश्न:** ऐसे अवसर बताइये जबकि वस्तुओं की पूर्ति कम होने पर कीमतें बढ़ जाती हैं।

5. **वर्गीकरण संबंधी प्रश्न:** आर्थिक आवश्यकता सम्बन्धी परिभाषा के अनुसार इनका वर्गीकरण करो।

वायु, सूर्य की रोशनी, सोना, भोजन।

6. निर्धारण (Evaluation): आपके विचार में क्या चन्द्रगुप्त मौर्य को भारत का पहला सम्राट कहा जा सकता है?

7. जानकारी (Information): सितारे क्यों चमकते हैं?

8. तुलना (Comparison or Contrast): पूँजी तथा धन में क्या अन्तर है?

9. विश्लेषण (Analysis): व्यक्ति महान् कैसे होता है?

10. व्याख्या (Interpretation): लोकतन्त्र का क्या अर्थ है?

11. निरीक्षण (Observation): इस का निरीक्षण कीजिए।

12. समस्या संबंधी प्रश्न (Problem Questions): भारत की खाद्य समस्या के बारे में आप क्या जानते हैं?

9.5 अच्छे प्रश्नों की विशेषताएँ (Characteristics of Good Questions)

(1) सरल भाषा में प्रश्न
(2) सरल से कठिन प्रश्न
(3) स्पष्ट प्रश्न
(4) विषय से सम्बन्धित प्रश्न
(5) विभिन्न प्रकार के वस्तुनिष्ठ प्रश्न
(6) स्पष्ट उत्तरों वाले प्रश्न
(7) प्रश्नों में अनुमान की बहुत कम सम्भावना
(8) चुनौती-पूर्ण प्रश्न

9.6 प्रश्न करने की पद्धति (Technique of Questioning)

इस सम्बन्ध में अध्यापक को निम्नलिखित बातों पर ध्यान देना चाहिए:

1. प्रश्न पहले किया जाए: बच्चों को बाद में उत्तर देने के लिए कहा जाए। ऐसा नहीं करना चाहिए कि बच्चे को पहले खड़ा किया जाए तथा बाद में प्रश्न पूछा जाए। पहले प्रश्न पूछने से लाभ यह होगा कि सारी श्रेणी उस प्रश्न का उत्तर सोचने में व्यस्त हो जाएगी, परन्तु यदि एक निश्चित विद्यार्थी को खड़ा करके प्रश्न पूछा जाए तो सम्भवत: अन्य विद्यार्थी उत्तर सोचने में व्यस्त न हों।

2. प्रश्न समानान्तर रूप से कक्षा में विभक्त होने चाहिए: किसी भी छात्र की उपेक्षा नहीं की जानी चाहिए तथा प्रश्न एक ही नियमित क्रम से नहीं पूछे जाने चाहिए। प्राय: अध्यापकगण या तो बहुत ही अधिक प्रश्न कर डालते हैं या फिर बहुत ही कम प्रश्न करते हैं। वे कभी-कभी आगे बैठे छात्रों अथवा पीछे बैठे छात्रों पर ही अधिक ध्यान देते हैं। ये दोनों विधियाँ गलत हैं। इनका बहिष्कार करना चाहिए।

3. प्रश्न को दोहराना: प्रश्न को तब तक दोहराना नहीं चाहिए जब तक अध्यापक को यह निश्चय न हो जाए कि प्रश्न विद्यार्थियों की समझ में नहीं आया।

4. सोचने का अवसर: प्रश्नों के उत्तर सोचने के लिए विद्यार्थियों को पर्याप्त समय मिलना चाहिए। समय प्रश्नों के अनुसार दिया जाना चाहिए। कुछ प्रश्नों के लिए जो कि तुलनात्मक अथवा आलोचनात्मक हों, अधिक समय और ऐसे प्रश्न जो वर्णनात्मक तथा सूचनात्मक हो, उनके लिए थोड़ा समय देना चाहिए।

5. वाक्-शैली: जहाँ तक हो सके ऐसी वाक्-शैली कि 'क्या कोई यह बता सकता है', का प्रयोग नहीं करना चाहिए।

6. छात्रों की असमर्थता: प्रश्नों का उत्तर दे सकने की बच्चे की असमर्थता को स्वीकार किया जाना चाहिए। अध्यापक को चाहिए कि वह बच्चों के बौद्धिक स्तर को देखते हुए प्रश्न करे और यदि वे प्रयत्न करने पर भी उत्तर न दे सकें, तो अध्यापक बच्चों से ही उत्तर पाने की व्यर्थ चेष्टा में समय नष्ट न करे। यद्यपि उन्हें सोचने का समुचित समय प्रदान करना अध्यापक का नैतिक कर्त्तव्य है। बुद्धिमान अध्यापक वह है जो कि तुरन्त यह जान ले कि अमुक विद्यार्थी लाख प्रयत्न करने पर भी ठीक उत्तर दे सकने में असमर्थ है।

7. प्रश्नों की बौछार: प्रश्नों की एकदम बौछार भी विद्यार्थी को व्याकुल कर देती है। यदि उसे कुछ आता भी हो, तो वह भी भूल जाएगा।

8. प्रसन्न मुद्रा: प्रश्न बहुत ही प्रसन्न मुद्रा में पूछे जाने चाहिए।

9. ध्यान आकर्षित करना: जब अध्यापक कुछ छात्रों को ध्यानरहित पाये तो उनसे प्रश्न पूछे।

10. ठीक उत्तर सम्बन्धी शैली: ठीक उत्तर को पहले ही न मानकर अन्य छात्रों से पूछना चाहिए।

9.7 प्रश्न कैसे होने चाहिए? (Qualities of Questions)

1. प्रश्नों की भाषा सरल हो।
2. प्रश्नों का वर्गीकरण होना चाहिए तथा वे न तो बहुत कठिन ही हों और न बहुत सरल ही, क्योंकि यदि प्रश्न अत्यधिक सरल होंगे तो विद्यार्थियों को उनका उत्तर देने में न तो कोई दिलचस्पी होगी और न ही उन्हें आनन्द आएगा और यदि प्रश्न बहुत ही कठिन होंगे तो विद्यार्थी ऊब जायेंगे।
3. प्रश्न स्पष्ट, संक्षिप्त तथा प्रसंगानुकूल होने चाहिए।
4. प्रश्न जिन विद्यार्थियों से पूछे जायें, वे उनकी योग्यता तथा बौद्धिक स्तर के अनुसार होने चाहिए।
5. अध्यापक को चाहिए कि वे प्रश्नों को विभिन्न रूपों में पूछे।
6. दो प्रश्न इकट्ठे नहीं पूछे जाने चाहिएँ।
7. प्रश्नों का स्वरूप यथासम्भव बहुत ही आकर्षक होना चाहिए।
8. प्रश्न इस प्रकार के हों, जिससे अनुमान लगाने मात्र से काम न चल सके। जहाँ तक हो सके, अनुमान लगाकर उत्तर देने के अभ्यास को समाप्त करना चाहिए। प्रश्न ऐसे भी न हों जिनका उत्तर 'हाँ' अथवा 'नहीं' या एक ही शब्द में दिया जा सके।
9. प्रत्येक प्रश्न ऐसा हो कि पिछले दिये गये उत्तर में से अपने आप बन जाए।

9.8 प्रश्न कैसे न हों? (Types of Questions to be Avoided)

1. सुझावात्मक प्रश्न (Suggestive Questions): जैसे कि 'क्या सरदार पटेल लौह-पुरुष थे?' इत्यादि नहीं पूछे जाने चाहिए, क्योंकि ऐसे प्रश्नों का उत्तर देते हुए विद्यार्थी को कोई मानसिक परिश्रम नहीं करना पड़ता।

ऐसे प्रश्न भी जैसे कि 'क्या आप जानते हैं कि सुभाषचन्द्र बोस इण्डियन नेशनल आर्मी के संस्थापक थे?' नहीं पूछे जाने चाहिए।

2. प्रतिध्वन्यात्मक प्रश्न (Echo Questions): जैसे कि 'महात्मा बुद्ध लुम्बनी में पैदा हुए थे।' 'महात्मा बुद्ध कहाँ पैदा हुए थे?'

3. पुष्टिकारक प्रश्न (Corroborative Questions): ऐसे प्रश्नों का उद्देश्य अपने द्वारा कही हुई बात की पुष्टि करना होता है। अध्यापक कोई वक्तव्य देने के पश्चात् पूछता है, "है या कि नहीं?" छात्र भी बिना सोचे-समझे प्राय: कह देते हैं 'हाँ जी'। इससे पता नहीं चलता कि छात्रों ने कुछ समझा है या नहीं।

4. आलंकारिक प्रश्न (Rhetorical Questions): ये प्रश्न भाषा को आलंकारिक बनाने के लिए पूछे जाते हैं। सत्य पर वक्तव्य देते समय यह पूछने से 'सत्य हैं' जब वे उत्तर देने में अपने आपको असमर्थ पाते हैं।

5. चक्कर में डालने वाले प्रश्न (Tricky Questions): ये प्रश्न केवल अध्यापक की योग्यता को प्रदर्शित करते हैं। जब वे उत्तर देने में अपने आपको असमर्थ पाते हैं छात्र अपने आपको हीन समझने लग जाते हैं।

उपसंहार: प्रश्न करने की शैली की मुख्य विशेषता यह है कि विचार-विमर्श तथा तर्क शैली सरल शैली द्वारा विद्यार्थी स्वयं नये तथा मौलिक सिद्धान्तों की खोज कर सके।

9.9 विद्यार्थियों के प्रश्नों के प्रति अध्यापक का दृष्टिकोण (Teacher's Attitudes to Students' Questions)

1. विद्यार्थियों को अधिक से अधिक प्रश्न पूछने के लिए प्रोत्साहित किया जाना चाहिए।

2. ध्यान इस बात पर दिया जाए कि प्रश्न विषय तथा प्रसंगानुकूल हों।

3. अध्यापक बच्चों को अनुशासन में रखे। बहुत से विद्यार्थी एक ही साथ प्रश्न न करने लग जाएँ। सब विद्यार्थियों को धैर्य से प्रश्न सुनने चाहिएँ।

4. अध्यापक में इतना नैतिक बल तो होना ही चाहिए कि वह स्पष्ट रूप से यह स्वीकार कर ले कि वह अमुक प्रश्न का तत्काल उत्तर देने में असमर्थ है और फिर किसी समय वह प्रश्नों का उत्तर देगा। विद्यार्थियों के समक्ष अपनी प्रतिष्ठा की झूठी धाक जमाने की अपेक्षा यह अच्छा है कि प्रश्नों का अशुद्ध उत्तर न दिया जाए।

प्रश्न करना द्विमुखी क्रिया है—छात्र तथा अध्यापक का सहयोग (Questioning is a two way traffic cooperation of the teacher and pupil): प्रश्न करना केवल अध्यापक का ही कार्य नहीं, विद्यार्थी भी प्रश्न कर सकते हैं। शिक्षण-अधिगम कार्य तभी प्रभावशाली होता है, जबकि अध्यापक तथा छात्र दोनों ही एक-दूसरे से सहयोग करें। शिक्षण-अधिगम कार्य का उद्देश्य यह है कि विद्यार्थी इस योग्य हो जाए कि वह अपने वातावरण में ठीक प्रकार से स्थापित हो सके। अध्यापक तथा विद्यार्थी दोनों ही इस उद्देश्य साधने में लगे हैं, इसलिए दोनों को चाहिए कि वे इस कार्य में सावधानी तथा दक्षता से जुटे रहें। यदि अध्यापक बोलता ही चला जाए तथा बच्चों से यह न पूछे कि उन्हें पाठ समझ आ गया कि नहीं, तो बच्चों के लिए अध्यापक का लम्बा भाषण बेकार जायेगा। अध्यापक अपना समय भी खराब करेगा तथा विद्यार्थियों का भी। वह अवश्य निश्चय कर ले कि जो कुछ वह पढ़ा रहा है विद्यार्थी भी उसे समझ रहे हैं।

यदि अध्यापक बहुत अधिक बोलते रहेंगे या बच्चों को केवल समझाते ही रहेंगे, तो स्पष्ट है कि विद्यार्थी ऊब जायेंगे। वे निर्जीव प्रागियों की भाँति मूर्ति बनकर बैठे रहेंगे।

विद्यार्थी स्वभावतः ही क्रियाशील रहते हैं। उनमें कौतूहलता तथा कल्पना-शक्ति होती है। उनकी इन प्रवृत्तियों को सन्तुष्ट करने से ही पाठ रुचिकर तथा आनन्ददायक बन सकता है अन्यथा नहीं।

कभी-कभी विद्यार्थी समझ नहीं पाते कि अध्यापक उन्हें क्या समझा रहा है? अब प्रश्न है कि वे क्या करें? निश्चय ही उनके हृदय में कई प्रश्न उठेंगे और वे उन्हें पूछेंगे। यदि वे न पूछेंगे, तो उनके हृदय में उठने वाली शंकाएँ और समस्याएँ हल नहीं होंगी और वह पाठ चाहे कितना भी महत्त्वपूर्ण क्यों न हो, उनके लिए महत्त्वहीन और अर्थशून्य हो जायेगा।

अतः विद्यार्थी प्रश्न पूछें, अध्यापक उनका उत्तर दें, परन्तु केवल पूछने मात्र के लिए ही प्रश्न नहीं पूछे जाने चाहिए। अध्यापक विशेष ध्यान रखें कि असंगत तथा निरर्थक प्रश्नों का उत्तर बिल्कुल न दिया जाए। केवल पाठ से सम्बन्धित प्रश्नों का ही उत्तर दिया जाना चाहिए। विवादात्मक प्रश्न भी समय को नष्ट करते हैं और यह भी सम्भव है कि विद्यार्थी को ऐसे प्रश्न उलझन में डाल दें।

उपरोक्त कथन के आधारस्वरूप हम निम्नलिखित परिणामों में पहुँचते हैं–

(क) अधिक वार्तालाप विद्यार्थियों की मानसिक थकान का कारण बनते हैं।

(ख) अध्यापक का ही बोलते जाना विद्यार्थियों की रुचि को उचाट कर देता है। शिक्षण में अध्यापक तथा छात्र दोनों चेतन तथा जागरूक रहने चाहिए।

(ग) अध्यापक का ही बोलते रहना विद्यार्थी के स्वभाव के विपरीत है क्योंकि वह स्वभावतः चुस्त तथा जागरूक होता है।

9.10 विद्यार्थियों के उत्तरों के प्रति अध्यापक की प्रतिक्रिया (Response of the Teacher to Student's Questions)

बच्चों के उत्तरों के प्रति भी उतना ही उत्साह तथा रुचि अध्यापक को प्रदर्शित करनी चाहिए जितनी कि विद्यार्थियों को प्रश्नों के प्रति। आखिर प्रश्न पूछने का उद्देश्य क्या है? केवल प्रश्नों के लिए ही तो प्रश्न पूछे नहीं जाते। प्रश्नों के पूछने का उद्देश्य है कि छात्रों को प्रोत्साहित किया जाए, उनमें रुचि उत्पन्न की जाए। यह जाना जाये कि उन्हें क्या आता है और क्या नहीं आता? उन्हें विचार-विमर्श करने के लिए प्रेरित किया जाए तथा उनकी शंकाओं का समाधान किया जाए। उत्तरों के प्रकार तथा स्वरूप से यह जाना जाता है कि प्रश्न करने का उद्देश्य पूरा हुआ या नहीं। यह कहना उचित ही होगा कि प्रश्न शिक्षा-प्राप्ति का सबल साधन है और उत्तरों द्वारा उसकी पूर्ति होती है। प्रश्नोत्तर कैंची के दो हिस्सों की भाँति है, जैसे–कपड़े का टुकड़ा काटने के लिए कैंची के दोनों भागों की आवश्यकता होती है, उसी प्रकार शिक्षण में प्रश्न तथा उत्तर अनिवार्य हैं।

उत्तर विद्यार्थियों तथा अध्यापक की कमजोरियों को प्रकट करते हैं। वे शिक्षण-अधिगम क्रिया को प्रभावशाली बनाने की कसौटी है। यदि उत्तर सन्तोषजनक नहीं हैं, तो इसका स्पष्ट अर्थ यह हो जाता है कि शिक्षण-अधिगम में कहीं न कहीं खराबी अवश्य है। या तो अध्यापक ने ठीक ढंग से पढ़ाया नहीं या फिर विद्यार्थियों को पाठ्य-विषय को अच्छी प्रकार समझा नहीं। अतः उत्तर एक ऐसा आवश्यक साधन है जिसके द्वारा शिक्षण-अधिगम क्रिया में उचित परिवर्तन हो सकते हैं।

उत्तरों के विभिन्न रूप: विभिन्न प्रकार के उत्तरों का विवेचन करने के पश्चात् हम उत्तरों को निम्न कोटियों में रख सकते हैं:

1. शुद्ध उत्तर।
2. शुद्ध परन्तु अपूर्ण।
3. कुछ शुद्ध तथा कुछ अशुद्ध।
4. अशुद्ध परन्तु प्रखर बुद्धि-सूचक।
5. अशुद्ध तथा उपहासजनक।
6. शरारत से भरे हुए तथा कुटिलतापूर्वक।

9.11 उत्तरों के प्रति अध्यापक का दृष्टिकोण (Attitude of the Teacher to Students' Answers)

विभिन्न प्रकार के उत्तरों पर प्रतिक्रिया करने के कोई निश्चित नियम नहीं हैं। वार्ड तथा रोस्को (*Ward and Rosco*) ने इस सम्बन्ध में लिखा है, "नियम विशेष नहीं हैं। न तो यह ही बुद्धिमत्तापूर्ण है कि सब अशुद्ध उत्तरों की ओर ध्यान दिया जाए और न ही यह कि सबकी उपेक्षा कर दी जाए। कुछ उचित शंकाएँ होती हैं, जिन्हें अध्यापक को उसी समय अथवा पश्चात् निवारण कर देना चाहिए। कुछ उत्तर अपूर्ण और असंगत होते हैं, यद्यपि तर्कसंगत होते हैं, फिर भी उनके प्रति उपेक्षा ही उचित है, कुछ नितान्त अस्पष्ट तथा मूर्खतापूर्ण होते हैं जिनका कि अध्यापक को घृणापूर्वक सामना करना चाहिए अथवा संक्षिप्त परन्तु जोरदार शब्दों से उनकी पूर्ण अवहेलना कर देनी चाहिए।"

योकम और सिम्पसन (*Yoakam and Simpson*) ने कहा है, "छात्रों के उत्तरों के प्रति अध्यापक को न्याय का दृष्टिकोण अपनाना चाहिए ताकि छात्र उत्तर देने में अपने आपको स्वतन्त्र अनुभव करें। अध्यापक की आलोचना छात्रों को प्रोत्साहित करे। अध्यापक में सहानुभूति का अभाव असहनीय है।"

निम्न प्रकार से हम विभिन्न तथ्यों का विवेचन कर सकते हैं:

1. प्रशंसा: अध्यापक को बच्चों के उत्तरों की प्रशंसा करनी चाहिए, क्योंकि इससे बच्चों को प्रोत्साहन मिलता है और वे अधिक सोचने लगते हैं। यद्यपि उत्तर गलत भी हों, फिर भी अध्यापक को यही सोचना चाहिए कि विद्यार्थी परिश्रम कर रहा है। अतः अध्यापक को उचित प्रशंसा तो करनी ही चाहिए।

2. अशुद्ध उत्तरों का विश्लेषण: यदि अधिकतर विद्यार्थियों के उत्तर अशुद्ध हों, तो अध्यापक को इसके कारणों की खोज करनी चाहिए। कारण निम्नलिखित हो सकते हैं–

(क) दोषपूर्ण तथा कठिन भाषा में पूछे गये प्रश्न।

(ख) पाठ्य-विषय की दोषपूर्ण व्याख्या।

(ग) बच्चों की पाठ के प्रति अरुचि।

(घ) स्मृति में दोष।

(ङ) पाठ्य-विषय का कठिन तथा दुबोध होना।

यदि ऊपर लिखित कारण हों, तो अध्यापक को अपना उत्तरदायित्व समझते हुए पाठ को फिर से पढ़ाने में संकोच नहीं करना चाहिए।

3. बच्चों को प्रोत्साहन: बच्चों को उत्साहित किया जाए कि वह अपनी गलती स्वयं ढूँढने की चेष्टा करें। अध्यापक चाहे तो और प्रश्न भी पूछ सकता है ताकि गलती अपने

आप स्पष्ट हो जाए। जब अशुद्ध उत्तर के सभी कारणों का विद्यार्थियों को पता चल जाए, तो उन्हें ठीक उत्तर देने के लिए फिर कहना चाहिए। यह उचित नहीं है कि अध्यापक धैर्य खोकर, बच्चों के अशुद्ध उत्तरों को स्वयं ठीक कर दे और आगे बढ़े।

4. अशुद्ध उत्तरों का समाधान: जब एक विशेष विद्यार्थी अशुद्ध उत्तर देता है, तो अध्यापक को चाहिए कि वह रुक जाए और उस विद्यार्थी को समझाए कि उसका उत्तर अशुद्ध क्यों है, क्योंकि यदि उसकी शंकाओं का समाधान न हुआ तो ठीक उत्तर मिल जाने पर भी उसके पल्ले कुछ नहीं पड़ेगा।

5. अध्यापक द्वारा सम्भावित उत्तरों की अपेक्षा अन्य उत्तर: अध्यापक को चाहिए कि वह ठीक तथा उचित उत्तरों को स्वीकार करे और छात्रों की प्रशंसा करे, यदि विद्यार्थियों के उत्तर ठीक वैसे ही नहीं हैं जैसे कि अध्यापक को आशा थी। हर श्रेणी में कुछ ऐसे प्रतिभा-सम्पन्न विद्यार्थी होते हैं जो कि सहायक तथा अन्य पुस्तकें पढ़ते हैं और मौलिकता में विश्वास रखते हैं। अध्यापक को चाहिए कि वह प्रश्नों का भिन्न-भिन्न रूपों से उत्तर भी विद्यार्थियों को समझा दे।

6. प्रश्नों के अनुसार उत्तरों का स्वरूप: उत्तर कतिपय शब्दों का हो अथवा अधूरे वाक्यों में, यह प्रश्नों के स्वरूप पर निर्भर है। गणित, विज्ञान, इतिहास तथा भूगोल के प्रश्नों के उत्तरों पर अधिक बल नहीं देना चाहिए। परन्तु भाषा पढ़ाते हुए पूरे उत्तरों की ही अपेक्षा करनी चाहिए, क्योंकि भाषा पढ़ाने का उद्देश्य ही है विद्यार्थियों को विचार अभिव्यक्त करने के योग्य बनाना। कोई निश्चित नियम नहीं है कि उत्तरों का स्वरूप कैसा हो, क्योंकि इसका निश्चय करना अध्यापक का कार्य है। इस बात का विशेष ध्यान होगा कि उत्तर स्वरूप चाहे कैसा भी हो, परन्तु वह होना चाहिए स्पष्ट, सरल तथा संक्षिप्त भाषा में।

7. उत्तरों का उचित बौद्धिक आधार: अध्यापक को चाहिए कि वह इस बात का निर्णय अवश्य कर ले कि विद्यार्थियों द्वारा दिये गये उत्तरों के पीछे उनकी बौद्धिक क्रिया निहित है। तोते की तरह रटे-रटाये शब्द चाहे वे उचित तथा सार्थक ही क्यों न हों, वे कभी भी बच्चे की समझ पर आधारित नहीं होते। अध्यापक को यह चाहिए कि वह बच्चों को इस तरह उत्साहित करे कि वे जो कुछ समझते हैं वही बोलें।

8. कुछ एक होशियार विद्यार्थियों के द्वारा उत्तर के अधिकार का क्रम: यदि कुछ एक विद्यार्थी ही बार-बार उत्तर दें, तो उन्हें ऐसा नहीं करने देना चाहिए, क्योंकि शिक्षा की दृष्टि से यह महत्त्वशून्य है। बार-बार बोलने वाले विद्यार्थियों को दूसरे कमजोर विद्यार्थियों के बोलने के अधिकार को छीनने नहीं देना चाहिए तथा जब एक विद्यार्थी उत्तर दे रहा हो, तो किसी दूसरे विद्यार्थी को बीच में नहीं बोलने देना चाहिए चाहे वह गलत ही बोल रहा हो।

9. साधारण शिष्टाचार: अध्यापक इस बात का अवश्य ध्यान रखें कि विद्यार्थी उत्तर देते हुए शिष्टाचार को न भूले। वह खड़ा हो, उचित भाषा तथा उचित ढंग से उत्तर दे तथा बैठ जाए।

10. शर्मीले तथा झेंपू विद्यार्थी को प्रोत्साहन: प्रत्येक श्रेणी में हमेशा ही ऐसे विद्यार्थी होते हैं जो कि प्रश्न पूछे जाने पर घबरा जाते हैं या झेंप जाते हैं। कभी-कभी तो ऐसा होता है कि उन्हें प्रश्न का उत्तर तो आता है, परन्तु वे बोलते नहीं (साधारणत: लड़कियों में यह बात विशेष रूप से पाई जाती है)। ऐसी अवस्था में छात्रों को प्रोत्साहित करना चाहिए।

11. अच्छे उत्तरों की पुनरावृत्तिः अच्छे उत्तरों की श्रेणी में दोहराना चाहिए। यदि छात्र ही स्वयं दोहराएँ तो और भी अच्छा है। जहाँ तक हो सके, ठीक उत्तर अध्यापक स्वयं न दोहराए। पर हाँ, यदि आवश्यकता हो, अध्यापक स्वयं भी दोहरा सकता है।

12. असंगत उत्तरों को निरुत्साहित किया जाएः छात्रों को यह समझा दिया जाना चाहिए कि असंगत उत्तरों का कारण क्या है? अध्यापक यह अवश्य देख ले कि कहीं कोई विद्यार्थी असंगत उत्तर जान-बूझकर शरारत से तो नहीं दे रहा है।

13. उत्तरों के सहारे पाठ का सारः अन्त में, जबकि पाठ को दोहराया जाए, अध्यापक प्रश्नोत्तरों के सहारे ही पूरे पाठ का सारांश करवा दे। सभी उत्तरों को संक्षिप्त रूप से श्यामपट्ट पर लिखा जा सकता है और बच्चों को कहा जाए कि वे स्वयं उन उत्तरों के सहारे पाठ का सारांश तैयार करें।

उपसंहारः शुद्ध, स्पष्ट, सरल तथा भाव प्रेरक उत्तर अच्छे प्रश्नों के फलस्वरूप ही बन सकते हैं। अध्यापक को चाहिए कि वह सहानुभूति, धैर्य तथा प्रोत्साहन द्वारा अच्छे उत्तर प्राप्त करे। कठोरता तथा असहनशीलता की प्रतिक्रिया बच्चों के उत्साह को समाप्त कर देती है। ठीक तथा शुद्ध उत्तर मिलने का तात्पर्य है कि अध्यापक ठीक ढंग से पढ़ा रहा है और बच्चे ठीक ढंग से पढ़ रहे हैं। अतः अन्ततः हम यह कह सकते हैं कि जिस प्रकार अध्यापक के प्रश्न आवश्यक हैं उसी प्रकार विद्यार्थियों के उत्तर भी।

10

मिश्रित शिक्षण तकनीकें
(Miscellaneous Teaching Techniques)

प्रत्येक अध्यापक का यह प्रयास रहता है कि वह अपने शिक्षण को रोचक तथा प्रभावी बनाए। इस उद्देश्य की पूर्ति के लिए वह छात्रों का कक्षा शिक्षण में अधिक से अधिक ध्यान दिलाने के लिए शिक्षण की कई तकनीकें अपनाता है। प्रश्नोत्तर तकनीक के बारे में पिछले अध्याय में चर्चा की गई है। जहाँ पर कुछ महत्त्वपूर्ण शिक्षण तकनीकों का उल्लेख किया गया है:

1. प्रश्नोत्तर (Questioning)
2. भाषण अथवा व्याख्यान (Lecturing)
3. आख्यान (Narration)
4. वर्णन (Description)
5. उद्घाटन अथवा प्रतिपादन (Exposition)
6. उदाहरण (Illustration)
7. व्याख्या (Explanation)
8. पुनरावृत्ति (Recapitulation)
9. समीक्षा (Review)
10. प्रदर्शन (Demonstration)
11. निरीक्षण अथवा अवलोकन (Observation)
12. सहभागिता अनुभव (Participatory Experience)
13. प्रदर्शनीय सामग्री तथा प्रदर्शनी (Display Material and Exhibition)
14. मुक्त अथवा स्वतन्त्र भाव अभिव्यक्ति (Free Expression)
15. अनुवर्ग तकनीक (Tutorial Technique)
16. मस्तिष्क उद्वेलन (Brain Storming)
17. भूमिका निभाना (Role Playing)
18. परिभ्रमण (Field Trip)
19. अनुरूपन तकनीक
20. गृहकार्य (Homework)

10.1 व्याख्यान/भाषण (Lecture)

परम्परागत अर्थः व्याख्यान सबसे प्रचलित तथा सबसे पुरानी व्यूह-रचना है। शिक्षक किसी विचार, तथ्य, सम्प्रत्यय एवं सिद्धान्त को स्पष्ट करने के लिए व्याख्यान का सहारा लेता है। यह एक लचीली व्यूह-रचना है। अध्यापक अपनी आवश्यकता के अनुसार इसे छोटा या लम्बा कर सकता है। भाषण अध्यापकों के हाथ में सबसे अधिक सुलभ साधन हैं।

कुशल अध्यापक इसका प्रयोग ज्ञानात्मक एवं भावात्मक उद्देश्यों को प्राप्त करने के लिए सफलतापूर्वक कर सकते हैं।

भाषण प्रणाली में प्रायः अध्यापक सक्रिय तथा छात्र निष्क्रिय श्रोता के रूप में रहते हैं।

छात्रों का पाठ में तथा अपने भाषण में ध्यान आकर्षित करने के लिए अध्यापक इस प्रकार की युक्तियों का प्रयोग करते हैं: (i) प्रश्न पूछना, (ii) प्रश्न प्रस्तुत करना, (iii) स्वयं प्रश्न का उत्तर देना, (iv) वाणी को भावानुकूलित करना, (v) उदाहरणों का प्रयोग करना।

इस व्यूह-रचना को एकतन्त्रीय व्यूह-रचना इस कारण से कहा जाता है क्योंकि इसका रचनाकार तथा नियन्त्रक अध्यापक ही होता है।

भाषण व्यूह-रचना के मुख्य सिद्धान्त

1. विषय-वस्तु को एक समग्र के रूप में प्रस्तुत करने का सिद्धान्त।
2. नये ज्ञान को पर्वू ज्ञान से सम्बन्धित करने का सिद्धान्त।
3. विषय-वस्तु को प्रस्तुत करते समय उसे अन्य विषयों के साथप सम्बन्धित करने का सिद्धान्त।
4. विषय-वस्तु के प्रस्तुतीकरण के समय अन्य युक्तियों के प्रयोग का सिद्धान्त।
5. तत्त्व को आश्वस्त करने का सिद्धान्त कि विद्यार्थी पाठ को ग्रहण करते हैं या नहीं।

भाषण व्यूह-रचना के लाभ

1. प्रयास, परिश्रम, समय तथा धन की बचत होती है।
2. ज्ञानात्मक पक्ष के उच्चतम उद्देश्यों को व्याख्यान द्वारा प्राप्त किया जा सकता है।
3. अध्यापक का व्यक्तित्व छात्रों को प्रभावित कर सकता है।
4. नवीन ज्ञान को सरलतापूर्वक प्रस्तुत किया जा सकता है।
5. शिक्षक विभिन्न प्रकार की सहायक सामग्रियों को प्रयोग में ला सकता है।
6. शिक्षक विभिन्न प्रकार की शाब्दिक तथा अशाब्दिक युक्तियों को प्रयुक्त कर सकता है।
7. छात्रों में ध्यान केन्द्रित करने की आदत का विकास होता है।
8. छात्रों की व्याख्यानात्मक शक्तियों का विकास होता है।
9. अध्यापक व्याख्यान के महत्त्वपूर्ण तथ्यों को ब्लैकबोर्ड की सहायता से रोचकपूर्ण ढंग से छात्रों को समझा सकता है।

व्याख्यान की सीमाएँ

1. व्याख्यान का आधार मनोवैज्ञानिक नहीं है क्योंकि इसमें छात्रों के व्यक्तिगत भेदों को ध्यान में नहीं रखा जाता है।

2. छात्र प्रायः निष्क्रिय रहते हैं।

3. व्याख्यान द्वारा प्राप्त ज्ञान छात्रों की स्मृति में थोड़ी देर तक ही टिक पाता है।

4. 'एक कान से सुनना और दूसरे कान से निकाल देना'–यह कहावत व्याख्यान द्वारा दिये जाने वाले ज्ञान के बारे में काफी हद तक सही है।

5. व्याख्यान का प्रयोग क्रियात्मक उद्देश्य की प्राप्ति के लिए सम्भव नहीं है।

6. व्याख्यान देते समय अध्यापक कई बार मूल उद्देश्य से हटकर अपने बारे में या ऐसे तथ्यों के बारे में, जिनका सम्बन्ध पाठ से नहीं होता, समय नष्ट कर देते हैं। पाठ्य-बिन्दुओं की अवहेलना का भय लगा रहता है।

7. भाषण का प्रयोग छोटी कक्षाओं तथा निम्न स्तर के छात्रों के लिए उपयोगी नहीं है।

8. व्याख्यान में छात्र-केन्द्रित शिक्षण-अधिगम नहीं रहता, अध्यापक केन्द्रित रहता है।

9. व्याख्यान का प्रभावी प्रयोग केवल अनुभवी अध्यापक ही कर सकते हैं।

व्याख्यान को प्रभावी बनाने के लिए सुझाव

1. व्याख्यान देने से पूर्व विषय-वस्तु के प्रत्येक पक्ष पर ध्यान दिया जाए।

2. व्याख्यान का प्रयोग करते समय छात्रों के पूर्व अर्जित ज्ञान को ध्यान में रखा जाए।

3. व्याख्यान में उपयुक्त तथा रोचक दृष्टान्तों का प्रयोग किया जाए।

4. व्याख्यान के द्वारा पाठ्य-वस्तु के सभी पक्षों में तारतम्य बनाकर उसे सँजो लेना चाहिए।

5. मुख्य बिन्दुओं पर अधिक बल दिया जाए।

6. प्रत्येक नये बिन्दु को पुराने बिन्दु से जोड़ दिया जाए तथा नया पाठ उसके आधार पर प्रस्तुत किया जाए।

7. अप्रासंगिकता एवं भटकाव से बचते हुए छात्रों का ध्यान आकर्षित करने के लिए तथा उनकी रुचि बनाये रखने के लिए अध्यापक समुचित ढंग से विनोद-परिहास का सहारा ले।

8. व्याख्यान में अध्यापक तथा छात्रों में उचित परस्पर सम्प्रेषण होना चाहिए।

9. पाठ्य-सामग्री को रोचक तथा प्रभावी बनाने के लिए ठीक प्रकार से सहायक सामग्री का प्रयोग किया जाना चाहिए।

10. व्याख्यान में सरल तथा स्पष्ट भाषा का प्रयोग किया जाए।

11. व्याख्यान की गति न अधिक तीव्र हो तथा न अधिक धीमी।

12. व्याख्यान देते समय आवश्यकतानुसार श्यामपट का प्रयोग किया जाना चाहिए।

13. व्याख्यान में ध्वनि में तारतम्य स्थापित किया जाए। जोर-जोर से चिल्लाना भी ठीक नहीं होता।

14. अच्छे व्याख्यानकर्त्ता अध्यापकों का अनुसरण किया जाए तथा उनके हाव-भावों का अध्ययन करके अपने व्याख्यान कौशलों को बढ़ावा दिया जाए।

आख्यान की उपयोगिता

शिक्षण अधिगम प्रक्रिया में आख्यान का विशेष महत्त्व है। इसका प्रयोग प्रत्येक विषय में किया जाता है। आख्यान अपने आप में क्या कला है। इसका उद्देश्य बच्चों को क्रमबद्ध घटनाओं की स्पष्ट, सजीव तथा रुचिकर ढंग से इस प्रकार जानकारी देना है जिसे बच्चे

इन घटनाओं की स्वयं एक पात्र के रूप में कल्पना कर सके। इसका विशेष संबंधी कहानी कहने से है।

कहानी का विवरण प्रस्तुत करते समय अध्यापक को निम्न बातों का ध्यान रखना चाहिए:

1. कहानी बालकों की आयु के अनुसार होनी चाहिए जिससे कि वे उसके कथानक को समझ सकें। भाषा तथा कहने का ढंग इस प्रकार का हो कि सुनने वाला तथा सुनाने वाला दोनों इसका आनन्द उठा सकें।

2. कहानी तो बालकों की मानसिक आयु के अनुसार सरल बनाई जा सकती है परन्तु ऐतिहासिक तथ्यों को तोड़ना-मरोड़ना या बिगाड़ना हानिकारक है। इससे बालकों के मन में गलत धारणायें बनती हैं।

3. छोटी आयु के बालकों को क्रियाएँ बहुत पसंद होती है, अतः उनके लिए उसी प्रकार के विवरण होने चाहियें। कूद-फांद की, दौड़ की, छिपने आदि की बातों का समावेश होने से उनमें वे अधिक रुचि प्रकट करते हैं। परन्तु ये क्रियाएँ या अनुभव बालकों के परिचित वातावरण में से होने के कारण इन्हें वे समझ सकेंगे तथा आनन्द ले सकेंगे।

4. मुख्य वाक्यों और मुहावरों को दोहराने से बालकों का ध्यान उन पर अधिक आकर्षित होता है तथा वे उसमें आनन्द भी अनुभव करते हैं।

5. कहानी को छोटे-छोटे भागों में बाँट लेना सुविधाजनक रहता है परन्तु उसमें क्रम और निरन्तरता का होना आवश्यक है।

6. कहानी या घटना की भूमिका और विकास का ढंग सुनाने से पूर्व सोच लेना चाहिए यह भी तय कर लेना चाहिए कि कहानी का विवरण उत्तम पुरुष में होगा या अन्य पुरुष में।

7. प्रत्येक खंड के बाद महत्त्वपूर्ण तथ्यों पर प्रश्नों के द्वारा बल देना अति उत्तम रहेगा।

8. विवरण स्वाभाविक आवाज में करना चाहिए, जिसमें उतार-चढ़ाव का ठीक ध्यान रखना चाहिए। पुस्तक या अन्य कागजों से पढ़ना अच्छा नहीं रहता।

9. नाट्य भंगिमाओं और संकेतों द्वारा कहानी का उचित वातावरण पैदा किया जा सकता है।

10. अध्यापक को इस बात का प्रयत्न करना चाहिए कि विवरण द्वारा कहानी के विभिन्न भागों को बालकों के मस्तिष्क में साफ़ चित्रित कर सके।

11. सारी कहानी को ज्यों-की-त्यों याद रखना अनिवार्य नहीं, बल्कि मुख्य तथ्यों का ध्यान रखना चाहिए।

12. घटनाएँ इस प्रकार व्यवस्थित होनी चाहिए कि पिछली से अगली सम्बन्धित हों।

13. कहानी सुनाने का उद्देश्य अध्यापक तथा बच्चों के सामने बिल्कुल साफ होना चाहिए।

14. केवल कहानी सुनाकर समाप्त करना ही अध्यापक को अपने कर्त्तव्य का अन्त नहीं समझ लेना चाहिए। इससे बालकों की क्रिया करने की प्रेरणा भी मिलनी चाहिए।

15. बालकों को भी उनकी अपनी याद की गई या उनके स्वयं लिखी गई कहानी सुनाने का अवसर प्राप्त होना चाहिए।

16. रेडियो या रिकॉर्ड की गई कहानियाँ भी कभी-कभी कक्षा में सुनवा देना बालकों की रुचि के अनुसार कार्य है। रेडियो पर कहानियाँ विशेषज्ञों द्वारा प्रसारित होती हैं।

10.2 वर्णन (Description)

वर्णन विवरण के ही समान है। शब्दकोष के अनुसार–"वर्णन किसी वस्तु के गुणों तथा रूप को शब्दों द्वारा प्रदर्शित करने की क्रिया है।" शब्दों द्वारा खींचा गया रेखाचित्र वस्तु, व्यक्ति या घटना से सम्बन्धित हो सकता है। कहानी की तरह इसमें घटना के होने के क्रम पर अधिक बल नहीं होता, बल्कि उसके विभिन्न अंगों, क्रियाओं या आकृति को बालकों के मन में स्पष्ट करने पर होता है। इस युक्ति का प्रयोग सामान्य रूप से सभी विषयों में होता है। इतिहास में किसी युद्धस्थल या अन्य स्थल का वर्णन करने, भूगोल में विभिन्न दृश्यों या स्थानों को समझाने तथा भाषा-पाठ में किसी घटना की भूमिका स्पष्ट करने से हो सकता है।

वर्णन प्रस्तुतीकरण में सावधानियाँ

वर्णन प्रस्तुत करने में शिक्षक को निम्न सावधानियाँ बरतनी चाहिए:

1. वस्तु या घटना जिसका शिक्षक वर्णन करता है, उसे स्वयं उसके बारे में स्पष्टता होनी चाहिए।

2. वर्णन बहुत लम्बे या बहुत छोटे नहीं होने चाहिएँ, इससे बालक ऊब जाते हैं या कम समझ पाते हैं।

3. भाषा आयु व योग्यता के अनुसार होनी चाहिए।

4. वर्णन प्रस्तुत करने में कुछ क्रम होना अनिवार्य है। अव्यवस्थित ढंग से विभिन्न भागों का प्रस्तुतीकरण अरुचि और अस्पष्टता का कारण बनता है।

5. शिक्षक को विभिन्न शिक्षण-सूत्रों का प्रयोग करना चाहिए; जैसे, ज्ञात से अज्ञात की ओर तथा पूर्ण से अंश की ओर।

6. केवल शब्दों से रेखाचित्र बनाना या बताना ही पर्याप्त नहीं, चित्रों, मॉडलों, वास्तविक वस्तु या स्थान दिखाने से वर्णन में सजीवता आती है।

7. वर्णन लक्ष्यबद्ध होना चाहिए तथा उपयुक्त और आवश्यक बातों का ही वर्णन करना चाहिए। अनावश्यक बातें छोड़ देनी चाहिए।

8. उपमाओं तथा अलंकारों का योग्यतानुसार उचित प्रयोग करने से शिक्षण अधिक प्रभावशाली हो सकता है।

10.3 उद्घाटन या प्रतिपादन (Exposition)

इस युक्ति का प्रयोग अध्यापक तब करता है जबकि किसी विषय की जानकारी या अनुभव विद्यार्थियों को कम हो या बिल्कुल न हो। इसका उद्देश्य उस नई पाठ्य सामग्री का प्रस्तुतीकरण तथा स्पष्टीकरण है। यह कार्य उस विषय को अन्य विषय, विचार या वस्तु से सम्बन्धित करके, उदाहरण द्वारा या तुलना से हो सकता है। प्रतिपादन में सविस्तार व्याख्या की युक्ति इसकी सहायक तथा पूरक भी कहलाती है।

प्रतिपादन में ध्यान देने योग्य तत्त्व

प्रतिपादन अथवा उद्घाटन में अध्यापक को निम्न बातों का ध्यान रखना चाहिए:

1. पाठ का उद्देश्य बालकों को स्पष्ट होना चाहिए ताकि इसकी आवश्यकता तथा उद्देश्य विद्यार्थियों द्वारा अनुभव किया जाए। इससे उनका सहयोग प्राप्त होने की अधिक आशा की जा सकती है।

2. प्रतिपादन में भाषा विद्यार्थियों के स्तर के अनुकूल होनी चाहिए।

3. विद्यार्थियों के विचारों को भी सुनाना चाहिए तथा स्पष्टीकरण के बाद उन्हें स्वीकार या अस्वीकार करना चाहिए।

उदाहरण अथवा हष्टयन्त प्रदीपन (Illustration)

प्रदीपन का अर्थ: पाठ को स्पष्ट करने तथा उसके भावों को हृदयंगम करने के लिए हम उस युक्ति अथवा वस्तु प्रदीपन का प्रयोग करते हैं जिसके बारे में हम भली-भाँति जानते हैं या जिसे हमारी ज्ञानेन्द्रियाँ सरलता से समझ सकती हैं। इस प्रकार के साधनों को हम उदाहरण या दृष्टान्त कहते हैं।

उदाहरण या दृष्टान्त का तात्पर्य तुलना, उपमा, ठीक उदाहरण, चित्रों, मूर्त-रूप आदि सब साधनों से है जिनका प्रयोग अध्यापक पाठ को बालकों के मानसिक स्तर तक लाकर स्पष्टीकरण के लिए प्रयोग करता है।

महत्त्व: उदाहरण का महत्त्व निम्न कार्यों अथवा उद्देश्यों को पूरा करने में है:

1. विषय-सामग्री छात्रों की योग्यता के अनुरूप बनाई जा सकती है।

2. उदाहरण पाठ को स्पष्ट करने में सहायक होता है।

3. किसी उदाहरण से बालकों के ध्यान को ठीक दिशा या बिन्दु पर लाया जा सकता है।

4. विवरण को मूर्त-रूप देकर अधिक उपयोगी बनाया जा सकता है।

5. पाठ में छात्रों की रुचि जागृत करना भी उदाहरण का मुख्य उद्देश्य है।

6. उदाहरण से विद्यार्थियों की निरीक्षण-शक्ति का विकास होता है।

7. दृष्टान्त पाठ को सरल बनाते हैं तथा शिक्षण को सजीव एवं रोचक।

10.4 दृष्टान्त के प्रकार

1. ठोस या स्थूल (Concrete or Non-verbal)।

2. मौखिक या शाब्दिक (Oral or Verbal)।

मौखिक दृष्टांत: इसमें किसी भाव या तथ्य को समझाने के लिए अध्यापक द्वारा शब्दों के प्रयोग से उसको स्पष्ट किया जाता है। शाब्दिक चित्रण द्वारा स्पष्टीकरण को मौखिक दृष्टान्त कहते हैं। कहानी कहना, उपमा या तुलना आदि इसके विभिन्न प्रकार हैं।

उदाहरणों के प्रयोग में निम्न बातों का ध्यान रखना चाहिए:

1. दृष्टान्त रोचक होने चाहियें। बालकों की मनोवृत्तियों को ध्यान में रखकर दिया गया उदाहरण अधिक उपयुक्त सिद्ध होता है।

2. मूर्त से अमूर्त या सूक्ष्म से स्थूल की ओर का सिद्धान्त यहाँ पर भी लागू होता है। अत: पहले स्थूल या ठोस प्रकार के उदाहरण लेकर फिर मौखिक उदाहरणों की ओर बढ़ना शिक्षण को अधिक प्रभावशाली बनाता है।

3. दृष्टान्त का उद्देश्य तथ्य को स्पष्ट करना है। तथ्य मुख्य है। उसे छोड़कर हमें दृष्टान्त पर उससे अधिक महत्त्व नहीं देना चाहिए।

4. दृष्टान्त उचित तथा पूर्ण होने चाहियें।

5. दृष्टान्त शुद्ध तथा धाराप्रवाह हों।

6. दृष्टान्त विद्यार्थियों के दैनिक जीवन से सम्बन्धित हों तो पाठ में अधिक स्पष्टता आती है।

10.5 व्याख्या (Explanation)

व्याख्या का अर्थ: व्याख्या उद्घाटन की पूरक क्रिया है। प्रतिपादन में विषय-वस्तु का क्रम से प्रस्तुतीकरण तथा किसी सामान्य नियम का विकास करना होता है। परन्तु व्याख्या उसको विस्तृत करके स्पष्टीकरण में सहायक बनती है। कठिन प्रसंग को सरल रूप में प्रस्तुत करना इस युक्ति का अर्थ है। यह कार्य उदाहरण, परिभाषा, स्पष्टीकरण, पर्यायवाची शब्दों, चित्रों, वस्तुओं, सन्धि-विश्लेषण आदि द्वारा पूरा होता है।

व्याख्या में सावधानियाँ: व्याख्या के लिए प्रतिपादन की सब सावधानियाँ अध्यापक को ध्यान में रखनी चाहियें। इसके अतिरिक्त शिक्षक को निम्न बातों का ध्यान रखना भी आवश्यक है:

1. कठिन प्रसंगों की व्याख्या ही आवश्यक है।

2. व्याख्या आवश्यकता से अधिक लम्बी तथा बहुत सरल भी नहीं होनी चाहिए। इससे पाठ में बालकों की रुचि समाप्त हो जाती है। उन्हें स्वयं सोचने तथा कुछ खोजने के लिए सामग्री, समय और अवसर देना चाहिए। इससे ही वे वास्तविक ज्ञान प्राप्त कर सकेंगे।

3. आवश्यक तथ्यों को श्यामपट्ट पर लिख देना चाहिए।

4. व्याख्या करते समय शिक्षक को उस पाठ से सम्बन्धित तथ्यों का वर्णन भी करना चाहिए।

5. आवश्यकतानुसार उदाहरण आदि भी देने चाहिए।

व्याख्या करने की विधियाँ

1. *पर्यायवाची शब्द (समानार्थ) द्वारा:* किसी शब्द के स्थान पर दूसरा सरल शब्द बताना।

2. *परिभाषा द्वारा:* दो शब्दों का अन्तर या कठिन शब्द का अर्थ परिभाषा द्वारा स्पष्ट करना।

3. *मूर्त वस्तु द्वारा:* कठिन शब्द का अर्थ वस्तु दिखाकर समझाना।

4. *रेखाचित्र द्वारा:* कठिन शब्दों के अर्थ उनकी द्योतक वस्तुओं का रेखाचित्र श्यामपट्ट पर खींचकर समझाना।

5. *अभिनय द्वारा:* शब्द की क्रिया का अभिनय करके उसकी व्याख्या करना।

6. *व्युत्पत्ति द्वारा:* कठिन शब्द का अर्थ उसके मूल शब्द, जिससे उसकी उत्पत्ति हुई है, से सम्बन्ध स्थापित करके समझाया जाना।

7. *विग्रह द्वारा:* कठिन शब्दों का समास तोड़कर और उनका विग्रह करके व्याख्या करना।

8. *संधिविश्लेषण द्वारा:* शब्दों की सन्धि तोड़कर उनका अर्थ समझाना।

9. *भाषान्तर द्वारा:* अन्य भाषाओं के कठिन शब्दों का अर्थ बालक की अपनी भाषा में देना।

10. *शाब्दिक उदाहरण द्वारा:* कहानी, घटना या अन्तर्कथा, उपमा, उल्लेख इत्यादि प्रसंगानुकूल देकर कठिन भाव की व्याख्या करना।

व्याख्या कौशल के तत्त्व

वर्णनात्मक कथन	**अर्थात्मक कथन**	**कारण बताने वाले कथन**
ये कथन किसी संप्रत्यय अथवा विचार का वर्णन करने में सहायक होते हैं।	ये कथन किसी विचार अथवा संप्रत्यय का अर्थ समझाने में सहायता देते हैं।	इनके माध्यम से किसी घटना, संप्रत्यय और नियम के बारे में 'क्यों', 'कैसे', और 'क्या' जैसे प्रश्नों का उत्तर प्राप्त करने में सहायता मिलती है।

10.6 पुनरावृत्ति (Recapitulation)

पुनरावृत्ति पाठ का अभिन्न अंग है। अध्यापक पाठ के कुछ अंश या पूरे पाठ को पढ़ाने के बाद पुनरावृत्ति कराता है। इससे पाठ के मुख्य अंश दोहराये जाते हैं तथा अध्यापक छात्रों की जाँच भी कर लेता है। इससे अध्यापक और छात्र के बीच विचारों का आदान-प्रदान होता है। अध्यापक को विचारात्मक प्रश्न पूछने चाहिएँ। इससे ही वास्तविक ज्ञान की परख की जा सकेगी। छात्र को स्वतंत्र रूप से सोचने का अवसर देना चाहिए और बीच में अनावश्यक सहायता नहीं देनी चाहिए। इससे पढ़ी गई सामग्री की पुनरावृत्ति तथा अगले भाग या पाठ की तैयारी का कार्य पूरा नहीं होता है। जिन बातों को अधिक छात्र न समझ सके हों उन्हें दोबारा समझाने तथा स्पष्टीकरण का अवसर प्राप्त होता है। छात्रों से प्रश्न पूछकर, व्याख्या करवाकर, चित्र बनवाकर या मुख्य अंश लिखवाकर पुनरावृत्ति विभिन्न ढंगों से की जा सकती है।

10.7 समीक्षा (Review)

समीक्षा पाठ का केवल दोहराना-मात्र नहीं है वरन् पहले सीखे गये ज्ञान का नये दृष्टिकोण से अवलोकन है। पहले प्राप्त ज्ञान को नए ज्ञान से मिलाना या नए ढंग से विश्लेषण और कुछ ज्ञान में वृद्धि इस युक्ति का मुख्य कार्य है। इसके साथ-साथ ज्ञान में अधिक स्पष्टता और स्थिरता आती है। इससे पुरानी सीखी गई बातें दोबारा नए ढंग से दोहराई जाती हैं तथा अध्ययन अधिक विस्तृत बनाया जाता है।

समीक्षा का उद्देश्य

(i) विषय-सामग्री को मस्तिष्क में स्थिर करना: जितनी बार किसी विषय-सामग्री या क्रिया को हम दोहरायेंगे, वह उतनी ही दिमाग में पक्की हो जाएगी। इसके विपरीत पुनरावृत्ति न करने से धीरे-धीरे हम उसे भूल जाएँगे।

(ii) पूर्व-ज्ञात सामग्री को अधिक विस्तृत इकाई के साथ समझना: बालकों को पहले किसी विषय की थोड़ी-थोड़ी जानकारी दी जाती है। इसके बाद जैसे-जैसे धीरे-धीरे

उनका मानसिक विकास होता रहता है, पूर्व-ज्ञात ज्ञान को और अधिक विस्तृत किया जाता है या नये ढंग से अधिक तथ्यों के साथ समझाया जाता है। शनैः शनैः ज्ञान में वृद्धि होने के साथ विभिन्न पृष्ठभूमि में उसको जानकारी प्राप्त होती है।

(iii) नये ज्ञान से समन्वयः ज्ञान पूर्ण इकाई है। अतः इसके ग्रहण करने में आसानी रहती है, यदि उसी बात का उससे विभिन्न सम्बन्धित बातों से सम्बन्ध स्थापित करा दिया जाए। समीक्षा में नई जानकारी को पूर्व-ज्ञान से सम्बन्धित करके या तुलना आदि करके ज्ञान को अधिक स्पष्ट किया जाता है।

10.8 प्रदर्शन तकनीक (Demonstration Technique)

प्रदर्शन विधि का अर्थ

प्रदर्शन विधि को कई शिक्षा-शास्त्री बहुसंवेदी शिक्षण उपागम (Multisensory Approach) भी कहते हैं क्योंकि वह विधि छात्रों की इन्द्रियों को सजग करती है। प्रदर्शन विधि वह विधि है जिसके माध्यम से अध्यापक पाठ्य विषय पढ़ाते समय अथवा वस्तु अथवा अनुभव से सम्बन्धित समस्त कार्यप्रणाली का वास्तविक रूप छात्रों के सम्मुख स्वयं प्रदर्शित करता है। कला विषय में तो इस विधि का विशेष महत्त्व है।

छात्र, अध्यापक का अनुकरण (Imitation) करते हैं। छात्रों में अध्यापक की क्रियाओं का अनुकरण करने की प्रवृत्ति स्वाभाविक होती है।

प्रदर्शन विधि के गुण

1. क्रियात्मक क्रियाओं के प्रदर्शन के कारण कक्षा का वातावरण पूरी तरह सक्रिय और सजग रहता है।
2. छात्रों की निरीक्षण शक्ति का विकास होता है।
3. छात्रों की विचार शक्ति तथा तर्क शक्ति का विकास होता है।
4. पर्यावरण के कठिन से कठिन प्रसंग भी सुगमता से छात्रों को समझाए जा सकते हैं।
5. ज्ञान स्पष्ट तथा स्थायी हो जाता है।
6. अध्यापक तथा छात्र दोनों सजग तथा सक्रिय रहते हैं।
7. छात्रों को प्रत्यक्ष रूप से ज्ञान तथा कौशल मिलता है।
8. यह विधि रोचक है एवं स्वभावतया छात्रों को आकर्षित करती है।
9. यह विधि छात्रों में प्रयोगात्मक प्रवृत्ति का विकास करती है।
10. यह मनोवैज्ञानिक विधि है क्योंकि इसमें स्थूल से सूक्ष्म की ओर चला जाता है।
11. इसमें समय तथा धन की बचत होती है। कम उपकरणों द्वारा ही शिक्षक पूरी कक्षा को प्रयोग करके दिखा देता है। चूँकि शिक्षक स्वयं प्रयोग करता है अतः समय भी कम लगता है।

प्रदर्शन विधि को प्रभावपूर्ण बनाने के सुझाव (Suggestion for Effective Demonstration)

1. प्रदर्शन सामग्री के नमूने पूरी तरह विषय-वस्तु से सम्बन्धित हो।
2. प्रदर्शन के दौरान वस्तुओं तथा सामग्री का ठीक उपयोग किया जाए।
3. प्रदर्शन के सभी पक्ष सभी छात्रों को स्पष्ट दिखाई दें।

4. कारण तथा परिणाम स्पष्ट दृष्टिगोचर हो।
5. छात्र संभागिता पर बल दिया जाए।
6. प्रदर्शन के पश्चात् छात्र स्पष्ट परिणाम निकाल सके।
7. प्रदर्शन से पूर्व शिक्षक को प्रयोग का स्वयं अभ्यास कर लेना चाहिए।
8. प्रदर्शित की जाने वाली समस्त सामग्री पहले से एकत्रित कर ली जाए ताकि प्रदर्शन के दौरान सामग्री कक्षा के बाहर से न लानी पड़े।
9. प्रदर्शन में प्रयोग किए जाने वाले उपकरण तथा सामग्री इस आकार की हो कि सारे छात्र सुगमता से उसे देख सकें।
10. प्रदर्शन की गति न बहुत तेज हो और न ही बहुत धीमी।

10.9 निरीक्षण/अवलोकन तकनीक (Observation Technique)

अवलोकन का अर्थ: अवलोकन का अर्थ है किसी वस्तु, स्थान चित्र तथा प्रयोग आदि को ध्यानपूर्वक देखना, ध्यान का उस पर चिन्तन करना तथा मनन अथवा अभ्यास करना।

छात्रों को विभिन्न प्रकार की कलाकृतियों का तथा नमूनों आदि का अवलोकन कराया जाता है। स्मारकों का अवलोकन कराया जाता है।

अवलोकन के प्रकार (Types of Observation)

(1) वस्तु चित्रण का अवलोकन
(2) प्रकृति चित्रण का अवलोकन
(3) नमूनों का अवलोकन
(4) स्मारकों का अवलोकन

अवलोकन विधि के लाभ:

1. इस तकनीक से प्रत्यक्ष रूप में ज्ञान प्राप्त हो जाता है।
2. छात्रों की मनोवैज्ञानिक आवश्यकताओं की सन्तुष्टि करने में यह विधि सहायक होती है।
3. यह विधि रोचक ढंग से ज्ञान प्राप्ति में सहायता देती है।
4. छात्रों को प्रयोगात्मक तथा व्यावहारिक ज्ञान प्राप्ति का अवसर मिलता है।
5. इस विधि के माध्यम से छात्रों को अपनी इन्द्रियों के माध्यम से सही-सही ज्ञान प्राप्त करने का प्रशिक्षण प्राप्त होता है।
6. छात्रों की मानसिक शक्तियों को विकसित होने का समुचित अवसर मिलता है।
7. छात्र जो ज्ञान स्वयं अवलोकन से प्राप्त करते हैं, वह स्थायी होता है।
8. अवलोकन द्वारा प्राप्त ज्ञान छात्रों के सम्पूर्ण ज्ञान का अंग बन जाता है।
9. अवलोकन द्वारा छात्र वास्तविक पर्यावरण स्थितियों से परिचित होते हैं।

अवलोकन प्रविधि की सीमाएँ:

1. इस विधि से व्यवस्थित तथा सुनियोजित ढंग से ज्ञान प्राप्त नहीं हो सकता।
2. यह विधि बहुत समय लेती है। पाठ्यक्रम समय पर समाप्त नहीं किया जा सकता।
3. यह विधि अपेक्षाकृत खर्चीली है।
4. निरीक्षण प्रविधि में बहुत निपुणता तथा दक्षता की आवश्यकता होती है।

अवलोकन तकनीक से अधिकतम लाभ उठाने के उपाय (Measures of Making the Best Use of Observation):

1. अवलोकन से पूर्व छात्रों को अवलोकन किए जाने वाले तथ्य या वस्तु के बारे में भूमिका के रूप में कुछ दिशा-निर्देश दिए जाएँ।

2. अवलोकन के समय छात्रों को अधिक से अधिक स्वतन्त्रता दी जानी चाहिए।

3. उचित होगा यदि स्थान, वस्तु तथा संस्था के बारे में छात्रों के अवलोकन से पहले अध्यापक स्वयं अवलोकन कर लें।

4. 'ध्यान केन्द्रित करने का प्रशिक्षण' छात्रों को प्रदान किया जाना चाहिए।

5. अपनी इन्द्रियों के द्वारा सही-सही ज्ञान बटोरने के लिए छात्रों को उचित प्रोत्साहन दिया जाना चाहिए।

6. छात्रों को अपनी स्मरण शक्ति को तीव्र बनाने सम्बन्धी अभ्यास भी प्रदान किए जाने चाहिए।

7. दूरी, संख्या, आकार, रंग-रूप और आकृति आदि का अनुमान लगाने, विभिन्न आवाजों को पहचानने, गन्धों को जानने आदि का अभ्यास छात्रों को कराया जाना चाहिए।

8. अवलोकन की हुई क्रियाओं तथा वस्तुओं को सही ढंग से नोट करने की आदत छात्रों में डालनी चाहिए।

9. छात्रों को क्रियाओं और वस्तुओं के अवलोकन के बाद उन पर निष्पक्ष दृष्टिकोण से चिन्तन और मनन पर उचित निष्कर्ष निकालने के लिए प्रेरित किया जाना चाहिए।

10. छात्रों को अवलोकन के अवसर प्रदान करने के लिए प्रयत्न किया जाना चाहिए। इसके लिए भ्रमण के समय, कक्षा में प्रयोग देखते समय, दृष्य-श्रव्य सहायक सामग्री का प्रयोग करते समय तथा दिन-प्रतिदिन के जीवन में विभिन्न वस्तुओं और क्रियाओं का उचित अवलोकन करने की आदत विकसित करने की चेष्टा करनी चाहिए।

11. अवलोकन के पश्चात् जो भी अनुभव छात्रों को हुए हैं तथा वे जिस निष्कर्ष पर पहुँचे हैं, उस पर सामूहिक रूप से विचार-गोष्ठी का आयोजन किया जाना चाहिए।

12. आवश्यकता पड़ने पर अध्यापक को छात्रों की ज्ञान प्राप्ति में जो कमियाँ रह गई हैं उसे अपनी ओर से अधिक ज्ञान प्रदान कर या अन्य अनुभव प्रदान कर दूर करने का प्रयत्न करना चाहिए।

10.10 संभागिता अनुभव (Participatory Experience)

संभागिता का महत्त्व: संभागिता अनुभव से अभिप्राय छात्र के उस अनुभव से है जो वह शिक्षण-अधिगम प्रक्रिया में अधिक से अधिक भाग लेकर प्राप्त करता है।

छात्र संभागिता का महत्त्व: यह सही है कि शिक्षण-कार्य में एक अध्यापक की मुख्य भूमिका निभानी होती है। साथ ही इससे भी इन्कार नहीं किया जा सकता कि शिक्षण का केन्द्र-बिन्दु छात्र ही होता है। स्मरण रहे कि छात्र के लिए ही शिक्षण का कार्य किया जाता है। शिक्षण-अधिगम प्रक्रिया में दो प्रमुख पक्ष हैं: शिक्षक तथा छात्र। अत: दोनों का महत्त्वपूर्ण स्थान है। यह प्रक्रिया तभी प्रभावी तथा सफल हो सकती है जब इस प्रक्रिया में छात्र उत्साहपूर्वक भाग लें। छात्र किसी भी शिक्षण-अधिगम अवस्था में एक मूकदर्शक अथवा निष्क्रिय श्रोता बनकर नहीं रह सकता। वास्तव में वह तो मुख्य पात्र है। प्रक्रिया के अच्छे परिणामों के लिए उसका सक्रिय सहयोग सभी दिशाओं में लिया जाना चाहिए।

छात्रों के लिए संभागिता अनुभव बढ़ने के आधार:

1. छात्र स्वभाव से क्रियाशील होते हैं।
2. छात्र स्वयं करके अधिक सीखते हैं।
3. छात्रों में सृजनात्मकता होती है।
4. छात्र आत्माभिव्यक्ति के अवसर चाहते हैं।
5. छात्र सहयोग की भावना रखते हैं।
6. छात्र प्रयोग करके सीखना चाहते हैं।
7. छात्र स्थान को देखकर या भ्रमण करके सीखते हैं।

छात्र संभागिता अनुभव बढ़ाने के उपाय: छात्रों की भागेदारी बढ़ाने के लिए अध्यापक शाब्दिक तथा अशाब्दिक दोनों ही प्रकार की व्यवहार क्रियाओं का प्रयोग कर सकता है। अध्यापक इस सन्दर्भ में स्वस्थ वातावरण निर्माण करें।

1. अध्यापक प्रशंसा के शब्द, हाव-भाव, सहमति-सूचक आदि का प्रयोग करें।
2. प्रश्न-उत्तर विधि का उपयुक्त प्रयोग किया जाए।
3. पाठान्तर क्रियाओं का आयोजन किया जाए।
4. स्कूल पंचायत का निर्माण किया जाए।
5. विभिन्न प्रकार के प्रोजेक्टों की व्यवस्था की जाए।
6. छात्रों से चार्ट्स तथा मानचित्र आदि बनवाए जाएँ।
7. छात्रों के पूर्व अनुभवों का प्रत्येक पाठ में उपयोग किया जाए।
8. छात्रों के साथ ज्ञानात्मक और भावात्मक स्तर पर तारतम्य स्थापित किया जाए।
9. प्रत्येक शिक्षण गतिविधि के उद्देश्यों से छात्रों को भली-भाँति परिचित कराया जाए।

10.11 प्रदर्शनीय सामग्री तथा प्रदर्शनी तकनीक (Displays and Exhibition Technique)

प्रदर्शनीय सामग्री तथा प्रदर्शनी विधि का अर्थ (Meaning of Exhibits and Exhibition Method): प्रदर्शनी सामग्री का अर्थ उस सामग्री से है जो किसी प्रदर्शनी में दिखाई जाती है। प्रदर्शनी से तात्पर्य ऐसे सुनियोजित तथा सुव्यवस्थित आयोजन से है जिसमें विभिन्न प्रकार की सामग्री-ऐतिहासिक मॉडल, चित्र, सिक्के तथा उपकरण आदि दर्शायी जाती है। पर्यावरण सम्बन्धी अनेक प्रकार की सामग्री प्रदर्शनी में रखी जा सकती है। इसमें प्रयोगात्मक कार्य भी दिखाया जाता है। सामग्री को इस रूप में प्रदर्शित करने का प्रयास किया जाता है कि उसके द्वारा देखने वालों को अर्थात् छात्रों, उनके अभिभावकों तथा विषय में रुचि रखने वालों को इनसे संबंधित सैद्धान्तिक ज्ञान और क्रियात्मक कौशल तथा भावात्मक दृष्टिकोण के विकास में सहायता मिल सके।

प्रदर्शनी का महत्त्व (Significance of an Exhibition): प्रदर्शनी वह माध्यम है जो प्रत्यक्ष तथा सरल रूप से जटिल संबंधों, तत्त्वों तथा तथ्यों को प्रत्यक्ष रूप में जन-जन तक पहुँचाता है। प्रदर्शनी एक ऐसा सशक्त माध्यम है जो सम्बन्धित विषय संबंधी जागरूकता का विकास करता है। कलात्मक संबंधी ज्ञान बढ़ाता है, कला तथा क्राफट के प्रति संवेदनशीलता के भावों का विकास करता है तथा कलात्मक धरोहर के संरक्षण के कौशल निर्माण करता है।

प्रदर्शनी का स्थान के अनुसार कार्यक्षेत्र
(Scope of Exhibition According to Area)

(1) स्कूल स्तर पर प्रदर्शनी
(2) विभिन्न स्कूलों द्वारा मिलकर मंडलीय स्तर पर प्रदर्शनी
(3) राज्यकीय स्तर पर प्रदर्शनी
(4) राष्ट्रीय स्तर पर प्रदर्शनी
(5) अन्तर्राष्ट्रीय स्तर पर प्रदर्शनी

प्रदर्शनी का प्रकरण के सन्दर्भ में क्षेत्र
(Scope of Exhibition According to Topic or Theme)

(1) भौगोलिक प्रकरण
(2) ऐतिहासिक प्रकरण
(3) नागरिकशास्त्र प्रकरण
(4) समुदाय के विभिन्न प्रकरण
(5) सांस्कृतिक प्रकरण
(6) आर्थिक प्रकरण

प्रदर्शनी आयोजन के उद्देश्य (Objectives of Organising Exhibition):

1. छात्रों में कला संबंधी स्वस्थ दृष्टिकोण का निर्माण करना।
2. विभिन्न प्रकार के कला अध्ययन की उपयोगिता तथा महत्त्व से छात्रों को परिचित कराना।
3. छात्रों को कलात्मक कृतियों की सुरक्षा तथा संरक्षण के उपायों को अपनाने के लिए प्रेरित करना।
4. छात्रों को विभिन्न प्रकार की कला सामग्री तथा साधनों से प्रत्यक्ष रूप से परिचित कराना।
5. छात्रों की सहायता से संगृहीत एवं स्वयं निर्मित सामग्री का प्रदर्शन करके उसके शैक्षिक उपयोगों से उन्हें परिचित कराना।
6. कला अध्ययन से संबंधित प्रकरणों को दृश्य-श्रव्य सामग्री के उपयोग द्वारा स्पष्ट करना।
7. अभिभावकों को स्कूल में किए जाने वाले कलात्मक प्रयत्नों से परिचित कराना।
8. छात्रों को उत्साहवर्धन तथा उनके विचारों को अनुप्रयोग का अवसर प्रदान करना।

प्रदर्शनी का आयोजन तथा संगठन के विभिन्न पक्ष
(Different Aspects of Organising Exhibition)

(1) प्रदर्शनी की योजना बनाना
(2) प्रदर्शनी में कार्य विभाजन करना
(3) प्रदर्शनी का लगाना
(4) प्रदर्शनी में प्रस्तुत प्रतिमानों का मूल्यांकन करना
(5) प्रदर्शनी का समापन

प्रदर्शनी की योजना के मुख्य विचारणीय तत्त्व
(Elements to be Considered in Planning Exhibition)

(1) प्रदर्शनी के उद्देश्य निश्चित करना
(2) प्रदर्शनी का क्षेत्र विस्तार
(3) प्रदर्शनी की प्रक्रिया
(4) प्रदर्शनी की अर्थ-व्यवस्था
(5) स्थान, समय व अवधि
(6) अन्य सुविधाएँ

प्रदर्शनी संबंधी कार्य विभाजन
(Distribution of Work in Planning Exhibition)

(1) सलाहकार समिति
(2) कार्यकारी समिति
(3) रिकॉर्डिंग समिति
(4) स्वागत समिति
(5) सामान्य व्यवस्था संबंधी समिति
(6) प्रचार समिति
(7) अनुशासन समिति

प्रदर्शनी संबंधी ध्यान देने योग्य सामान्य बातें (General Considerations in Planning and Organising Exhibition): प्रदर्शनी से पूर्व प्रस्तुतियाँ (प्रदर्शित वस्तुएँ) भेजने वालों को मूल्यांकन संबंधी उचित जानकारी दी जाए ताकि प्रस्तुतियाँ निर्माण करते समय तथा भेजते समय इन बातों पर उचित ध्यान दिया जा सके।

1. प्रदर्शनी में प्रस्तुत प्रत्येक विद्यमान प्रदर्शित वस्तु (Exhibit) जहाँ तक संभव हो अपने आप में समझाने वाला होना चाहिए।
2. प्रदर्शनी का नामांकन ठीक होना चाहिए।
3. जहाँ आवश्यक हो, प्रतिमान संबंधी वर्णन-व्यवस्था कार्ड हो।
4. प्रयोगात्मक प्रस्तुतियों को एक दिन पूर्व प्रयोग करके जाँच कर लेनी चाहिए।
5. प्रदर्शनी का उद्घाटन कला तथा क्राफ्ट से संबंधित किसी प्रमुख व्यक्ति से करवाया जाए।
6. प्रदर्शनी में समुदाय के लोगों को आमंत्रित किया जाए।
7. प्रदर्शनी में प्रस्तुतियों तथा प्रतिमानों की सुरक्षा का उचित प्रबन्ध किया जाए।
8. प्रस्तुतियों के मूल्यांकन के लिए पर्यावरण से संबंध रखने वाले निर्णायक चुने जाएँ।

10.12 मुक्त अथवा स्वतन्त्र भाव अभिव्यक्ति तकनीक (Free Expression Technique)

स्वतन्त्र भाव अभिव्यक्ति का अर्थ: स्वतन्त्र भाव अभिव्यक्ति का अर्थ है अपने भावों को किसी भी दबाव के बिना अभिव्यक्त करना। बालक द्वारा बिना किसी नियन्त्रण के बनाए गए चित्रों को मुक्त भाव अभिव्यक्ति चित्र कहते हैं। बालक अपने आस-पास एवं विद्यालय में अनेक वस्तुओं को देखते हैं तथा उनसे सम्बन्धित घटनाओं पर चित्र बनाने

का प्रयास करते हैं। उदाहरणार्थ बगीचा, सब्जियाँ, डाकिया, फुटबॉल, सिपाही, फल आदि। स्वतन्त्र भाव अभिव्यक्ति में किसी भी आयु का बालक हो, उसे यह स्वतन्त्रता रहती है कि वह जैसा चाहे, वैसा चित्र बनाए। इसलिए स्वतन्त्र भाव अभिव्यक्ति में बालक अपनी भावनाओं को मुक्त हृदय से व्यक्त कर सकता है।

भाव विकास: छात्रों में भाव स्वतः उत्पन्न होते हैं परन्तु भावों के विकास में वातावरण का बहुत महत्त्व है। किसी भी विषय को पढ़ाते समय प्रसंगों द्वारा भी भाव उत्पन्न किए जा सकते हैं।

सुनने, देखने तथा करने की प्रक्रियाओं द्वारा ज्ञान को स्थायी बनाया जा सकता है। कला द्वारा मस्तिष्क, हृदय तथा हाथों में उत्तम सहयोग उत्पन्न किया जा सकता है।

मुक्त भाव अभिव्यक्ति अथवा प्रकाशन विधि के उद्देश्य (Aims of Free Expression Method):

1. बालकों को अभिव्यक्ति के अवसर प्रदान करना।
2. बालकों में सौन्दर्य भावों की उत्पत्ति तथा विकास करना।
3. बालकों में कला के प्रति रुचि उत्पन्न करना।
4. बालकों में कला के प्रति अनुराग उत्पन्न करना।
5. बालक में विद्यमान स्वतन्त्र अभिव्यक्ति की क्षमता का उपयोग करने की सामर्थ्य उत्पन्न करना।
6. बालकों में हस्त-कौशल उत्पन्न करना तथा विकास करना।
7. बालकों में इस प्रकार की क्षमता उत्पन्न करना जिससे वे हाथ, मस्तिष्क तथा हृदय का समेकित सहयोग प्राप्त कर सकें।
8. बालकों को भाव-अभिव्यक्ति में आत्मनिर्भर बनाना।
9. बालकों में आत्मविश्वास व आत्मनिर्भर होने की शक्ति उत्पन्न करना।
10. बालकों को उत्कृष्ट चित्रकारों की कृतियों से परिचित कराना।

मुक्त भाव अभिव्यक्ति से लाभ (Advantages of Free Expression): मुक्त भाव अभिव्यक्ति से बालकों को निम्नलिखित लाभ प्राप्त होते हैं:

1. कला के प्रति वांछित रुचि तथा लगाव होने के कारण बालक अच्छा चित्रकार बनने का प्रयास करते हैं।
2. बालकों में प्रत्येक स्थिति के अनुसार चित्र बनाने का अभ्यास हो जाता है।
3. बालकों में काल विषय के ज्ञान में बढ़ौतरी होती है।
4. अच्छे चित्र बनाने से छात्रों में अच्छे भाव विकसित होते हैं।
5. बालकों में नागरिकता के गुणों का विकास होता है।
6. छात्रों में चयन शक्ति का विकास होता है।
7. छात्र निर्भय होकर कार्य करते हैं।
8. छात्र मन लगाकर कार्य करते हैं।
9. छात्र अपने मनोभावों को कागज पर स्वतन्त्रतापूर्वक प्रदर्शित करने के अवसर प्राप्त करते हैं।

मुक्त भाव अभिव्यक्ति विधि में ध्यान देने योग्य बातें (Points to be Kept in View in the Use of Free Expression Method):

1. *मुक्त भाव अभिव्यक्ति*: बालकों पर किसी प्रकार का नियन्त्रण नहीं रखना चाहिए। वे अपने भाव व्यक्त करने में स्वतन्त्र हों। बालकों पर कोई भी शैली थोपी न जाए।

2. *स्वतन्त्र वातावरण*: वातावरण स्वतन्त्रतापूर्ण उत्पन्न हो। बालक चाहे पैंसिल से अथवा रंगों से कार्य करे, उसे टोकना नहीं चाहिए।

3. *स्वेच्छा कार्य*: भाव अभिव्यक्ति में छात्र कई शैलियों का उपयोग करते हैं। कोई काटने के काम द्वारा, कोई स्टेंसिल के माध्मम से, कोई मिट्टी के काम से, कोई रेखाचित्र द्वारा आदि शैलियों के माध्यम से भाव-अभिव्यक्ति करते हैं। उनके काम में हस्तक्षेप नहीं किया जाना चाहिए।

4. *रचनात्मक वातावरण*: यथा सम्भव रचनात्मक वातावरण होना चाहिए। इस बात पर ध्यान दिया जाए कि प्रत्येक छात्र अपने भाव को किसी न किसी प्रकार की रचनात्मक क्रिया में व्यक्त करे।

5. *स्नेहपूर्ण वातावरण*: कक्षा का वातावरण सहानुभूतिपूर्ण तथा स्नेहपूर्ण होना चाहिए।

6. *उचित व्यवस्था*: कक्षा में छात्रों के बैठने की उचित व्यवस्था की जाए।

7. *उचित मार्गदर्शन*: मुक्त अभिव्यक्ति विधि का यह अर्थ नहीं है कि अध्यापक छात्रों का मार्गदर्शन भी न करे। छात्रों की त्रुटियों को प्रारम्भ में ही ठीक करना उचित रहता है ताकि छात्र गलत अभ्यास न करते जाएँ।

स्वतन्त्र भाव अभिव्यक्ति के विषय
(Subject Matter of Free Expression)

(1) कहानी चित्रण
(2) कविता चित्रण
(3) सीनरी चित्रण
(4) कार्टून चित्रण
(5) पोस्टर चित्रण
(6) घटना चित्रण

मुक्त अथवा स्वतन्त्र भाव अभिव्यक्ति में अध्यापक की भूमिका (Role of the Teacher in Free Expression Method):

1. सहानुभूतिपूर्ण तथा स्नेहपूर्ण कक्षा का वातावरण निर्माण करना।
2. छात्रों को कार्य के लिए अधिक से अधिक स्वतन्त्रता प्रदान कराना।
3. बालकों में उचित भाव उत्पन्न करने के लिए सरल, रोचक तथा बालक उपयोगी कथाएँ सुनाना।
4. अध्यापक का स्वयं में मनोरम दृश्यों की क्षमता का विकास करना ताकि कक्षा में वांछित वातावरण उत्पन्न हो सके।
5. कक्षा में बालकों के बैठने की उचित व्यवस्था करना।
6. उचित सामग्री की व्यवस्था करना।
7. छात्रों का प्रभावी मार्गदर्शन करना।

10.13 अनुवर्ग शिक्षण (Tutorial Teaching)

अनुवर्ग का अर्थ: अनुवर्ग व्यूह-रचना का तात्पर्य उस व्यूह-रचना से है जिसमें कक्षा के छात्रों को छोटे-छोटे समूहों में बाँट दिया जाता है तथा प्रत्येक समूह एक शिक्षक के साथ कार्य करता है। वास्तव में, इस व्यवस्था में 'छात्र-केन्द्रित' दृष्टिकोण निहित है।

शिक्षक अपने-अपने समूह के विद्यार्थियों की सभी प्रकार की शैक्षिक कठिनाइयों का समाधान करने में सहायता प्रदान करता है तथा हर प्रकार से छात्रों का निर्देशन करता है।

अनुवर्गों का विभागीकरण

(1)	(2)	(3)
पर्यवेक्षित अनुवर्ग (Supervised Tutorial)	प्रयोगात्मक अनुवर्ग (Tutorial Practical)	सामूहिक अनुवर्ग शिक्षण (Group Tutorials)

पर्यवेक्षित अनुवर्ग: इसमें अध्यापक तथा छात्र नियमित रूप से मिलते हैं। छात्र अपने लेखों तथा निबन्धों को अनुवर्ग में प्रस्तुत करते हैं। उन पर वाद-विवाद तथा विचारों का आदान-प्रदान होता है। इसमें पाठ्य-वस्तु के विभिन्न पक्षों पर गहनता से विचार किया जाता है।

यह व्यूह-रचना मेधावी तथा प्रतिभाशाली छात्रों के लिए बहुत उपयुक्त है।

प्रयोगात्मक अनुवर्ग शिक्षण: इसका प्रयोग क्रियात्मक पक्ष के उद्देश्यों को प्राप्त करने के लिए किया जाता है। छात्र प्रयोगशाला तथा वर्कशॉप आदि में कार्य करते हैं। प्रयोगात्मक अनुवर्ग व्यूह-रचना का उपयोग ज्ञानात्मक तथा भावात्मक उद्देश्यों की प्राप्ति के लिए भी किया जाता है।

सामूहिक अनुवर्ग शिक्षण: यह व्यूह-रचना सामान्य स्तर के छात्रों के लिए अधिक उपयोगी है। शिक्षक के लिए सामूहिक गतिशीलता (Group Dynamics) का बोध होना चाहिए, तभी यह व्यूह-रचना लाभदायक सिद्ध हो सकती है।

अनुवर्ग व्यूह-रचना के लाभ:

1. इसमें व्यक्तिगत विभिन्नता के महत्त्व को स्वीकार किया गया है, अतः यह व्यक्तिगत शिक्षण-अधिगम की दृष्टि से महत्त्वपूर्ण है।
2. छात्रों को अध्यापक के निकट सम्पर्क में आने के पर्याप्त अवसर मिल जाते हैं। इसलिए छात्रों के व्यक्तिगत विकास में सहायता मिलती है।
3. छात्रों के पूर्व ज्ञान का अनुमान अच्छी तरह से लगाया जा सकता है तथा उनकी कठिनाइयों को दूर करने में आसानी होती है।
4. छात्रों की उपलब्धि का ज्ञान प्रति क्षण होता रहता है।
5. उपचारात्मक शिक्षण की व्यवस्था की जाती है।

अनुवर्ग की सीमाएँ: 1. इस व्यूह-रचना में अध्यापकों की संख्या बढ़ानी पड़ती है।

2. अनुवर्गों के लिए अधिक कमरों की आवश्यकता पड़ती है।
3. प्रत्येक शिक्षक सभी विषयों का ज्ञाता नहीं हो सकता।

10.14 मस्तिष्क उद्वेलन (Brain Storming)

मस्तिष्क उद्वेलन का अर्थः मस्तिष्क उद्वेलन व्यूह-रचना इस अवधारणा पर आधारित है कि किसी समस्या को सुलझाने के लिए तथा किसी विषय-वस्तु को सीखने के लिए एकान्त में अथवा अकेले बैठकर सोचने या सीखने की अपेक्षा समूह में सोचना या सीखना अधिक प्रभावी होता है।

यह व्यूह-रचना मुख्यतः समस्या-केन्द्रित है।

मस्तिष्क उद्वेलन व्यूह-रचना की क्रिया-शैलीः *पहला चरण*, छात्रों के सम्मुख ऐसी समस्या प्रस्तुत करता है जिसका समाधान विद्यार्थियों द्वारा परस्पर विचार-विमर्श करने पर निकाला जा सके।

समस्या के *दूसरे चरण* में, अध्यापक सभी छात्रों से आग्रह करता है कि वे समस्या के समाधान के लिए अपने सुझाव या विचार प्रस्तुत करें। सभी छात्रों को अपने विचार प्रकट करने की पूर्ण स्वतन्त्रता दी जाती है कि वे बिना संकोच के अपने विचार अथवा सुझाव रखें।

तीसरे चरण में, प्रत्येक छात्र को अपने ही विचारों और सुझावों का मूल्यांकन करने के लिए कहा जाता है। इस व्यूह-रचना की एक विशेषता है कि किसी भी सदस्य को किसी अन्य सदस्य के विचारों या सुझावों की आलोचना करने की स्वतन्त्रता नहीं दी जाती है।

इस व्यूह-रचना में कक्षा को छोटे-छोटे समूहों में विभाजित किया जाता है। इस बात पर ध्यान दिया जाता है कि जहाँ तक सम्भव हो, समान मानसिक स्तर वाले छात्र एक समूह में हों ताकि वे खुले मन से अपने विचार रख सकें।

अन्त में, विचारों को जोड़ने, मिलाने तथा सुधारने का प्रयास किया जाता है।

मस्तिष्क उद्वेलन व्यूह-रचना के लाभ

1. यह व्यूह-रचना छात्रों में अपसारी (Divergent thinking) के विकास में लाभदायक है।
2. यह व्यूह-रचना ऐसी परिस्थितियाँ प्रस्तुत करती हैं जिनमें छात्रों को स्वतन्त्र चिन्तन के अवसर मिलते हैं।
3. इस व्यूह-रचना द्वारा छात्रों में सर्जनशीलता का विकास होता है।
4. इस व्यूह-रचना द्वारा समस्याओं का मौलिक समाधान मिलता है।
5. इस व्यूह-रचना द्वारा प्रतिभाशाली छात्रों की पहचान होती है।

10.15 भूमिका निभाना अथवा अनुकरणीय शिक्षा (Role Playing)

भूमिका निभानाः भूमिका निभाने का अर्थ है किसी जीवन्त समस्या का अनुभव करना तथा उसे लोगों के सामने प्रस्तुत करना। इस व्यूह-रचना में अध्यापक तथा छात्र दोनों भाग ले सकते हैं। यह एक नाटकीय विधि है।

भूमिका निभाने की प्रक्रियाः भूमिका अदा करने के लिए किसी ऐसी परिस्थिति को चुना जाता है जो जीवन की वास्तविक समस्या से जुड़ी हुई हो। उदाहरणार्थः पर्यावरण का कोई दृश्य, वन, होली आदि कुछ ऐसी परिस्थितियाँ हो सकती हैं जिनका मंचन करके

उनसे जुड़ी हुई समस्याओं को अनुभव किया जा सकता है तथा छात्रों तथा उनके अभिभावकों के सामने प्रस्तुत किया जा सकता है।

पाठ्य-सहगामी क्रियाएँ मूलतः दो प्रकार की होती हैं—एक का सम्बन्ध सांस्कृतिक क्रियाकलापों से होता है। दूसरे का खेल-कूद से। साहित्य क्रिया-कलापों में नाटकीयकरण क्रिया आ जाती है। सामाजिक विषय तथा पर्यावरण विषय सम्बन्धी अनेक ऐसे प्रकरण हो सकते हैं जिनके नाटकीयकरण से छात्रों तथा उनके अभिभावकों की भावनाओं को प्रभावित किया जा सकता है। यह आशा की जाती है कि भूमिका अदा करने में नाटक को देखने वालों में सामाजिक तथा पर्यावरण सम्बन्धी आवश्यक ज्ञान, अभिरुचि तथा कौशल का उचित विकास हो सकेगा।

भूमिका अदा करने के पश्चात् विषय-वस्तु के विभिन्न पक्षों पर वस्तुनिष्ठ ढंग से चर्चा करना विशेष उपयोगी रहता है।

मंच पर छात्र वनों में पाये जाने वाले विभिन्न पेड़ों की भूमिका अदा कर सकते हैं तथा पेड़ों के बारे में महत्त्वपूर्ण जानकारी दे सकेते हैं।

मंच पर छात्र वनों में रहने वाले पशुओं आदि की भूमिका अदा कर सकते हैं। पर्यावरण सम्बन्धी जानकारी दे सकते हैं।

मंच पर छात्र महापुरुषों आदि की भूमिका अदा कर सकते हैं।

स्कूलों में 'छात्र संसद' द्वारा छात्रों को प्रजातान्त्रिक प्रणाली में प्रशिक्षण का अवसर मिलता है। छात्र प्रधानमंत्री तथा विरोधी पार्टी के नेता आदि की भूमिका निभाते हैं।

अध्यापक प्रशिक्षण में भी इस विधि का प्रयोग किया जाता है। इसमें छात्र-अध्यापक किसी प्रकरण को अपने साथियों को पढ़ाता है तथा अन्य साथी छात्रों की भूमिका निभाते हैं।

भूमिका निभाने के लाभ: 1. शिक्षण-अधिगम में वास्तविकता का तत्त्व रहता है।

2. कौशलों का विकास होता है।

3. ज्ञानात्मक, भावात्मक तथा मनोजेगात्मक उद्देश्यों की प्राप्ति में सहायता मिलती है।

4. पर्यावरण सम्बन्धी कई अवधारणाएँ स्पष्ट की जा सकती हैं।

भूमिका अदा प्रविधि की सीमाएँ:

1. छात्र इस प्रकार के शिक्षण को केवल नाटक के रूप में ले सकते हैं।

2. इस प्रकार की प्रविधि की सफलता के लिए बहुत अभ्यास तथा अनुभव चाहिए।

3. यह प्रविधि खर्चीली है। साज-सज्जा पर बहुत व्यय होता है।

भूमिका निभाने के लिए सुझाव:

1. विचाराधीन प्रकरण के सभी पक्षों पर पूरा ध्यान दिया जाए।

2. भूमिका निभाने से पूर्व छात्रों को उनकी भूमिका के बारे में पूरी जानकारी दी जानी चाहिए।

10.16 परिभ्रमण (Field Trip)

परिभ्रमण विधि का अर्थ: परिभ्रमण विधि का अर्थ उस विधि से है जिसके माध्यम से छात्रों को कक्षा तथा स्कूल से बाहर अधिगम के लिए ले जाया जाता है।

परिभ्रमण व्यूह-रचना का पर्यावरण अध्ययन में महत्त्व: कक्षा में छात्रों को पर्यावरण के बारे में सब कुछ नहीं बताया जाता। पर्यावरण के बारे में महत्त्वपूर्ण जानकारी

देने के लिए, उचित पर्यावरण के प्रति उचित दृष्टिकोण निर्माण के लिए तथा कौशल पोषण के लिए क्षेत्र भ्रमण व्यूह-रचना बहुत महत्त्व रखती है। प्रसिद्ध शिक्षाशास्त्री रूसो ने परिभ्रमण के माध्यम से ज्ञान प्राप्त करने पर बल दिया न कि पुस्तकें पढ़ कर। इसी प्रकार सभी प्रगतिशील शिक्षाविदों ने प्रकृति अध्ययन पर जोर दिया। विद्वान *वॉल्टर* के शब्दों में, "कोई भी स्थान जहाँ कि पौधा या जानवर पाया जाता है, उतना ही महत्त्व रखता है जितना कि जानवर और पौधे स्वयं रखते हैं।"

क्षेत्र परिभ्रमण व्यूह-रचना के लाभः

1. क्षेत्र परिभ्रमण रचना से जो ज्ञान प्राप्त होता है, वह ठोस होता है।
2. वस्तुओं को प्रत्यक्ष देखने से ज्ञान में वास्तविकता का रूप आ जाता है।
3. छात्रों में पर्यावरण के प्रति रुचि उत्पन्न होती है।
4. पर्यावरण शिक्षण को रुचिकर बनाया जा सकता है।
5. इस व्यूह-रचना में छात्र प्रकृति को यथार्थ से देखते हैं।
6. छात्र ज्ञान को क्रमबद्ध तथा सुव्यवस्थित करने में सक्षम हो पाते हैं।
7. छात्रों को स्वावलम्बी बनने का अवसर मिलता है।
8. छात्रों की निरीक्षण शक्ति का विकास होता है।
9. छात्र सामाजिक वातावरण के सम्पर्क में आते हैं।
10. छात्रों में सहयोग की भावना का विकास होता है।
11. इस व्यूह-रचना में छात्र क्रियाशील रहते हैं।

क्षेत्र परिभ्रमण व्यूह-रचना को सफल बनाने के लिए महत्त्वपूर्ण पक्ष

(1) व्यावहारिक पक्ष

(2) शैक्षिक पक्ष

क्षेत्र परिभ्रमण व्यूह-रचना में ध्यान योग्य व्यावहारिक पक्ष

(1) परिभ्रमण के लिए प्राचार्य की अनुमति लेना

(2) परिभ्रमण के लिए अभिभावकों की अनुमति लेना

(3) परिभ्रमण स्थल के अधिकारी की अनुमति लेना

(4) आने-जाने के साधन की व्यवस्था करना

(5) परिभ्रमण पर अवलोकन तथा नमूने के संग्रह के लिए आवश्यक उपकरण ले जाना

(6) छात्रों के रहने तथा भोजन की व्यवस्था करना

(7) परिभ्रमण स्थान के बारे में आवश्यक जानकारी प्राप्त करना

क्षेत्र परिभ्रमण व्यूह-रचना के सन्दर्भ में ध्यान योग्य शैक्षिक पक्ष:

1. क्षेत्र परिभ्रमण का उद्देश्य भ्रमण से पूर्व छात्रों को स्पष्ट किया जाए।
2. यदि कुछ पूर्व अध्ययन की आवश्यकता हो, तो उसे भी किया जाए।
3. परिभ्रमण के विषय में छात्रों में पर्याप्त जिज्ञासा उत्पन्न की जाए तथा उसे शान्त किया जाए।
4. छात्रों को उचित निर्देश दिये जाएँ कि परिभ्रमण स्थल के बारे में उन्हें किन-किन बातों पर विशेष ध्यान देना है।
5. परिभ्रमण स्थल का चुनाव छात्रों की आयु, मानसिक स्तर, शैक्षिक उपयोगिता आदि के आधार पर किया जाए।
6. परिभ्रमण स्थल के समय छात्रों को महत्त्वपूर्ण तथ्य लिखने के लिए कहा जाए।
7. जहाँ चित्र लेने की आवश्यकता हो, स्थल के अधिकारियों से अनुमति ली जाए।
8. शैक्षिक उद्देश्य के साथ-साथ मनोरंजन के पक्ष पर भी ध्यान दिया जाए।
9. परिभ्रमण के पश्चात् छात्रों के अवलोकन तथा अनुभव पर चर्चा की जाए।
10. परिभ्रमण के पश्चात् शिक्षक सम्पूर्ण गतिविधि का अवलोकन करे कि किस सीमा तक परिभ्रमण के उद्देश्य में सफलता मिल पायी है।

क्षेत्र परिभ्रमण के उदाहरण

छोटी कक्षा के छात्रों के लिए: पास का बगीचा, खेत, पशुशाला, चिड़ियाघर, अजायबघर आदि सांस्कृतिक तथा अन्य महत्त्वपूर्ण स्थान।

बड़ी कक्षा में छात्रों के लिए: कपड़ा मिल, जूट मिल, बैंक, पंचायतघर, विधानसभा, संसद भवन, टेलीफोन एक्सचेंज, वाटर वर्क्स, ऐतिहासिक तथा अन्य महत्त्वपूर्ण स्थान।

10.17 अनुरूपण प्रविधि (Simulation Technique)

अनुरूपण का अर्थ (Meaning of Simulation): अनुरूपण का अर्थ तथा इसके विभिन्न तत्त्वों को जानने के लिए इसकी तीन परिभाषाएँ नीचे दी गई हैं:

1. *विंग (Wing, 1964)* ने अनुरूपण को वास्तविक परिस्थितियों का सही प्रतिनिधित्व करने वाला कहा है। उनके अनुसार अनुरूपित परिस्थितियों का निर्माण उस समय किया जाता है जब छात्रों या प्रशिक्षणार्थियों की विशिष्ट अनुरूपित सामग्रियों का सामना इसलिए करना पड़ता है कि उन्हें वांछित अनुक्रियाएँ करनी पड़ें।

2. *क्रिकशैन्क (Cruichohank, 1966)* ने अनुरूपण को इस प्रकार परिभाषित किया है-"ऐसी वास्तविक परिस्थितियों का निर्माण जिनमें भाग लेने वालों को इसलिए खेलना पड़े कि उन्हें अपने वर्तमान या भविष्य के कार्यों से सम्बन्धित समस्याओं को सुलझाने का अनुभव मिले। इस प्रकार के क्रीड़ा-अनुभव में प्रत्येक भाग लेने वाले को अपने पूर्व-प्रशिक्षण, अनुभवों एवं उपलब्ध जानकारियों के आधार कोई-न-कोई निर्णय लेना पड़ता है। निर्णय लेने के पश्चात् भाग लेने वाले को एक ऐसा अवसर प्रदान किया जाता है कि वह अपने निर्णयों के एक या एक से अधिक परिणामों को देख सके।"

3. *टैन्सी और अन्विन् (Tansey and Unwin, 1967)* ने अनुरूपण को परिभाषित करते हुए लिखा है, "अनुरूपण, किसी एक परिस्थिति या वातावरण का किसी सादृश्य अथवा रूपक द्वारा प्रतिनिधित्व करता है। प्रायः यह प्रतिनिधित्व वास्तविक परिस्थितियों की

तुलना में कम जटिल और अधिक सुविधायुक्त तथा प्रायः कम समय लेने वाला होता है। क्रीड़न एक अनुरूपित परिस्थिति है, जिसमें कृत्रिम प्रतियोगिता के तत्त्व भर दिए जाते हैं।"

इन्हीं लेखकों के मतानुसार अनुकरण और शैक्षिक क्रीड़न वस्तुतः अधिगम एवं शिक्षण को और अधिक प्रभावकारी एवं दक्ष बनाने वाली तकनीक या प्रविधियाँ हैं। शैक्षिक तकनीकी के इन नवीन माध्यमों ने शिक्षा-जगत् में अपने प्रयोगों के द्वारा एक महत्त्वपूर्ण भूमिका निभाई है और शैक्षिक अभ्यासों में यथार्थता के भाव को अवतरित किया है।

साधारण भाषा में अनुरूपण का अर्थ उस प्रविधि से है जिसमें छात्र पर्यावरण अथवा समाज के किसी भाग अथवा तत्त्व की तरह व्यवहार करता है तथा उसके अनुभव, भावना एवं परिस्थिति आदि ग्रहण करने का प्रयास करता है। उदाहरण के लिए छात्र किसी पेड़, वृक्ष अथवा किसी कार्य में लगे व्यक्ति के स्थान पर अपने को रखकर उसकी भावना अथवा अनुभव को महसूस करने की चेष्टा करता है।

इस प्रकार की प्रविधि को पहली बार प्रयोग करने पर छात्रों को अपनी भूमिका निभा सकना कठिन जान पड़ता है। पर्याप्त अनुभव मिलने पर उचित लाभ की प्राप्ति हो सकती है।

अनुरूपण के सिद्धान्त (Principles of Simulation): अनुरूपण एवं क्रीड़न कुछ सिद्धान्तों पर आधारित हैं, जैसे:

1. अनुरूपण में भाग लेने वाले प्रत्येक सदस्य को एक ऐसी भूमिका निभानी चाहिए जो वास्तविक जीवन का प्रतिनिधित्व करती हो। भाग लेने वाले को अनुरूपित परिस्थिति का मूल्यांकन कर उस परिस्थिति में कोई निर्णय लेना पड़े।

2. अनुरूपित परिस्थिति में प्राप्त अनुभव, भाग लेने वालों द्वारा लिए गए निर्णयों और अनुरूपित परिस्थिति में किये कार्यों से सम्बन्धित होने चाहिए।

3. अनुरूपित परिस्थितियों में लिये गए निर्णयों और किये गए कार्यों के परिणामों के सम्बन्धों के विषय में भाग लेने वालों को सोचना, विचारना पड़े।

अनुरूपित शिक्षण के पद (Steps in Simulated Teaching): अनुरूपित शिक्षण के लिए कोई क्रमबद्ध एवं सुनिश्चित, अनमनीय पदक्रम नहीं है। विभिन्न लेखकों ने विभिन्न पदक्रमों की चर्चा की है; किन्तु सामान्यतः कक्षा में अनुरूपित शिक्षण करते समय निम्नलिखित पदों का अनुसरण किया जाता है:

पद 1: कक्षा में अनुरूपित शिक्षण करते समय अध्यापक अनुरूपण में भाग लेने वाले प्रत्येक छात्र को सांकेतिक चिन्ह प्रदान करता है, जैसे–A, B, C, D आदि। तत्पश्चात् वह एक ऐसी प्रणाली विकसित करता है कि प्रत्येक छात्र की भूमिका को बदला जा सके। इस प्रक्रिया से प्रत्येक छात्र को सभी भूमिकाओं को निभाने का अवसर मिलता है।

पद 2: इस पद पर अनुरूपण का नियोजन और उसकी तैयारी की जाती है। साथ ही साथ अनुरूपण की प्रविधि द्वारा जिस कौशल या विषय को सिखाना है, उसे निश्चित किया जाता है। अध्यापक को प्रत्येक अभिनेता या भाग लेने वाले के लिए बहुत सावधानी और बुद्धिमतापूर्वक उपयुक्त विषय या कौशल को चुनना चाहिए।

पद 3: इस पद पर इस बात का निर्णय लेना चाहिए कि टोली का कौन-सा सदस्य वार्ता प्रारम्भ करेगा, और कौन-सा सदस्य किन परिस्थितियों में कब सामूहिक परस्पर-क्रिया का अन्त करेगा। प्रत्येक सदस्य की भूमिका और परस्पर-अन्तःक्रिया का विस्तृत कार्यक्रम शिक्षक को पहले से ही बना लेना चाहिए।

पद 4: शिक्षक को मूल्यांकन की प्रक्रिया पहले से ही निश्चित कर लेनी चाहिए। उसे यह निश्चित करना होगा कि किन व्यवहारों का निरीक्षण किया जाए और प्रत्येक भाग लेने वाले की परस्पर क्रियाओं के विषय में किस प्रकार आँकड़े एकत्रित एवं अभिलिखित किये जायें। उन्हें इस सम्बन्ध में भी सोच लेना चाहिए कि परस्पर क्रिया समाप्त होने के पश्चात् प्रत्येक भाग लेने वाले के सम्मुख उनके व्यवहारों के सम्बन्ध में आँकड़े एवं अभिमत किस प्रकार प्रस्तुत किये जायेंगे।

पद 5: इस पद पर अनुरूपित परिस्थिति में पूर्व-निश्चित विषय और कौशल के अभ्यास का अवसर प्रदान किया जाता है। इसे 'अभ्यास सत्र' कहते हैं। इस सत्र के पश्चात् प्रत्येक भाग लेने वाले को प्रतिपुष्टि प्रदान की जाती है। आवश्यकता पड़ने पर प्रशिक्षण की प्रक्रिया को और सुधारने के लिए अभ्यास के दूसरे सत्र में आवश्यक परिवर्तन किया जा सकता है। जैसे ही अभ्यास-सत्र बिना किसी बाधा के सरलतापूर्वक चलने लगता है और प्रत्येक भाग लेने वाले को अपनी-अपनी भूमिका निभाने का अवसर मिल जाता है, अध्यापक दत्तकार्य (Assignment) की जटिलता को बढ़ाने की कोशिश करता है। जटिलता को बढ़ाने की यह क्रिया अध्यापक अपने क्रियाकलापों को कम करके अथवा किसी छात्र को चुपके से खलनायक बना कर करता है।

पद 6: इस पद पर अध्यापक अनुरूपित परिस्थिति की क्रियाविधि विषय-वस्तु एवं कौशल में ऐसा परिवर्तन करने की चेष्टा करता है कि प्रत्येक भाग लेने वाले को एक चुनौती का सामना करना पड़े तथा कार्य में उसकी रुचि बनी रहे। इस पद में अध्यापक सदा इस बात पर ध्यान दे कि भाग लेने वालों के लिए नया दत्तकार्य या परिवर्तन न तो बहुत कठिन हो, न बहुत सरल।

अनुरूपण प्रविधि के प्रकार: 1. भूमिका निभाना। 2. खेल खेलना—राजा-मंत्री, चोर-सिपाही, छात्र-अध्यापक, गुड्डा-गुड्डी खेल।

10.18 रेत के खेलों की प्रविधि (Sand Play Technique)

पर्यावरण अध्ययन शिक्षण/सामाजिक अध्ययन शिक्षण में रेत के खेलों का महत्त्व: छोटे बच्चों के लिए रेत के खेलों का अपना शैक्षिक महत्त्व है। रेत के खेल बच्चों में सृजनात्मक अभिवृत्ति का विकास करते हैं। बच्चों में सृजनात्मक अभिवृत्ति एक प्रकार से नैसर्गिक है। यदि बच्चे को इस नैसर्गिक अभिवृत्ति के विकास के लिए उपयुक्त अवसर नहीं उपलब्ध कराए जाएंगे तो वह नीरसता का अनुभव करेगा। रेत की क्रियाओं द्वारा बच्चों की नीरसता दूर होती है और उन्हें आत्माभिव्यक्ति के अवसर मिलते हैं। बच्चे विभिन्न प्रकार की आकृति की वस्तुएँ बनाकर आनन्द का अनुभव करते हैं।

रेत के खेलों संबंधी ध्यान देने योग्य बातें:

1. बच्चों को पशुओं, पक्षियों, फूलों आदि की आकृतियाँ बनाने के लिए प्रोत्साहन दिया जाए।
2. बच्चों को स्व-अभिव्यक्ति की पर्याप्त स्वतन्त्रता मिलनी चाहिए।
3. अध्यापक वस्तुएँ स्वयं बनाकर बच्चों को दिखाएँ।
4. बच्चों की भूलों को सुधारने के लिए सहानुभूतिपूर्ण दृष्टिकोण अपनाया जाए।
5. बच्चों को हाथ तथा ढाँचे से विभिन्न डिजाइन बनाने के लिए प्रेरित किया जाए।

6. बच्चे अधिक समय तक रेत से न खेलें।

7. रेत की क्रियाएँ बनाने के पश्चात् बच्चे हाथ धोएँ तथा वेसलीन लगाएँ।

8. बच्चे रेत और पानी को मिलाने में बहुत आनन्द का अनुभव करते हैं। उनके आसपास रेत तथा पानी की ट्रे रख दी जाए ताकि बच्चे उसकी ओर आकृष्ट होकर खेल सकें।

10.19 गृहकार्य (Home Work)

गृहकार्य विद्यालय के कार्य में बहुत सहायक है। यह छात्र को अभ्यास करने का अवसर प्रदान करता है। इसमें व्यक्तिगत विभिन्नताओं के अनुसार छात्रों को कार्य दिया जाना चाहिए जिससे उनकी शक्तियों और क्षमताओं का सृजनात्मक रूप से उपयोग हो सके। इससे समय का सदुपयोग होता है। लेकिन कार्य इतना अधिक नहीं होना चाहिए कि खेल तथा घर के कुछ कार्यों के लिए समय न मिलने पर छात्रों के विकास पर प्रतिकूल प्रभाव पड़े।

गृहकार्य में विद्यालय में पढ़े गये कार्य के समान ही अभ्यास या प्रयोग के लिए कार्य दिया जाना चाहिए। अभ्यास से ज्ञान-शक्ति अधिक स्थिर होती है।

गृहकार्य छात्रों को दिया जाए अथवा नहीं–यह विचार विवादास्पद है। विचारकों ने विभिन्न विचार प्रकट किए हैं। ब्रे (Bray) ने गृहकार्य का कड़े शब्दों में विरोध किया है, "सामान्य स्थिति में एक बच्चा विद्यालय बन्द होने के समय तक पर्याप्त कार्य कर लेता है। अत: गृहकार्य–जो कि साधारणत: हमारे विद्यालयों में दिया जाता है, बच्चों के लिए लाभ की अपेक्षा हानिकारक है।" कभी-कभी माता-पिता तथा अभिभावकगण भी गृहकार्य का विरोध करते हैं, क्योंकि अधिक कार्य बच्चों के स्वास्थ्य के लिए हानिकारक तो है ही, इसके अतिरिक्त यह बच्चों को अन्य सामाजिक तथा घरेलू कार्य करने से भी वंचित रखता है। कभी-कभी घरों का वातावरण ही ऐसा होता है कि बच्चों को घर का बहुत-सा काम करना पड़ता है। ऐसी अवस्था में बच्चे स्कूल से मिला गृहकार्य या तो एक बोझ समझकर बहुत जल्दी-जल्दी कर डालते हैं, नकल कर लेते हैं या फिर उन्हें घरेलू काम ना करने पर अपने अभिभावकों या माता-पिता का कोप-भाजन बनना पड़ता है, जिसे कि वे बिल्कुल पसन्द नहीं करते। अत: गृहकार्य उनके लिए एक शुष्क तथा नीरस कार्य बन जाता है।

गृहकार्य के पक्ष तथा विपक्ष के समर्थन में दिए जाने वाले तर्कों को देखते हुए कहा जा सकता है कि गृहकार्य की आवश्यकता तो है परन्तु इसकी मात्रा सीमित होनी चाहिए।

गृहकार्य देने के सिद्धान्त

1. गृहकार्य ऐसा हो जो बच्चा अपने आप कर सके और उसे माँ-बाप अथवा अध्यापक से पूछने की आवश्यकता न पड़े।

2. गृहकार्य मशीनी न हो–अर्थात् निरा रटने वाला ही न हो कि बच्चे को सोचना ही न पड़े।

3. गृहकार्य यदि रुचियों को ध्यान में रख कर दिया जाए तो बच्चों में पढ़ने के प्रति रुचि उत्पन्न होगी।

4. गृहकार्य अटपटा न हो–यह निश्चित हो।

5. जहाँ तक सम्भव हो सके गृहकार्य पहले से ही करवाए गये कार्य से सम्बन्धित हो न कि नये पाठ से।

6. गृहकार्य कक्षा के सभी विद्यार्थियों के लिए एक-सा ही न हो। बच्चों की मानसिक क्षमता तथा बौद्धिक विकास को देखते हुए विभिन्न स्तरों के बच्चों के लिए कार्य भी भिन्न हो।

7. विभिन्न विषयों के गृहकार्य का समन्वय किया जाए तथा गृहकार्य का एक समय-विभाग-चक्र बना लेना चाहिए।

8. गृहकार्य देते समय कक्षाओं के स्तर का ध्यान रखना चाहिए। प्रारम्भिक कक्षाओं को इतना काम देना चाहिए जो कि एक घण्टे में हो सके। माध्यमिक कक्षाओं के बच्चों को डेढ़ घण्टे से अधिक गृहकार्य नहीं देना चाहिए। उच्च कक्षाओं के बच्चों को ढाई-तीन घण्टे का गृहकार्य देना चाहिए।

11

शिक्षण सहायक साधन/सामग्री/उपकरण/अथवा श्रव्य-दृश्य सहायक साधन
(Teaching Aids or Audio-Visual Aids)

11.1 शिक्षण सहायक अथवा श्रव्य-दृश्य सहायक साधनों/सामग्री का अर्थ (Meaning of Teaching Aids/Audio-Visual Aids)

शिक्षण सहायक साधन अथवा श्रव्य-दृश्य से तात्पर्य उन पदार्थों, वस्तुओं तथा सामग्रियों से है जिनके माध्यम से अध्यापक शिक्षण-अधिगम प्रक्रिया में ज्ञानेन्द्रियों का प्रयोग करके कक्षा में पढ़ाई जाने वाली विषय-वस्तु को अधिक सरल तथा रोचक ढंग से छात्रों के लिए स्पष्ट करता है तथा शिक्षण तथा अधिगम अधिक प्रभावी बन जाते हैं।

शिक्षण सहायक साधनों की निम्न परिभाषाएँ इनके विभिन्न पक्षों पर प्रकाश डालती हैं:

1. बर्टन (*Burton*): "श्रव्य-दृश्य सामग्रियाँ वे इन्द्रिय वस्तुएँ अथवा छवियाँ हैं जो अधिगम को आरम्भ करती हैं, उद्दीपन (Stimulate) करती हैं तथा पुनर्बलन (reinforce) प्रदान करती हैं।"

2. कार्टर. ए. गुड (*Carter A. Good*): "कोई भी ऐसी सामग्री जिसके माध्यम से शिक्षण प्रक्रिया को उद्दीपित (Stimulated) किया जा सके अथवा श्रवणोंन्द्रिय संवेदनाओं के द्वारा आगे बढ़ाया जा सके-श्रव्य-दृश्य सामग्री कहलाती है।"

3. *मैकनॉन तथा रॉबर्ट्स (McKnown and Roberts)*: "ये सहायक साधन ऐसी अनुपूरक युक्तियाँ हैं जिनके द्वारा अध्यापक एक से अधिक ज्ञान इन्द्रियों के प्रयोग से प्रत्ययों को स्पष्ट करने, उनका सहसम्बन्ध स्थापित करने, व्याख्या करने तथा अर्थपूर्ण बनाने का प्रयास करता है।"

4. डेण्ट (*Dent*): "श्रव्य-दृश्य साधन वह सामग्री है जो कक्षा में या अन्य शिक्षण परिस्थितियों में लिखित या बोली गयी पाठ्य सामग्री को समझने में सहायता प्रदान करती है।"

5. *एलविन स्ट्रांग (Alvin Strong)*: "श्रव्य-दृश्य सामग्री के अन्तर्गत उन सभी साधनों को सम्मिलित किया जाता है जिनकी सहायता से छात्रों की पाठ में रुचि बनी रहती है तथा वे उसे सरलतापूर्वक समझते हुए अधिगम के उद्देश्य को प्राप्त करते हैं।"

श्रव्य-दृश्य साधनों का अर्थ निम्नांकित चित्र से स्पष्ट किया जा सकता है:

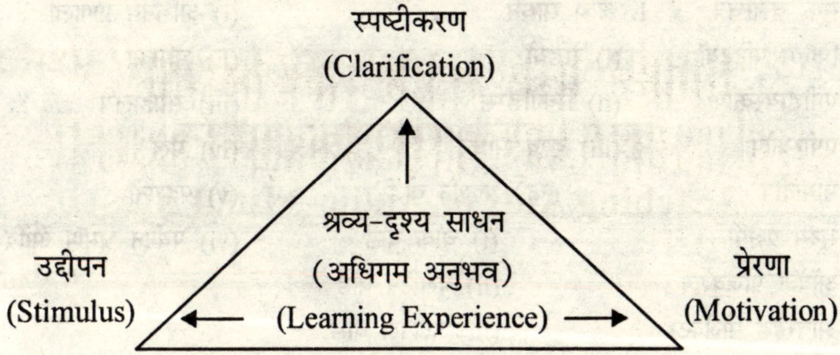

चित्र 11.1: दृश्य-श्रव्य साधनों का वर्गीकरण

दृश्य-श्रव्य साधनों का वर्गीकरण-I

(1)	(2)	(3)
प्रक्षेपी साधन	अप्रक्षेपी साधन	क्रियात्मक साधन
(Projective Aids)	(Non-Projective Aids)	(Activity Aids)

1. *प्रक्षेपी साधन*: प्रक्षेपी साधनों के अन्तर्गत दृश्य साधन वर्ग की वह सामग्री तथा उपकरण शामिल किये जाते हैं जिन्हें किसी वस्तु या प्रक्रिया को पर्दे पर प्रक्षेपित चित्रों के रूप में दिखाए जाने के लिए प्रयोग में लाया जा सकता है।

2. *अप्रक्षेपी साधन*: अप्रक्षेपी साधन के अन्तर्गत वह सामग्री तथा साधन शामिल किये जाते हैं जो बिना किसी प्रक्षेपण के सीधे ही हमें प्रभावित करते हैं।

3. *क्रियात्मक साधन*–ये वे साधन हैं जिनमें 'देखने-सुनने' के अतिरिक्त 'करके सीखने' के सिद्धांत का भी पालन किया जा सकता है।

शिक्षण सहायक सामग्री का वर्गीकरण-II

(1)	(2)	(3)
श्रव्य सहायक सामग्री	दृश्य सहायक सामग्री	वीडियो: चल तथा स्थिर

शिक्षण सहायक सामग्री का वर्गीकरण-III

प्रक्षेपी शिक्षण साधन (Projective Aids)

1. मूक चलचित्र
2. फिल्म पट्टियाँ
3. एपीडायस्कोप
4. एपीस्कोप
5. मायाद्वीप
6. सूक्ष्म प्रक्षेपी
7. ओपेक प्रोजेक्शन
8. ओवरहेड प्रोजेक्टर

अप्रक्षेपी शिक्षण साधन (Non-Projective Aids)

1. श्रव्य साधन
   (i) रेडियो
   (ii) रिकॉर्डिंग्स
   (iii) दृश्य साधन
      (क) प्रदर्शन बोर्ड
         (i) चाक बोर्ड
         (ii) बुलेटिन बोर्ड
         (iii) फ्लेनल बोर्ड,
         (iv) मैगनेटिक बोर्ड
      (ख) *द्विआयामी साधन* (Two Dimentional Aids)
         (i) चित्र, (ii) मानचित्र, (iii) पोस्टर
         (iv) चार्ट, (v) फ्लैश कार्ड, (vi) ग्राफ्स
         (vii) कार्टून्स,
      (ग) *त्रिआयामी साधन* (Three Dimentional Aids)
         (i) मॉडल, (ii) नमूने, (iii) मेकअप
         (iv) कठपुतली, (v) वस्तुएँ
2. दृश्य-श्रव्य साधन
   (i) टेलीविजन, (ii) रेडियो, (iii) टेपरिकॉर्डर
   (iv) रेडियोविजन, (v) वीडियो
   (vi) शिक्षण मशीन, (vii) कम्प्यूटर

क्रियात्मक साधन (Activity Aids)

(i) अभिनय प्रणाली
(ii) भूमिका
(iii) संग्रहालय
(iv) मेले
(v) प्रदर्शनी
(vi) पर्यटन भ्रमण आदि

शिक्षण सहायक सामग्री का वर्गीकरण-IV

- द्विआयामी साधन (Two Dimensional Aids)
- त्रिआयामी साधन (Three Dimensional Aids)
- प्रक्षेपी साधन (Projective Aids)

शिक्षण सहायक सामग्री का वर्गीकरण-V

- मृदुल अथवा कोमल साधन (Software Aids)
- कठोर साधन (Hardware Aids)

श्रव्य-दृश्य शिक्षण सहायक सामग्री का वर्गीकरण-VI

I दृश्य सामग्री (Visual)

1. प्रतिरूप (Model)
2. चित्र तथा पोस्टर (Pictures and Posters)
3. श्यामपट्ट (Blackboard)
4. मायादीप (Magic Lantern)
5. पत्र-पत्रिकाएँ तथा समाचार-पत्र (Magazines and Newspapers)
6. चित्रदर्शक (Epidiascope)
7. वास्तविक पदार्थ (Real Object)
8. रेखाचित्र तथा खाके (Sketches and Diagrams)
9. अणुवीक्ष्ण यन्त्र (Micro-scope)
10. मानचित्र (Maps)
11. एलबम या स्क्रैपबुक
12. सन्दर्भ पुस्तकें, एटलस आदि
13. ग्लोब
14. चार्ट एवं ग्राफ

II श्रव्य सामग्री (Audio)

1. ग्रामोफोन (Gramophone)
2. आकाशवाणी (Radio)
3. टेपरिकॉर्डर (Tape-recorder)
4. लिंग्वाफोन (Linguaphone)
5. भाषा प्रयोगशाला (Language Lab)
6. स्टीरियो रिकॉर्डर तथा टेप्स
7. टेलीफोन वार्ता (Telephonic Conversation)

III श्रव्य-दृश्य सामग्री (Audio-Visual)

1. दूरदर्शन (T.V.)
2. चलचित्र (Film)
3. क्लोज सर्किट टेलीविजन (Close Circuit T.V.)
4. वीडियो कैसेट्स (Video Cassettes)
5. प्रयोगशालाएँ
6. कार्यशालाएँ
7. प्रदर्शन
8. रोल प्लेयिंग (Role Playing)
9. ड्रामा
10. खेल
11. रेडियो विजन (Radio Vision)

श्रव्य-दृश्य सहायक सामग्री का वर्गीकरण-VI: एडगर का अनुभव त्रिकोण

(विवरण अलग से दिया गया है, पृष्ठ 129)

11.2 विभिन्न प्रकार के कठोर उपागम अथवा श्रव्य-दृश्य साधन (Different Types of Hardware or Audio-Visual Aids)

कठोर उपागम (Hardware)

श्रव्य उपागम
- रेडियो, ट्रान्जिस्टर
- टेपरिकॉर्डर
- शिक्षण मशीन

दृश्य उपागम
- प्रोजेक्टर
- एपीडायस्कोप
- फिल्म स्ट्रिप्स
- स्लाइडस
- कम्प्यूटर

दृश्य-श्रव्य उपागम
- फिल्म (चलचित्र)
- दूरदर्शन (टी.वी.)
- वीडियो टेप

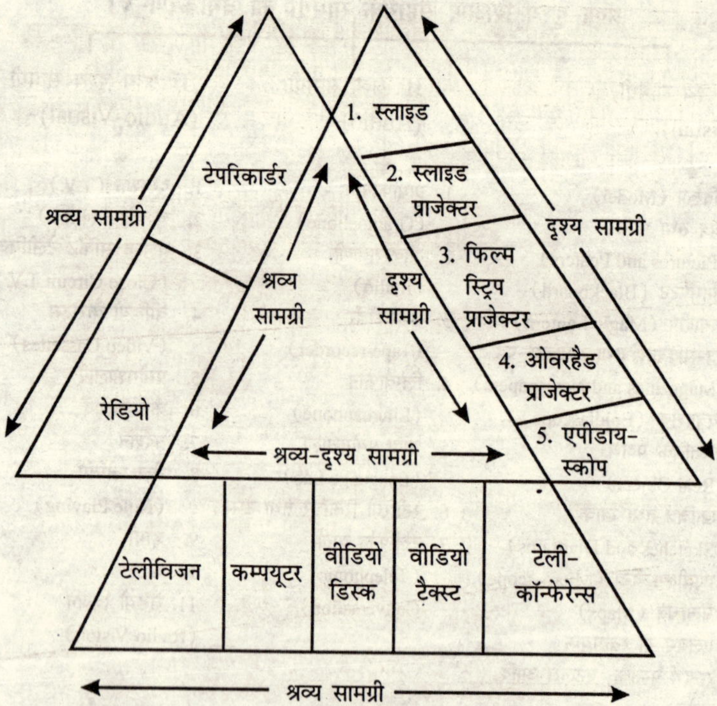

चित्र 11.2: कठोर उपागम के प्रकार

11.3 शिक्षण सहायक साधन/शिक्षण में आधुनिक तकनीकी साधन श्रव्य दृश्य साधनों का शिक्षण में महत्त्व (Importance of Teaching Aids/Technological Aids in Teaching/ Audio Video Aids)

मैक्नॉन तथा *रॉबर्ट्स* (*McKnown and Roberts*) ने श्रव्य-दृश्य साधनों के महत्त्व को इन विचारों में प्रदर्शित किया है, "बुद्धिमत्तापूर्ण चयन किए गए तथा उपयोग किए गए श्रव्य-दृश्य साधन छात्रों की रुचि जागृत करते हैं तथा इसका विकास करते हैं। इस प्रकार उनके अधिगम को प्रेरित करते हैं। उपयुक्त अभिप्रेरित अधिगम का अर्थ है–परिष्कृत अभिवृत्तियाँ (Improved attitudes), स्थायी प्रभाव (Permanent Impression), संवृद्ध अनुभव (Rich experience) तथा अन्ततः अधिक परिपूर्ण जीवन (Wholesome living)।"

शिक्षण सहायक सामग्री अथवा साधनों के महत्त्व के बारे में शिक्षा आयोग (1964-66) ने कहा है, "शिक्षण की गुणवत्ता को सुधारने के लिए प्रत्येक स्कूल को शिक्षण सहायक साधन प्रदान करना आवश्यक है, इससे निस्सन्देह देश में शैक्षिक क्रान्ति आएगी।"

राष्ट्रीय शिक्षा नीति (1986) में भी शिक्षण-अधिगम प्रक्रिया को अधिक प्रभावी, स्थायी तथा वास्तविक बनाने हेतु शिक्षण सहायक सामग्री पर बल दिया गया है।

श्रव्य-दृश्य साधनों की महत्ता तथा आवश्यकता निम्नलिखित बिन्दुओं से स्पष्ट होती है।

1. दृश्य-श्रव्य ज्ञानेन्द्रियों का प्रभावपूर्ण उपयोग (Effective Use of Audio-visual Senses) : ज्ञानेन्द्रियों को ज्ञान का द्वार कहा जाता है। शैक्षणिक तकनीकी साधनों के प्रयोग से दो महत्त्वपूर्ण ज्ञानेन्द्रियों–चक्षु एवं श्रवणेन्द्रियाँ (Sight and Sense Organs) का उपयोग कर (देखकर तथा सुनकर) ज्ञान प्राप्त करने के बहुमूल्य अवसर मिलते हैं।

2. एक उत्तम अभिप्रेरणा स्रोत का कार्य करना (A Source of Good Motivator): बालक स्वभाव से ही क्रियाशील होते हैं और उन्हें वस्तुओं और प्रक्रियाओं को देखने-सुनने में रुचि होती है। इस प्रकार शैक्षिक तकनीकी साधनों की सहायता से पढ़ना-पढ़ाना उनकी मूल प्रवृत्तियों, स्वाभाविक रुचियों, बुनियादी प्रेरणा स्रोतों तथा प्रयोजनों से मेल खाता है और इस प्रकार शैक्षिक तकनीकी साधन शिक्षण अधिगम प्रक्रिया में एक बहुत ही प्रभावपूर्ण अभिप्रेरणा स्रोत सिद्ध हो सकते हैं।

3. उचित बिम्ब और प्रभाव छोड़ने में सहायक (Helpful in Forming Mental Images): सीखने की प्रक्रिया में बालकों को जो अनुभव होते हैं और उनके द्वारा कैसे मानस प्रतिबिम्ब (Mental image) बनते हैं अथवा कैसा प्रभाव उनके ऊपर छोड़ा जाता है यह बात अधिगम परिणामों की दृष्टि से बहुत महत्त्व रखती है। शैक्षिक तकनीकी साधन यथेष्ट प्रभाव एवं अनुभूत मानस बिम्बों के रूप में अपने पीछे स्थायी चिन्ह छोड़ने का कार्य करते हैं जिनके द्वारा स्थायी एवं प्रभावपूर्ण अधिगम अनुभव प्राप्ति में बहुत सहायता मिलती है।

4. रुचि और ध्यान को बढ़ाने में सहायक (Helpful in Enhancing Interest and Concentration): शैक्षिक तकनीकी साधनों का प्रयोग शिक्षण–अधिगम के नीरस वातावरण में एक विचित्र प्रकार की ताजगी और रस भर देता जिसके परिणामस्वरूप छात्र कठिन से कठिन बातों को सीखने-समझने में पर्याप्त रुचि और उत्साह दिखाते हैं। इस प्रकार की रुचि और उत्साह उन्हें पढ़ने में पूरा ध्यान केन्द्रित करने की प्रक्रिया में भरपूर सहयोग देता है और परिणामस्वरूप सीखने-सिखाने के क्षेत्र में बहुत ही प्रभावपूर्ण परिणाम सामने आते हैं।

5. अधिगम और प्रशिक्षण के सकारात्मक स्थानान्तरण में सहायक (Helpful in Positive Transfer of Learning and Training): छात्रों द्वारा एक समय में शिक्षण-अधिगम प्रक्रिया के दौरान जो कुछ भी सीखा जाता है उसका पूरा-पूरा लाभ तभी मिलता है जब वे उसे अन्य विषयों या क्षेत्रों से सम्बन्धित बातों को सीखने या जीवन में वास्तविक रूप में उसका प्रयोग कर सकने में समर्थ हो सकें। यह कार्य तभी हो सकता है जबकि बालकों में एक परिस्थिति में सीखी हुई बातों को दूसरी परिस्थितियों में स्थानान्तरण करने की क्षमता विकसित हो जाए। शैक्षिक तकनीकी सामग्री का प्रयोग इस क्षमता के उचित विकास में बहुत ही उपयोगी सिद्ध हो सकता है।

6. अधिगमकर्त्ताओं को पुनर्बलन प्रदान करना (Providing Reinforcement to Learners): अधिगम प्रक्रिया में अधिगमकर्त्ता को उचित पुनर्बलन प्रदान करने की दृष्टि से भी शैक्षिक तकनीकी साधनों का विशेष महत्त्व है। स्व-शिक्षा तथा आत्म-अनुदेशन (Auto-instruction) से सम्बन्धित सभी शिक्षण उपकरण तथा सामग्री यही भूमिका निभाते हैं। अभिक्रमित अधिगम सामग्री (Programme Learning Material), शिक्षण मशीन, कम्प्यूटर आदि का प्रयोग अधिगमकर्त्ता को अधिगम प्रक्रिया में यथेष्ट पुनर्बलन प्रदान करने में महत्त्वपूर्ण भूमिका निभाता है। इसी प्रकार बालक जो पुस्तकों में पढ़ता है अथवा अध्यापक द्वारा जो कुछ मौखिक रूप से उसे पढ़ाया जाता है उन्हीं बातों को जब वह विभिन्न शैक्षिक तकनीकी साधनों के माध्यम से देखता है तो जो कुछ उसने पहले सीखा होता है उसके उचित अभ्यास, परीक्षण और उपयोग के रूप में उसे अपने अधिगम अनुभवों के पुनर्बलन के लिए उचित अवसर प्राप्त होते रहते हैं।

7. प्रत्यक्ष अनुभव प्रदान करने का सर्वोत्तम विकल्प (Best Alternative to Direct Experience): अनुभव को सबसे अच्छा शिक्षक माना जाता है। परन्तु बहुत बार न तो प्रत्यक्ष अनुभव प्राप्त करना सम्भव हो पाता है और न ऐसा करना समय, शक्ति और धन की दृष्टि से विवेकपूर्ण ही माना जा सकता है। इस दृष्टि से प्रत्यक्ष अनुभव जैसे ही वैकल्पिक अनुभव देने हेतु शैक्षिक तकनीकी साधन बहुत ही महत्त्वपूर्ण भूमिका निभाते हैं और इस प्रकार शिक्षण और अधिगम को अधिक से अधिक यथार्थ, सार्थक और जीवन्त बनाने का प्रयत्न करते हैं।

8. विषय-वस्तु की स्पष्टता (Clarity of the Subject-Matter): विभिन्न विषयों से सम्बन्धित बहुत से ऐसे संप्रत्ययों (Concepts), विचारों, प्रक्रियाओं आदि को जिन्हें पुस्तकों से पढ़कर समझना अथवा व्याख्यान विधि द्वारा पढ़ाना काफी मुश्किल होता है, शब्दों के माध्यम से उन्हें स्पष्ट रूप से समझना या समझाना विद्यार्थी और अध्यापक दोनों के लिए एक समस्या उत्पन्न कर देता है। इस स्थिति में शैक्षिक तकनीकी साधन सहायक होते हैं। इनके प्रयोग से कठिन से कठिन विषय-वस्तु भी सरल, स्पष्ट और सार्थक बन जाती है। उदाहरण के लिए, जलपम्प, साइकल पम्प, आँख, कान आदि की रचना और कार्य-प्रणाली का अध्ययन करते समय अगर इनके चित्र, मॉडल, फोटोग्राफ या फिल्मस्ट्रिप आदि का प्रयोग किया जाए तो सीखने-सिखाने के कार्य को बहुत ही स्पष्ट एवं सार्थक बनाया जा सकता है।

9. व्यक्तिगत विभिन्नताओं की संतुष्टि में सहायक (Helpful in Meeting Individual Differences): अधिगम अनुभव अर्जित करने की दृष्टि से छात्रों में बहुत अधिक विभिन्नताएँ देखने को मिल सकती हैं। कोई सुनकर ठीक प्रकार सीखता है तो कोई देखकर। किसी को व्यक्तिगत रूप से स्वयं या किसी के निर्देशन में अकेले पढ़ने में सुविधा होती है तो किसी को समूहगत या कक्षा अध्ययन में पढ़ना ठीक लगता है। कोई बहुत धीरे-धीरे सीखता है तो कोई अति शीघ्र। इस प्रकार की वैयक्तिक विभिन्नताओं की अधिगम सम्बन्धी माँग की शैक्षिक तकनीकी सामग्री, साधन और स्वशिक्षण से जुड़े हुए उन्नत उपकरणों जैसे शिक्षण मशीन तथा कम्प्यूटर आदि से अच्छी तरह पूरा किया जा सकता है।

10. शिक्षण सूत्रों के उपयोग में सहायक (Helpful in the Use of Maxims of Teaching): शिक्षण के सूत्र जैसे 'सरल से कठिन की ओर', 'स्थूल से सूक्ष्म की ओर', 'ज्ञात से अज्ञात की ओर', 'करो और सीखो' इत्यादि शिक्षण-अधिगम प्रक्रिया को सरल एवं प्रभावशाली बनाने में महत्त्वपूर्ण भूमिका निभाते हैं। एक अध्यापक को अपने शिक्षण में इस प्रकार के शिक्षण-सूत्रों का उपयोग करने में शैक्षिक तकनीकी साधनों के प्रयोग से बहुत सहायता मिलती है। वह कठिन-से-कठिन, सूक्ष्म-से-सूक्ष्म अज्ञात रहस्यों को इन साधनों के माध्यम से सार्थक एवं सजीव अनुभव प्रदान कर सरल एवं स्वाभाविक ढंग से बालकों के मस्तिष्क में बिठा सकता है।

11. भाषागत अभिव्यक्ति की कमियों को दूर करना (Removing Language Expression Drawbacks): शिक्षण-अधिगम प्रक्रिया में विचार सम्प्रेषण (Communication of ideas) का विशेष महत्त्व है। इस सम्प्रेषण में मौखिक तथा लिखित रूप में सम्पन्न-भाषागत अभिव्यक्ति बड़ी ही महत्त्वपूर्ण भूमिका निभाती है। परन्तु मात्र शब्दों और संकेतों के माध्यम से सम्पन्न यह अभिव्यक्ति शिक्षण-अधिगम प्रक्रिया में अधिक प्रभावशाली सिद्ध नहीं होती। भाषागत अभिव्यक्ति का यह उपयोग कई बार ऐसी समस्याएँ जैसे पढ़ने-पढ़ाने में अरुचि, बिना अर्थ जाने उसे ज्यों की त्यों प्रस्तुत करने तथा जो कुछ भी पढ़ा जाता है उसे भूल जाने अथवा प्रयोग न कर सकने आदि को जन्म देता है। इन सभी समस्याओं को उत्पन्न न होने देने के लिए शैक्षिक तकनीकी साधनों का उपयोग काफी महत्त्वपूर्ण भूमिका निभा सकता है।

12. कक्षा में उचित अन्तःसम्बन्ध और शैक्षिक वातावरण बनाने में सहायक (Helpful in Developing Classroom Interaction and Creating Educational Environment): शिक्षण-अधिगम कार्य की सफलता कक्षागत स्वस्थ अन्तःसम्बन्धों और अनुकूल कक्षा वातावरण पर निर्भर करती है। शैक्षिक तकनीकी साधनों के उपयोग से कक्षा के वातावरण सजीव हो उठता है। उसमें निष्क्रियता तथा बोझिलपन नहीं रह पाता। छात्र और अध्यापकों तथा स्वयं छात्रों के परस्पर विचारों के आदान-प्रदान और स्वस्थ अन्तःक्रियाओं के अधिक अनुकूल अवसर प्राप्त होते हैं तथा कक्षा का वातावरण शैक्षिक दृष्टि से अधिक उपयुक्त बन जाता है।

13. विशिष्ट विद्यार्थियों की आवश्यकता पूर्ति में सहायक (Helpful in Meeting the Needs of Exceptional Children): सामान्य कक्षा शिक्षण द्वारा प्रायः सामान्य बालकों की ही अधिगम सम्बन्धी आवश्यकताओं की पूर्ति होती है, परन्तु शैक्षिक तकनीकी साधनों के प्रयोग द्वारा इस दिशा में अति विशिष्ट बालकों को भी लाभ पहुँचाया जा सकता है। जिन बच्चों को सुनाई नहीं देता उनके लिए दृश्य साधनों पर अधिक जोर दिया जा सकता है और जिन्हें दिखाई नहीं देता उन्हें टेपरिकॉर्डर, रेडियो आदि साधनों के प्रयोग से पर्याप्त अधिगम अनुभव अर्जित कराये जा सकते हैं। मन्द बुद्धि बालकों को आवश्यक बातें समझने में सरल और स्पष्ट शैक्षिक तकनीकी सहायक सामग्री का प्रयोग किया जा सकता है और कुशाग्र बुद्धि वालों को शैक्षिक तकनीकी सामग्री के माध्यम से ऐसे अधिगम अनुभव अर्जित कराये जा सकते हैं जिनसे उनके बौद्धिक स्तर को विकसित करने में सहायता मिल सके।

14. अनुशासनहीनता की समस्या के समाधान में सहायक (Helpful in Meeting the Problem of Indiscipline): अनुशासनहीनता की समस्या बहुत कुछ सीमा तक परिस्थिति और वातावरणजन्य होती है। बालकों में कार्य करने की अपार शक्ति होती है परन्तु अगर इस शक्ति का सही उपयोग न हो तो उनमें उपद्रव, तोड़फोड़, शैतानी आदि अनुशासनहीनता जैसे गलत कार्यों की ओर मुड़ने की सम्भावनाएँ बढ़ जाती हैं। यदि छात्रों को निष्क्रिय रूप से ज्ञान ग्रहण करने के लिए मजबूर किया जाए और ज्ञान प्राप्ति में स्वयं अनुभव करने के लिए कोई भी अवसर न प्रदान किया जाए तो ऐसे नीरस और ऊब भरे वातावरण में उनकी शिक्षण-अधिगम प्रक्रिया के प्रति विद्रोह स्वाभाविक ही है। शैक्षिक तकनीकी साधनों के उपयोग से जहाँ कक्षा का वातावरण सजीव एवं रुचिकर बनता है वहाँ छात्रों को शिक्षण-अगिधम प्रक्रिया में सक्रिय सहयोगी बनकर अपनी शारीरिक और मानसिक शक्तियों के उपयोग के रचनात्मक अवसर प्राप्त होते रहते हैं। परिणामस्वरूप अनुशासनहीनता से सम्बन्धित समस्याओं के पैदा होने की सम्भावनाएँ बहुत कम हो जाती हैं।

15. मानसिक शक्तियों के विकास में सहायक (Helpful in Developing Mental Powers): कक्षा में अध्यापक द्वारा जब मौखिक रूप से पढ़ाया जाता है अथवा छात्रों द्वारा पुस्तकों की सहायता से पढ़ा जाता है तो इस प्रकार पढ़ने-पढ़ाने से छात्रों की मानसिक योग्यताओं और शक्तियों का उचित विकास नहीं हो पाता। इस प्रकार का शिक्षण बालकों में केवल रटने की प्रवृत्ति को जन्म दे सकता है। शैक्षिक तकनीकी साधनों के प्रयोग से शिक्षण-अधिगम को अधिक सजीव बनकर छात्रों की कल्पना शक्ति, निरीक्षण शक्ति, तर्क-शक्ति, विचार-शक्ति, एकाग्रता आदि को विकसित करने के बहुमूल्य अवसर मिलते हैं। इनके अतिरिक्त छात्रों में मौलिकता, अन्वेषणशीलता, सृजनात्मकता आदि उच्च मानसिक योग्यताओं और क्षमताओं के पोषण और विकास के लिए भी शैक्षिक तकनीकी साधनों के प्रयोग से समुचित अवसर प्राप्त होते हैं।

16. वैज्ञानिक अभिवृत्ति तथा खोज प्रवृत्ति को बढ़ावा देने में सहायक (Helpful in Developing Scientific Tranfer and Research Attitude): शैक्षिक तकनीकी साधनों का प्रयोग छात्रों में वैज्ञानिक अभिवृत्ति तथा खोज प्रवृत्ति को विकसित करने में पर्याप्त सहयोग दे सकता है।

17. उन्नत शिक्षण विधियों एवं तकनीक के उपयोग का अवसर प्रदान करना (Providing Opportunities for the Use of Developed Teaching Methods and Techniques): अध्ययन-अध्यापन की उन्नत शिक्षण विधियों एवं तकनीकों में वैज्ञानिक ढंग से शिक्षा प्रदान करने तथा बालकों और परिस्थितियों को मनोवैज्ञानिक रूप से समझकर शिक्षण-अधिगम प्रक्रिया को संचालित करने पर बल दिया जाता है। शैक्षिक तकनीकी साधनों का प्रयोग इन दोनों ही कार्यों में यथेष्ट सहयोग प्रदान करता है। छात्रों को वस्तुओं और क्रियाओं का उपयुक्त निरीक्षण, परीक्षण तथा प्रयोग कर स्वयं परिणाम निकालने का अवसर मिल सकता है और उनकी मनोवैज्ञानिक आवश्यकताओं की सन्तुष्टि भी हो सकती है तथा परिणामस्वरूप शैक्षिक तकनीकी साधनों का प्रयोग उन्नत शिक्षण विधियों एवं परिष्कृत शिक्षा तकनीक के लाभकारी उपयोग की सम्भावना को बढ़ाने में सहयोगी सिद्ध हो सकता है।

18. सक्रियता को प्रोत्साहित करना (Encouraging Activity): दृश्य-श्रव्य साधनों के प्रयोग से छात्रों में सक्रियता तथा सजीवता आती है। छात्र प्रश्न पूछने तथा टिप्पणियाँ करने में स्वतन्त्रता का अनुभव करते हैं।

19. छात्रों में निर्माण कौशल का विकास (Developing Constructive Skill): अध्यापक द्वारा प्रदर्शित की गई शिक्षण-अधिगम सामग्री का छात्र स्वयं निर्माण करना सीखते हैं। इस प्रकार उनमें स्वयं अधिगम के प्रति प्रेरणा का विकास होता है।

संक्षेप में: सहायक सामग्री की निम्नलिखित उपयोगिता है:

1. विभिन्न अवधारणाओं तथा विचारों में स्पष्टता।
2. छात्रों का ध्यान आकर्षण।
3. छात्रों की रुचि में बढ़ावा।
4. उचित अभिप्रेरणा (Motivation) की उपलब्धि।
5. ज्ञानेन्द्रियों का अधिकतम उपयोग।
6. छात्रों को पुनर्बलन (Reinforcement) मिलना।
7. सार्थक अनुभव का प्रावधान।
8. पेचीदा प्रयोगों का अवलोकन।
9. शिक्षण सूत्रों पर आधारित।
10. समय की बचत।
11. शक्ति का उपयुक्त उपयोग।
12. कार्यक्रम में भिन्नता।
13. ज्ञान की स्थिरता।
14. ज्ञान का प्रत्यस्मरण होना।
15. छात्रों की वैयक्तिक विभिन्नता के अनुरूप होना।
16. सक्रियता (Activity) को प्रोत्साहन मिलना।
17. कक्षा अनुशासन में सहायक होना।
18. वैज्ञानिक रुचि के विकास में सहायक होना।
19. श्रम की महत्ता पर बल।
20. खोज की प्रवृत्ति में विकास।
21. विभिन्न प्रकरणों में तालमेल।
22. अधिक के स्थानान्तरण (Transfer of Learning) में सहायक होना।
23. कक्षा अन्तर्क्रिया (Classroom Interaction) में योगदान।

11.4 एडगर का अनुभव त्रिकोण (Edgar's Cone of Experience)

एडगर त्रिकोण का अर्थ (Meaning of Edgar's Cone): बहुइन्द्रिय अनुदेशन के लिए एडगर डेल (Edgar Dale) ने दृश्य-श्रव्य साधनों की सहायता से अनुभवों के आधार पर एक विशेष प्रकार का वर्गीकरण प्रस्तुत किया है, जिसे उसने अनुभव का त्रिकोण की संज्ञा दी है (चित्र देखें)।

यहाँ विभिन्न प्रत्यक्ष वस्तुओं (Direct Experiences) से लेकर अमूर्त चिन्तन (Pure Abstraction) तक जितने भी प्रकार के अनुभव सहायक साधनों द्वारा हो

सकते हैं, उन अनुभवों को प्रदान करने में सहायक साधनों को विभिन्न श्रेणियाँ प्रदान करने का प्रयास किया गया है।

एडगर त्रिकोण का विवरण: इस 'कोन' (Cone) में सबसे नीचे प्रत्यक्ष तथा सार्थक अनुभवों को सम्मिलित किया गया है। ये अनुभव सबसे प्रबल माने गये हैं। इन अनुभवों को प्रदान करने वाले दृश्य-श्रव्य साधनों का विवरण दिया गया है।

चित्र में चार प्रकार के दृश्य-श्रव्य साधनों के शिक्षण प्रभावों को भी दर्शाया गया है।

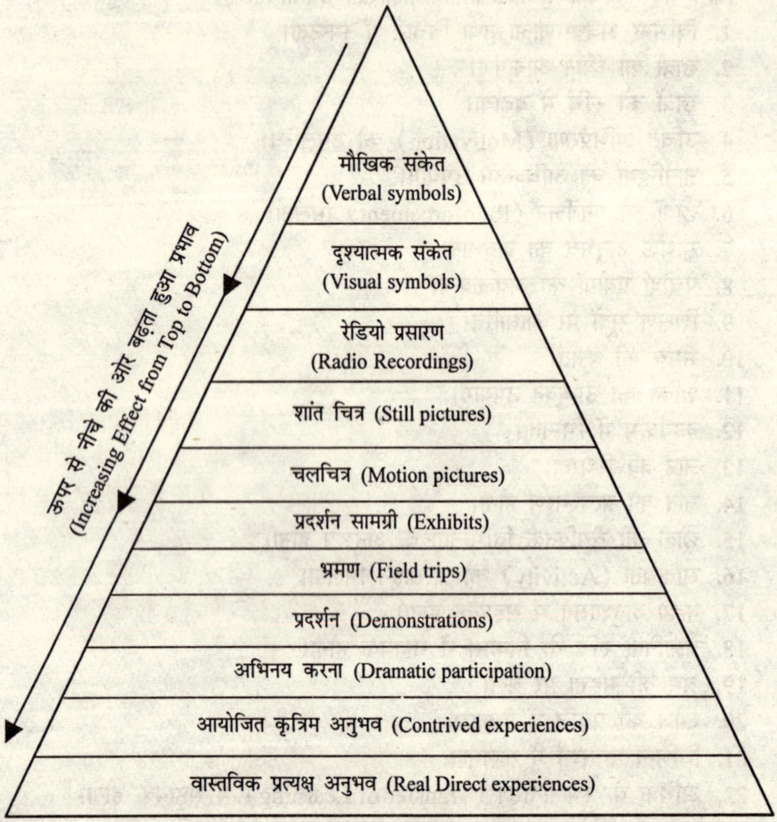

चित्र 11.3: एडगर डेल का अनुभवों का त्रिकोण

यदि हम चित्र को ध्यान से देखें तो बायीं ओर एक लम्बी रेखा द्वारा ऊपर से नीचे की ओर घटता हुआ प्रभाव दिखाई पड़ता है। दूसरे शब्दों में, मौखिक शब्दों का प्रभाव सबसे कम है तथा प्रत्यक्ष साधनों का सबसे अधिक।

कोन की नोंक अथवा सिरा अथवा अग्र भाग मौखिक सम्प्रेषण को प्रदर्शित करता है। यदि हम कोन के सिरे से नीचे की ओर जायें तो अनुभव प्रभावी होता जाता है। मौखिक संकेतों की अपेक्षा वास्तविक प्रत्यक्ष अनुभव बहुत प्रभावशील होते हैं।

11.5 अनुभव कोन का विवरण (Description of Cone of Experience)

क्र. सं.	अनुभव	विवरण	उदाहरण
1.	प्रत्यक्ष तथा वास्तविक अर्थपूर्ण अनुभव (Direct and Purposeful Experience)	बहु-इन्द्रियों द्वारा छात्र का वास्तविक अनुभव करना	1. प्रोजेक्ट कार्य 2. सामाजिक जीवन के किसी पक्ष पर सर्वेक्षण।
2.	आयोजित कृत्रिम अनुभव (Contrived Experience)	वस्तुओं के क्रियात्मक अथवा मौन मॉडल	1. भाप के इंजन का मॉडल 2. भाखड़ा डैम का मॉडल
3.	अभिनय, अनुभव (Dramatised Experience)	छात्रों का अभिनय में भाग लेना	महाराजा अशोक पर नाटक।
4.	प्रदर्शन (Demonstration)	अध्यापक द्वारा छात्रों को किसी वस्तु या सिद्धान्त का प्रयोग करके दिखाना	1. अध्यापक द्वारा हाव-भावों से किसी तथ्य को समझाना। 2. एक्शन। 3. सामाजिक गीत।
5.	भ्रमण यात्रा (Field trip)	छात्रों को विभिन्न स्थानों पर ले जाना।	1. कारखाना देखना। 2. ऐतिहासिक स्थल पर जाना।
6.	प्रदर्शन सामग्री (Exhibits)	वस्तुएँ आदि	प्रदर्शनियाँ लगाना तथा छात्रों को ले जाना।
7.	चलचित्र (Movies)	चित्र देखना आदि	1. यू.जी.सी. (U.G.C.) के प्रोग्राम दिखाना। 2. शैक्षिक चित्र देखना।
8.	शान्त चित्र तथा स्थिर चित्र (Still Pictures)	ऊपर की भाँति	ऊपर जैसा
9.	रेडियो प्रसारण (Radio Broadcast)	रेडियो द्वारा शैक्षिक विषयों पर प्रसारण	1. विभिन्न राज्यों द्वारा प्रसारण 2. यू.जी.सी. (U.G.C.) प्रसारण
10.	दृश्यात्मक संकेत, चाक बोर्ड, चित्र आदि (Visual Symbols)	अध्यापक द्वारा चाक बोर्ड पर लिखना तथा छात्रों का पढ़ना	प्रत्येक विषय के शिक्षण में प्रयोग
11.	मौखिक संकेत (Verbal Symbols), भाषण आदि	कक्षा में अध्यापक द्वारा मौखिक शिक्षण करना	प्राय: अध्यापक इस साधन का बहुत उपयोग करते हैं।

कालान्तर में एडगर के कोण में परिवर्तन आया। इसमें कुछ नए शिक्षण जोड़े गए–उदाहरणार्थ टी.वी.। इनको चित्र 11.3 में दर्शाया गया है।

पहले वर्ग में चार अत्यन्त प्रभावी शैक्षिक साधन आते हैं।

दूसरे में प्रक्षेपी शिक्षण साधन (Projective Teaching Aids) आते हैं। इनका प्रभाव पहले शैक्षिक साधनों में कम होता है। इनके अन्तर्गत मूक चलचित्र, फिल्म पट्टियाँ आदि हैं।

तीसरे वर्ग में अप्रक्षेपी साधन सम्मिलित हैं। इनका प्रभाव प्रथम दो वर्गों से कम है। इनके अन्तर्गत बुलेटिन बोर्ड, चार्ट तथा चित्र आदि आते हैं।

चौथे वर्ग में मौखिक साधन हैं। इनका इन्द्रियों पर शैक्षिक प्रभाव सबसे कम होता है।

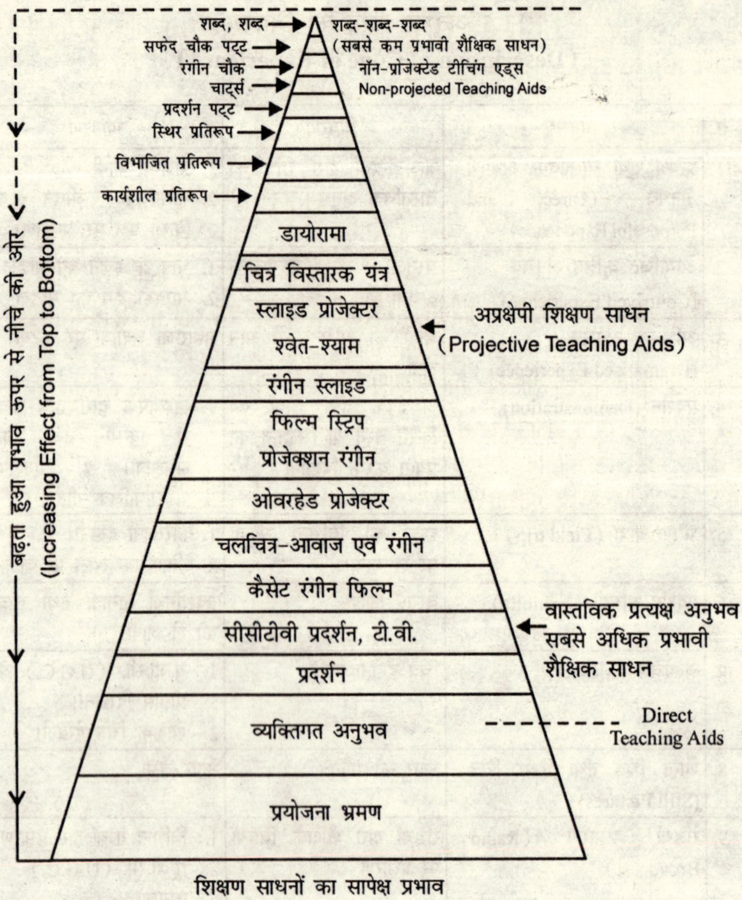

चित्र 11.4: अनुभवों का कोन: एडगर डेल कोन पर आधारित
(Cone of Experience: Based on Edgar Dale's Cone)

शिक्षण सामग्री के प्रयोग के सिद्धान्तों का वर्गीकरण (Classification of Principles of Use of Teaching Aids)

चार्ट 11.1 देखें। (पृष्ठ 133 पर)

11.6 शिक्षण सहायक अथवा श्रव्य-दृश्य साधनों के चुनाव (Principles of Selection and Effective Use of Teaching Aids)

दृश्य-श्रव्य साधनों का प्रयोग शिक्षण को सरस, सरल, रोचक व प्रभावशाली बनाता है। परन्तु इसके लिए यह आवश्यक है कि अध्यापक शिक्षण क्रियाओं का नियोजन करते समय बहुत सोच-समझकर आवश्यकतानुसार उचित साधन का चुनाव करे और उसके प्रयोग में बहुत सावधानी का पालन करे। तभी उसको इनके प्रयोग में पूरी तरह से सफलता

चार्ट 11.1: शिक्षण सामग्री के प्रयोग के सिद्धान्तों का वर्गीकरण
(Chart 11.1: Classification of Principles of Use of Teaching Aids)

(1) चयन का सिद्धान्त (Principle of Selection)

(2) तैयारी का सिद्धान्त (Principle of Preparation)

(3) भौतिक नियन्त्रण का सिद्धान्त (Principle of Physical Control)

(4) प्रस्तुतीकरण का सिद्धान्त (Principle of Presentation)

(5) अनुक्रिया का सिद्धान्त (Principle of Active Response)

(6) मूल्यांकन का सिद्धान्त (Principle of Evaluation)

(7) संरक्षण तथा देखभाल का सिद्धान्त (Principle of Protection and Preservation)

(8) साध्य के साधन का सिद्धान्त (Principle of Means to End)

(9) समाकलन का सिद्धान्त (Principle of Integration)

मिल सकती है। सामान्यतः एक शिक्षक को दृश्य-श्रव्य साधनों का चयन और प्रयोग करते समय निम्न बातों को ध्यान में रखना चाहिए:

1. चुनाव का सिद्धान्त (Principle of Selection): सभी शिक्षण साधन शैक्षिक दृष्टि से अपनी-अपनी उपयोगिता रखते हैं। आवश्यकता इस बात की है कि उनका चुनाव सोच-समझ कर किया जाए। सस्ते से सस्ता साधन भी शैक्षिक दृष्टि से अत्यन्त मूल्यवान हो सकता है यदि वह पाठ्यवस्तु और छात्रों के स्तर के अनुरूप है। सहायक सामग्री का चुनाव करते समय अध्यापक को यह ध्यान रखना चाहिए:

(i) सहायक सामग्री विषयवस्तु के स्पष्टीकरण में सहायक हो, जिससे अधिगम लक्ष्यों को आसानी से प्राप्त किया जा सके।

(ii) सहायक सामग्री ठीक, सही यथार्थ व प्रमाणिक सूचना देने वाली होनी चाहिए।

(iii) सहायक सामग्री की दशा ठीक होनी चाहिए। टूटी, फूटी दशा में न हो।

(iv) सामग्री रुचिकर व प्रेरणादायक होनी चाहिए।

(v) सामग्री छात्रों के मानसिक स्तर, रुचि तथा आवश्यकता के अनुकूल होनी चाहिए।

(vi) सामग्री विशिष्ट शैक्षिक मूल्य वाली होनी चाहिए।

(vii) सहायक सामग्री का आकार इतना हो कि सम्पूर्ण कक्षा को दिखाई दे सके।

2. तैयारी का सिद्धान्त (Principle of Preparation): सहायक सामग्री का चयन करने के पश्चात् उसका प्रयोग करने के लिए शिक्षक व छात्रों को आवश्यक तैयारी कर लेनी चाहिए जिससे वह शिक्षण अधिगम उद्देश्यों की प्राप्ति में सहायक सिद्ध हो। इसके लिए शिक्षक को निम्न बातों को ध्यान में रखना चाहिए:

(i) शिक्षक को सहायक सामग्री के स्वरूप, विषय-वस्तु व प्रकृति का पूर्ण ज्ञान होना चाहिए। अर्थात् उसे यह पता कर लेना चाहिए कि यह सामग्री क्या है और इसके किन बिन्दुओं को छात्रों के सम्मुख प्रदर्शित करना है?

(ii) उसे कक्षा में प्रयोग की जाने वाली सामग्री की विधि की भी शिक्षक को पूर्ण जानकारी होनी चाहिए। सामग्री से सम्बन्धित निर्देश पुस्तिका आदि का पूरी तरह अध्ययन कर लेना चाहिए। उसकी कार्यप्रणाली का भी अध्यापक को पूरा ज्ञान होना चाहिए।

(iii) कक्षा में प्रयोग करने से पहले एक बार स्वयं सामग्री का प्रयोग करके देख लेना चाहिए कि किस प्रकार से उसका प्रयोग किया जाना है।

(iv) सामग्री का प्रयोग करने से पहले छात्रों को मानसिक रूप से तैयार कर लेना चाहिए और सामग्री के लिए उत्सुकता जागृत करनी चाहिए।

(v) सामग्री के प्रयोग से पहले छात्रों का उसके प्रयोग के बारे में मार्गदर्शन भी करना चाहिए जिससे वे सामग्री के प्रदर्शन के समय उसका पूरा-पूरा लाभ उठा सकें।

(vi) सामग्री का प्रयोग क्यों किया जा रहा है? इस बात का औचित्य भी विषय-वस्तु के सम्बन्ध में छात्रों को स्पष्ट कर देना चाहिए।

3. भौतिक नियन्त्रण का सिद्धान्त (Principle of Physical Control): भौतिक परिस्थितियों पर नियन्त्रण करने की दृष्टि से दृश्य-श्रव्य सामग्री का प्रयोग करने के लिए शिक्षक को निम्न बातों को ध्यान में रखना चाहिए:

(i) कक्षा में सामग्री रखने के लिए ऐसे स्थान का चुनाव करना चाहिए जहाँ से कक्षा के सभी विद्यार्थियों को सामग्री पूरी तरह से साफ-साफ दिखाई दे सके।

(ii) शिक्षक को इस बात की आवश्यक व्यवस्था कर लेनी चाहिए कि कक्षा के बाहर का भौतिक वातावरण सामग्री के प्रयोग के समय बाधा न डाले।

(iii) सामग्री का प्रयोग करने के लिए अन्य भौतिक सुविधाओं की पूरी तरह से व्यवस्था करनी चाहिए। जैसे–चार्ट टाँगने के लिए दीवार में कील, मॉडल का प्रयोग करने के लिए मेज या कोई और ऊँची वस्तु, रेडियो, टेलीविजन आदि के लिए बिजली व अन्य सुविधाएँ आदि।

(iv) कोई भी सहायक सामग्री खराब न हो, सभी सामग्री सुरक्षित रहे, इसके लिए आवश्यक सहायक वस्तुओं और पदार्थों की व्यवस्था कर लेनी चाहिए।

4. प्रस्तुतीकरण का सिद्धान्त (Principle of Proper Presentation): शिक्षण उद्देश्यों की प्राप्ति व शिक्षण प्रक्रिया की सफलता के लिए यह जरूरी है कि दृश्य-श्रव्य सहायक सामग्री का प्रस्तुतीकरण ठीक ढंग से हो सके। इसके लिए शिक्षक को निम्न बातों को ध्यान में रखना चाहिए:

(i) सहायक सामग्री ठीक प्रकार से नियोजन करने के पश्चात् ही उसका प्रस्तुतीकरण उचित समय पर करना चाहिए।

(ii) ठीक प्रकार से समझी हुई विधि का पालन करते हुए ही सामग्री को प्रस्तुत करना चाहिए।

(iii) सामग्री को ठीक स्थान पर रख कर या टाँगकर प्रस्तुत करना चाहिए जिससे कक्षा के हर बच्चे को सामग्री दिखाई दे।

(iv) शिक्षक इस बात की पूरी सावधानी रखें कि सामग्री के प्रस्तुतीकरण के समय सभी छात्रों का ध्यान सामग्री की तरफ हो।

(v) सामग्री के द्वारा पाठ्यवस्तु का जो भी स्पष्टीकरण किया जाना है, उसके तुरन्त बाद सामग्री को छात्रों के सामने से हटा देना चाहिए।

(vi) प्रस्तुतीकरण के समय शिक्षक छात्रों का सक्रिय सहयोग लें।

(vii) सामग्री का प्रस्तुतीकरण आवश्यकतानुसार ही हो जिससे उसका प्रभाव बना रहे। अधिक समय तक सामग्री का प्रदर्शन उसके प्रभाव को कम कर देता है।

5. अनुक्रिया का सिद्धान्त (Principle of Active Response): छात्रों को सक्रिय बनाए रखने और कक्षा अन्त:क्रिया में वृद्धि की दृष्टि से शिक्षक को सक्रिय अनुक्रिया के सिद्धान्त का पालन करना चाहिए। जिस सामग्री का प्रयोग किया गया है उसके प्रति छात्रों को अपनी अनुक्रिया व्यक्त करने का अवसर देना चाहिए। इसके लिए सामग्री का प्रयोग करने के पश्चात् शिक्षक को छात्रों के साथ उससे सम्बन्धित वार्तालाप करना चाहिए और यह जानने का प्रयास भी करना चाहिए कि छात्रों ने सामग्री के प्रस्तुतीकरण के समय पूरा ध्यान दिया है या नहीं।

6. मूल्यांकन का सिद्धान्त (Principle of Evaluation): प्रत्येक शिक्षण सहायक सामग्री का प्रयोग के पश्चात् मूल्यांकन किया जाना चाहिए। यह देखा जाए कि वह कितनी प्रभावशाली रही है। उसे किस प्रकार और प्रभावी बनाया जा सकता है।

7. संरक्षण तथा देखभाल का सिद्धान्त (Principle of Protection and Preservation): प्राय: यह देखा गया है कि उपयोग के पश्चात् शिक्षण सहायक सामग्री को संभाल कर नहीं रखा जाता है। इस पक्ष का पूरा ध्यान दिया जाए।

8. 'साध्य के साधन' का सिद्धान्त (Principle of Means and Ends): यह बात सदा ध्यान में रखी जाए कि शिक्षण साधन 'नौकर' हैं, न कि 'मालिक'। अर्थात् उनका उपयोग इसी आधार पर किया जाए। शिक्षण सहायक साधन उद्देश्य की पूर्ति के लिए होते हैं न कि उद्देश्य। उनका उपयोग केवल 'दिखावा' न हो। यह भी निश्चित किया जाए कि छात्र केवल साधन में ही रुचि न रखें, अपितु शिक्षण-अधिगम के उद्देश्यों को।

9. समाकलन का सिद्धान्त (Principle of Integration): सभी शिक्षण सहायक साधनों का परस्पर तथा विषय के प्रकरणों से पूरा-पूरा समाकलन किया जाना चाहिए।

11.7 शिक्षण सहायक साधनों के प्रयोग की समस्याएँ (Problems and Limitations of the Use of Teaching Aids)

बड़े खेद का विषय है कि व्यावहारिक रूप में शिक्षण सहायक साधनों का प्रयोग बहुत ही कम मात्रा में हो रहा है। इनके प्रयोग में प्राय: निम्नलिखित समस्याएँ विद्यमान रहती हैं:

1. प्रबन्धकों तथा अध्यापकों की शिक्षण सहायक साधनों के प्रयोग के प्रति उदासीनता।
2. आमतौर पर उच्चित तथा पर्याप्त मात्रा में शिक्षण सहायक सामग्री का स्कूलों में अभाव।
3. स्थानीय आवश्यकताओं के अनुसार शिक्षण सहायक सामग्री का न होना।
4. स्कूलों में अध्यापकों को शिक्षण सहायक सामग्री का सुगमता से न मिलना।
5. शिक्षण सहायक सामग्री का उचित प्रकार से रख-रखाव का न होना।
6. छात्रों द्वारा शिक्षण सहायक सामग्री के प्रयोग में उचित रुचि न लेना।
7. अनेक स्कूलों में बिजली आदि की व्यवस्था का न होना।
8. अध्यापकों के लिए शिक्षण सहायक सामग्री के प्रयोग में प्रशिक्षण का अभाव।
9. शिक्षण सहायक सामग्री का शिक्षण में महत्त्व भली प्रकार न समझा जाना।
10. स्कूलों में वित्तीय कठिनाईयाँ।
11. शिक्षण सहायक साधनों का स्थानीय स्तर पर निर्माण का अभाव।

उपसंहार: बुद्धिमत्तापूर्वक चयन, उपयुक्त प्रस्तुति तथा साधनों का उचित प्रयोग एक अपूर्व सम्पत्ति है। अध्यापक को चाहिए कि इस सम्पत्ति को ग्रहण करे। सहायक सामग्री साधन है और साध्य नहीं और इसका प्रयोग साधन के रूप में होना चाहिए।

पुरानी चीनी कहावत कि 'हजारों शब्दों से एक अकेला चित्र अच्छा है' व्यर्थ नहीं।

दृश्य-श्रव्य सुविधाएँ ऐसे साधन हैं जिनसे शिक्षा में शब्दों के अर्थ को मूर्त रूप से प्रकट किया जाता है। बालकों के ज्ञान में उच्च समीक्षात्मक दृष्टि आती है। इस प्रकार इन से ज्ञान-अर्जन अधिक सार्थक, रुचिकर तथा प्रभावशाली बनता है।

यदि दृश्य-श्रव्य साधनों का समझदारी से चुनाव किया जाए तथा बुद्धिमत्तापूर्वक प्रयोग किया जाए तो इनसे बच्चे की दिलचस्पी बढ़ती है और उसमें शिक्षा-प्राप्ति के लिए प्रेरणा पैदा होती है तथा इस अवस्था में प्राप्त की गयी शिक्षा का अर्थ है दृष्टिकोण में सुधार, ज्ञान का स्थायित्व, समृद्ध अनुभव तथा अन्ततोगत्वा पूर्ण प्रफुल्ल जीवन।

11.8 अप्रक्षेपी शिक्षण सहायक साधन (Non Projective Aids)

श्यामपट्ट (Blackboard)

महत्त्व: ब्लैकबोर्ड के बिना शिक्षण अधिगम की कल्पना नहीं की जा सकती। सी. एल. भल्ला ने अपनी पुस्तक 'Audio Visual Aids in Education' में इसका इस प्रकार महत्त्व बताया है, "श्यामपट्ट शिक्षण संस्था में उतना ही आवश्यक है जितने डेस्क, रजिस्टर, कुर्सियाँ तथा अन्य वस्तुएँ। यह शिक्षा का सबसे सस्ता तथा महत्त्वपूर्ण साधन है। यह शिक्षण का अभिन्न अंग है।"

प्रोफेसर स्ट्रक के विचार में, "अध्यापक और छात्र द्वारा श्यामपट्ट को प्रयुक्त विधा समझना चाहिए; क्योंकि अध्यापक इसकी सहायता से निर्देश देता है और बालक अभिव्यक्ति।"

कभी-कभी कहा जाता है कि श्यामपट्ट अन्धे की लकड़ी की भाँति शिक्षक का शिक्षण में एकमात्र सहारा है।

विद्युत के चमत्कारों के युग में भी श्यामपट्ट का सार्वभौमिक महत्त्व है। यह दृश्य साधनों में एक ऐसा साधन है जो कि समस्या के समाधान के लिए हर प्रकार से प्रयोग में लाया जा सकता है। प्रत्येक अध्यापक अपनी आवश्यकतानुसार इसका अनेक प्रकार से लाभ उठा सकता है। इस पर हर प्रकार के ग्राफ, मानचित्र, चार्ट बन सकते हैं, ड्राइंग की जा सकती है तथा इसका सुलेख के लिए उपयोग किया जा सकता है। सफेद चाक के अतिरिक्त विज्ञान तथा सामाजिक ज्ञान जैसे विषयों में रंगीन चाक का प्रयोग करके प्रभावोत्पादकता को बढ़ाया जा सकता है। यद्यपि यह सस्ता है, इसको बनाये रखना बहुत सरल है इसको अनेक प्रकार से काम में लाया जा सकता है, तथापि अध्यापकों का पूरा ध्यान इसकी प्रभावोत्पादकता की ओर नहीं गया। यदि इसका उचित प्रयोग किया जाये तो यह सब बच्चों के ध्यान का केन्द्र बन सकता है। चाक तथा श्यामपट्ट, अध्यापक के शक्तिशाली तथा प्रभावशाली साधन हैं।

श्यामपट्ट से प्राप्त होने वाले उद्देश्य: कक्षा में श्यामपट्ट निम्नलिखित उद्देश्यों की प्राप्ति कर सकता है:

1. *बच्चों के ध्यान को आकर्षित करता है:* बच्चों के ध्यान को आकर्षित करने में श्यामपट्ट सहायता देता है। अध्यापक पाठ के सभी महत्त्वपूर्ण अंशों को श्यामपट्ट पर लिखता जाता है। बच्चे जो कुछ कान से सुनते हैं उसे श्यामपट्ट पर देखकर ग्रहण करते हैं।

2. *पाठ को दोहराने में सहायता देता है:* पाठ के मुख्य अंश श्यामपट्ट पर लिखने के पश्चात् उसे सफलतापूर्वक दोहराया जा सकता है। श्यामपट्ट से पाठ की पुनरुक्ति भी बहुत सरल हो जाती है क्योंकि पाठ के मुख्य अंश तो पहले ही इस पर लिखे होते हैं।

3. *श्यामपट्ट कठिन अंशों की व्याख्या में भी बहुत सहायक सिद्ध होता है:* पाठ में कई ऐसे शब्द या अंश आ जाते हैं जिन्हें श्यामपट्ट की सहायता से अधिक सरलतापूर्वक तथा अच्छी प्रकार से समझाया जा सकता है।

4. *अध्यापन में विभिन्नता लाता है:* श्यामपट्ट बच्चों को सुनते ही रहने तथा अध्यापक को केवल बोलते ही रहने की नीरस क्रिया से छुटकारा दिलाता है। यह अध्यापक को क्रियाशीलता का अवसर देता है। अत: श्यामपट्ट नीरसता दूर करने में सहायक होता है।

5. *यह बच्चों को सुन्दर लेख सीखने में सहायता देता है:* बच्चे अध्यापक के सुन्दर

लेख की नकल करके अपने लेख को सुन्दर बनाते हैं। इसी उद्देश्य के लिए श्यामपट्ट का सफलतापूर्वक उपयोग किया जा सकता है।

श्यामपट्ट के लिए उचित स्थानः श्यामपट्ट ऐसे स्थान पर रखा जाये कि प्रत्येक विद्यार्थी इसे आसानी से देख सके। यह कदापि भी खिड़की में नहीं रखना चाहिए। न ही इसका पिछला भाग रोशनी की तरफ होना चाहिए, अन्यथा इसका लिखने का भाग अंधेरे की ओर होगा और उस पर से पढ़ना आँखों के लिए हानिकारक हो सकता है।

ऊँचाईः इसकी ऊँचाई बच्चों की ऊँचाई के अनुसार 27 या 31 इंच के बीच होनी चाहिए। इसकी चौड़ाई चार फुट होनी चाहिए।

रंगः इसका रंग काला अथवा हरा होना चाहिए जिस पर चिकनाई बिल्कुल न हो अन्यथा इसका प्रभाव बच्चों की आँखों पर बहुत बुरा होगा।

श्यामपट्ट की सफाईः श्यामपट्ट को साफ करने के लिए झाड़न नमीदार होना चाहिए अन्यथा इसका चूर्ण सांस द्वारा शरीर में प्रवेश कर जाएगा जिससे कभी-कभी क्षय रोग भी हो सकता है।

श्यामपट्ट का प्रभावपूर्ण प्रयोग करने के कौशलः श्यामपट्ट का प्रयोग करते हुए निम्नलिखित बातों का ध्यान रखना चाहिएः

1. जब नया पाठ आरम्भ किया जाये तो अध्यापक यह देखे कि श्यामपट्ट पर पूर्व पठित पाठ के अंश तो नहीं हैं अन्यथा वे बच्चों के ध्यान को बाँट देंगे। जब पाठ समाप्त हो जाये तो श्यामपट्ट तुरन्त साफ कर देना चाहिए।

2. श्यामपट्ट पर जहाँ तक सम्भव हो सके साफ-साफ तथा मोटा-मोटा लिखा जाए।

3. श्यामपट्ट-लेख इस प्रकार से आयोजित किया जाए कि उसमें पाठ के क्रम को ही अपनाया जाए। अर्थात् पाठ जिस क्रम से बढ़े उसी क्रम से उसके अंश भी श्यामपट्ट पर लिखे जायें।

4. पाठ का सारांश हो तथा उसमें से केवल आवश्यक अंश ही श्यामपट्ट पर लिखे जायें।

5. श्यामपट्ट पर सीधी पंक्तियों में लिखना चाहिए।

6. अध्यापक इस बात का विशेष ध्यान रखें कि उनके लेख में अशुद्धियाँ न हों, क्योंकि इसका बच्चों पर बहुत बुरा असर पड़ता है।

7. श्यामपट्ट पर लिखते समय अध्यापक बच्चों पर भी यदा-कदा दृष्टि रखें और अनुशासन को बिगड़ने न दें।

8. अध्यापक श्यामपट्ट के बिल्कुल निचले हिस्से पर न लिखें।

9. श्यामपट्ट पर लिखते समय अध्यापक एक ओर खड़ा हो ताकि बच्चों को श्यामपट्ट देखने में बाधा न आए।

10. अध्यापक को पर्याप्त ड्राइंग भी आती हो तथा श्यामपट्ट पर इसका प्रयोग किया जाये।

11. श्यामपट्ट को हाथ से साफ नहीं करना चाहिए।

12. जो बच्चे पिछले बैंचों पर बैठे हों वे भी श्यामपट्ट पर लिखे हुए को पढ़ सकें।

13. साधारण सफेद चाक प्रयोग में लाना चाहिए, परन्तु विशेष अंशों पर बल देने के लिए रंगीन चाक भी इस्तेमाल किए जा सकते हैं।

14. कमजोर नजर वाले बच्चों को आगे बिठाया जाए।

उपसंहार: श्यामपट्ट अध्यापक का सच्चा मित्र और सहायक है। यह एक ऐसा साधन है जो पाठ को सजीव बनाता है। श्यामपट्ट के बिना श्रेणी की कल्पना अधूरी है। यह बात निर्विवाद-सी है कि वह अध्यापक कभी सफल नहीं हो सकता जिसे श्यामपट्ट लेखन-कला नहीं आती। शिक्षण में शिक्षक की सफलता का एक बहुत बड़ा रहस्य है 'श्यामपट्ट-लेखन कला में पूर्ण कौशल'।

चार्ट (Chart)

चार्ट का अर्थ: चार्ट से अभिप्राय: उस दृश्य माध्यम से है जिससे तथ्यों के प्रदत्तों (विशेषताओं अथवा गुणों) को तुलनात्मक रूप से प्रस्तुत किया जा सकता है। उदाहरण के लिए भारत की जनसंख्या वृद्धि के आँकड़े-प्रतिवर्ष वृद्धि, प्रादेशिक तुलना, विश्व जनसंख्या से तुलना, वनों का क्षेत्र, प्रतिवर्ष वनों की कटाई का प्रतिशत, बंजर भूमि का अनुपात, प्रदूषण का विभिन्न क्षेत्रों में तुलनात्मक प्रभाव, घटती सुविधाओं का अभाव आदि ऐसे अनेक पक्ष हैं जिनके चार्ट बनाए जा सकते हैं।

किसी वस्तु की आन्तरिक रचना तथा कार्यप्रणाली जैसे जल-पम्प की बनावट एवं कार्यविधि, स्कूल के सूक्ष्म भाग की जानकारी, सम्राट् अशोक द्वारा निर्मित शिलालेख, राष्ट्रपति के चुनाव की प्रक्रिया, न्यायपालिका का संगठन तथा कार्य, जलवायु को प्रभावित करने वाले तत्त्व आदि अनेक शैक्षिक प्रकरणों का सुनियोजित एवं क्रमबद्ध ज्ञान कराने तथा कौशल बढ़ाने में चार्टों का प्रयोग पर्याप्त लाभकारी सिद्ध हो सकता है।

चार्टों के प्रयोजन:

1. शिक्षण अधिगम को प्रभावी बनाना।
2. अधिगम को रोचक बनाना।
3. अधिगम को सरल बनाना।
4. छात्रों को पाठ में प्रेरित करना।
5. पाठ के विभिन्न प्रकरणों में सह-सम्बन्ध स्थापित करना।
6. तथ्यों को संक्षेप में प्रस्तुत करना।
7. अमूर्त विचारों को मूर्त बनाना।
8. कक्षा में अन्तर्क्रिया सम्प्रेषण को बढ़ावा देना।
9. अनेक प्रकरणों को प्रतीकात्मक रूप में प्रस्तुत करना।
10. शिक्षण अधिगम प्रक्रिया में निरन्तरता रखना।

अच्छे चार्ट की विशेषताएँ: 1. चार्ट का आकार इतना बड़ा होना चाहिए कि सारी कक्षा इसे देख सके।

2. चार्ट में दी गई विषय सामग्री स्पष्ट हो।
3. चार्ट के आँकलन तथा लेखन में स्पष्टता तथा क्रमबद्धता हो।
4. सरल रूप से चार्ट बना हुआ हो। अत्यधिक सूचनाएँ विषय को जटिल बना देती हैं।
5. चार्ट में आकर्षण होना चाहिए। रंगों की मिलावट में सन्तुलन हो।
6. चार्ट में तथ्य ठीक तथा शुद्ध हों।
7. चार्ट के शीर्षक आकर्षक हों।

चार्टों के प्रकार

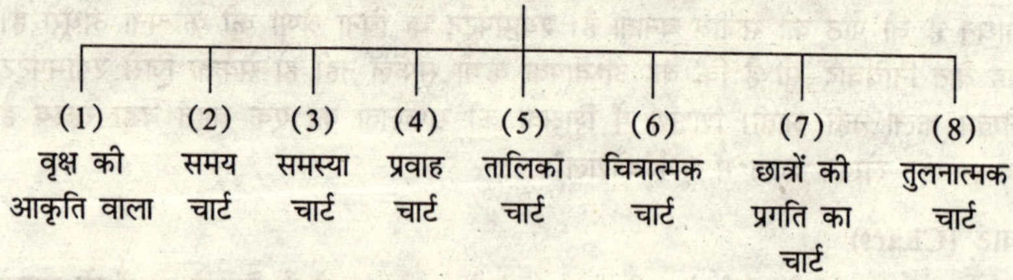

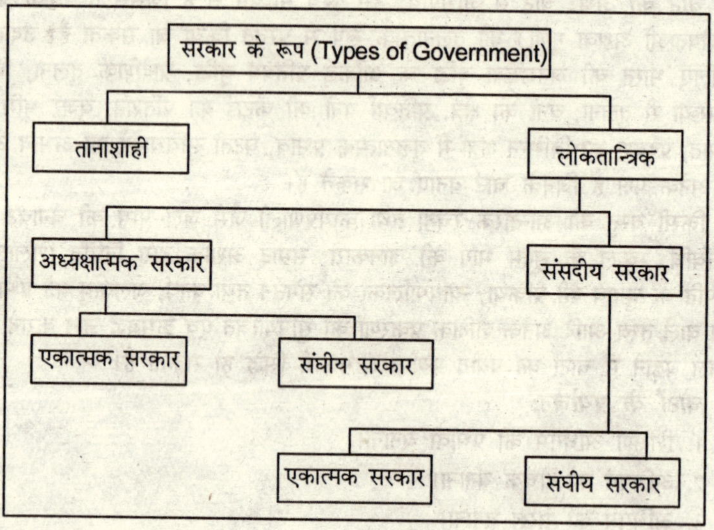

चित्र 11.5: प्रवाह चार्ट (Flow Chart)

चार्टों का प्रभावपूर्ण प्रयोग: 1.चार्ट को इस प्रकार प्रदर्शित किया जाए कि इसका संपूर्ण भाग सभी छात्र देख सकें।

2. एक चार्ट का केवल एक ही उद्देश्य होना चाहिए।
3. कक्षा में जिस समय जिस चार्ट की आवश्यकता हो उसको उसी समय प्रदर्शित किया जाए।
4. चार्ट को उचित समय तक दिखा कर बंद कर देना चाहिए।
5. चार्ट प्रदर्शित करते समय इस बात पर ध्यान दिया जाए कि सभी छात्र इसे देख रहे हैं।
6. जहाँ तक संभव हो, शिक्षक कक्षा में स्वयं चार्ट बनाकर प्रदर्शित करे।
7. चार्ट के निर्माण में छात्रों का सहयोग वांछनीय है।

बुलेटिन बोर्ड या सूचना पट्ट (Bulletin Board)

बुलेटिन बोर्ड का अर्थ: बुलेटिन बोर्ड कक्षा तथा कक्षा से बाहर बरामदों में लगाए गये उन पट्टों या बोर्डों की ओर संकेत करता है जिन पर छात्रों को सूचना या ज्ञान बढ़ाने के लिए विभिन्न प्रकार की लिखित, चित्रात्मक तथा मुद्रित सामग्री को आकर्षक ढंग से प्रदर्शित किया जाता है।

बुलेटिन बोर्ड पर प्रदर्शित करने वाली सामग्री के प्रकार

(1) वास्तविक पदार्थों के नमूने
(2) क्रियाओं के मॉडल
(3) चित्र, चार्ट, कार्टून आदि
(4) समाचार पत्रों से सामग्री अथवा कतरन
(5) विषयों के अध्ययन से संबंधित महत्त्वपूर्ण सामग्री
(6) विषय अध्ययन पाठ्य-क्रियाओं के फोटोग्राफ
(7) स्कूल की महत्त्वपूर्ण घटनाएँ
(8) नयी पुस्तकों के आवरण
(9) छात्रों की क्रियात्मक कृतियाँ

बुलेटिन बोर्ड का महत्त्व:

1. छात्रों को नवीन रुचियों के लिए प्रेरणा मिलती है।
2. समस्याओं के स्पष्टीकरण में सहायता मिलती है।
3. शिक्षण परिस्थितियों की समृद्धि होती है।
4. छात्रों को शिक्षण-अधिगम में सहभागी बनाया जाता है।
5. छात्रों की सृजनात्मक तथा निर्माणात्मक शक्ति का विकास होता है।

बुलेटिन बोर्ड का उत्तम प्रयोग:

1. बुलेटिन बोर्ड की सामग्री नवीनतम हो।
2. बुलेटिन बोर्ड की सामग्री रोचक ढंग से प्रदर्शित की जाए।
3. जहाँ तक संभव हो, प्रदर्शित सामग्री का विषयों के प्रकरण से संबंध हो।
4. शीर्षकों तथा आवरणों का रंग आदि कलात्मक हो।
5. छात्रों को प्रोत्साहित किया जाए कि वह बुलेटिन के लिए सामग्री स्वयं तैयार करें।
6. छात्रों का उचित निर्देशन किया जाए कि वे विभिन्न स्त्रोतों से सामग्री खोज सकें।

समय रेखा (Time Line): समय रेखा द्वारा एतिहासिक घटनाओं को दर्शाया जाता है। समय रेखा का चित्र (चित्र 11.6) अगले पृष्ठ पर दिया गया है।

ग्लोब (Globe)

ग्लोब का अर्थ: ग्लोब को पृथ्वी के ऐसे गोलाकार मॉडल या प्रतिरूप के रूप में परिभाषित किया जा सकता है जिसके माध्यम से पृथ्वी के आकार तथा धरातल आदि को उसके अनुपात में प्रदर्शित किया जा सके।

ग्लोब का महत्त्व: सामाजिक अध्ययन संबंधी विषयों के शिक्षण में ग्लोब एक दृश्य साधन के रूप में बहुत महत्त्वपूर्ण स्थान रखता है। मानचित्र की भाँति ग्लोब भी पृथ्वी और उसके धरातल पर स्थित भौतिक, राजनीतिक, सामाजिक तथा आर्थिक परिस्थितियों का चित्र प्रस्तुत करने का प्रयत्न करता है। परन्तु जहाँ मानचित्रों द्वारा पृथ्वी के सपाट (Flat) रूप का दिग्दर्शन होता है वहाँ ग्लोब इसकी वास्तविक गोलाकार (Spherical) आकृति को सामने लाता है।

ग्लोब के प्रकार

(1) भौतिक ग्लोब
(2) राजनीतिक ग्लोब
(3) भौतिक तथा राजनीतिक ग्लोब
(4) खाका ग्लोब

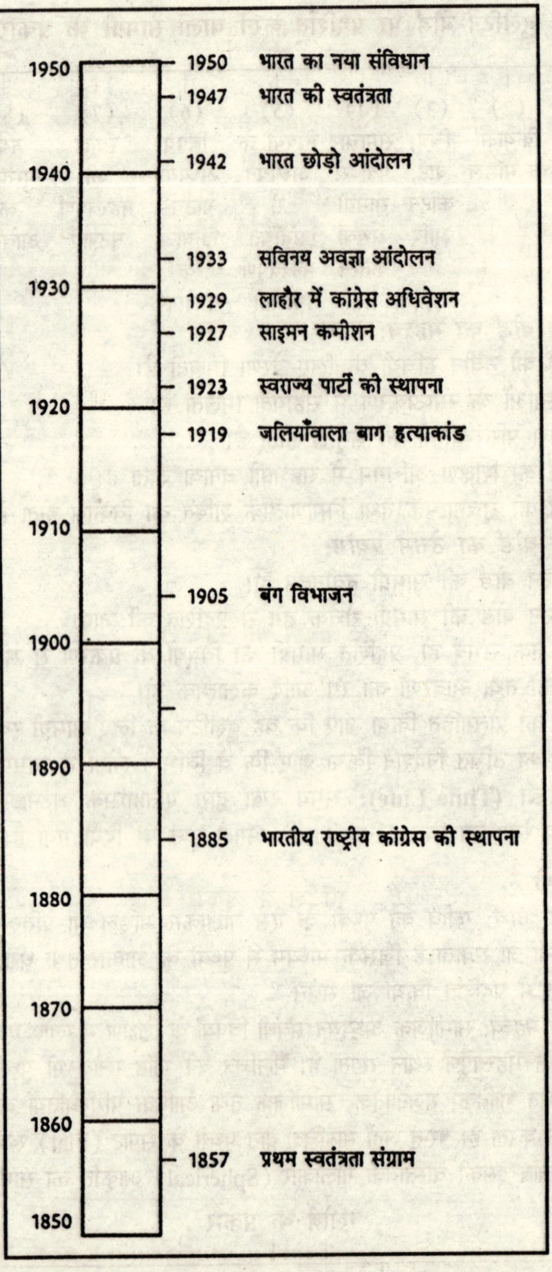

चित्र 11.6: *समय रेखा*: 1857 से 1950 तक भारत में प्रसिद्ध घटनाएँ
(*Time Line*: Important Events in India During 1857–1950)

11.9 मॉडल या प्रतिमान (Model)

मॉडल का अर्थ

मॉडल से तात्पर्य उस वस्तु की उपयुक्त तथा सुविधाजनक दृष्टि से अच्छी तरह नकल की हुई ऐसी बनावट या प्रतिरूप से है जिसे प्रदर्शित करके अच्छी तरह उस वस्तु या उसकी प्रक्रियाओं के बारे में जानकारी प्राप्त की जाती है। यह वास्तविक वस्तु का विकल्प है। उदाहरण के लिए भाखड़ा डैम के बारे में उचित जानकारी उसके मॉडल से दी जा सकती है। इसी प्रकार मौसम बदलने आदि के बारे में भी जानकारी प्राप्त की जा सकती है।

मॉडल की शैक्षिक उपयोगिता

1. मॉडल वस्तु को स्पष्ट करने में सहायता देता है।2. मॉडल द्वारा शिक्षण-अधिगम प्रक्रिया को रोचक तथा सजीव बनाया जा सकता है। 3. छात्रों का ध्यान आकर्षित करने में सहायता मिल सकती है। 4. छात्र शिक्षा-अधिगम प्रक्रिया में भागी बन जाते हैं। 5. मॉडल के माध्यम से महत्त्वपूर्ण बिन्दुओं पर छात्रों का ध्यान आकर्षित किया जा सकता है। 6. क्रियात्मक मॉडल छात्रों को स्वत: अपनी ओर खींचते हैं तथा विषय के बारे में उनकी रुचि गहन हो जाती है।

मॉडल के प्रकार-I

(1) स्थिर मॉडल

(2) कार्यकारी मॉडल अथवा क्रियात्मक मॉडल

मॉडल के प्रकार-II

(1) त्रिपक्षीय मॉडल

(2) खण्डीय मॉडल

(3) एक्सरे मॉडल

मॉडल के प्रकार-III

(1) बड़े पैमाने वाला मॉडल

(2) छोटे पैमाने वाला मॉडल

मॉडल के प्रकार – IV

(1) विखंडित मॉडल
(2) एकीकृत इकाई मॉडल

मॉडलों के निर्माण की सामग्री

(1) लकड़ी
(2) प्लास्टिक
(3) थरमोकोल
(4) प्लास्टर ऑफ पेरिस
(5) गत्ता
(6) धातु

मानचित्र या नक्शे (Maps)

मानचित्रों का महत्त्व: सामाजिक अध्ययन तथा पर्यावरण अध्ययन में मानचित्रों का प्रयोग तो बहुत ही महत्त्वपूर्ण है। विभिन्न प्रकार के मानचित्र–राजनीतिक, सांस्कृतिक, ऐतिहासिक, भौगोलिक तथा आर्थिक विषय का ज्ञान बढ़ाने में बहुत सहायक होते हैं।

मानचित्रों के चयन से सम्बन्धित आवश्यक बातें: 1. छात्रों को योग्यता, आयु तथा कक्षा के स्तर को ध्यान में रखकर मानचित्र का चयन किया जाए। 2. मानचित्र का आकार उचित होना चाहिए। 3. मानचित्रों में दर्शाए गये स्थान तथा अन्य तत्त्व शुद्ध हों। 4. मानचित्र में संकेत ठीक प्रकार से दिये जायें। 5. मानचित्र का पैमाना उपयुक्त हो।

मानचित्रों के प्रदर्शन में सावधानियाँ: 1. मानचित्र दिखाते समय संकेतक (Pointer) का प्रयोग किया जाए।

2. मानचित्र कक्षा में इस प्रकार दिखाया जाए कि सभी छात्र मानचित्र के सभी भागों को भली-भाँति देख सकें।

3. जहाँ सम्भव हो मानचित्रों के निर्माण में छात्रों की सहायता ली जाए।

मानचित्रों के प्रकार (विषय की दृष्टि से)

(1) भौगोलिक
(2) ऐतिहासिक
(3) राजनीतिक
(4) सांस्कृतिक
(5) औद्योगिक
(6) आर्थिक
(7) आने-जाने के साधनों के

मानचित्रों के प्रकार (क्षेत्र की दृष्टि से)

(1) स्थानीय
(2) मण्डलीय
(3) राज्यीय
(4) देशीय
(5) विश्वीय

11.10 मानचित्र कौशल (Map Skills)

मानचित्र कौशलों के प्रकार (Types of Map Skills): मानचित्रों का सामाजिक अध्ययन में विशेष महत्त्व है। मानचित्रों के बारे में निम्न प्रकार के कौशलों का होना आवश्यक है:

1. दिशाओं के ज्ञान का कौशल।
2. परम्परागत संकेतों का ज्ञान अर्थात् मानचित्र में नदी, पर्वत, समुद्र किस प्रकार के चिन्हों से दिखाए जाते हैं।
3. देशान्तर तथा अक्षांश रेखाओं, रंगों आदि के संकेतों को जानने का कौशल।
4. मानचित्र का पैमाना जानने का कौशल।
5. वर्षा आदि को दर्शाने वाले चिन्हों का ज्ञान का कौशल।
6. यातायात अर्थात् रेल की पटरी तथा सड़कों के संकेत जानने का कौशल।

मानचित्रों का महत्त्व (Importance of Maps): सामाजिक अध्ययन तथा पर्यावरण अध्ययन में मानचित्रों का प्रयोग तो बहुत ही महत्त्वपूर्ण है। विभिन्न प्रकार के मानचित्र–राजनीतिक, सांस्कृतिक, ऐतिहासिक, भौगोलिक तथा आर्थिक विषय का ज्ञान बढ़ाने में बहुत सहायक होते हैं।

मानचित्रों के प्रकार (विषय की दृष्टि से)

(1) भौगोलिक (2) ऐतिहासिक (3) राजनीतिक (4) सांस्कृतिक (5) औद्योगिक (6) आर्थिक (7) आने-जाने के साधनों के

मानचित्रों के प्रकार (क्षेत्र की दृष्टि से)

(1) स्थानीय (2) मण्डलीय (3) राज्यीय (4) देशीय (5) विश्वीय

मानचित्रों के चयन से संबंधित मुख्य बातें (Important Elements in the Selection of Maps)

1. छात्रों की योग्यता, आयु तथा कक्षा के स्तर को ध्यान में रखकर मानचित्र का चयन किया जाए।
2. मानचित्र का आकार उचित होना चाहिए।
3. मानचित्रों में दर्शाए गए स्थान तथा अन्य तत्त्व शुद्ध हों।
4. मानचित्र में संकेत ठीक प्रकार से दिए जाएँ।
5. मानचित्र का पैमाना उपयुक्त हो।

मानचित्रों के प्रदर्शन में सावधानियाँ
(Precautions to be taken in Displaying Maps)

1. मानचित्र दिखाते समय संकेतक (Pointer) का प्रयोग किया जाए।
2. मानचित्र कक्षा में इस प्रकार दिखाया जाए कि सभी छात्र मानचित्र के सभी भागों को भली-भाँति देख सकें।
3. जहाँ संभव हो मानचित्रों के निर्माण में छात्रों की सहायता ली जाए।

छात्रों में मानचित्र सम्बन्धी कौशलों के विकास की क्रियाएँ
(Activities Relating to Development of Map Skills in Students)

1. मानचित्र पर दो स्थानों में दूरी को मापने के लिए छात्रों को कहना।
2. विभिन्न प्रकार के मानचित्रों में अन्तर ढूँढना।
3. छात्रों के किसी राज्य, देश अथवा मानचित्र में विभिन्न दिशाओं में स्थित स्थानों की सूची बनाना।
4. मानचित्रों में विभिन्न प्रकार की उपज वाले स्थानों को दिखाना।
5. छात्रों को राज्य आदि के मानचित्र बनाने के लिए कहना।
6. छात्रों को संकेतों के आधार पर राजधानियाँ, बन्दरगाह आदि बताना।

मानचित्र का निर्माण

मानचित्र बनाने के बारे में निम्नलिखित बातों पर ध्यान देना आवश्यक है:

1. मानचित्र संकेतों की जानकारी।
2. वर्षा को दर्शाने वाले चिन्ह।
3. मानचित्र में प्रयोग किए जाने वाले रंग।
4. मानचित्र का पैमाना (Scale)

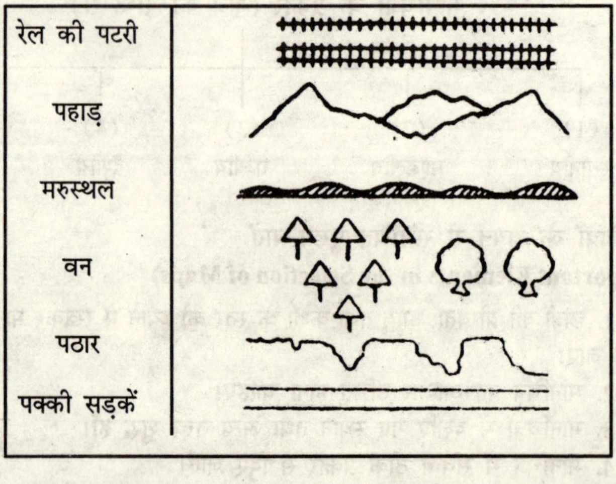

चित्र 11.7: कुछ महत्त्वपूर्ण मानचित्र संकेत

नक्शे में दिखाई गई वार्षिक वर्षा	
	5 से. मी. से कम
	5 से 10 से. मी. तक
	10 से 20 से. मी. तक
	20 से 50 से. मी. तक
	50 से. मी. से अधिक

चित्र 11.8: कुछ महत्त्वपूर्ण मानचित्र संकेत

नक्शे पर दिखाए गए धरातल की ऊँचाई	
लाल	10000 फुट से ऊँचा
गहरा भूरा	5000 से 10000 फुट
हल्का भूरा	2000 से 5000 फुट
पीला	1000 से 2000 फुट
गहरा हरा	500 से 1000 फुट
हल्का हरा	0 से 500 फुट
भूरा हरा	समुद्र तल से नीचे

चित्र 11.9: नक्शे में प्रयोग किए जाने वाले रंग

11.11 चाक बोर्ड/ब्लैक बोर्ड/श्यामपट्ट

ब्लैक बोर्ड का महत्त्व: ब्लैक बोर्ड के शैक्षिक साधन के महत्त्व के कारण इसे प्राय: अध्यापक का 'दाहिना हाथ' कहा जाता है। वास्तव में कक्षा की पहचान ब्लैक बोर्ड से होती है। प्रत्येक विषय में इसके बिना शिक्षण कार्य प्रभावी नहीं होता है। ब्लैक बोर्ड पर अध्यापक चित्र, मानचित्र, ग्राफ, चार्ट आदि बनाकर विषय-सामग्री को स्पष्ट कर सकता है।

ब्लैक बोर्ड के उपयोग के लिए कुछ सुझाव

1. पढ़ाने का कार्य शुरू करने से पहले ब्लैक बोर्ड को पूरा साफ कर लेना चाहिए।

2. साधारण रूप से सफेद चॉक के प्रयोग से काम चल जाता है परन्तु चित्रों, मानचित्रों में रंगीन चॉक प्रयोग करके अधिक स्पष्टता लाई जा सकती है परन्तु रंग बहुत अधिक संख्या में न हों।

3. लिखाई सुन्दर और लाइनों में हो। छात्र प्राय: अध्यापक की नकल करते हैं अत: सुन्दरता और सफाई अत्यावश्यक है।

4. अक्षर इतने बड़े लिखे जाएँ कि विद्यार्थी ठीक तरह पढ़ सकें।

5. पाठ का सारांश पढ़ाते हुए साथ-साथ बोर्ड पर लिखा जा सकता है। पुनरावृत्ति करते समय भी सारांश लिखा जा सकता है। परन्तु इनमें अधिक समय नहीं लगाना चाहिये।

6. आवश्यक और ठीक बातें ही ब्लैक बोर्ड पर लिखी जानी चाहियें।

7. ब्लैक बोर्ड पर लिखने में एक साथ अधिक समय नहीं लगाना चाहिये।

8. ब्लैक बोर्ड पर लिखते हुए छात्रों पर भी ध्यान रहना चाहिये। इससे अनुशासन बना रहता है।

9. छात्रों को मुख्य बातें ब्लैक बोर्ड से अपनी कॉपी में लिखनी चाहियें। अध्यापक को बीच में एक-दो बार इसकी जाँच कर लेनी चाहिये।

10. लिखते समय अध्यापक को ब्लैक बोर्ड के सामने खड़े रहकर ढक नहीं लेना चाहिये। इससे छात्रों को असुविधा रहेगी।

11. अध्यापक को शीघ्र परन्तु साफ लिखने और चित्र आदि बनाने का अभ्यास करना चाहिये।

12. ब्लैक बोर्ड पर कार्य करने को पहले से नियोजित करना चाहिये।

13. पैमाना, चॉक, झाड़न, स्टेंसिल आदि जिस आवश्यक सामग्री की आवश्यकता हो, पहले ही कक्षा में ले आने चाहिए।

11.12 चित्र/तस्वीर (Picture)

चित्रों का महत्त्व: बच्चे चित्रों को बहुत पसन्द करते हैं। शिक्षण में इनका प्रयोग बहुत पुराना है। पर्यावरण संबंधी विभिन्न दृश्यों को चित्रों के माध्यम से दिखाया जा सकता है। चित्र पाठ को रोचक तो बनाते हैं, साथ-साथ इसमें सजीवता भी लाते हैं। प्रायः सभी प्रकार के प्रकरणों के शिक्षण में चित्रों की आवश्यकता रहती है—ऐतिहासिक पुरुष, वेशभूषा, सिक्के, स्थल, किले, नदी, पर्वत, घाटियाँ, कारखाने आदि।

चित्रों के प्रभावी प्रयोग संबंधी ध्यान देने योग्य बातें

1. चित्र सरल, रोचक तथा यथार्थ हों।

2. चित्र प्रकरण के उद्देश्य को पूरा करें।

3. चित्रों को इस प्रकार प्रदर्शित किया जाए कि सभी छात्र उन्हें अच्छी तरह देख सकें।

4. चित्र ऐसे चुने जाएँ जिनका आकार, रंग तथा छपाई प्रभावपूर्ण हो।

5. चित्र बच्चों की आयु के अनुसार हों।

6. एक साथ बहुत से चित्र नहीं दिखाने चाहिए।

7. चित्र का अवलोकन तथा निरीक्षण करने के लिए छात्रों को पर्याप्त समय दिया जाए।

8. यदि संभव हो तो अध्यापक ब्लैक बोर्ड पर या अलग से स्वयं चित्र बनाए तथा प्रयोग करे।

9. छात्रों को चित्र बनाने तथा संग्रह करने के लिए प्रेरित किया जाए।

11.13 ग्राफ (Graph)

ग्राफ का अर्थ तथा महत्त्व: ग्राफ से तात्पर्य उस चित्रात्मक दृश्य साधन से है जिसके माध्यम से संख्यात्मक या गुणात्मक सांख्यिकी आँकड़ों को इस प्रकार प्रदर्शित किया जाए कि उस में निहित अंतर और विकास की दिशा को स्पष्ट रूप से समझा जा सके। छात्रों को ग्राफ देखकर उसकी व्याख्या करने के लिए कहा जाए।

ग्राफ के प्रकारों का वर्गीकरण

(1) **रेखा ग्राफ**	(2) **दण्ड ग्राफ**	(3) **वृत्त ग्राफ**	(4) **चित्रात्मक ग्राफ**
सरल रेखाओं द्वारा उनकी लम्बाई तथा बनावट का आधार बनाकर पाठ्य-वस्तु के विभिन्न आँकड़ों को प्रस्तुत किया जाता है।	दण्ड ग्राफ में सरल रेखा के स्थान पर दण्डों या छड़ों जैसी आकृति बनाकर आँकड़े प्रस्तुत किए जाते हैं।	इस प्रकार के ग्राफ में वृत्त चित्र बनाकर आँकड़े प्रस्तुत किए जाते हैं।	इस प्रकार के ग्राफ में संख्यात्मक आँकड़ों को चित्रों की सहायता से प्रदर्शित किया जाता है। विभिन्न रंगों द्वारा तुलनात्मक अध्ययन किया जाता है।

अच्छे ग्राफ की विशेषताएँ

1. ग्राफ शुद्ध हो। इसमें कोई त्रुटि न हो।
2. ग्राफ साफ-सुथरा हो।
3. ग्राफ पर उचित शीर्षक हो।
4. जिन तत्त्वों की तुलना करनी हो, वे स्पष्ट हों।

विश्व जनसंख्या में भारत: प्रतिशत

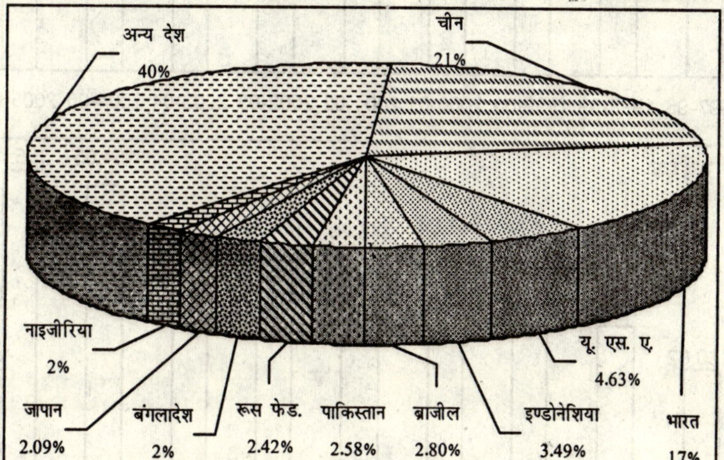

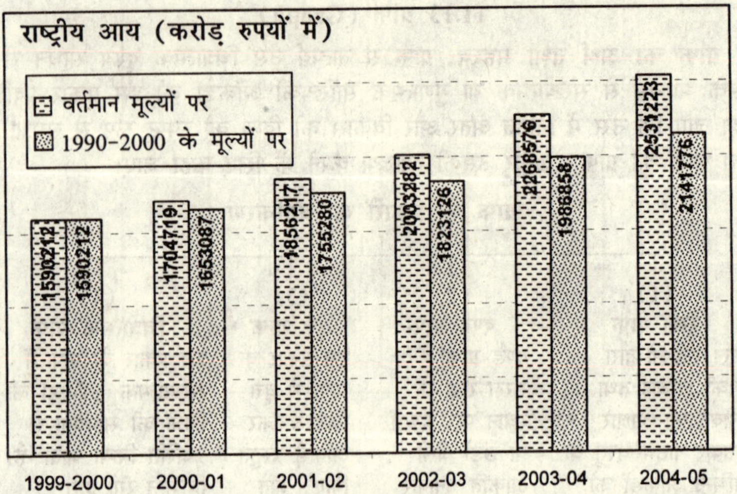
राष्ट्रीय आय (करोड़ रुपयों में)
वर्तमान मूल्यों पर
1990-2000 के मूल्यों पर
1590212
1590212
1704719
1653087
1856217
1755280
2003282
1823126
2268576
1986858
2531223
2141776
1999-2000
2000-01
2001-02
2002-03
2003-04
2004-05

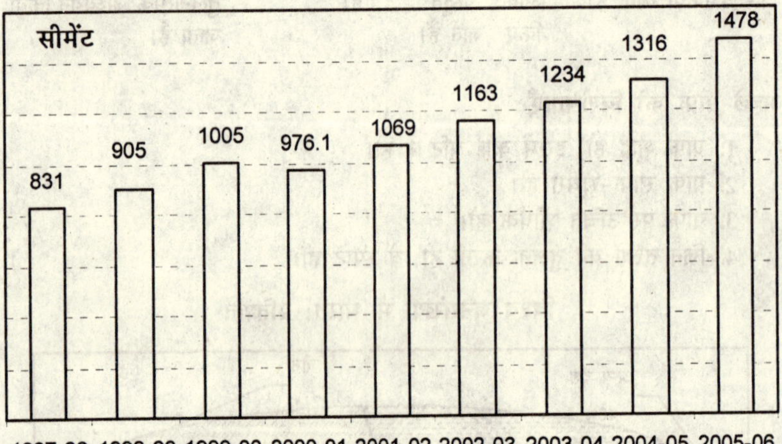
सीमेंट
831
905
1005
976.1
1069
1163
1234
1316
1478
1997-98
1998-99
1999-00
2000-01
2001-02
2002-03
2003-04
2004-05
2005-06

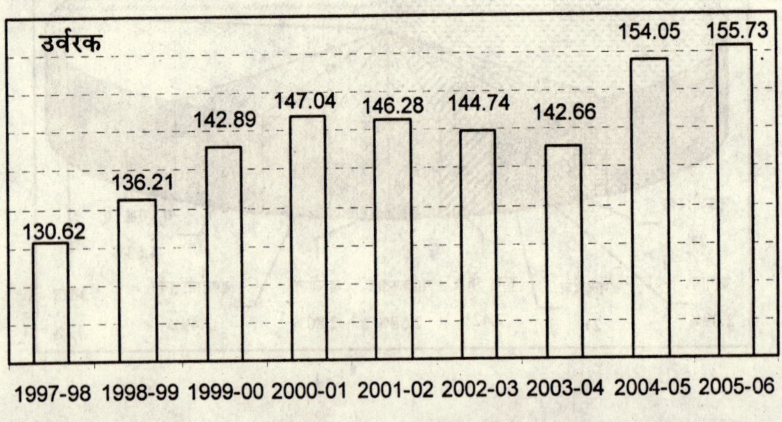
उर्वरक
130.62
136.21
142.89
147.04
146.28
144.74
142.66
154.05
155.73
1997-98
1998-99
1999-00
2000-01
2001-02
2002-03
2003-04
2004-05
2005-06

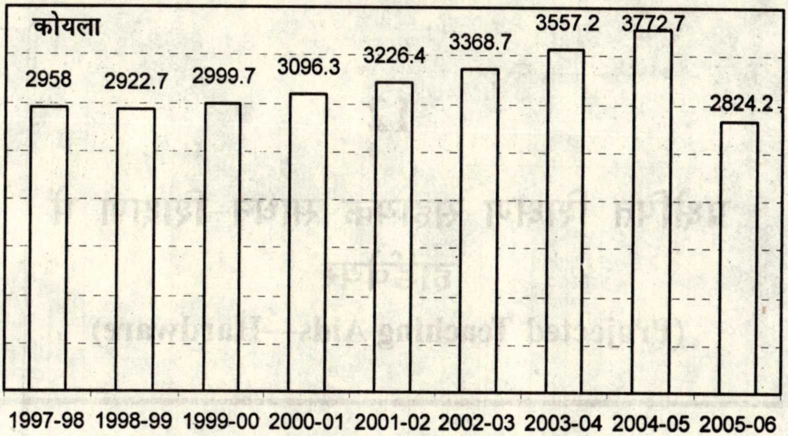
कोयला
2958
2922.7
2999.7
3096.3
3226.4
3368.7
3557.2
3772.7
2824.2
1997-98
1998-99
1999-00
2000-01
2001-02
2002-03
2003-04
2004-05
2005-06

12

प्रक्षेपित शिक्षण सहायक साधन-शिक्षण में हार्डवेयर

(Projected Teaching Aids—Hardware)

12.1 मैजिक लालटेन (Magic Lantern)

मैजिक लालटेन, गाँवों में जहाँ बिजली उपलब्ध नहीं है, वहाँ शिक्षण के क्षेत्र में अत्यन्त लाभदायक सिद्ध हुई है। स्कूलों में मैजिक लालटेन के माध्यम से अनेक प्रकरण स्लाइडों के प्रोजेक्शन के द्वारा पढ़ाये जा सकते हैं।

मैजिक लालटेन शिक्षण को सजीव, प्रभावी तथा बोधगम्य बनाने का एक अच्छा साधन है। इस यन्त्र को प्रयोग में लाने के लिए स्लाइडों का ही उपयोग किया जाता है। प्राचीन समय में जब आरम्भ में वस्तुएँ प्रोजेक्ट होकर पर्दे पर चित्रित होकर लोगों को दिखायी गयीं तो उन्हें यह जादू-सा महसूस हुआ। फलस्वरूप इस यन्त्र का नाम "जादुई लालटेन" या 'मैजिक लालटेन' दिया गया। वैज्ञानिक भाषा में इसे डायस्कोप (Diascope) कहा जाता है। इसकी सहायता से जो भी सामग्री प्रदर्शित की जाती है, उसे एक पारदर्शक स्लाइड पर अंकित किया जाता है और फिर उसे दिखाया जाता है। स्लाइड को प्रोजेक्ट करने के लिए एक उपकरण की जरूरत पड़ती है, जिसमें प्रकाश पानी और कारबाइट की प्रक्रिया के फलस्वरूप उत्पन्न होता है। यह प्रकाश गैस बत्ती की तुलना में ज्यादा अच्छा होता है। प्रोजेक्ट चित्रों को प्रदर्शित करने की यह पुरानी विधि है। आजकल के दूसरे प्रोजेक्टर इसी लालटेन के उन्नत रूप हैं।

मैजिक लालटेन (चित्र 12.1) के प्रयोग से पूर्व छात्रों को सम्बन्धित बातें बता दी जानी चाहिए। स्लाइड दिखाते समय भी महत्त्वपूर्ण बिन्दुओं की व्याख्या की जाती रहनी चाहिए। पर्दे पर स्लाइड तब तक रोके रखें जब तक छात्रों को सभी बातें स्पष्ट न हो जायें।

इस यन्त्र के उपयोग के पश्चात् वार्तालाप सत्र में छात्रों के साथ चर्चा आयोजित की जानी चाहिए जहाँ छात्रों को शंका-समाधान का अवसर मिल सके। पाठ-पुनरावृत्ति में भी इस उपकरण का उपयोग किया जा सकता है।

मैजिक लालटेन की रचना (Construction): मैजिक लालटेन उपकरण में हल्के वजन का एक धातु का डिब्बा होता है। जिसके अन्दर उचित अन्तर पर बायें से दायें क्रमशः निम्न प्रकार की व्यवस्था की जाती है:

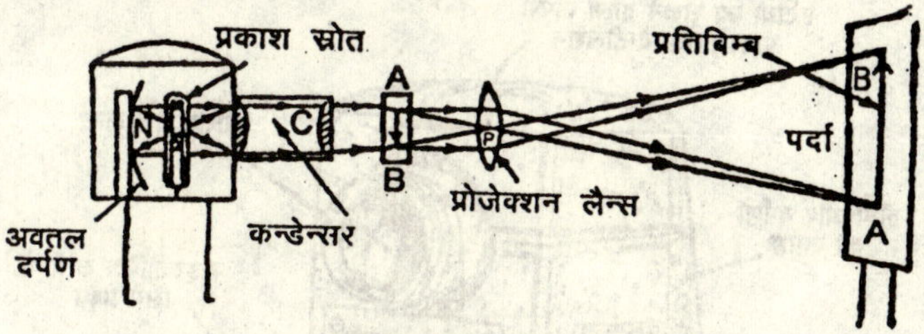

चित्र 12.1: मैजिक लालटेन (Magic Lantern)

1. *परावर्तक* (*Reflector*): प्राय: इसके लिए अवतल दर्पण (Concave mirror) का प्रयोग किया जाता है।

2. *प्रकाश का शक्तिशाली स्रोत* (*A Strong Source of Light*): इसके लिए प्राय: 100 से लेकर 200 वॉट का चपटे फिलामेण्ट (Flat filament) वाला विद्युत लैम्प प्रयुक्त किया जाता है।

3. *कण्डेन्सर* (*Condenser*): इसके लिए दो समतल उत्तल लैन्स (Double Plano-convex Lens) काम में लाये जाते हैं।

4. *स्लाइड कैरियर* (*Slide Carrier*): यह स्लाइड रखने के लिए प्रयुक्त किया जाता है।

12.2 एपीडायस्कोप (Epidiascope)

एपीडायस्कोप (चित्र 12.2a) शब्द दो शब्दों से मिलकर बना है: (1) Episcope तथा (2) Discope। एपीस्कोप का अर्थ है अपारदर्शक वस्तु का पर्दे पर बहुत साफ प्रक्षेपण। डायस्कोप से अभिप्राय है स्लाइड का प्रक्षेपण। एपीडायस्कोप के माध्यम से पारदर्शक तथा अपारदर्शक दोनों तरह की वस्तुओं की छवि (Image) पर्दे पर प्रक्षेपित की जाती है। इसके द्वारा जो भी चित्र या विवरण दिखाया जाता है, वह जिस प्रकार का होगा जिस रंग का होगा वह बिल्कुल वैसा ही दिखायी देता है।

इसमें पुस्तक की डायग्राम आदि को बड़ा करके दिखाया जा सकता है तथा चार्ट आदि बनाने में भी इसका प्रयोग किया जाता है।

एपीडायस्कोप के प्रयोग के समय निम्न बातों पर शिक्षक को ध्यान देना चाहिए:

1. जिस स्थान पर एपीडायस्कोप का प्रयोग किया जा रहा है, वहाँ पूर्ण अन्धकार होना चाहिए।

2. जिन वस्तुओं का प्रक्षेपण किया जा रहा है, उन्हें अधिक देर तक लैम्प के हैड पर नहीं रखना चाहिए।

एपीडायस्कोप का शैक्षिक उपयोग: कक्षा-शिक्षण की दृष्टि से एपीडायस्कोप एक काफी उपयोगी दृश्य उपकरण है। इसके शैक्षिक उपयोग संक्षेप में निम्न प्रकार हैं–

1. केवल यही एक ऐसा उपकरण है, जिससे पारदर्शक तथा अपारदर्शक दोनों ही प्रकार की दृश्य सामग्री को पर्दे पर आसानी से प्रक्षेपित किया जा सकता है।

2. आवश्यकतानुसार इसे एपीस्कोप या डायस्कोप किसी भी तरह प्रयोग में लाया जा सकता है।

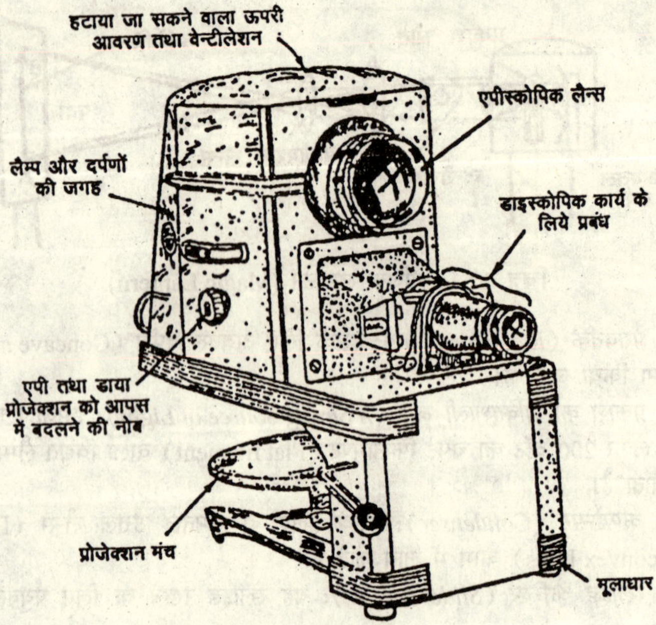

चित्र 12.2(a): एपीडायस्कोप (Epidiascope)

3. चित्र आदि का प्रक्षेपण पर्दे पर स्थिर होता है। अतः कितने ही समय तक तथा किसी भी समय आवश्यकतानुसार किसी भी चित्रात्मक सामग्री को बड़ा करके पर्दे पर दिखाया जा सकता है। [चित्र 12.2 (b)]

4. सामाजिक अध्ययन, इतिहास, भूगोल, अर्थशास्त्र तथा विज्ञान आदि स्कूल विषयों को पढ़ाने में आवश्यक नमूनों, मॉडल आदि को पर्दे पर आसानी से बड़ा करके दिखाने में भी यह उपकरण काफी उपयोगी सिद्ध होता है।

5. सजीव पदार्थों, जैसे–अमीबा तथा अन्य कीट-पतंगों, जीव-जन्तुओं, पेड़-पौधों आदि के सूक्ष्म भागों आदि को बड़ा करके पर्दे पर दिखाने के कार्य में यह पर्याप्त सहायता करता है।

6. किसी भी प्रक्रिया (Process) का क्रमिक विकास, जैसे–मेंढक, तितली, मक्खी, मच्छर की जीवन-लीला, बीजों का अंकुरण आदि को प्रदर्शित करने के लिए एपीडायस्कोप द्वारा दिखाये जाने वाली स्लाइडें महत्त्वपूर्ण भूमिका निभा सकती हैं।

7. ज्यामिति आरेख बनाने, मानचित्रों के खाका आदि तैयार करने तथा आसानी से न खींचे जा सकने वाले चित्र आदि को निर्मित करने में इसका एपीस्कोप भाग पर्याप्त सहायता कर सकता है। पुस्तकों या अन्य मुद्रित सामग्री तथा कलाकारों द्वारा चित्रित सामग्री को सीधे ही (बिना स्लाइड बनाये) पर्दे पर लगी हुई कागज, ड्राइंग पेपर, चार्ट पेपर आदि की शीट पर प्रक्षेपित कर मानचित्र, आरेख, ग्राफ आदि चित्रात्मक सामग्री का निर्माण आसानी से किया जा सकता है।

इस प्रकार एपीडायस्कोप विद्यालय पाठ्यक्रम के सभी विषयों तथा प्रकरणों में निहित पाठ्य-वस्तु को सहज, सरल, रोचक तथा आकर्षक ढंग से प्रस्तुत करने में बहुत ही प्रभावपूर्ण भूमिका निभा सकने की क्षमता रखता है।

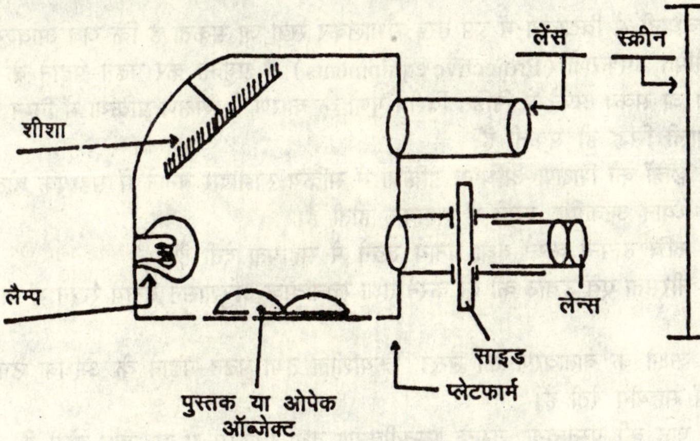

चित्र 12.2(b): एपीडायस्कोप (Epidiascope)

प्रयोग में सावधानियाँ: 1. प्रक्षेपित सामग्री का उचित चयन करना। 2. छात्रों को सामग्री के प्रक्षेपण के पहले तैयार करना। 3. सामग्री प्रक्षेपित करते समय आवश्यकतानुसार छात्रों से अन्तर्क्रिया करना/वार्तालाप करना। 4. प्रक्षेपन के पश्चात् प्रक्षेपित सामग्री के शैक्षिक उपयोग का मूल्यांकन करना।

12.3 स्लाइड (Slide)

स्लाइड की परिभाषा की दृष्टि से ऐसी प्रक्षेपित दृश्य सामग्री की संज्ञा दी जा सकती है जो किसी पारदर्शी तत्त्व (Transparent surface) जैसे घिसा हुआ शीशा या प्लास्टिक (Etched glass or plastic) सेल्यूलोज ऐसिटेट फिल्म तथा सिल्होइट (Silhouette) आदि का ऐसा भाग है जो एक विशिष्ट आकार वाला होता है और जिस पर तस्वीरें या रेखाचित्र होते हैं और जिन्हें प्रेषित प्रकाश के माध्यम से अच्छी प्रकार देखा जा सकता है तथा प्रोजेक्टर आदि प्रक्षेपित उपकरणों द्वारा पर्दे पर बड़ा करके दिखाया जा सकता है।

अधिकतर स्लाइडें 35 mm वाली, 5 × 5 cms या 3¼" × 4" आकार की होती हैं और ये स्लाइड प्रोजेक्टर के माध्यम से प्रदर्शित की जाती हैं।

स्लाइड के प्रकार: आजकल ब्लैक एण्ड व्हाइट तथा रंगीन दोनों प्रकार की स्लाइडों का प्रचलन है। परन्तु देखा गया है कि रंगीन स्लाइडें अपेक्षाकृत ज्यादा प्रभावशाली हैं।

स्लाइडें अधिकतर तीन वर्गों में वर्गीकृत की जाती हैं: 1. हस्तनिर्मित स्लाइडें, 2. फोटोग्राफिक प्रक्रिया से बनी स्लाइडें, 3. कम्प्यूटर द्वारा निर्मित स्लाइडें।

स्लाइड प्रदर्शन: स्लाइड प्रदर्शित करते समय स्लाइड में दिये गये स्कैच फोटो या सन्देश की छोटी से छोटी बातें भी छात्रों को बताई जानी चाहिए। स्लाइड प्रदर्शन के पश्चात् निर्दिष्ट विषय पर एक सक्रिय परिचर्चा का आयोजन किया जाना चाहिए।

स्लाइड का शैक्षिक मूल्य (Educational Value): स्लाइडों के द्वारा पढ़ने-पढ़ाने की प्रक्रिया बहुत ही सहज, आकर्षक और प्रभावपूर्ण बन जाती है। इनकी सहायता से पौधें में प्रकाश के प्रति अनुक्रिया को बहुत ही रोचक ढंग से समझाया जा सकता है। पाठ्य-पुस्तक के लगभग सभी विषयों तथा प्रकरणों पर स्लाइडें उपलब्ध हो सकती हैं तथा

इन्हें सावधानी से विद्यालय में इस तरह सँभालकर रखा जा सकता है कि जब आवश्यकता हो, प्रक्षेपित उपकरणों (Projective equipments) में प्रयुक्त कर पढ़ने-पढ़ाने के काम में लाया जा सके। अपने में निहित विशेष गुणों के कारण ये शिक्षण प्रक्रिया में निम्न प्रकार प्रभावशाली सिद्ध हो सकती हैं:

1. छात्रों को शिक्षण-अधिगम प्रक्रिया में सक्रिय साझीदार बनाने में सहायक होती हैं।

2. ध्यान आकर्षित करने में सहायक होती हैं।

3. रुचि उत्पन्न करने तथा बनाये रखने में सहायता देती हैं।

4. नीरसता एवं उचाट को दूर करने तथा रचनात्मक अनुशासन बनाये रखने में योगदान देती हैं।

5. कक्षा के वातावरण को सरल, क्रियाशील तथा पढ़ने-पढ़ाने के अधिक उपयुक्त बनाने में सहयोग देती हैं।

6. पाठ की प्रस्तावना, उसके प्रस्तुतीकरण तथा विकास में सहायक होती हैं।

7. पढ़ाई हुई सामग्री के पुनः प्रस्तुतीकरण, अभ्यास तथा पुनः निरीक्षण में सहायक होती हैं।

8. जो कुछ पढ़ा दिया जाता है उसे कितना कुछ विद्यार्थी समझ पाये हैं, इसकी जाँच में सहायक होती हैं।

9. एक साथ सम्पूर्ण कक्षा के विद्यार्थियों को अधिक से अधिक अच्छी प्रकार ज्ञानार्जन में सहायक होती हैं।

10. ये विषय-वस्तु को सरल, आकर्षक तथा स्पष्ट बनाती हैं।

स्लाइडों के प्राप्ति स्रोत (Sources for Obtaining Slides): साधारण तथा फोटोग्राफिक स्लाइडें (Simple and Photographic Slides) निम्न स्रोतों द्वारा उपलब्ध हो सकती हैं:

(i) व्यावसायिक फर्मों से खरीदी जा सकती हैं।

(ii) अध्यापक प्रशिक्षण संस्थानों, विश्वविद्यालय, प्रान्तीय एवं राष्ट्रीय शिक्षा अनुसंधान तथा प्रशिक्षण परिषदों और दृश्य-श्रव्य पुस्तकालयों आदि से उधार ली जा सकती हैं।

(iii) अध्यापकों की देखरेख में छात्रों की सहायता से निर्मित की जा सकती हैं।

स्लाइडों का निर्माण: स्लाइडों को निर्माण की दृष्टि से मुख्य रूप से दो भागों में बाँटा जा सकता है–साधारण स्लाइड (Simple Slides) और फोटोग्राफिक स्लाइड (Photographic Slides)।

साधारण स्लाइडों के निर्माण की प्रक्रिया: इनके निर्माण की प्रक्रिया निम्न प्रकार से है:

(i) जिस आधार भूमि (Base) पर स्लाइड बनाई जाती है, पहले उसका चुनाव किया जाता है। इसके लिए साधारण शीशा (Plane glass), घिसा हुआ शीशा अथवा प्लास्टिक (Etched Glass or Etched Plastic), सेलोप्लेन (Celloplane), सिल्हौटी (Silhouette), पारदर्शी सैल्यूलोज एसीटेट फिल्म (Clear Transparent Cellulose Acetate Film) और अर्ध पारदर्शी कागज (Transluscent Paper) आदि में से कोई भी एक हो सकता है।

(ii) स्लाइड के शीशे आदि किसी चयनित आधार भूमि पर कोई चित्र, आरेख तथा

लिखावट आदि सीधे ही नहीं बनाई जाती बल्कि इस कार्य के लिए ट्रेसिंग पेपर (Tracing Paper) की सहायता ली जाती है। इसके लिए सबसे पहले ट्रेसिंग पेपर पर स्लाइड के प्रोजेक्शन क्षेत्र (Area of Projection) की सीमा परिधि (Boundary) बना ली जाती है। आधा इंच का हाशिया चारों ओर छोड़कर बीच के क्षेत्र को जिसकी माप लगभग 2″ × 2″ या 3¼″ × 4″ हो सकती है, रेखांकन तथा आकृति निर्माण के लिए रखा जाता है। इसके बाद योजनानुसार स्लाइड पर जो भी चित्र, आकृति बनानी हो, बनाई जाती है तथा चिन्ह, संकेत और नाम आदि का यथास्थान उल्लेख कर दिया जाता है।

(iii) अब ट्रेसिंग पेपर पर बनी मूल आकृति चित्र अथवा रेखांकन कार्य को स्लाइड बनाने के लिए चुनी गई पारदर्शी शीशे की शीट पर रख दिया जाता है तथा ड्राइंग पेन अथवा पेन्सिल की सहायता से पारदर्शी शीट पर ट्रेसिंग पेपर पर बनी आकृति आदि की नकल उतारने, कलात्मक कार्य करने अथवा अक्षर और संख्याएँ आदि लिखने का प्रयत्न किया जाता है।

(iv) जब पारदर्शी शीट पर ट्रेसिंग (Tracing) तथा अन्य कलात्मक और लेखन कार्य पूरा हो जाये तो उसे उसी आकार के गत्ते या कार्डबोर्ड के टुकड़े पर रखकर टेप (Tape) की सहायता से चिपका दिया जाता है और इस तरह साधारण स्लाइड के निर्माण कार्य को पूरा कर लिया जाता है।

फोटोग्राफिक स्लाइड का निर्माण: फोटोग्राफिक स्लाइडें कैमरे द्वारा फोटेग्राफी प्रक्रिया के परिणामस्वरूप तैयार की जाती है। काली और सफेद (Black and White) तथा रंगीन (Coloured) दोनों ही प्रकार की फिल्मों पर इन्हें तैयार किया जा सकता है। स्लाइड बनाने की प्रक्रिया कैमरे द्वारा व्यक्तियों, वस्तुओं, घटनाओं तथा प्रक्रियाओं का फोटोग्राफ उतारने से प्रारम्भ हो जाती है। इसके बाद फोटोग्राफी की विभिन्न क्रियाओं डवलपिंग (Developing), फिक्सिंग (Fixing), धोने (Washing) तथा सुखाने (Drying) आदि के द्वारा फोटोग्राफिक फिल्म पर उतरे फोटोग्राफों के नैगेटिव (Negative) विकसित कर लिये जाते हैं। नैगेटिव को फिर अंधेरे कमरे में एक विशेष प्रक्रिया द्वारा पारदर्शी शीशे की प्लेट पर मुद्रित (Print) करने का प्रयत्न किया जाता है। इसे भी फिर विकास की प्रक्रिया (Developing, Fixing, Washing and Drying) से गुजारकर पोजीटिव बिन्दु (Positive Point) को शीशे से ढक दिया जाता है ताकि प्लेट पर बनी हुई आकृति सुरक्षित रखी जा सके। तदुपरान्त शीशे के उस तल पर जिस पर आकृति बनी होती है और जो ढकने के लिए काम आता है उन दोनों को टेप से जोड़ दिया जाता है और इस तरह स्लाइड उपयोग के लिए तैयार हो जाती है।

12.4 फिल्म स्ट्रिप (Film Strip)

फिल्म स्ट्रिपस का अर्थ: फिल्म स्ट्रिपस (Film strips) से तात्पर्य फिल्म की उन लम्बी पट्टियों (Strips) से है जिन पर एक निश्चित क्रम अथवा लड़ी (Sequence) के रूप में अनेक फोटोग्राफ बने होते हैं। इस आधार पर अलग-अलग स्लाइडों को एक अविच्छिन्न (Continuous) लड़ी के रूप में दिखाने से भी फिल्म स्ट्रिप सम्बन्धी प्रयोजन पूरा हो सकता है। एक फिल्म स्ट्रिप पर जितने भी चित्र या फोटोग्राफ बने होते हैं उन्हें किसी उपयुक्त प्रोजेक्टर की सहायता से क्रमबद्ध रूप में इस प्रकार दिखाया जा सकता है

कि सम्बन्धित घटना, प्रक्रिया या विषय-वस्तु का सुनियोजित ढंग से क्रमबद्ध विवरण प्राप्त करने में सुविधा हो।

कैमरे की सहायता से हम किसी दृश्य, व्यक्ति या वस्तु का एक फोटोग्राफ फिल्म पर उतार सकते हैं। कैमरे में डाली गई फिल्म में 12 या 24 अलग-अलग फोटोग्राफ लेने की गुजांइश होती है। अधिक फोटोग्राफ लेने के लिए ज्यादा लम्बाई वाली फिल्म की जरूरत पड़ सकती है। जैसे एक प्रक्रिया अथवा दृश्य को उसके अपने स्वाभाविक क्रम में पूरी तरह दिखाने के लिए बहुत सारे क्रमबद्ध फोटोग्राफों की जरूरत पड़ सकती है। इस कार्य को तभी किया जा सकता है जबकि फिल्म की लम्बाई अधिक हो। फिल्म स्ट्रिप या पट्टियाँ (Film strips) इसी जरूरत को पूरा करने के लिए काम में लाई जाती हैं।

फिल्म स्ट्रिप का निर्माण: फिल्म स्ट्रिप पारदर्शक सैलोलाइड की बनी होती है, जिसे रोल करके सरलता से एक स्थान से दूसरे स्थान पर ले जाया जा सकता है। फिल्म स्ट्रिप का चलचित्र (Film) की भाँति नियमित रूप से प्रस्तुत किया जाता है।

पहले मूक फिल्म स्ट्रिप बनाई जाती थीं, अब ऑडियो रिकॉर्डिंग के द्वारा कमैन्ट्री भी इनके साथ-साथ दी जाती है जिससे इनका प्रदर्शन अधिक सजीव और रोचक हो जाता है।

आजकल जो फिल्म स्ट्रिपें उपलब्ध हैं, उनके साथ शिक्षण सामग्री का विवरण भी अलग से एक मुद्रित पुस्तिका के रूप में दिया होता है, जिसे पढ़कर शिक्षक अधिक क्षमता के साथ तथा अधिक आत्म-विश्वास के साथ छात्रों को ज्ञान प्रदान कर सकते हैं।

फिल्म स्ट्रिप का प्रदर्शन: फिल्म स्ट्रिप दिखाने से पूर्व शिक्षक को चाहिए कि वह फिल्म स्ट्रिप के प्रदर्शन तथा अपनी समालोचना (Commentry) का पूर्व अभ्यास अवश्य करे ताकि फिल्म स्ट्रिप का प्रभावशाली प्रदर्शन किया जा सके तथा प्रदर्शन के पश्चात् परिचर्चा का आयोजन भी अवश्य करना चाहिए जिसे Open Session के रूप में छात्रों के समक्ष प्रस्तुत करना चाहिए।

प्रभावशाली प्रदर्शन के लिए यह अत्यन्त आवश्यक है कि फिल्म स्ट्रिप प्रोजेक्टर के संचालन में भी शिक्षक को निपुणता प्राप्त करनी चाहिए।

12.5 स्लाइड अथवा फिल्म स्ट्रिप प्रोजेक्टर (Slide or Film Strip Projector)

स्लाइड प्रोजेक्टर, फिल्म स्ट्रिप प्रोजेक्टर का एक उन्नत रूप है। फिल्म स्ट्रिप प्रोजेक्टर में एक फिल्म होती है जिसमें एक ही स्ट्रिप में बहुत से फोटोग्राफ होते हैं जबकि स्लाइड प्रोजेक्टर में सम्बन्धित प्रकरणों पर अलग-अलग आँकड़ों, डायग्राम, स्कैच, फोटोग्राफ तथा सन्देश आदि अलग-अलग स्लाइडों पर अंकित किये जाते हैं। आवश्यकतानुसार इन स्लाइडों को एक-एक करके पर्दे पर प्रक्षेपित किया जाता है तथा सम्बन्धित विषय-वस्तु की व्याख्या की जाती है।

स्लाइड प्रोजेक्टर की संरचना: इसके निम्न मुख्य भाग होते हैं:

(a) विद्युत व्यवस्था, (b) प्रक्षेपी लेन्स, (c) प्रक्षेपी बल्ब, (d) स्लाइड ट्रे एवं (e) प्रक्षेपण पटल।

अब नये स्लाइड प्रोजेक्टर्स में अनेक विशेषताएँ आ रही हैं, उदाहरणार्थ:

1. अब स्लाइड प्रोजेक्टर में एक साथ 120 स्लाइडें आ जाती हैं, जिन्हें हाथों से या स्वयं चालित (Automatic) सुविधा से आगे-पीछे सरलता से किया जा सकता है।

2. इनमें रिमोट कन्ट्रोल (Remote Control) स्विच, फोकस (Focus) करने की तथा जूमिंग (Zooming) की सुविधाएँ भी उपलब्ध हो गयी हैं।

3. इसमें स्लाइड प्रदर्शन के लिए स्वचालित मैकेनिज्म आ गया है, जिससे स्लाइडें अपने आप निश्चित समय पर स्वयं आगे बढ़ जाती हैं।

4. स्लाइड प्रदर्शन के साथ रिकॉर्ड की गयी कमैन्ट्री भी साथ-साथ चलने की सुविधा इनमें आ गयी है।

प्रयोग में सावधानियाँ: (i) स्लाइड तथा फिल्म स्ट्रिप को रखने बदलने तथा घुमाने में सावधानी बरतनी चाहिए। (ii) जो कुछ दिखाया जाए वह सार्थक तथा उद्देश्यपूर्ण होना चाहिए। (iii) दिखाई जाने वाली वस्तु को उसी समय दिखाया जाना चाहिए जब विषय-वस्तु को अधिक स्पष्ट करने या समझाने के लिए उसकी आवश्यकता का अनुभव किया जाए। (iv) कन्डेन्सर लैन्स तथा प्रोजेक्शन लैन्स आदि को सावधानी से निकालकर साफ करते रहना चाहिए। (v) स्विच को खोलने तथा बन्द करने में पर्याप्त सावधानी रखनी चाहिए। (vi) ठण्डा करने वाले पंखे का उपयोग समय पर और सावधानीपूर्वक किया जाना चाहिए।

12.6 ओवरहैड प्रोजैक्टर अथवा शिरोपरि प्रोजेक्टर (Overhead Projector—OHP)

जैसा कि नाम से स्पष्ट है, इसमें दर्शायी जाने वाली सामग्री का प्रतिबिम्ब (Image) दिखाने वाले के पीछे तथा उसके सिर के ऊपर से आता है।

ओवरहैड प्रोजेक्टर शिक्षा के क्षेत्र में एक सम्प्रेषण की उत्तम विधि है। इसमें विषय से सम्बन्धित विषय-वस्तु पर विभिन्न ट्रान्सपेरेन्सीज (Transparencies) तैयार की जाती हैं और इन्हें पर्दे पर या दीवार पर प्रक्षेपित किया जाता है। प्रोजेक्टर को कक्षा में प्रदर्शन मेज पर रखा जाता है। शिक्षक छात्रों की ओर उन्मुख होकर प्रोजेक्टर में तैयार ट्रान्सपेरेन्सीज रखता है और प्रोजेक्टर का संचालन करता है।

ओवरहैड प्रोजेक्टर समस्त प्रक्षेपित होने वाले प्रोजेक्टर्स में सबसे सरल प्रक्षेपति होने वाला प्रोजेक्टर है। इसके द्वारा 18 cm × 22.5 cm आकार की तैयारी ट्रान्सपेरेन्सीज को बड़ा करके प्रक्षेपण 1.5 m × 1.5 m आकार में सरलता से लाया जा सकता है। इसमें शिक्षक छात्रों के सामने रहता है। ट्रान्सपेरेन्सीज हाथ से भी बनाई जा सकती है, उन पर सन्देश, डायग्राम तथा स्कैच आदि विवरण अंकित किया जाता है। आवश्यकता पड़ने पर इन्हें टाइप कराकर फोटोकॉपीयर (जीरोक्स मशीन) द्वारा भी तैयार किया जा सकता है।

ओवरहैड प्रोजेक्टर के प्रयोग में ध्यान देने योग्य बातें: आज के युग में ओवरहैड प्रोजेक्टर का प्रयोग विभिन्न सेमीनारों, वर्कशॉप, सम्मेलनों आदि के साथ-साथ कक्षा शिक्षण में भी बहुत उपयोगी पाया गया है।

ओवरहैड प्रोजेक्टर में उपयोग की जाने वाली ट्रान्सपेरेन्सीज में अंकित संदेश/विवरण/चित्र आदि की छवि (Image) साफ, पठन योग्य तथा स्पष्ट होनी चाहिए। इसके लिए निम्न बातों का ध्यान रखना चाहिए:

1. ट्रान्सपेरेन्सीज पर लिखे शब्दों का आकार कम से कम 6 cm अवश्य होना चाहिए।

2. अंकित लाइनें थोड़ी मोटी होनी चाहिए।

3. कक्षा में यदि 1 मीटर का पर्दा लगाया गया है तो कक्षा में छात्रों की अन्तिम लाइन और पर्दे के मध्य 6 मीटर से अधिक दूरी नहीं होनी चाहिए।

4. ट्रान्सपेरेन्सीज पर लिखने के लिए 'मार्कर पैन' का प्रयोग करना चाहिए। साधारण स्कैच पैन इस पर काम नहीं करते, उनसे लिखा हुआ, हाथ लगने पर मिट जाता है।

5. शिक्षक को कक्षा में ओवरहैड प्रोजेक्टर का प्रयोग करने से पूर्व पूर्वाभ्यास (रिहर्सल) करना आवश्यक है।

6. प्रक्षेपण शीशे तथा लैंस की बाहरी सतह को ब्रुश से साफ कर लेना चाहिए।

7. लैंस को हाथ से छूना नहीं चाहिए।

8. वोल्टेज (Voltage) को स्थिर रखने के लिए वोल्टेज स्टेबलाइजर का प्रयोग करना चाहिए।

9. ओवरहैड प्रोजेक्टर का प्रयोग लगातार लम्बे समय तक नहीं करना चाहिए।

ओवरहैड प्रोजेक्टर के निम्न प्रमुख भाग होते हैं:

(1) कैबिनेट, (2) प्रोजेक्शन लैम्प, (3) ठण्डा करने की व्यवस्था तथा ( ) फोकस व्यवस्था।

12.7 विभिन्न प्रकार के प्रोजेक्टरों के चित्र (Figures of Different Types of Projectors)

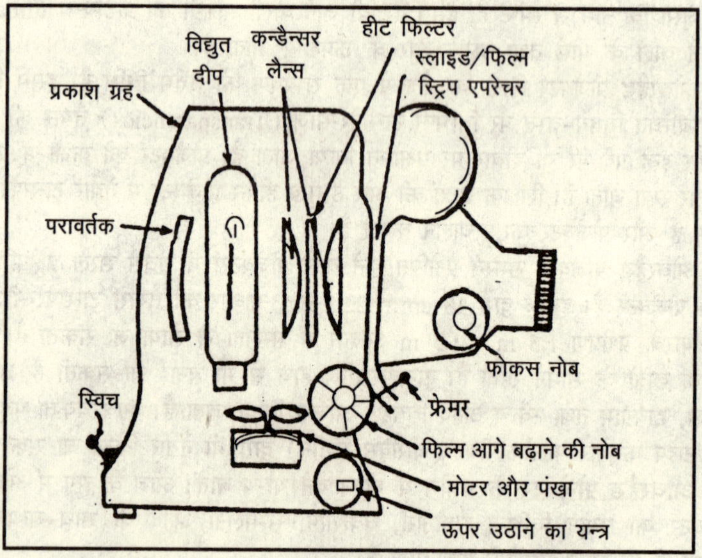

चित्र 12.3: स्लाइड एवं फिल्म-स्ट्रिप प्रोजेक्टर
(Slide and Film Strip Projector)

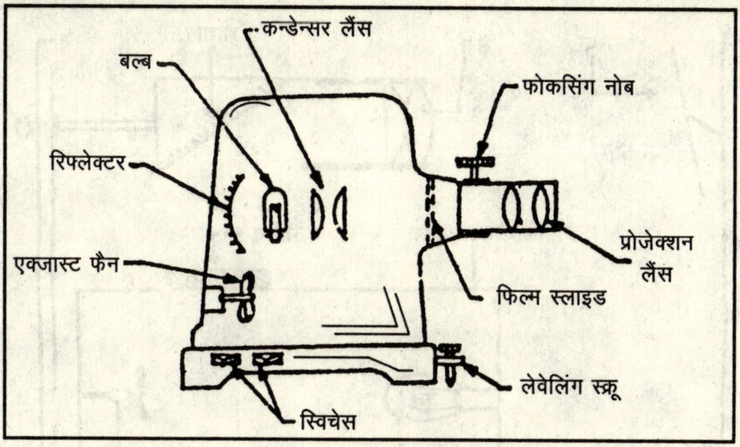

चित्र 12.4: एक सामान्य स्लाइड एवं फिल्म-स्ट्रिप प्रोजेक्टर
(A Common Slide and Film-strip Projector)

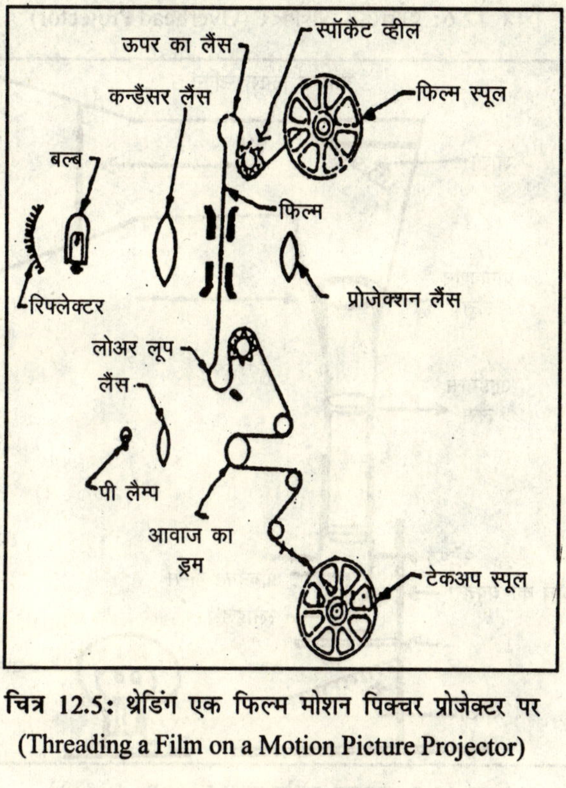

चित्र 12.5: थ्रेडिंग एक फिल्म मोशन पिक्चर प्रोजेक्टर पर
(Threading a Film on a Motion Picture Projector)

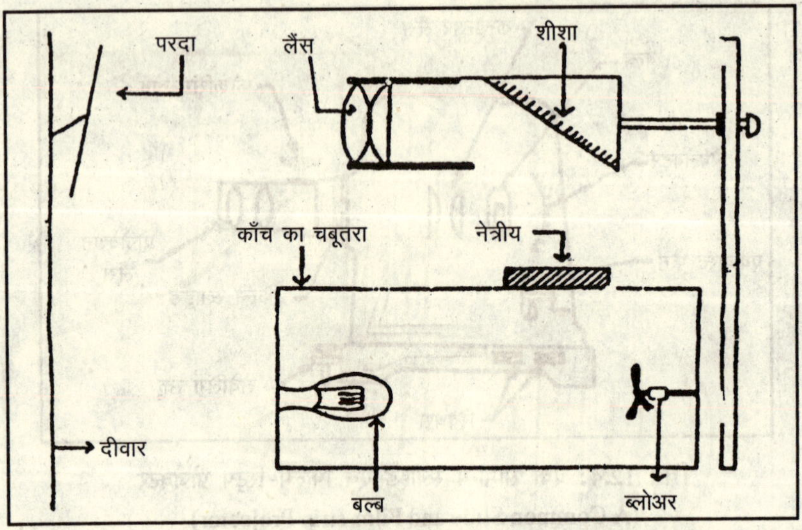

चित्र 12.6: ओवरहैड प्रोजेक्टर (Overhead Projector)

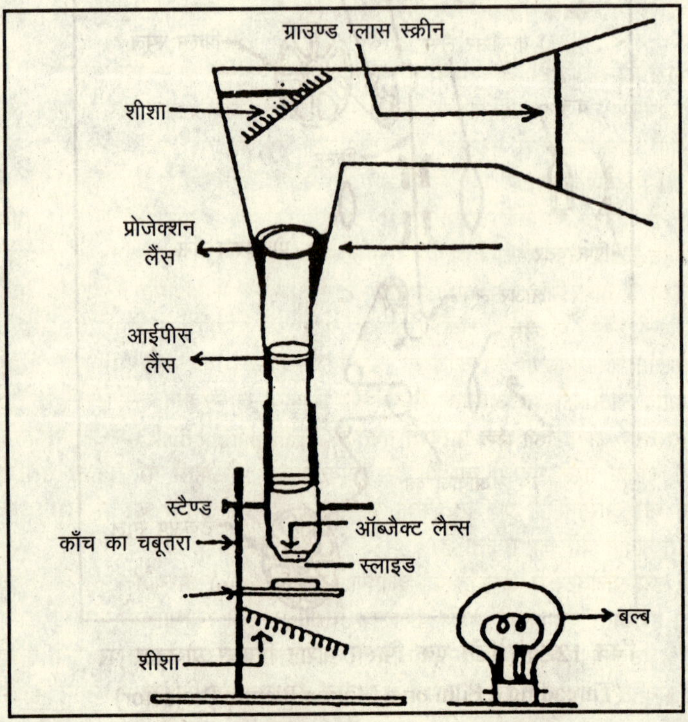

चित्र 12.7: माइक्रो प्रोजेक्टर (Micro Projector)

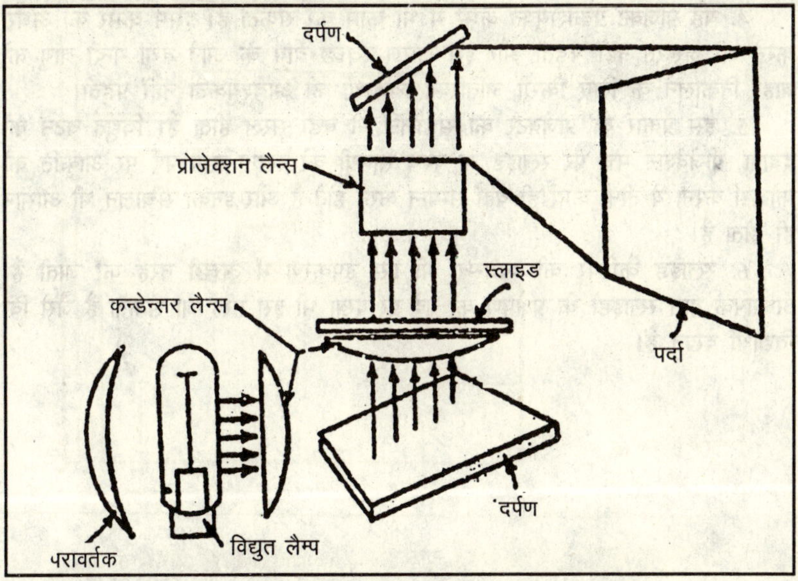

चित्र 12.8: शिरोपरि प्रक्षेपी (Overhead Projector)

शिरोपरि प्रोजेक्टर के लाभ: 1. श्यामपट्ट पर लिखी या चित्रित किसी भी सामग्री के स्पष्टीकरण के लिए अध्यापक को बार-बार उसके निकट जाने की जरूरत पड़ती है, परन्तु यहाँ अध्यापक इस परेशानी से बच सकता है। वह यहाँ प्रक्षेपित सामग्री के ऊपर किसी पेन्सिल या संकेतक का प्रयोग कर यह कार्य अच्छी तरह कर सकता है।

2. इस उपकरण के प्लेटफार्म का उपयोग विभिन्न प्रकार की शिक्षण सामग्री के प्रदर्शन हेतु किया जा सकता है। रंगीन प्लास्टिक के ऊपर विभिन्न चित्रात्मक सामग्री उभारी जा सकती है तथा फिर उसे इस उपकरण द्वारा आसानी से प्रक्षेपित किया जा सकता है। किसी खेल, जैसे–फुटबाल, हॉकी, क्रिकेट आदि की क्रियात्मक जानकारी, किसी संयंत्र या कारखाने में उपकरणों की व्यवस्था और किसी विज्ञान विषय से सम्बन्धित प्रयोगात्मक कार्य आदि बातों को भी आसानी से पर्दे पर दिखाया जा सकना इस प्रकार के प्रोजेक्टर द्वारा पूरी तरह सम्भव है। एक पारदर्शी तश्तरी (Transparent disk) में चित्रात्मक सामग्री ही नहीं बल्कि तरल पदार्थों को भी इस उपकरण के प्लेटफार्म पर रखकर तथा पर्दे पर प्रक्षेपित कर आसानी से प्रदर्शित किया जा सकता है तथा उनके बारे में सभी आवश्यक जानकारी प्रदान की जा सकती है।

3. इस प्रोजेक्टर में आकृति का प्रक्षेपण (Projection) अध्यापक के कन्धे के ऊपर से होता है। अत: वह पढ़ाते समय कक्षा के विद्यार्थियों का स्वाभाविक रूप से सामना कर सकता है, उनकी क्रियाओं तथा गतिविधियों का अवलोकन कर सकता है तथा उनके प्रति अपनी अनुक्रिया व्यक्त करने में समर्थ हो सकता है। इस तरह शिक्षण-अधिगम परिस्थितियों पर नियन्त्रण करने के कार्य में इस प्रकार के प्रोजेक्टर का उपयोग अन्य प्रक्षेपी उपकरणों से अधिक लाभकारी ठहराया जा सकता है।

4. यह प्रोजेक्ट प्रकाशयुक्त कमरे में भी काम कर सकता है। इसमें कमरे को अंधेरा करने की जरूरत नहीं पड़ती और इस कारण स्वच्छ वायु के आने तथा गन्दी वायु को बाहर निकालने के लिए किसी अतिरिक्त व्यवस्था की आवश्यकता नहीं पड़ती।

5. इस प्रकार के प्रोजेक्टर का संचालन भी बड़ा सरल होता है। विद्युत बटन को दबाना, प्रोजेक्शन मंच पर स्लाइड या दृश्य सामग्री को रखना तथा पर्दे पर आकृति को फोकस करना ये तीनों कार्य ही यहाँ सम्पन्न करने होते हैं और इनका संचालन भी आसान ही होता है।

6. स्लाइड कैरियर की व्यवस्था भी इस उपकरण में अच्छी तरह की जाती है। अध्यापक द्वारा स्लाइडों के प्रक्षेपण को पर्दे पर देखा भी इस तरह जा सकता है जैसे कि विद्यार्थी देखते हैं।

13

दूरदर्शन, भाषा प्रयोगशाला, शिक्षण मशीन, टेपरिकॉर्डर, शैक्षिक फिल्में तथा आकाशवाणी शिक्षण साधन के रूप में

T.V., Language Laboratory, Teaching Machine, Tape Recorder, Films and Radio as Teaching Aids

13.1 दूरदर्शन एक शिक्षण साधन के रूप में (T.V. as a Teaching Aid)

दूरदर्शन सम्प्रेषण संचार क्रिया का एक प्रभाव तथा शक्तिशाली माध्यम है। दूरदर्शन के शैक्षिक कार्यक्रमों की लोकप्रियता बढ़ती जा रही है। दूरदर्शन शिक्षण के प्रयोग को दो प्रकार से बाँटा जा सकता है:

शैक्षिक दूरदर्शन का स्थान के आधार पर वर्गीकरण (Classification of Educational T.V. on the Basis of Place): 1. खुला परिपथ दूरदर्शन (Open Circuit Television), 2. बन्द परिपथ दूरदर्शन (Closed Circuit Television)।

खुला परिपथ दूरदर्शन: इसका प्रसारण केन्द्र द्वारा वायु के माध्यम से कार्यक्रमों का ग्रहण किया जाता है तथा विभिन्न स्थानों को प्रेषित किया जाता है। हमारे देश में सामान्यतया इसी माध्यम से दूरदर्शन का प्रयोग किया जाता है।

बन्द परिपथ दूरदर्शन: बन्द परिपथ दूरदर्शन का प्रयोग उच्च स्तर की शैक्षिक संस्थाओं तक ही सीमित है। यह एक प्रकार से स्थानीय व्यवस्था है जो कि किसी विशेष क्षेत्र में आने वाली एक या अधिक शैक्षिक संस्थाओं तक सीमित है।

शिक्षा के आधार पर शैक्षिक दूरदर्शन प्रसारण का वर्गीकरण (Classification of Educational T.V. on the Basis of Type of Education): 1. अनौपचारिक शैक्षिक प्रसारण, 2. औपचारिक शैक्षिक प्रसारण।

अनौपचारिक शैक्षिक प्रसारण: इन प्रसारणों का सीधा सम्बन्ध तो स्कूली पाठ्यक्रम से नहीं होता है, परन्तु छात्रों का ज्ञानवर्धन करने में ये प्रसारण बहुत सहायक होते हैं। इन प्रसारणों में नृत्य, नाटक, संगीत, बच्चों के लिए कार्यक्रम, महिलाओं के लिए कार्यक्रम, ग्रामीण भाइयों के कार्यक्रम, देश-विदेश की घटनाओं से सम्बन्धित कार्यक्रम, खेल-जगत से सम्बन्धित कार्यक्रम, सामाजिक विषयों पर कार्यक्रम आदि आते हैं।

औपचारिक शैक्षिक प्रसारण: ये प्रसारण प्रत्यक्ष रूप से शैक्षिक संस्थाओं से सम्बन्धित होते हैं। इस प्रकार के कार्यक्रमों में प्रसारित होने वाले पाठों को विषय-विशेषज्ञों द्वारा तैयार कराया जाता है। ये प्रसारण निम्नलिखित वर्गों के लिए हो सकते हैं: (i) ग्रामीण तथा पिछड़े क्षेत्रों में शैक्षिक सुविधाओं के विस्तार के लिए। (ii) स्कूली छात्रों के पाठ्यक्रम से सम्बन्धित विषयों पर। (iii) स्कूली छात्रों के पाठ्यक्रम के पूरक के रूप में। (iv) विश्वविद्यालयों के छात्रों के पाठ्यक्रम से सम्बन्धित विषयों पर। (v) प्रौढ़ शिक्षा के लिए। (vi) अध्यापकों के प्रशिक्षण के लिए।

दूरदर्शन के शैक्षिक लाभ: 1. *विभिन्न इन्द्रियों का प्रयोग*: दूरदर्शन पर प्रसारित होने वाले कार्यक्रमों में छात्रों की श्रवण तथा दृश्य दोनों इन्द्रियों का प्रयोग होता है। इस कारण पाठ मनोरंजक, रुचिकर, आकर्षक तथा आसान हो जाते हैं।

टेलीविजन कार्यक्रम

- सामान्य शैक्षिक कार्यक्रम (General Educational Programme)
  - (a) स्वास्थ्य सम्बन्धी कार्यक्रम
  - (b) जीवन स्तर उन्नयन सांस्कृतिक कार्यक्रम
  - (c) सामान्य ज्ञान संवर्धन कार्यक्रम
- शैक्षणिक अनुदेशात्मक कार्यक्रम (Instructional Programme)
  - (a) पूर्ण दूरदर्शन शिक्षण
  - (b) पूरक दूरदर्शन शिक्षण
  - (c) दूरदर्शन शिक्षण साधन के रूप में
  - (d) दूरदर्शन अधिकांश शिक्षण संसाधन के रूप में
  - (e) अनौपचारिक दूरदर्शन

2. *एकीकरण*: ये कार्यक्रम अधिगम-प्रक्रिया को सुधारने में बहुत सहायक सिद्ध होते हैं क्योंकि दूरदर्शन पर प्रसारित शिक्षा-कार्यक्रमों में दृश्य-श्रव्य सामग्री तथा उपकरणों की पूर्ण योजना, क्रमिक प्रस्तुतीकरण और एकीकरण सम्मिलित होता है।

3. *मितव्ययी*: दूरदर्शन एक ही समय में लाखों विद्यार्थियों को शिक्षा देता है। इस कारण यह एक मितव्ययी साधन है।

4. *विस्तृत जानकारी*: चूँकि दूरदर्शन पर जो भी कार्यक्रम प्रसारित किए जाते हैं वे विशेषज्ञों द्वारा तैयार किए जाते हैं, इसलिए ये कार्यक्रम छात्रों को विषय की विस्तृत तथा गहन जानकारी प्रदान करने में सहायता करते हैं।

5. *अनेक छात्रों का एक ही समय में अध्ययन*: दूरदर्शन की सहायता से एक ही समय में अधिक से अधिक छात्रों को शिक्षा प्रदान की जा सकती है।

6. *शिक्षा का दूर-दराज क्षेत्रों में प्रसार*: दूरदर्शन-कार्यक्रम दूरदराज क्षेत्रों में भी प्रसारित

किए जाते हैं, इस प्रकार इन क्षेत्रों में रहने वाले लोग विस्तृत जानकारी प्राप्त कर सकते हैं।

7. *अध्यापक के कौशलों का विकास*: दूरदर्शन कार्यक्रम को देखकर अध्यापक भी अपने अध्ययन-कौशलों को सुधारने के लिए मार्गदर्शन प्राप्त कर सकते हैं।

8. *विशिष्ट व्यक्तियों से सम्पर्क*: दूरदर्शन पर छात्र उच्च स्तर के कलाकार, संगीतज्ञ, खिलाड़ी, उच्च कोटि के वैज्ञानिक, शिक्षाशास्त्री, समाज-सुधारक तथा अपने-अपने क्षेत्र के विशिष्ट व्यक्तियों के विचार और कार्य को सुन व देख सकते हैं। अतः उनकी यह समीपता छात्रों के लिए मनोवैज्ञानिक तथा शैक्षिक रूप से अत्यन्त लाभदायक सिद्ध होती है।

9. *विभिन्न स्थलों का ज्ञान*: छात्र स्कूल में बैठे-बैठे संसार के विभिन्न स्थलों की सैर कर लेते हैं।

10. *राष्ट्रीय एकता*: छात्र विभिन्न देशों व प्रदेशों का रहन-सहन, वेशभूषा, नृत्य, संगीत तथा भाषा आदि के कार्यक्रमों से समान लाभ प्राप्त कर सकते हैं।

11. *ग्रामीण क्षेत्रों में प्रसार*: साधनहीन दूर स्थित ग्रामीण क्षेत्रों में पढ़ने वाले छात्र दूरदर्शन द्वारा प्रसारित कार्यक्रमों से समान लाभ प्राप्त कर सकते हैं।

12. *शैक्षिक समस्याओं का समाधान*: दूरदर्शन के शैक्षिक कार्यक्रमों के माध्यम से शिक्षा की विभिन्न समस्याओं, जैसे—अध्यापकों का अभाव, भवनों की कमी, सामग्री का पर्याप्त मात्रा में उपलब्ध न होना आदि के हल होने में सहायता मिलती है।

13. *समुदाय केन्द्र*: दूरदर्शन स्कूलों को समुदाय की कुछ गतिविधियों का केन्द्र बनाने में भी सहायता कर सकता है।

दूरदर्शन कार्यक्रमों की सीमाएँ (Limitations of T.V. Programmes): 1. बिना सरकारी अनुदान के दूरदर्शन की व्यवस्था करना सामान्यतः शैक्षिक संस्थाओं के लिए कठिन है।

2. दूरदर्शन के खराब हो जाने पर इसकी मरम्मत के लिए किसी विशेषज्ञ की आवश्यकता पड़ती है तथा इस पर काफी व्यय होता है।

3. दूरदर्शन-प्रसारण दिखाने के लिए एक बड़े कमरे या हॉल की आवश्यकता होती है, परन्तु स्थान के अभाव के कारण यह सुविधा अनेक शैक्षिक संस्थानों में उपलब्ध नहीं हो पाती। इस कारण छात्र पास से कार्यक्रम देखते हैं जिससे उनके नेत्रों पर बहुत जोर पड़ता है और दृष्टि-दोष होने का भय बना रहता है।

4. प्रायः शैक्षिक संस्थाओं में दूरदर्शन पर प्रसारित होने वाले कार्यक्रमों को दुहराया नहीं जा सकता।

5. दूरदर्शन एक तरफा (One way) सम्प्रेषण है। छात्र अध्यापक से प्रश्न नहीं पूछ सकते।

6. दूरदर्शन शिक्षण में छात्र प्रायः निष्क्रिय रहते हैं।

7. दूरदर्शन शिक्षण से वर्ष का कोर्स पूरा नहीं हो सकता है।

दूरदर्शन का शिक्षण में प्रयोग करने की उचित व्यवस्था (Proper Arrangement for the Use of T.V. in Education):

1. अध्यापक को चाहिए कि दूरदर्शन पर प्रसारित होने वाले कार्यक्रमों की सूची बना ले।

2. दूरदर्शन-प्रसारण दिखाने से पहले अध्यापक अपने-आपको पूर्ण रूप से तैयार कर ले ताकि आवश्यकता पड़ने पर छात्रों की समस्याओं का समाधान किया जा सके।

3. दूरदर्शन-कार्यक्रम दिखाने से पहले अध्यापक द्वारा छात्रों को उचित निर्देश दे दिए जाने चाहिए ताकि छात्र आवश्यकतानुसार महत्त्वपूर्ण बिन्दुओं पर विशेष ध्यान दे सके।

4. दूरदर्शन-कार्यक्रम दिखाने से पूर्व यह निश्चित कर लिया जाए कि दूरदर्शन सैट ठीक प्रकार से कार्य कर रहा है।

5. दूरदर्शन-प्रसारण से पहले कमरे अथवा हॉल के भौतिक वातावरण का निरीक्षण कर लेना चाहिए ताकि छात्र प्रसारण-कार्यक्रम से पूरा-पूरा लाभ उठा सकें।

6. दूरदर्शन उपकरण इस प्रकार रखा जाए कि सभी छात्र ठीक प्रकार से देख सकें तथा सुन सकें।

7. दूरदर्शन-प्रसारण के अवसर पर उचित अनुशासन होना चाहिए।

8. छात्रों को उचित दिशा निर्देश दिये जाएं जिससे वे महत्त्वपूर्ण बिन्दु पर नोट ले सकें।

9. अध्यापक स्वयं भी प्रसारण-कार्यक्रम को सावधानी से देखें।

10. प्रसारण-कार्यक्रम होने के पश्चात् कक्षा में अध्यापक के निर्देशन में उस कार्यक्रम पर चर्चा की जानी चाहिए। छात्रों की पाठ सम्बन्धी शंकाओं का समाधान भी अध्यापक को करना चाहिए।

11. प्रसारित कार्यक्रम के गुण-दोषों के बारे में सम्बन्धित वर्गों को सूचित किया जाए ताकि अगले प्रसारण-कार्यक्रमों में सुधार किया जा सके।

शैक्षिक दूरदर्शन तथा अध्यापक (Educational T.V. and the Teacher): शैक्षिक टेलीविजन के क्षेत्र में शिक्षक की विशेष भूमिका होती है। सर्वप्रथम शिक्षक को विभिन्न पत्र-पत्रिकाओं अथवा दूरदर्शन केन्द्रों से आवश्यक सामग्री प्राप्त करके सभी शैक्षिक कार्यक्रमों की जानकारी प्राप्त करनी चाहिए। यह जानकारी वह अपने छात्रों को दे। तत्पश्चात् मनोवैज्ञानिक रूप से शैक्षिक प्रसारण देखने के लिए छात्रों को प्रेरित करे तथा उनके देखने के लिए छात्रों की आयु, मानसिक स्तर आदि का ध्यान रखे। शिक्षक को कार्यक्रम आने से पूर्व टेलीविजन सैट पहले एक बार चलाकर देखना चाहिए, यदि उसमें कोई खराबी है तो ठीक करा लेनी चाहिए। तभी सैट को कक्षा में लाना चाहिए। छात्रों के बैठने का स्थान भी निर्धारित किया जाना चाहिए। प्रसारण के समय पूर्ण अनुशासन होना चाहिए। कार्यक्रम से सम्बन्धित प्रमुख बिन्दु पहले छात्रों को स्पष्ट करने चाहिए। उसे यह भी देखना चाहिए कि आवश्यकतानुसार छात्र नोट्स लेते रहें। प्रसारण के समय भी छात्रों के अनुशासन पर एक नजर रखनी चाहिए, साथ ही उनके बैठने के ढंग पर भी ध्यान देना चाहिए।

प्रसारण कार्यक्रम के पश्चात् प्रसारण विषय पर छात्रों के साथ विचार-विमर्श किया जाना चाहिए और छात्रों की शंकाओं का समाधान होना चाहिए। शैक्षिक प्रसारण में रह गए तथ्यों को अपनी वार्ता से पूरा करना चाहिए।

शैक्षिक प्रसारण छात्रों के लिए प्रभावशाली तो बन सकता है, परन्तु शिक्षक का स्थान नहीं प्राप्त कर सकता।

तालिका 13.1: सभी स्तरों पर शैक्षिक दूरदर्शन तथा अध्यापकों के कार्य
(Educational Television (ETV) at All Stages and the Role of the Teacher)

अध्यापक द्वारा प्रसारण सम्बन्धी तैयारी करना	*प्रस्तुतीकरण की अवस्था में अध्यापक के कार्य*	*प्रसारण सम्बन्धी अनुवर्ती कार्य*
(1)	(2)	(3)
(i) प्रसारण केन्द्रों से सम्बन्धित सभी मुद्रित सामग्री प्राप्त करना। (ii) प्रसारित होने वाले कार्यक्रमों की सूची से अवगत होना। (iii) छात्रों को दूरदर्शन से लाभ प्राप्त करने के लिए शैक्षिक तथा मनोवैज्ञानिक तौर पर भली प्रकार तैयार करना। (iv) दूरदर्शन कक्ष में भौतिक सुविधाओं तथा साधनों की व्यवस्था करना।	(i) दूरदर्शन को ठीक प्रकार से चलाना ताकि आवाज तथा आकृति स्पष्ट हो। (ii) कक्षा में प्रसारण समय में अनुशासन बनाए रखना। (iii) छात्रों को संक्षिप्त रूप में नोट्स लेने अथवा चित्र आदि के लिए कहना।	(i) प्रसारण कार्यक्रम के तुरन्त पश्चात् छात्रों को नोट्स अथवा स्कैचों की कमी को पूरा करने के लिए कहना। (ii) छात्रों के साथ प्रसारण पर विचार-विनिमय करना। (iii) प्रत्येक छात्र की शंका का निवारण करना। (iv) छात्रों को प्रसारण कार्यक्रम में देखे गए प्रयोगों के लिए क्रियात्मक कार्य करने का अवसर देना। (v) मूल्यांकन करना। (vi) प्रसारण में छूट गई बातों की जानकारी देना।

बन्द परिपथ दूरदर्शन—क्लोज्ड सर्किट टेलीविजन (Closed Circuit Television—CCTV): साधारणत: टेलीविजन प्रसारण में शैक्षिक कार्यक्रम पहले स्टूडियो में रिकॉर्ड किया जाता है, फिर ट्रान्समीटर द्वारा रिले किया जाता है। टी.वी. रिसीवर एण्टीना के द्वारा प्रसारित कार्यक्रमों को प्राप्त कर टेलीविजन पर दिखाया जाता है। क्लोज्ड सर्किट टेलीविजन (बन्द परिपथ दूरदर्शन) में प्रसारण, केवल कक्षाओं/स्कूल भवन तक सीमित रहता है इसीलिए इसे क्लोज्ड सर्किट टेलीविजन कहा जाता है। इसमें प्रसारण रिले के को-एक्सिल केबिल द्वारा टी.वी. सैट या मॉनीटर तक आता है। ये कार्यक्रम या तो सीधे ही प्रसारित होते हैं या पहले से रिकार्ड करके फिर प्रसारित किये जाते हैं। इनका उद्देश्य केवल पूर्ण निश्चित प्रकरणों पर कार्यक्रम प्रसारित करना होता है। इस तरह के प्रसारण में माइक्रोवेव का सीमित प्रयोग किया जाता है, इसीलिए इसका प्रसारण भी किसी विशेष स्थान तथा दर्शकों तक सीमित रहता है।

शिक्षक-प्रशिक्षण के क्षेत्र में छात्राध्यापकों के शिक्षण में सुधार हेतु यह अत्यन्त सक्षम साधन है। मेडिकल कॉलेजों में विशेष ऑपरेशन प्रक्रिया प्रदर्शित करने के लिए यह एक सशक्त उपकरण है।

C.C.T.V. की विशेषताएँ: 1. C.C.T.V. के प्रयोग से अनुदेशन का विस्तार क्षेत्र बढ़ जाता है।

2. शैक्षिक संस्थाओं में जिन वस्तुओं या प्रक्रियाओं का प्रदर्शन सभी छात्र एक साथ नहीं देख पाते, C.C.T.V. के माध्यम से ये प्रदर्शन सभी छात्रों को एक साथ दिखाये जा सकते हैं और उनकी बारीकियों को सरलता से समझाया जा सकता है।

3. C.C.T.V. के माध्यम से शैक्षिक संस्थाएँ अपनी-अपनी सारणी के अनुसार शिक्षण प्रक्रिया समावेशित कर सकती हैं।

4. अच्छे शिक्षकों के पाठ प्रदर्शन C.C.T.V. के माध्यम से कई कक्षाओं तथा अन्य शैक्षिक संस्थाओं तक पहुँचाए जा सकते हैं जिससे शिक्षा व शिक्षण का स्तर ऊँचा किया जा सकता है।

विकसित देशों में तो C.C.T.V. का शैक्षिक कार्यक्रमों में बहुत प्रयोग किया जाता है, परन्तु भारत जैसे विकासशील देश में इसका बहुत ही कम प्रयोग हो रहा है।

13.2 भारत में शैक्षिक दूरदर्शन प्रसारण (E.T.V. in India)

1. रेडियो तथा टेलीविजन लगभग पिछले पाँच दशकों से हमारे देश में शिक्षा-प्रणाली के विकास के लिए काम में लाया जा रहा है।

2. पहली बार 1961 में दिल्ली के स्कूलों में टेलीविजन का प्रयोग किया गया था। बाद में इस योजना का मुम्बई, चेन्नई और श्रीनगर के दूरदर्शन-केन्द्रों ने अनुकरण किया। ये केन्द्र प्राय: मध्य स्तर और उसके ऊपर के बच्चों के लिए ही प्रसारण करते हैं। लेकिन उनमें से कुछ प्राथमिक स्कूलों के लिए भी काम करते हैं।

3. सुदूर ग्रामीण क्षेत्रों के प्राथमिक स्तर के अधिकतम बच्चों तक इन कार्यक्रमों को पहुँचाने के लिए पहली बार 1975-76 में टेलीविजन का बड़े पैमाने पर प्रयोग किया गया। उसके लिए सैटेलाइट प्रशिक्षण टेलीविजन परीक्षण (एस.आई.टी.ई.) के समय एक अमरीकी सैटेलाइट-ए.टी.सी.-6 की सहायता ली गई थी। यह परीक्षण एक वर्ष तक चलता रहा। इससे छ: राज्यों-आन्ध्र प्रदेश, बिहार, कर्नाटक, मध्य प्रदेश, उड़ीसा और राजस्थान के बीस जिलों के 2330 गाँवों के बच्चों को लाभ हुआ। स्कूलों में उन बच्चों द्वारा प्रतिदिन बीस मिनट का कार्यक्रम टेलीविजन पर देखा गया। 1975 में दशहरे की छुट्टियों में बारह दिन तक सैटेलाइट का प्राथमिक स्कूलों के शिक्षकों को विज्ञान में प्रशिक्षित करने के लिए प्रयोग किया गया। उसमें चौबीस हजार से भी अधिक शिक्षकों ने भाग लिया। 1975 की गर्मी की छुट्टियों में वही प्रशिक्षण अन्य शिक्षकों को भी दिया गया।

उक्त परीक्षण के बाद जयपुर, रायपुर और मुजफ्फरपुर में स्थित ग्राउण्ड ट्रांसमीटरों की सहायता से कुछेक स्कूलों के लिए ये कार्यक्रम प्रसारित किये जाते रहे।

4. अप्रैल, 1982 में भारतीय राष्ट्रीय सैटेलाइट (इन्सेट) की स्थापना की गई। उसकी सहायता से प्राथमिक शिक्षा के स्तर को सुधारने के लिए टेलीविजन का बड़े पैमाने पर प्रयोग किया जा रहा है। शैक्षिक टेलीविजन सेवा आन्ध्र प्रदेश और उड़ीसा से आरम्भ की गई थी। बाद में उसका महाराष्ट्र, गुजरात, उत्तर प्रदेश और बिहार में विस्तार किया गया। इन राज्यों के कुछ चुने हुए जिलों के स्कूलों के लिए भारत सरकार ने छ: हजार से अधिक टेलीविजन उपलब्ध कराये हैं।

5. अक्टूबर, 1974 के मध्य से शैक्षिक टेलीविजन कार्यक्रम अधिक शक्तिशाली तथा कम शक्तिशाली प्रेषित्रों की सहायता से उक्त छः राज्यों तथा हिन्दी-भाषी राजस्थान और मध्य प्रदेश में भी प्रसारित किये जा रहे हैं। इन प्रसारण-क्षेत्रों में आने वाले अन्य स्कूलों के लिए राज्य सरकारें अतिरिक्त सामुदायिक टेलीविजन का प्रबन्ध कर रही हैं। अब देश में लगभग 200 टेलीविजन प्रेषित्र हैं। उनसे सत्तर प्रतिशत जनता इन प्रसारणों को देख सकती है।

6. केन्द्रीय शैक्षिक प्रौद्योगिकी संस्थान, नई दिल्ली तथा राज्य शैक्षिक प्रौद्योगिकी संस्थान अनेक प्रकार के शैक्षिक कार्यक्रम तथा सामग्री का निर्माण कर रहे हैं, जिन्हें विभिन्न भाषाओं में प्रयोग किया जा रहा है।

7. शैक्षिक टेलीविजन योजना के अन्तर्गत प्राथमिक स्कूलों में रंगीन टी.वी. सेट, रेडियो तथा कैसेट प्लेयर बड़े पैमाने पर वितरित किए जा रहे हैं।

8. विश्वविद्यालय अनुदान आयोग (UGC) तथा इन्दिरा गाँधी राष्ट्रीय मुक्तविद्यालय (IGNOU) अनेक प्रकार के दूरदर्शन शैक्षिक कार्यक्रम प्रसारित कर रहे हैं।

13.3 भाषा प्रयोगशाला (Language Laboratory)

भाषा प्रयोगशाला का अर्थ (Meaning of Language Laboratory): *ए.एस. हियास* (A.S. Hayas) ने भाषा प्रयोगशाला की परिभाषा इस प्रकार दी है, "भाषा प्रयोगशाला एक कक्षा-कक्ष (Classroom) है जिसमें विदेशी भाषा के अधिगम को अधिक प्रभावशाली बनाने के लिए विशेष प्रकार के उपकरण जुटाए जाते हैं। सामान्यतया यह कार्य साधारण व्यवस्था में इतना प्रभावशाली नहीं बन सकता।"

रॉबर्ट लेडो (*Robert Lado*) के विचार में, "भाषा प्रयोगशाला भाषा शिक्षण का केन्द्र है जिसमें छात्रों को सुनने, बोलने, पढ़ने तथा लिखने आदि के लिए नियन्त्रित वातावरण प्रदान किया जाता है।"

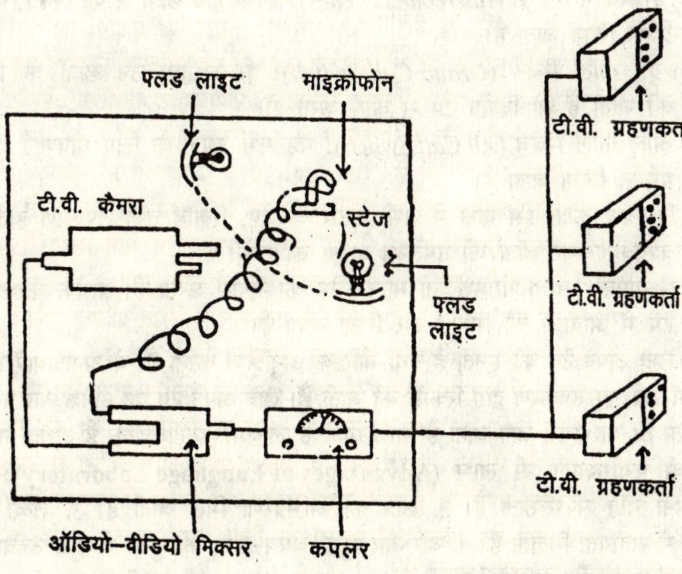

चित्र 13.1: साधारण सर्किट टी.वी. सिस्टम (Simple Closed Circuit T.V. System)

भाषा प्रयोगशाला में उपकरण तथा प्रक्रिया (Equipment and Process of Language Laboratory): भाषा प्रयोगशाला के निम्नलिखित तीन अनुभाग होते हैं: 1. कई श्रवण (सुनना) कोष्ठ-बूथ (Hearing Booths) 2. परामर्शदाता/सलाहकार का कोष्ठ (Advisor or Console's Booth) 3. नियन्त्रण कक्ष (Control Room)

1. *श्रवण कोष्ठ:* प्राय: भाषा प्रयोगशाला में 16 अथवा 20 श्रवण कोष्ठ होते हैं। प्रत्येक कोष्ठ में एक मेज तथा कुर्सी होती है जिस पर बैठकर छात्र कार्य कर सकता है। कोष्ठ में अन्य सामग्री इस प्रकार होती है– (i) दूरभाष–परामर्शदाता से वार्तालाप के लिए, (ii) श्रवणेन्द्रिय दूरभाष–ईयरफोन (Ear Phone), (iii) टेप रिकॉर्डर (Tape Recorder)।

ऊपर दर्शाए गए यन्त्रों से छात्रों का नियन्त्रण कक्ष से सम्पर्क स्थापित होता है। अपनी आवाज को रिकॉर्ड करने तथा फिर सुनने का प्रबन्ध होता है, छात्र आवश्यकतानुसार टेप का चुनाव कर लेते हैं।

प्रत्येक कोष्ठ की चार फुट की ऊँची दीवारें अथवा अलग-अलग भाग (Partitions) होते हैं ताकि छात्र बिना किसी बाधा के अपना कार्य कर सकें। छात्र परामर्शदाता से परामर्श ले सकता है।

2. *परामर्शदाता का कोष्ठ:* इस कोष्ठ में कई टेप तथा मास्टर टेप रहते हैं तथा इस प्रकार की व्यवस्था रहती है जिससे परामर्शदाता छात्र से सम्पर्क स्थापित कर सके।

परामर्शदाता के कोष्ठ में निम्नलिखित सामग्री होती है–

(i) *डिस्ट्रीब्यूशन स्विच्स (Distribution Switches)*: इनके माध्यम से छात्रों की आवाज आदि को परामर्शदाता सुन सकता है तथा उपयुक्त सुधार कर सकता है।

(ii) *मॉनीटरिंग स्विच्स (Monitoring Switches)*: इनके माध्यम से छात्रों की आवाज आदि को परामर्शदाता सुन सकता है तथा उपयुक्त सुधार कर सकता है।

(iii) *इण्टरकौम स्विच्स (Intercom Switches)*: इनके द्वारा छात्रों से दोतरफा (Two-way) सम्प्रेषण किया जाता है।

(iv) *ग्रुप कॉल स्विच (Group Call Switch)*: इसके द्वारा उन छात्रों के लिए घोषणाएँ की जाती हैं जो विशेष टेप से कार्य करते हों।

(v) *ऑल कॉल स्विच (All Call Switch)*: यह सभी छात्रों के लिए घोषणाएँ करने के लिए प्रयुक्त किया जाता है।

3. *नियन्त्रण कक्ष:* इस कक्ष में सभी प्रकार के टेप, रिकॉर्ड तथा उपकरण होते हैं ताकि आवश्यकतानुसार छात्रों को उपलब्ध कराए जा सकें।

(i) अध्यापक अथवा परामर्शदाता मास्टर टेप का प्रयोग करता है। प्रत्येक कोष्ठ में विद्यमान टेप में आवाजों को रिकॉर्ड कर लिया जाता है।

(ii) छात्र अपने टेप को सुनता है तथा मौखिक अनुक्रिया करता है। ये अनुक्रियाएँ छात्र के बूथ में रखे गए उपकरण द्वारा रिकॉर्ड की जाती हैं। छात्र अपने टेप का अनेक बार प्रयोग कर सकता है। वह स्वयं जान जाता है कि उसकी उपलब्धियाँ सन्तोषजनक हैं अथवा नहीं।

भाषा प्रयोगशाला से लाभ (Advantages of Language Laboratory): 1. छात्र अपनी गति से सीखता है। 2. छात्र को अभिप्रेरणा मिल जाती है। 3. शब्दों के उच्चारण में सहायता मिलती है। 4. बार-बार शुद्ध विषय-वस्तु को सुनने से शुद्ध उच्चारण अधिगम में सहायता प्राप्त होती है। 5. छात्र अभ्यास द्वारा अपनी गलतियों को ठीक कर

सकता है। 6. छात्र पाठ को बार-बार दोहरा सकता है। 7. चूँकि छात्र का उच्चारण किसी दूसरे छात्र को सुनाई नहीं देता, वह बिना हिचकिचाहट के कार्य करता है। 8. साधारण कक्षा अध्ययन में भाषा अभ्यास के लिए जितना समय चाहिए वह नहीं मिलता, परन्तु भाषा प्रयोगशाला में यह सुविधा विद्यमान है। 9. छात्र में क्रियाशीलता बढ़ती है।

भाषा प्रयोगशाला की सीमाएँ (Limitations of a Language Laboratory): 1. भाषा प्रयोगशाला का प्रयोग भाषा पढ़ने तथा लिखने में नहीं हो सकता। 2. 16 तथा 20 से अधिक छात्र एक ही समय में कार्य नहीं कर सकते। 3. विदेशों में जो अन्य भाषाएँ सिखाई जाती हैं, उनके विद्वान मिलना कठिन हो जाता है। 4. यह खर्चीली विधि है।

13.4 शिक्षण मशीन (Teaching Machine)

प्रोफेसर एस.एल. प्रेसी (S.L. Pressey) को शिक्षण मशीन का प्रवर्तक माना जाता है। यद्यपि प्रारम्भ में बी.एफ. स्किनर (B.F. Skinner) ने अनुदेशन के प्रस्तुतीकरण के लिए एक मशीन का निर्माण किया था। प्रेसी ने यह आविष्कार 1927 में किया।

शिक्षण मशीन का अर्थ: शिक्षण मशीन एक ऐसी यांत्रिक विद्युत-युक्ति है जो शिक्षण प्रकरण को पूर्व निश्चित क्रम से प्रस्तुत करती है। इसमें छात्रों को प्रश्नों के उत्तर देने के अवसर दिए जाते हैं और उसे तुरन्त प्रतिपुष्टि प्रदान की जाती है। इसमें ज्यादातर मशीन का संचालन छात्र के हाथ में रहता है।

शिक्षण मशीन स्वचालित अथवा आंशिक रूप से स्वचालित प्रविधि है जो छात्र को प्रश्न या कोई अन्य उद्दीपन (Stimulus) प्रस्तुत करती है, अनुक्रिया (response) का साधन भी प्रस्तुत करती है। उसके उत्तर देने के तत्काल पश्चात् उसे ठीक उत्तर भी बताती हैं।

शिक्षण मशीन की विशेषताएँ: 1. शिक्षण मशीन छात्र के सम्मुख कोई प्रश्न अथवा समस्या प्रस्तुत करती है। 2. छात्र कोई अनुक्रिया करता है। 3. मशीन छात्र को परिणाम का ज्ञान कराती है। 4. मशीन छात्र द्वारा की गई अनुक्रियाओं की गिनती रखती है।

नियम जिन पर शिक्षण मशीन आधारित है:

1. तत्कालिक पुनर्वलन (Reinforcement) का नियम। 2. सीखने के पुनर्वलन का नियम। 3. उद्दीपन प्रदान करने का नियम। 4. उद्दीपन के पोषण को धीरे-धीरे हटाने का नियम। 5. छात्रों को विभेदीकरण (Discrimination) का प्रशिक्षण प्रदान करने का नियम।

शिक्षण मशीन कई प्रकार की होती है। यह कार्ड बोर्ड से लेकर बहुत ही जटिल इलेक्ट्रॉनिक्स मशीनों तक होती है। शिक्षण मशीनों से सीखने की विभिन्न प्रक्रियाओं में विशेष सहायता मिलती है। शिक्षण मशीन विभिन्न आकार व सामग्री की होती हैं। कुछ मशीनों में माइक्रो फिल्म डिवाइस (Micro Film Device) भी लगी होती है।

शिक्षण मशीनों के प्रकार: शिक्षण मशीनें दो प्रकार की होती हैं: 1. रचित उत्तरयुक्त मशीन (Constructed Response Machine) 2. बहुचयन मशीन (Multipurpose Machine)

रचित उत्तरयुक्त मशीन (Constructed Response Machine): सामान्यत: ये चार प्रकार की होती हैं:

(i) *ग्लाइडर (Glider) मशीन:* इसका विकास स्किनर ने किया था। इसमें प्रकरण या प्रश्न प्रस्तुत किए जाते हैं और छात्रों को सही उत्तर देने के लिए ग्लाइडर को संचालित करना होता है।

(ii) *डिस्क मशीन* (*Disc Machine*): इसमें एक बड़े पेपर पर Programmed Learning Material छपा हुआ होता है। प्रश्नों के प्रदर्शन हेतु डिस्क को घुमाया जाता है। छात्र अपना उत्तर मशीन के पेपर टेप पर लिखकर देते हैं।

(iii) *टाइपराइटर मशीन* (*Typewriter-input Computing Machine*): इस मशीन में कम्प्यूटर से जुड़ा टाइपराइटर होता है, जिसका प्रयोग करके छात्र प्रश्नों के उत्तर देते हैं। कम्प्यूटर दिए गए उत्तर की जाँच करता है और छात्रों को बताता है कि उनका उत्तर सही है या नहीं। इसी प्रकार यह कार्य करता चला जाता है।

(iv) *श्रव्य-दृश्य संयोग मशीन* (*Audio-Visual Combination Machine*): इस प्रकार की मशीनों में टेप-रिकॉर्डर तथा टेलीविजन सेट का प्रावधान होता है। ये मशीनें अन्य प्रकार की मशीनों की तुलना में ज्यादा महँगी पर ज्यादा उपयोगी होती हैं।

***बहुचयन मशीन* (*Multiple Choice Machine*):** इस प्रकार की मशीनों में प्रत्येक प्रश्न के लिए कई उत्तर दिए होते हैं। छात्रों को सही/सर्वोत्तम उत्तर का चयन करना होता है।

शिक्षण मशीन छात्रों को स्व-अध्ययन करने के अवसर प्रदान करती है। छात्र इसमें अपनी गति के अनुसार ज्ञान प्राप्त करता है। यह व्यक्तिगत तथा सामूहिक, दोनों प्रकार के शिक्षण के लिए उपयोगी है।

शिक्षण मशीन के लाभ: शिक्षण मशीन से प्राप्त शैक्षिक लाभों को संक्षिप्त रूप में निम्न प्रकार व्यक्त किया जा सकता है:

1. *व्यक्तिगत अनुदेशन*: शिक्षण मशीन वैयक्तिक अनुदेशन (Individualized Instruction) तथा स्वशिक्षा (Self-learning) प्रदान करने में बहुमूल्य सहयोग देती है। ट्यूटोरियल प्रणाली (Tutorial System) पर आधारित होने के कारण यह एक सफल ट्यूटर (Tutor) की भूमिका भली प्रकार निभा सकती है।

2. *शिक्षा* 3 A's *के अनुसार* (*Age, Ability and Aptitude*): छात्रों को अपनी रुचि, योग्यता और आवश्यकताओं के अनुरूप शिक्षण प्रदान किया जा सकता है।

3. *स्वाभाविक गति से अधिगम*: शिक्षण कार्य में छात्र अपनी स्वाभाविक गति से आगे बढ़ सकते हैं। इससे जहाँ कुशाग्र बुद्धि वालों को अन्य के लिए रुकना नहीं पड़ता, वहीं धीमी गति से सीखने वालों को भी व्यर्थ में ही निराश और परेशान नहीं होना पड़ता।

4. *अपूर्व धैर्य से शिक्षण*: शिक्षण मशीन में अपूर्व धैर्य और चुस्ती होती है। इस कार्य में कोई भी सजीव अध्यापक उसकी तुलना नहीं कर सकता। वह जहाँ छात्रों द्वारा दिए गए उत्तरों को तुरन्त सही या गलत बता सकती है तथा उत्तर के गलत होने पर उपयुक्त सुझाव या संकेत प्रदान कर सकती है वहीं छात्रों द्वारा बार-बार गलत उत्तर देने पर भी विचलित नहीं होती बल्कि बड़े धैर्य के साथ उन्हें शिक्षण पथ पर आगे ले जाने के गम्भीर प्रयत्न करती रहती है।

5. *अधिगम की पोषण पुष्टि* (*Feed Back*): छात्रों को अधिगम कार्य में अपनी उत्तरोत्तर सफलता का सही और तुरन्त ज्ञान इनके द्वारा आसानी से कराया जा सकता है।

6. *क्रियाशीलता*: शिक्षण मशीन छात्रों को शिक्षण अधिगम प्रक्रिया में निरन्तर सजग एवं क्रियाशील बनाए रखने में महत्त्वपूर्ण भूमिका निभाती है।

7. *स्वतन्त्रता:* शिक्षण मशीन को अपनी इच्छानुसार चालू या बन्द किया जा सकता है। अत: अपनी सुविधानुसार कभी भी अपना मनचाहा शिक्षण कार्य सम्पन्न करने में शिक्षण मशीन छात्रों की बहुत सहायता कर सकती है।

8. *पुनरावृत्ति में सहायता:* पुनरावृत्ति एवं अभ्यास कार्य के सफल सम्पादन में तथा छात्रों की आवश्यकतानुसार उन्हें उपचारात्मक शिक्षण (Remedial Teaching) प्रदान करने में शिक्षण मशीन द्वारा महत्त्वपूर्ण भूमिका निभायी जा सकती है।

शिक्षण मशीन की सीमाएँ: 1. अधिक व्यय, 2. यांत्रिक वातावरण, 3. स्वास्थ्य के लिए जोखिम, 4. मरम्मत में कठिनाइयाँ, 5. मशीन के खराब होने से शिक्षण प्रक्रिया में बाधा, 6. अध्यापकों की शंकाएँ।

शिक्षण मशीन सम्बन्धी भ्रान्तियाँ तथा अध्यापक का स्थान (Misunderstanding about Teaching Machines and the Role of the Teacher): कक्षा-शिक्षण में मशीन के प्रयोग को लेकर काफी कुछ शंकाओं और दुराग्राहों का निवारण भी आवश्यक है। प्राय: यह सोचा जाता है कि (i) इनके प्रयोग से अध्यापक बेकार हो जाएँगे, (ii) शिक्षण प्रक्रिया में जड़ता (Rigidity), यांत्रिकता या मशीनीपन (Mechanization) आ जाएगा, (iii) शिक्षण मशीनों को खरीदने तथा उनकी देखरेख करना खर्चीला सिद्ध होगा, तथा (iv) छात्रों में मानवीय गुणों का विकास करने तथा उनके व्यक्तित्व का सर्वांगीण विकास करने में बाधा आएगी।

अगर ध्यान से विश्लेषण किया जाए तो उपर्युक्त शंकाएँ निर्मूल हैं।

शिक्षण मशीन कितनी भी अच्छी तथा शिक्षण अधिगम प्रक्रिया को सरल तथा प्रभावशाली बनाने वाली हो, वह शिक्षक का स्थान कभी भी नहीं ले सकती।

शिक्षण मशीन को प्रभावशाली ढंग से स्वचालित करने के लिए, उसके लिए शिक्षण सामग्री तथा प्रश्न आदि तैयार करने के लिए अध्यापक की आवश्यकता सदैव रहेगी।

13.5 टेप रिकॉर्डर (Tape Recorder)

टेप रिकॉर्डर एक ऐसा शैक्षिक माध्यम है जिससे श्रवणेन्द्रिय के माध्यम से शैक्षिक विचारों तथा तथ्यों को रिकॉर्ड कर लिया जाता है तथा छात्रों तक पहुँचाया जाता है।

टेप रिकॉर्डर की शैक्षिक उपयोगिता (Educational Advantages of Tape Recorder): टेप रिकॉर्डर श्रव्य साधनों में अपना महत्त्वपूर्ण स्थान रखता है। इसकी शैक्षिक उपयोगिता निम्न प्रकार से देखी जा सकती है:

1. इसकी सहायता से वार्तालाप का अभ्यास, सशक्त अभिव्यक्ति का अभ्यास तथा नाटकीयता की प्रभावशाली विधियों का विकास आसानी से किया जा सकता है। इसमें विद्यार्थी अपने पूर्व शिक्षण (Pre-teaching) के स्तर तथा उत्तर शिक्षण व अभ्यास (Post-teaching and Practice) के स्तर की भाषा सुनकर, उसमें आए सुधार का स्वयं मूल्यांकन कर सकते हैं।

2. टेप रिकॉर्डर भाषा सम्बन्धी मौखिक अभिव्यक्ति के गुणों को विकसित करने में अत्यन्त सहायक सिद्ध हो सकता है। छात्र अपनी बोलचाल सम्बन्धी त्रुटियों को दूर करने में इसकी सहायता ले सकते हैं। छात्र अपनी वार्ता को टेप करके, फिर पुन: सुनकर स्वयं अपनी त्रुटियों का पता लगाकर उन्हें सुधारने का प्रयास कर सकते हैं।

3. उच्चारण सम्बन्धी दोषों को दूर करने में तो इसका प्रयोग बहुत ही प्रभावशाली सिद्ध हुआ है। एक शब्द का उच्चारण बार-बार करके छात्रों को उसके शुद्ध उच्चारण का अभ्यास कराया जा सकता है।

4. इसकी सहायता से देश-विदेश के महान व्यक्तियों के भाषणों तथा विचारों को सुरक्षित रखकर, आवश्यकतानुसार समय-समय पर छात्रों को सुनवाया जा सकता है।

5. कुछ विशेष विषय, जैसे–संगीत, नृत्य, अभिनय आदि सीखने में यह विशेष सहायता करता है।

6. इसका प्रयोग विद्यालय की विभिन्न पाठ्यक्रम सहगामी क्रियाओं का संगठन, संचालन एवं मूल्यांकन करने में सहायता कर सकता है।

7. रिकार्डिंग सुविधा के कारण कोई भी अध्यापक अपने शिक्षण कार्य को रिकॉर्ड कर, उसका स्वयं मूल्यांकन कर सकता है।

8. कोई भी वार्ता छात्रों को यदि एक बार सुनकर समझ नहीं आ पाती है तो उसे दुबारा भी सुनवाया जा सकता है।

9. स्कूलों में समय-समय पर आयोजित होने वाले कार्यक्रमों, सम्मेलनों, कार्यशालाओं, विचारगोष्ठियों आदि की कार्यवाही को रिकार्ड करने में इसकी सहायता ली जा सकती है।

10. इसके द्वारा रेडियो तथा दूरदर्शन पर प्रसारित होने वाले कार्यक्रमों को रिकॉर्ड कर सुरक्षित रखा जा सकता है।

11. फिल्म पट्टियों तथा स्लाइडों के लिए व्याख्यात्मक वर्णन (Commentary) तैयार करने में इसकी सहायता ली जा सकती है।

12. सूक्ष्म शिक्षण (Micro-teaching) में टेप रिकॉर्डर सहायता देता है।

13. नाट्यकला सीखने में टेपरिकॉर्डर से बहुत सहायता मिलती है।

14. विदेशी भाषा सीखने में टेपरिकॉर्डर बहुत उपयोगी है।

15. शिक्षण-अधिगम क्रियाओं के गठन एवं मूल्यांकन के लिए टेपरिकॉर्डर का प्रयोग किया जाता है।

16. सेमिनार तथा गोष्ठियों के कार्यक्रमों को रिकॉर्ड करने में सहायता मिलती है।

टेप रिकॉर्डर का उचित प्रयोग कैसे किया जाए? (How to Use a Tape Recorder Effectively?): वैसे तो इसका प्रयोग बहुत सरल है, फिर भी इसका प्रयोग करते समय कुछ विशेष बातों को ध्यान में रखना चाहिए, जो निम्न प्रकार से हैं–

1. टेप रिकॉर्डर में विभिन्न क्रिया निर्देश तथा नियन्त्रण बटन (Control Switches) जैसे चलाओ (Play), रोको (Stop), रिकॉर्ड (Record), आगे बढ़ना (Forward) आदि लगे होते हैं। अध्यापक को इन सभी से पूरी तरह परिचित होना चाहिए।

2. टेप रिकॉर्डर कक्षा में ऐसे स्थान पर रखना चाहिए, जिससे कक्षा के सभी छात्रों को आवाज स्पष्ट सुनाई दे।

3. टेप रिकॉर्डर को हमेशा समतल (Flat) तथा सख्त धरातल (Sturdy Surface) पर उचित स्थिति में रखना चाहिए, जैसे–मेज आदि।

4. जब टेप रिकॉर्डर को चलाया जाए तो शुरू में आवाज धीमी रखें, फिर चलाने वाले बटन (Play Control Switches) की सहायता से आवश्यकतानुसार आवाज को ऊँचा

किया जाए। बाद में ध्वनि नियन्त्रण (Tune Control) की सहायता से अनुकूल आवाज को व्यवस्थित किया जा सकता है।

5. किसी भी विषय-वस्तु की रिकॉर्डिंग करते समय गति नियन्त्रण (Volume Control) को दबा देना चाहिए और बोलने वाले को स्पष्ट तथा सशक्त आवाज में विचार व्यक्त करने के लिए कहना चाहिए।

6. टेप रिकॉर्डर का प्रयोग करने से पूर्व छात्रों को मानसिक रूप से तैयार कर लेना चाहिए। सुनवाये जाने वाले विषय पर कुछ वार्तालाप कक्षा में होना चाहिए जिससे बच्चे उस विषय को विस्तार में जानने के लिए उत्सुक हो जाएँ।

7. जिस समय टेप रिकॉर्डर से बच्चों का शिक्षण किया जाए, उस समय छात्रों को किस प्रकार के व्यवहार को प्रदर्शित करना है, इस सम्बन्ध में भी पहले से ही स्पष्ट निर्देश दे देने चाहिए।

8. टेप रिकॉर्डर का प्रयोग करते समय अध्यापक को भी पूरी तरह से ध्यान रखना चाहिए कि सभी बच्चे ध्यानपूर्वक सुन रहे हैं। अध्यापक को स्वयं भी सावधानीपूर्वक वार्ता को सुनना चाहिए जिससे उसे भी विषय-वस्तु का पूर्ण ज्ञान हो जाए।

9. टेप रिकॉर्डर का प्रयोग करने के पश्चात् अध्यापक को परीक्षण द्वारा यह पता लगाना चाहिए कि छात्रों ने विषय-वस्तु को ध्यान से सुना है या नहीं तथा शिक्षण अधिगम उद्देश्यों की प्राप्ति किस सीमा तक हुई है।

10. वार्ता सुनने के पश्चात् टेप रिकॉर्डर में से कैसेट को निकालकर अलग रखना चाहिए। ध्वनि प्रसारक सहित टेप रिकॉर्डर को ठीक ढंग से बन्द करके उचित स्थान पर रखना चाहिए। यह भी ध्यान रखें कि पुनः घुमाव नियन्त्रण (Rewind Control) के द्वारा पूरी टेप फिर से पलट दी जाए, जिससे यदि कभी दोबारा प्रयोग करना पड़े तो परेशानी न हो।

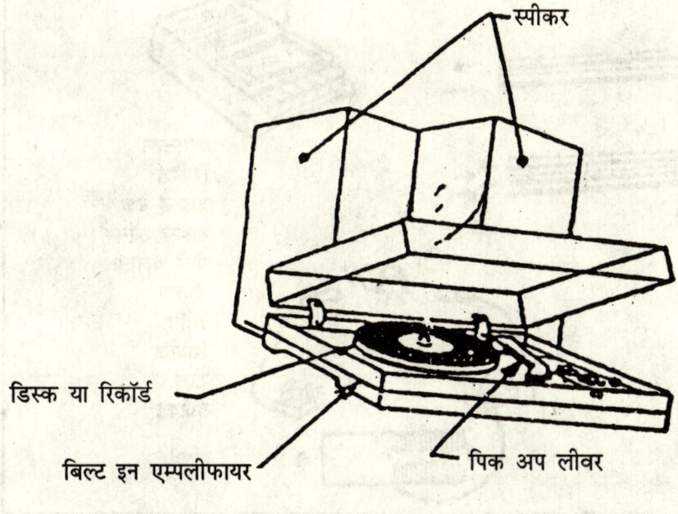

चित्र 13.2: रिकॉर्ड डिस्क प्लेयर (Record Disk Player)

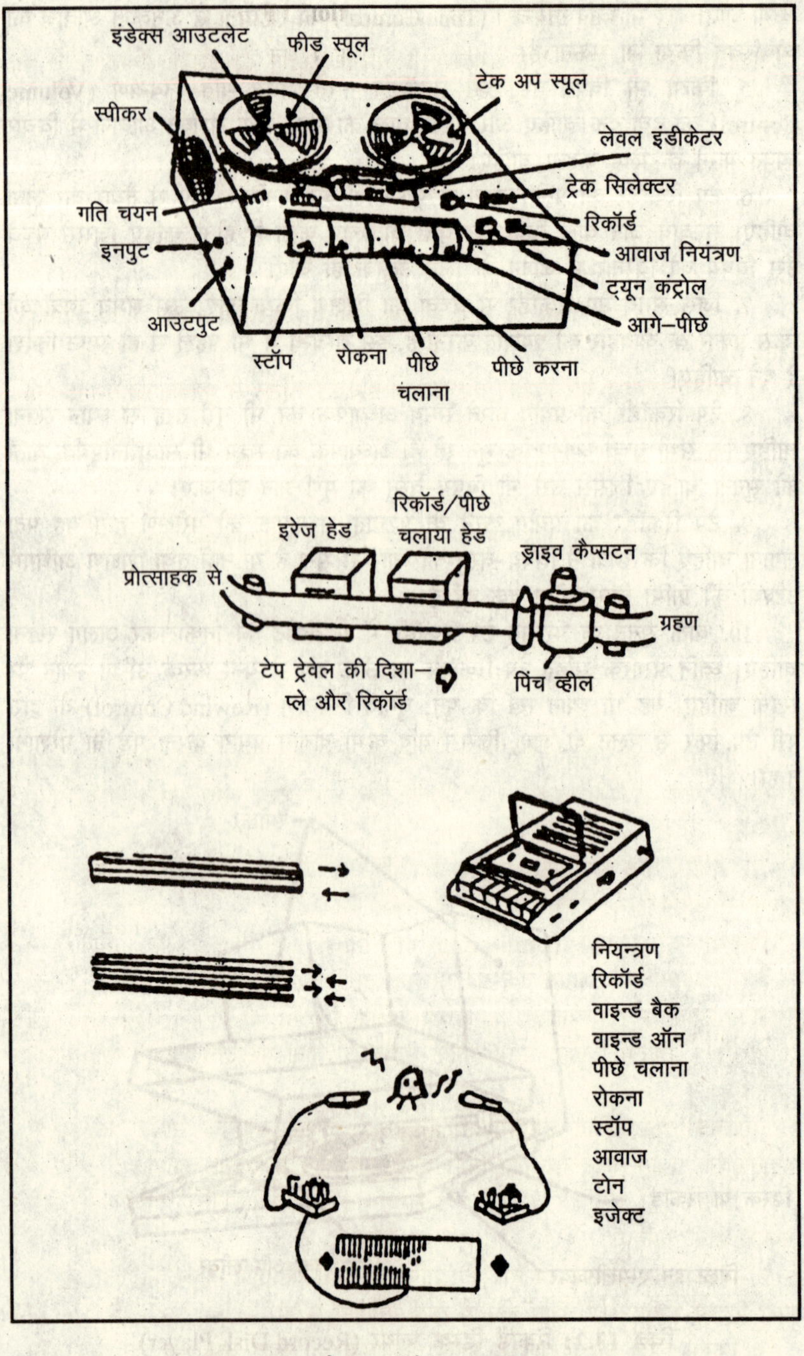

चित्र 13.3: टेप रिकॉर्डर (Tape Recorder)

13.6 शैक्षिक फिल्में (Educational Films)

चलचित्र अर्थात् फिल्म एक प्रभावशाली शैक्षिक साधन है। इसका प्रयोग करने में छात्रों की श्रव्य व दृश्य दोनों इन्द्रियों का प्रयोग होता है। इसके महत्त्वपूर्ण लाभ यहाँ दिए जा रहे हैं:

1. फिल्मों की सहायता से छात्रों की मनोवृत्तियों को आसानी से उचित रूप से विकसित किया जा सकता है।

2. विभिन्न विषयों के कुछ प्रकरणों की यथार्थ जानकारी देने में चलचित्र को एकमात्र साधन के रूप में प्रयोग में लाया जा सकता है।

3. छात्रों में विभिन्न प्रकार के कार्य कौशल विकसित करने में इनसे विशेष सहायता मिलती है।

4. फिल्म को बार-बार दिखाने की सुविधा होने से कठिन से कठिन प्रकरण का भी आसानी से अधिगम किया जा सकता है।

5. चलचित्र के द्वारा प्रयोगात्मक व क्रियात्मक प्रदर्शनों के द्वारा छात्र प्रयोगात्मक प्रकरणों को भली-भाँति अधिगम कर सकते हैं।

6. श्रेष्ठ कोटि की बनी हुई फिल्में छात्रों में समस्या समाधान की योग्यता विकसित करती हैं।

7. विभिन्न ऐतिहासिक फिल्में प्राचीनकाल का वास्तविक चित्र प्रस्तुत कर छात्रों को काल विशेष की यथार्थ जानकारी कराने में सहायक होती हैं।

8. विभिन्न प्रकार की सामाजिक कुरीतियों को दूर करने में भी फिल्मों की सहायता ली जा सकती है।

9. महापुरुषों की जीवनगाथा, विभिन्न स्थलों की भौगोलिक स्थिति तथा वैज्ञानिक आविष्कारों आदि से परिचित कराने में फिल्में एक श्रेष्ठ दृश्य-श्रव्य उपकरण का कार्य करती हैं।

10. राष्ट्रीय तथा अन्तर्राष्ट्रीय महत्त्व के विभिन्न विषयों से भी छात्रों को फिल्मों की सहायता से आसानी से परिचित कराया जा सकता है।

फिल्मों की सीमाएँ (Limitations of Films): 1. फिल्मों पर अधिक व्यय होता है। 2. फिल्में लम्बे समय तक पर्दे पर नहीं दिखलाई जा सकतीं। 3. शैक्षिक फिल्में सुगमता से उपलब्ध नहीं होती हैं। 4. अच्छी शैक्षिक फिल्मों का निर्माण बहुत कम मात्रा में हुआ है। 5. फिल्म दिखाते समय अनेक महत्त्वपूर्ण बातों पर उचित ध्यान देना कठिन हो जाता है।

चलचित्रों का उचित उपयोग: चलचित्र का शैक्षिक सहायक साधन के रूप में सफलतापूर्वक प्रयोग करने के लिए निम्न बातों को ध्यान में रखना चाहिए:

1. शिक्षक को चलचित्र के प्रयोग से सम्बन्धित सभी उपकरण व प्रक्रिया की पूर्ण जानकारी होनी चाहिए।

2. शिक्षक को शैक्षिक फिल्मों की प्राप्ति के स्रोत की पूर्ण जानकारी होनी चाहिए जिससे फिल्में खरीदने या उधार लेने में कोई परेशानी न हो।

3. फिल्म छात्रों को दिखाने से पहले अध्यापक को स्वयं उसे एक बार देख लेना

चाहिए। इससे अध्यापक को फिल्म की विषय-वस्तु की पूर्ण जानकारी हो जाएगी और इसके आधार पर छात्रों के लिए शिक्षण योजना बनाने में सुविधा रहेगी।

4. फिल्म दिखाने से पहले छात्रों को मानसिक व शैक्षिक रूप से तैयार कर लेना चाहिए।

5. चलचित्र का प्रदर्शन जिस कमरे में किया जाए वहाँ पूरी तरह से अँधेरा कर देना चाहिए, परन्तु कमरा खुला, बड़ा व हवादार होना चाहिए।

6. फिल्म दिखाते समय अधिगम परिस्थिति व भौतिक वातावरण पर शिक्षक का पूरा नियन्त्रण होना चाहिए।

7. फिल्म दिखाते समय फिल्म के प्रमुख अंशों की ओर छात्रों का ध्यान आकर्षित करना चाहिए। कभी-कभी फिल्म बीच में रोककर विषय का स्पष्टीकरण करना चाहिए तथा प्रश्न आदि की सहायता से छात्रों को क्रियाशील बनाने का प्रयास करना चाहिए।

8. फिल्म का प्रदर्शन पूरा होते ही छात्रों से महत्त्वपूर्ण अंश लिखने के लिए कहना चाहिए।

9. यदि कोई बात छूट गई हो तो उसे पुनः दिखाकर स्पष्ट करना चाहिए। छात्रों की अधिक जानकारी के लिए व्यक्तिगत एवं सामूहिक रूप से परामर्श देना चाहिए।

10. मौखिक व लिखित परीक्षण के माध्यम से छात्रों के अधिगम व शैक्षणिक उद्देश्यों की पूर्ति का मूल्यांकन करना चाहिए।

शैक्षिक फिल्मों के मुख्य प्रकार (Main Types of Educational Films): 1. अनुदेशात्मक फिल्में अथवा बुनियादी शिक्षण फिल्में (Instructional or Basic Teaching Films) 2. पूरक शिक्षण फिल्में (Supplementary Teaching Films) 3. दस्तावेजी फिल्में (Documentary Films) 4. रूपक फिल्में (Feature Films) 5. समाचार फिल्में (News Reels) 6. नाट्य फिल्में (Dramatic Films) 7. विवरणात्मक फिल्में (Narrative Films) 8. बच्चों की फिल्में (Children's Films) 9. व्यापारिक फिल्में (Commercial Films) 10. अभ्यास फिल्में (Drill Films) 11. लयात्मक फिल्में (Rhythemic Films)

शैक्षिक फिल्मों के स्रोतः 1. मानव शिक्षा विभाग संसाधन मंत्रालय, भारत सरकार, नई दिल्ली। 2. सूचना एवं प्रसारण मंत्रालय, भारत सरकार, नई दिल्ली। 3. चिल्डर्न फिल्म सोसाइटी, नई दिल्ली। 4. संचार तथा सूचना टेक्नोलोजी मंत्रालय, नई दिल्ली। 5. ब्रिटिश कॉन्सल लाइब्रेरी, नई दिल्ली। 6. राज्यों के मार्गदर्शन तथा परामर्श ब्यूरोज।

13.7 आकाशवाणी/रेडियो शिक्षण सहायक साधन (Radio as a Teaching Aid)

दूरदर्शन से पूर्व रेडियो का शिक्षण में विशेष महत्त्व था परन्तु इसका यह अर्थ नहीं है कि अब इसका शिक्षण में कोई महत्त्व नहीं है। दूरदर्शन शिक्षण तथा रेडियो शिक्षण में कोई प्रतिस्पर्धा नहीं है।

रेडियो का आरम्भ में केवल मनोरंजन के रूप में ही प्रयोग किया जाता था परन्तु अब इसके माध्यम से स्कूल तथा समाज का सम्बन्ध भी जोड़ा जाता है। सामाजिक अध्ययन तो समाज का अध्ययन है अतः रेडियो का सामाजिक अध्ययन में बहुत योगदान हो सकता है। रेडियो प्रसारणों द्वारा समाज के विभिन्न पक्षों जैसे आर्थिक, राजनीतिक,

सांस्कृतिक, राष्ट्रीय तथा अन्तर्राष्ट्रीय विषयों में छात्रों का दृष्टिकोण विस्तृत किया जा सकता है। इस सन्दर्भ में विद्वान श्री आर.जी. रेनल्ड् ने लिखा है, "रेडियो शिक्षा का बहुत ही महत्त्वपूर्ण साधन है। कक्षा-शिक्षण के पूरक के रूप में इसकी सीमाएँ बहुत बढ़ जाती हैं। इसकी शिक्षण सम्भावनाएँ स्कूल-दिवस के पाँच या छः घण्टे तक ही सीमित नहीं हैं। यह प्रातःकाल से रात तक उपलब्ध रहता है। रेडियो द्वारा प्रदत्त शैक्षिक तथा सांस्कृतिक उपहार दूर स्थित समुदायों के प्रौढ़ों तथा बालकों को संसार के कला और ज्ञान के उत्तम भण्डार से परिचित कराता है। किसी दिन शैक्षिक उपकरण के रूप में इसका प्रयोग इतना सामान्य हो जाएगा जितना कि पाठ्य-पुस्तकों तथा ब्लैकबोर्ड का है।"

रेडियो के शिक्षा तथा शिक्षण में लाभ (Benefits of Radio in Education and Instruction): रेडियो द्वारा शैक्षिक प्रसारण के मुख्य लाभ नीचे दिए जा रहे हैं:

1. रेडियो-प्रसारण द्वारा गम्भीर से गम्भीर विषयों की ओर छात्रों को आसानी से आकर्षित किया जा सकता है। रेडियो-प्रसारण में वास्तव में शिक्षा का सशक्त साधन सिद्ध होने की क्षमता है क्योंकि ये प्रसारण एक ओर तो शिक्षा को यथार्थ जीवन के अनुभवों से जोड़ते हैं और दूसरी ओर स्वस्थ मनोरंजन का आनन्द प्रदान करते हैं।

2. रेडियो के द्वारा प्रसिद्ध विचारकों, विद्वानों, लेखकों, विषय-विशेषज्ञों, शिक्षाशास्त्रियों के विचार, भाषण, बातचीत, वाद-विवाद आदि को सुनने के अवसर छात्रों को प्राप्त होते हैं। इनसे छात्रों के विचार-भण्डार में वृद्धि और विकास होता है। छात्रों की विचार-शक्ति का भी विकास होता है।

3. स्कूली पाठ्यक्रम में कई पाठ अथवा विषय कठिन होते हैं कि उन्हें आसानी से विद्यार्थियों को समझाया नहीं जा सकता है। इस प्रकार के पाठों को रेडियो प्रसारण से सुगमता से समझाया जा सकता है। छोटा परिवार, सुखी परिवार; दहेज प्रथा, घर की स्वच्छता जैसे विषयों को रेडियो नाटक द्वारा रुचिकर ढंग से प्रस्तुत किया जा सकता है।

4. छात्रों की संख्या दिन-प्रतिदिन बढ़ती जा रही है। शैक्षिक पाठ्यक्रम विस्तृत होते जा रहे हैं। अच्छी पाठ्य-पुस्तकों, सुनियोजित शैक्षिक कार्यक्रमों, उपयुक्त शैक्षिक साधनों तथा अनुभवी तथा योग्य अध्यापकों का अभाव है। ऐसी स्थिति में रेडियो द्वारा प्रसारित किए जाने वाले शैक्षिक कार्यक्रम ही सीखने-सिखाने की प्रक्रिया को प्रभावी बना सकते हैं।

5. रेडियो-प्रसारण कक्षा-शिक्षण के पूरक के रूप में बहुत सहायक है। इससे छात्रों के सामान्य ज्ञान-विज्ञान में वृद्धि होती है।

6. रेडियो-प्रसारण द्वारा छात्रों में पर्यावरण तथा सामाजिक जागरूकता बढ़ती है। छात्रों में प्रजातन्त्र के मूल्यों के प्रति आस्था उत्पन्न करने में रेडियो-प्रसारण सहायक होते हैं।

7. जन-संचार माध्यम के रूप में रेडियो एक कम खर्चीला साधन है। एक ही समय में लाखों छात्र विभिन्न स्कूलों तथा स्थानों पर रहने वाले, इसके द्वारा प्रसारित होने वाले कार्यक्रमों से लाभान्वित हो सकते हैं। नई योजनाएँ जैसे खुला (मुक्त) विश्वविद्यालय, खुला स्कूल, पत्राचार शिक्षा तथा दूरगामी शिक्षा आदि को क्रियान्वित करने के लिए यह एक किफायती, सरल तथा प्रभावशाली साधन सिद्ध हो सकता है। रेडियो-प्रसारण पर होने वाला व्यय इसकी उपयोगिता की तुलना में बहुत ही कम है।

8. प्रौढ़-शिक्षा तथा अनौपचारिक शिक्षा में रेडियो-प्रसारण का भी विशेष महत्त्व है।

9. मानवीय तथा भौतिक सामग्री की कमी के कारण शिक्षा के क्षेत्र में जिन समस्याओं का सामना करना पड़ता है, उनका समाधान करने में रेडियो-प्रसारण पूरी तरह से समर्थ है।

रेडियो प्रसारण के अधिकतम उपयोग के उपाय (Making the Best Use of Radio Broadcasts): वांछित परिणामों को प्राप्त करने के लिए रेडियो प्रसारण के कार्यक्रमों की उचित व्यवस्था करना बहुत आवश्यक है। इस सम्बन्ध में निम्नलिखित बातें काफी सहायक सिद्ध हो सकती हैं:

1. अध्यापकों को विभिन्न आकाशवाणी केन्द्रों द्वारा प्रकाशित होने वाली कार्यक्रम सम्बन्धी पत्रिका तथा अन्य सामग्री से भली-भाँति परिचित होना चाहिए ताकि प्रसारित होने वाले कार्यक्रमों की पूरी जानकारी मिल सके।

2. अध्यापकों को अपने पाठों को रेडियो पाठों से एकीकृत करने के लिए पाठों के प्रसारण से पहले पूरी योजना बना लेनी चाहिए।

3. अध्यापक को स्वयं भी पाठ ध्यान से तथा रुचिपूर्वक सुनना चाहिए ताकि वह प्रसारण के उपरान्त छात्रों की समस्याओं का समाधान कर सके।

4. रेडियो सेट कक्षा में ऐसे स्थान पर रखा जाना चाहिए जिससे सभी छात्रों को उसकी आवाज स्पष्ट सुनाई दे।

5. कमरे की सारी परिस्थितियाँ अनुकूल होनी चाहिएँ। बाहर से किसी प्रकार का शोर नहीं आना चाहिए।

6. प्रसारण के समय अनुशासन पर ध्यान दिया जाए ताकि छात्र पूरे ध्यान से उसे सुन सकें।

7. प्रसारण से पूर्व रेडियो सेट का ठीक ढंग से परीक्षण कर लिया जाए और यह निश्चित किया जाए कि उसकी ध्वनि स्पष्ट है।

8. सभी छात्रों को प्रसारण के विषय, समय व तिथि की पूर्व-सूचना अवश्य दी जानी चाहिए।

9. पाठ प्रसारित होने से पूर्व छात्रों को मनोवैज्ञानिक व शैक्षिक दोनों रूपों से यथासम्भव तैयार करना चाहिए। प्रसारित होने वाले पाठ से सम्बन्धित पूर्व ज्ञान प्रसारण पहले ही छात्रों को दे दिया जाए ताकि छात्रों में नवीन ज्ञान को प्राप्त करने की उत्सुकता जागृत हो जाए और वे मानसिक रूप से उसे ग्रहण करने के लिए तैयार हों।

10. रेडियो प्रसारण पाठों को प्रभावपूर्ण बनाने में अनुवर्ती कार्यक्रम का अपना महत्त्व है। प्रसारण के उपरान्त छात्रों के साथ पाठ-सम्बन्धी वार्तालाप अवश्य करना चाहिए। रेडियो द्वारा प्रसारित कार्यक्रम का जो अंश छात्रों को स्पष्ट न हो सका हो, अध्यापक द्वारा पुनः उसे समझाया जाए। छात्रों की शंकाओं का उसे निवारण करना चाहिए।

14

शिक्षण में नए शिक्षण सहायक साधन
(New Teaching Aids in Education)

14.1 शिक्षण अधिगम प्रक्रिया में क्रान्ति (Revolution in Teaching Learning Process)

शिक्षा में सूचना सम्प्रेषण तकनीकी (ICT) ने अभूर्तपूर्ण क्रान्ति लायी है। आज हम घर बैठे-बैठे संसार के प्रसिद्ध विश्वविद्यालयों की उपलब्धियाँ प्राप्त कर सकते हैं। संसार भर में इण्टरनेट (Internet) द्वारा शैक्षिक रूझान बदल रहें हैं। प्रौद्योगिकी का प्रयोग महत्त्वपूर्ण सुधार कर दिखाने की क्षमता रखता है। इसका प्रभावी प्रयोग तथा उपयोग 'शिक्षक केन्द्रित' प्रथा से हटकर विशेष लचीले 'छात्र केन्द्रित' वातावरण के रूप में प्रोत्साहित करने की अपूर्व क्षमता रखता है।

आज की परिस्थिति में निम्न तकनीकों को नई तकनीकें कहा जाता है:

1. मल्टी मीटिया एप्रोच (Multi Media Approach), 2. पर्सनलाइज्ड सिस्टम ऑफ इन्स्ट्रक्शन (PSI), 3. कम्प्यूटर असिस्टैंड इन्सट्रक्शन (CAI), 4. सैटेलाइट सम्प्रेषण (Satellite Communication) 5. मौड्यूलर उपागम (Modular Approach), 6. रेडियोविजन (Radiovision), 7. इण्टरनेट (Internet), 8. ई-मेल (E-mail), 9. सीडी-रोम (CD-ROM), 10. सीमुलेटेड शिक्षण (Simulated Teaching), 11. अन्त:क्रिया प्रणाली (Interaction System), 12. सिस्टम एप्रोच (Systems Approach), 13. अभिक्रमित अध्ययन (Programmed Instruction), 14. शैक्षिक दूरदर्शन (Educational Television), 15. टेलीकॉनफरेंसिंग (Teleconferencing), 16. इण्ट्रानेट (Intranet), 17. शिक्षण मशीन (Teaching Machine), 18. वीडियो टैक्स (Video Tax), 18. वीडियो डिस्क (Video Disk)

कम्प्यूटर सह-अधिगम या अनुदेशन (Computer Assisted Learning/Instruction)

14.2 कम्प्यूटर का कमाल (Wonders of Computer)

संसार के किसी भी कोने में एक कमरे के अन्दर बैठकर पुस्तकालय, चिड़ियाघर तथा संग्रहालय आदि देखने की कल्पना करें तथा उन स्थानों पर कैसे पहुँचा जाए, इसकी

जानकारी लीजिए। संसार के दूसरे भाग में बैठे व्यक्ति से बातचीत करने की कल्पना कीजिए। आप या कोई भी परस्पर एक-दुसरे की बातचीत को देख सकता है। आधुनिक संसार में यह सब कम्प्यूटर प्रौद्योगिकी के द्वारा ही सम्भव हुआ है।

कम्प्यूटर अब ज्यादा से ज्यादा उन्नत हो रहा है तथा वह अलग-अलग उद्देश्यों, जैसे—सम्प्रेषण, विज्ञापन, उद्योग, प्रकाशन, शिक्षण-अधिगम, अनुसंधान, चिकित्सा इत्यादि जैसे क्षेत्रों में प्रयोग हो रहा है।

विद्यालयी शिक्षा में कम्प्यूटर का प्रभाव बहुरूपीय तथा क्रान्तिकारी होते जा रहा है। शिक्षा के क्षेत्र में यह सभी कार्य-विधियों को प्रभावित करता जा रहा है। यही नहीं इसमें कुछ पूर्णतः अप्रत्याशित दृश्यों तथा तथ्यों को भी सम्मुख लाने की क्षमता है।

14.3 कम्प्यूटर प्रौद्योगिकी द्वारा शिक्षा में क्रान्ति (Revolution in Education by Computer Technology)

बहुसूचना माध्यमों, इण्टरनेट तथा डिजिटल नेटवर्क जैसी प्रौद्योगिकी (तकनीकी) शिक्षा पर गहरी छाप छोड़ सकती है। इस क्षेत्र में कम्प्यूटर आधारित शिक्षा का भी बहुत महत्त्वपूर्ण स्थान है। बच्चों को उन्नत, कौशल युक्त बनाने के लिए कम्प्यूटर सहायता प्राप्त अधिगम आवश्यक है। इसके प्रयोग से बाल-केन्द्रित शैक्षिक क्षेत्रों के सपने पूरे होने की आशा है।

कम्प्यूटर सहायता-प्राप्त अधिगम में सीखने वाले के अधिगम कौशल को बढ़ाने के लिए शिक्षक और छात्र के बीच अन्योन्य क्रिया अधिक होती है। शिक्षक और छात्र वेबसाइट के साथ अधिगम वातावरण के साथ परिचित होते हैं। वेबसाइट अधिगम वातावरण छात्र को स्वतन्त्र सीखने वाला बनाती है।

कम्प्यूटर सहायता-प्राप्त अधिगम एक सामान्य मंच उपलब्ध कराता है जहाँ शिक्षक और छात्र दोनों साथ बैठकर अधिगम वातावरण की खोज करते हैं।

शिक्षा नीति, 1986 एवं 1992: शिक्षा नीति में यह कल्पना की गई है कि कम्प्यूटर शिक्षा बालकों को एक माइक्रो-कम्प्यूटर क्रान्ति के लिए तैयार करेगी तथा कम्प्यूटर शिक्षा से बच्चे अधिक सक्षम और रचनात्मक होंगे।

कम्प्यूटर सहायता-प्राप्त अधिगम में शिक्षक अपने शिक्षण-अधिगम को बहुत प्रभावशाली बना सकता है। उदाहरण के तौर पर यदि कोई शिक्षक छात्रों को सूर्य के वैज्ञानिक सिद्धान्तों के बारे में बताना चाहता है, तो वह नई प्रौद्योगिकी का प्रयोग कर उपरोक्त सिद्धान्तों को एनीमेटिड ग्राफिक के माध्यम से आसानी से ऐसा कर सकता है। अनेक ऐसे सॉफ्टवेयर उपलब्ध हैं जो इस समस्या को कम्प्यूटर की सहायता से हल कर सकते हैं, जिसे छात्र आसानी से समझ सकते हैं तथा अध्ययन में रुचि लेंगे।

एक शिक्षक मल्टीमीडिया कम्प्यूटरों का प्रयोग करके अपने व्याख्यान को अधिक प्रभावी बना सकता है। वह चित्र, ग्राफ, चार्ट आदि को आसानी से दिखा सकता है।

कम्प्यूटर तकनीक के प्रयोग से शिक्षक छात्रों के प्रश्न करने पर रुक सकता है, पीछे जा सकता है, आगे जा सकता है। सूक्ष्म में कह सकते हैं कि आवश्यकता के अनुरूप उनकी जिज्ञासा के अनुसार प्रदर्शित कर सकता है।

कम्प्यूटर सहायता-प्राप्त अधिगम में शिक्षक और छात्र 'वेबसाइट' के साथ अधिगम वातावरण के प्रति एक साथ परिचित होते हैं। 'वेबसाइट' अधिगम छात्र को एक स्वतन्त्र सीखने वाला बनाती है।

कम्प्यूटर सहायता-प्राप्त अधिगम एक सामान्य मंच उपलब्ध कराता है जहाँ शिक्षक और छात्र दोनों एक साथ बैठकर अधिगम वातावरण की खोज करते हैं।

कम्प्यूटर प्रणाली के प्रयोग में शिक्षक और छात्र, दोनों ही विषय की मूल अवधारणाओं की तलाश करते हैं।

कम्प्यूटर द्वारा उच्च कोटि की शैक्षणिक सामग्री प्रभावी शिक्षकों से ग्राफ द्वारा तैयार करवाकर उसकी सी.डी. बनाई जा सकती है जिसे हजारों शिक्षक तथा लाखों छात्र अपने अध्ययन कार्यों में प्रयोग कर सकते हैं।

14.4 कम्प्यूटर सह-अधिगम का अर्थ अथवा कम्प्यूटर समर्थित अधिगम (Meaning of Computer Assisted Learning or Computer Related Learning), कम्प्यूटर की सहायता से अनुदेशन (Computer Assisted Instruction), कम्प्यूटर की सहायता से प्रशिक्षण (Computer Assisted Training), कम्प्यूटर आधारित अधिगम (Computer Based Learning), कम्प्यूटर प्रबन्धित अनुदेशन (Computer Managed Instruction)

कम्प्यूटर सह-अधिगम एक ऐसी अधिगम प्रणाली है जिसमें एक छात्र और आवश्यक अधिगम सामग्री (सीखी जाने वाली सामग्री) से युक्त कम्प्यूटर के माध्यम से उपयोगी अन्त:क्रिया इस उद्देश्य से चलती रहती है जिससे छात्र को अपनी योग्यता और गति के अनुसार वैयक्तिक रूप से स्व-अधिगम प्राप्त करते हुए वाँछित अधिगमात्मक उद्देश्यों की प्राप्ति सम्भव हो सके।

कम्प्यूटर का प्रयोग शिक्षण देने में दो प्रकार से किया जा सकता है:

(i) कम्प्यूटर को एक बारीकी से बनाई हुई शिक्षण मशीन की भाँति प्रयोग किया जा सकता है जो कि शैक्षिक सामग्री को छात्र के समक्ष प्रस्तुत करती है और उसके प्रत्युत्तर को अर्थ प्रदान करती है। इसे हम कम्प्यूटर सहायक शिक्षण (CAT) कहते हैं।

(ii) कम्प्यूटर का प्रयोग शिक्षक को शैक्षिक प्रक्रिया को प्रशासित करने में सहायता देना है जो वह छात्र को योग्यताओं का मापन कराकर और एक शिक्षण सम्बन्धी कोर्स को प्रस्तावित करके करता है। इसे कम्प्यूटर प्रशासित शिक्षण (CMT) कहते हैं।

CAT की सबसे साधारण विधि यह है कि छात्र एक टेलीटाइपराइटर (Teletypewriter) के सामने बैठता है जो बिजली से चलने वाले टाइपराइटर की भाँति ही होता है। कम्प्यूटर द्वारा सूचना टाइप की जाती है और छात्र अपने प्रत्युत्तर की-बोर्ड (Key-board) पर टाइप करता है। इस प्रकार टाइप कम्प्यूटर एक बड़ी संख्या में छात्रों को शिक्षण देने में प्रयोग किया जाता है। प्रत्येक छात्र को टेलीटाइपराइटर देकर दोनों प्रकार का शिक्षण दिया जा सकता है। इस विधि में लाभ यह है कि छात्र को व्यक्तिगत रूप से शिक्षण मिल जाता है। विभिन्न योग्यता वाले छात्र अपनी गति से शिक्षण ग्रहण करते हुए आगे बढ़ सकते हैं। कम्प्यूटर एक साथ अनेक छात्रों के शिक्षण के लिए प्रयोग होता है। प्रत्युत्तर छात्र अपनी ही गति से देते हैं। यह उन्हें अपनी गति और अपनी उपलब्धि दोनों के अनुसार प्रगति करने के अवसर प्रदान कर देता है। इसमें दूसरा लाभ यह है कि इससे तुरन्त परिणामों का पता छात्र को लग जाता है। तीसरे यह छात्र के ध्यान को पूरे समय के लिए अपनी ओर केन्द्रित रखता है, जैसा कि एक शिक्षक उस समय जब वह प्रत्येक छात्र को अलग-अलग शिक्षण प्रदान कर रहा होता है, रखता है।

14.5 कम्प्यूटर सह–अधिगम की क्रियाविधि (Functioning of Computer Assisted Learning)

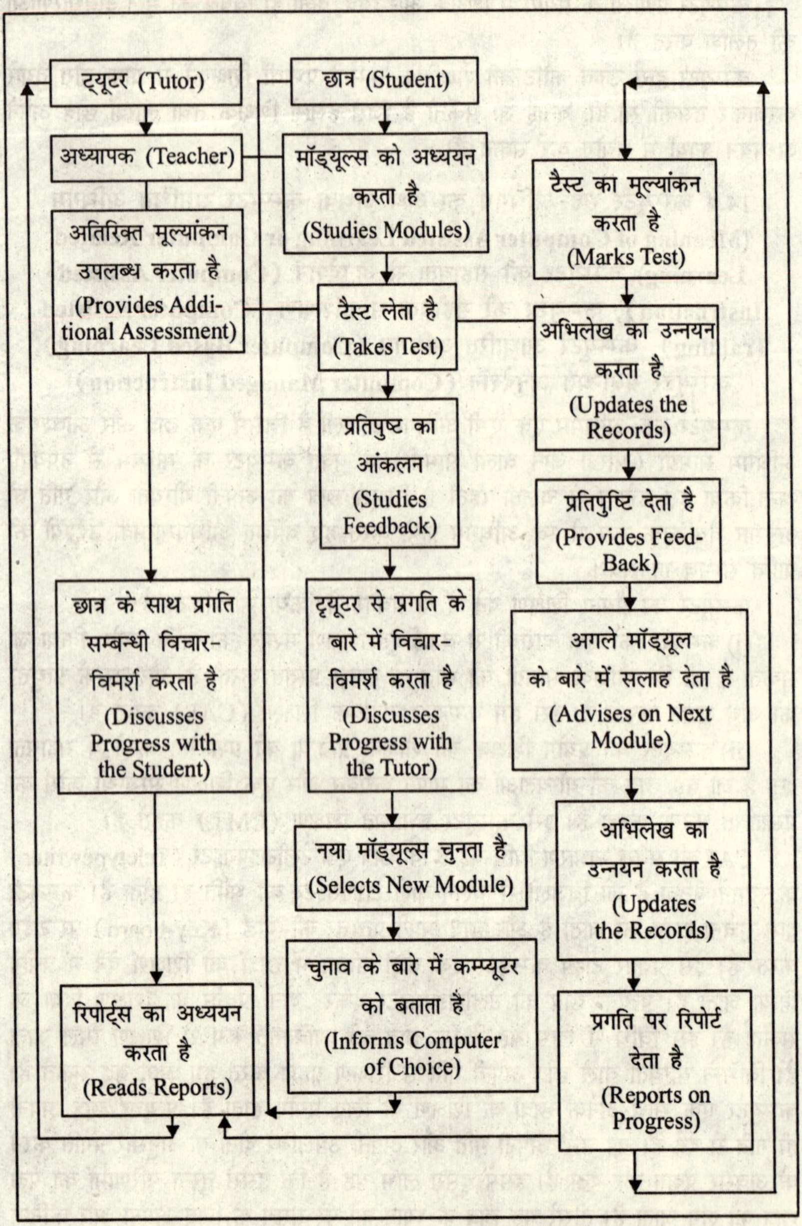

चित्र 14.1: कम्प्यूटर सह–अधिगम का समान्य मॉडल
(A General Model of Computer Managed Learning)

14.6 कम्प्यूटर सहायक अनुदेशन के उपयोग (Uses of Computer Assisted Instruction)

1. यह शिक्षक तथा छात्र के लिए तथ्यों तथा सूचनाओं की प्राप्ति का एक महत्त्वपूर्ण स्रोत है।

2. यन्त्र निर्मित पाठ-योजना न सिर्फ रुचिकर होगी बल्कि सहज रूप से संक्षिप्त एवं परिणाम अभिमुख होंगे।

3. छात्रों को उनकी गति तथा समय के अनुसार स्वयं सीखने के अवसर मिलते हैं।

4. छात्रों को वस्तुनिष्ठ तथा विशिष्ट पोषण उनकी अधिगम प्रक्रिया में प्राप्त होता है।

5. यन्त्र के द्वारा भूगोल से सम्बन्धित शीर्षक जीवन्त हो उठता है जो पारम्परिक विधि से सम्भव नहीं। स्पष्ट, रुचिकर तथा जीवन्त उपकरणों की सहायता से विशेषकर कमजोर विद्यार्थियों के अधिगम स्तर को बढ़ाया जा सकता है, साथ ही यन्त्रों की मदद से उनकी अवधारणा को स्पष्ट भी किया जा सकता है।

6. इस तकनीक के प्रयोग से विशेषकर मानचित्रों एवं आकृतियों के रेखांकन में काफी समय की बचत होती है और इस समय का सदुपयोग शीर्षकों से सम्बन्धित और अधिक क्लिप्स को दिखाकर किया जा सकता है।

7. सांख्यिकी ग्राफों की सहायता से विभिन्न पक्षों के तुलनात्मक अध्ययन के द्वारा अर्थशास्त्र को सरल तथा सहज ग्राह्य बनाया जा सकता है।

8. सांख्यिकी ग्राफों को देखकर विद्यार्थी अपनी समझ से विभिन्न पक्षों का आकलन कर सकता है, जो विद्यार्थी के सोचने-विचारने की क्षमता को बढ़ाने में सहायक होगा।

9. उबाऊ भाषण व पठन की तुलना में सी.डी. के उपलब्ध क्लिप/एनिमेशन की मदद से इतिहास शिक्षण के स्तर में अभिवृद्धि की जा सकती है।

10. इस प्रोजेक्टर में कम्प्यूटर को प्रयोग में लाते हुए विषयों तथा भाषाओं के शिक्षण की एक समृद्ध योजना है।

11. भाषा के शिक्षण से सम्बन्धित विषयों को परिणाम अभिमुख बनाने के लिए ध्वनि, ग्राफिक्स, विषय-वस्तु तथा चित्रों की सहायता से निर्धारित पाठ के लिए मल्टीमीडिया प्रभाव को कार्य में लाया जा सकता है।

12. यह प्रोजेक्ट शिक्षण अधिगम प्रक्रिया में विचारों के लिए शिक्षकों को प्रोत्साहित करता है, पाठों के निर्माण में नवीनतम का समावेश करने के प्रति शिक्षकों की अभिरुचि में अभिवृद्धि करनी होगी।

13. कम्प्यूटर द्वारा शिक्षणप्रद अधिगम के अन्तर्गत विद्यार्थियों में व्याख्यान सुनने के प्रति उत्साह पाये जाने के साथ नये तरीकों की खोज एवं प्रयोग को महत्त्व देते हुए विद्यार्थियों की समझ के अनुरूप नई सरल शिक्षण विधि का सूत्रपात किया जाता है।

14. अंग्रेजी जिसमें विद्यार्थियों का ज्ञान काफी निराशाजनक है और जिस पर विशेष ध्यान देने की आवश्यकता है, प्रौद्योगिकी के उपयोग से सुधार लाया जा सकता है।

15. गणितीय आकृतियों, जैसे—शंकु, बेलन, दीर्घवृत्त, परवलय आदि के चित्रांकन में ब्लैकबोर्ड की बजाय प्रौद्योगिकी के उपयोग से गणित जैसे विषयों के शिक्षण को और अधिक सटीक बनाया जा सकता है।

16. त्रिपरिमाप अवधारणा की मदद से प्रौद्योगिकी का प्रयोग अधिक प्रभावी बनाया जा सकता है।

17. गणितीय अवधारणा जिसे समझने के लिए कल्पना शक्ति की आवश्यकता होती है, के स्तर में वृद्धि की जा सकती है।

18. सहज से कठिन, मूर्त से अमूर्त शिक्षण मॉड्यूलों को कम्प्यूटर की मदद से प्रभावी ढंग से निर्मित किया जा सकता है।

19. अधिगम प्रक्रिया के अधिक प्रभावी होने पर आसानी से निगरानी रखी जा सकती है साथ ही उपचारी उपायों को भी तत्काल उपलब्ध कराया जा सकता है।

20. खेल-खेल में सीखने के निमित मॉड्यूलों में कठिन विषयों पर प्रश्नोत्तरी सुविधा शामिल करने से विषयों को अच्छी तरह से समझा जा सकेगा।

21. कम्प्यूटर द्वारा छात्रों का अभ्यास (Drill and Practice) के अवसर प्रदान होते हैं।

22. समय सारणी बनाने में कम्प्यूटर उपयोगी है।

23. कम्प्यूटर मूल्यांकन प्रक्रिया में सहायक है।

24. स्टाफ के वेतन बिल बनाने में कम्प्यूटर सफलतापूर्वक प्रयोग किया जाता है।

25. कम्प्यूटर विभिन्न शिक्षा संस्थाओं में प्रशासनिक समस्याओं के लिए महत्त्वपूर्ण योगदान देता है।

26. विषय की विशालता तथा गम्भीरता तक सुगमता से पहुँचा जा सकता है।

27. संसार भर के छात्रों तथा शिक्षकों के साथ पारस्परिक विचार-विमर्श हो सकता है।

14.7 कम्प्यूटर सह-अधिगम की सीमाएँ
(Limitations of Computer Assisted Learning)

1. कम्प्यूटर सह-अधिगम बहुत खर्चीला है।

2. कम्प्यूटर में प्रयुक्त मृदु उपागम (Software) बहुत कठिनाई से उपलब्ध होते हैं।

3. हजारों स्कूलों में बिजली नहीं है, अतः कम्प्यूटर का प्रयोग ही नहीं हो सकता।

4. कम्प्यूटरों के जल्दी-जल्दी खराब होने का भय रहता है तथा इनके मरम्मत की समस्या खड़ी हो जाती है।

5. विद्युत उपकरण के रूप में कम्प्यूटर बालकों के लिए खतरनाक भी सिद्ध हो सकता है।

6. कम्प्यूटर द्वारा सम्पन्न अधिगम कार्य में बालक स्वयं ही अधिगम कार्य करते हैं तथा उन्हीं का नियन्त्रण रहता है। इस कारण यह भय बना रहता है कि वे समय को बर्बाद कर सकते हैं और मनमर्जी का आचरण भी कर सकते हैं।

7. कम्प्यूटर द्वारा सम्पन्न अधिगम व्यवस्था एक मशीन के रूप में ही है।

8. कम्प्यूटर अधिगम से बालकों का भावनात्मक तथा संवेगात्मक विकास नहीं हो पाता। मानवीय मूल्य जैसे—प्रेम, सौहार्द्र, सहानुभूति आदि केवल अध्यापक-छात्र के पारस्परिक सम्बन्ध से ही पनपते हैं।

उपसंहार: वर्तमान परिस्थितियों में औपचारिक अधिगम व्यवस्था में कम्प्यूटर सह-अधिगम को लागू करना कठिन प्रतीत होता है। शिक्षण अधिगम प्रक्रिया में कम्प्यूटरों का उपयोग होने वाले शैक्षणिक लाभों की तुलना में बहुत खर्चीला दिखाई देता है।

14.8 अध्यापक तथा कम्प्यूटर सह-अधिगम का उपयोग (Role of the Teacher in Computer Assisted Learning)

शिक्षण अधिगम प्रक्रिया में कम्प्यूटर की पहुँच वेबसाइट तथा भौतिक पुस्तकालय से आवश्यक सामग्री को ढूँढने में अध्यापक के उत्तरदायित्व को बढ़ाती है। इसके साथ-साथ शिक्षण की गुणवत्ता भी बढ़ाती है। उपलब्ध बहुसंचार माध्यमों की खोज से शिक्षक को अपने पाठ को प्रभावशाली तरीके से पढ़ाने के लिए नये परिवर्तनकारी विचार प्राप्त होते हैं। अभिलेखों का डेटाबेस रखने से अध्यापक सूचना को विभिन्न रूपों में प्रदान करेगा और इससे धीमे सीखने वाले का ध्यान केन्द्रित करायेगा।

विज्ञान का कोई पाठ, जैसे हृदय की कार्यप्रणाली, मानव प्रजनन प्रणाली, मानव शरीर की संरचना, जिसके लिए चित्र आवश्यक हैं, को पढ़ाने के लिए चार्ट की सहायता से शिक्षक मानव शरीर की वास्तविक क्रिया को नहीं दर्शा सकता। अतः हम छात्र का निश्चित अधिगम विकसित नहीं कर सकते किन्तु यह कम्प्यूटर के प्रयोग से शिक्षण अधिगम में सम्भव है।

सी.डी. रोम्स तथा वेबसाइटों से सम्बद्ध सूचना के प्रयोग से सामाजिक विज्ञान का अधिगम अधिक रुचिपूर्ण बनाया जा सकता है। ग्राफिकल प्रस्तुतीकरण तथा फ्लोचार्टों, के प्रयोग द्वारा हम गणित तथा अन्य विज्ञान विषयों के प्रति छात्रों की रुचि उत्पन्न कर सकते हैं। शिक्षण अधिगम में कम्प्यूटर के प्रयोग से हम समय की बचत कर सकते हैं और तुरन्त मूल्यांकन सम्भव है क्योंकि शिक्षक विशेष द्वारा तैयार बनी-बनाई सामग्री कम्प्यूटर पर उपलब्ध है। बहुसूचना माध्यमों के द्वारा सार्वभौमिक अधिगम से परिचय कराने से ग्रामीण बच्चों की शहरी बच्चों का मुकाबला करने की मनोवृति बदल सकती है।

शिक्षण अधिगम प्रक्रिया में कम्प्यूटर सहायता-प्राप्त अधिगम के प्रयोग से धीमे सीखने वाले और उच्च स्थान प्राप्तकर्त्ता के बीच स्वयं अधिगम कौशलों के विकास द्वारा खाई को कम किया जा सकता है। रजिस्टर तथा कार्यालय के काम में कम्प्यूटर के प्रयोग से समयबद्ध परिणाम प्राप्त हो सकते हैं। आँकड़ों के नवीनीकरण में समय बचता है। अभिलेखों का रख-रखाव आसान हो जाता है।

कम्प्यूटर तथा विद्यालय चुनौतियाँ

शिक्षा में सूचना प्रौद्योगिकी के प्रयोग के अधिगम के अधोरेखित कुछ मुख्य सामान्य सिद्धान्त हैं जो शिक्षकों को चुनौती देते हैं। ये निम्नलिखित है।

1. सीखने की प्रक्रिया को उन्नत करने के लिए रूपरेखा बनाना।
2. सूचना शिक्षण उद्देश्यों तथा शिक्षाशास्त्र की सहभागिता तक पहुँच।
3. अध्यापकों एवं प्राचार्यों के लिए व्यावसायिक विकास के अवसरों तक पहुँच।
4. मूल्यों द्वारा संचालित न कि प्रौद्योगिकी संचालित अभिवृत्तियों का विकास।

15

सूक्ष्म शिक्षण
(Micro Teaching)

15.1 सूक्ष्म शिक्षण का अर्थ (Meaning of Micro Teaching)

माइक्रो अथवा सूक्ष्म शिक्षण का अर्थ है, लघु कक्षा, लघु पाठ-अवधि तथा लघु पाठ्य-सामग्री से शिक्षण। सूक्ष्म शिक्षण एक ऐसी शिक्षक-शिक्षण विधि है जो कक्षा-अध्यापन की जटिलता और विस्तार को घटाकर उन्हें लघु रूप देती है और शिक्षण कौशलों एवं निपुणताओं के उन्नयन के लिए कार्य करती है। इसका प्रयोग शिक्षक प्रशिक्षणार्थियों के व्यवहार-परिवर्तन के लिए भी किया जाता है।

15.2 सूक्ष्म शिक्षण की परिभाषाएँ (Definitions of Micro Teaching)

1. सूक्ष्म विधि के जन्मदाता डी. एलेन (*D. Allen*) ने जो संयुक्त राज्य अमेरिका के स्टेनफोर्ड विश्वविद्यालय में कार्य करते थे, 1966 में सूक्ष्म शिक्षण की इस प्रकार व्याख्या की, "सूक्ष्म शिक्षण एक विश्लेषित शिक्षण है जिसमें शिक्षण की प्रक्रिया लघु रूप में कम विद्यार्थियों वाली कक्षा के सामने अल्प समय में सम्पन्न की जाती है। इसका प्रयोग सेवारत एवं सेवापूर्व शिक्षकों के व्यावसायिक विकास के लिए किया जाता है। सूक्ष्म शिक्षण, अध्यापकों को शिक्षण के अभ्यास के लिए ऐसी स्थिति प्रदान करता है जिससे कक्षा-शिक्षण की सामान्य जटिलताएँ कम हो जाती हैं। इसमें अध्यापक बहुत अधिक मात्रा में अपने शिक्षण-व्यवहार के लिए प्रतिपुष्टि प्राप्त करता है।"

2. 1970 में *मैकएलीज* तथा *अर्विन* (*McAllese and Arwin*) ने इस प्रकार सूक्ष्म शिक्षण की व्याख्या की, "शिक्षक प्रशिक्षणार्थियों द्वारा सरलीकृत वातावरण में किये गये शिक्षण व्यवहारों को तत्काल प्रतिपुष्टि प्रदान करने के लिए क्लोज-सर्किट टेलीविजन के प्रयोग को प्राय: सूक्ष्म-शिक्षण कहा जाता है।"

3. *क्लिफ्ट और उनके सहयोगियों* (*Clift and Others*) ने 1976 में सूक्ष्म-विधि को शिक्षक-प्रशिक्षक की वह विधि बताया है जिसमें शिक्षण की स्थितियों को सरल किया जाता है और शिक्षण-व्यवहार को किसी एक विशेष कौशल के अभ्यास से जोड़ दिया जाता है। वह अभ्यास छोटे आकार की कक्षा में अल्प समय में किया जाता है।

4. 1981 में एस.के. *शर्मा* (*S.K. Sharma*) ने सूक्ष्म-शिक्षण की अनेक परिभाषाओं

की समालोचनात्मक विवेचना की तथा इस प्रकार अपने विचार व्यक्त किये, "सूक्ष्म शिक्षण एक विशिष्ट शिक्षक-प्रशिक्षण तकनीक है जिसके द्वारा प्रशिक्षणार्थी प्रतिपुष्टि के सहारे छात्रों के सहभाग को बढ़ाने के लिए विभिन्न कौशलों का विशिष्ट परिस्थितियों में अभ्यास करता है।"

5. *आर.एन. बुश* (*R.N. Brush*) के अनुसार, "सूक्ष्म-शिक्षण, शिक्षक प्रशिक्षण की वह प्रविधि है जिसमें शिक्षक स्पष्ट रूप से परिभाषित, शिक्षण कौशलों का प्रयोग करते हुए, ध्यानपूर्वक पाठ तैयार करता है, नियोजित पाठों के आधार पर पाँच से दस मिनट तक वास्तविक छात्रों के छोटे समूह के साथ अन्तःक्रिया करता है, जिसके परिणामस्वरूप वीडियों टेप पर प्रेक्षण प्राप्त करने का अवसर प्राप्त होता है।"

6. *वी.के. पासी* (*V.K. Passi*) के अनुसार, "सूक्ष्म शिक्षण एक प्रशिक्षण विधि है जिसमें छात्राध्यापक किसी एक शिक्षण कौशल का प्रयोग करते हुए थोड़ी अवधि के लिए छोटे समूह को कोई एक सम्प्रत्यय पढ़ाता है।"

7. *ऐलन एवं ईव* (*Allen and Eve*) के अनुसार, "सूक्ष्म शिक्षण को ऐसी नियन्त्रित अभ्यास प्रणाली के रूप में परिभाषित किया जा सकता है जिसके द्वारा विशिष्ट शिक्षण व्यवहारों पर ध्यान देकर नियन्त्रित परिस्थितियों में शिक्षण अभ्यास किया जा सकता है।"

8. *एल.सी. सिंह* (*L.C. Singh*) के अनुसार, "सूक्ष्म शिक्षण, शिक्षण का वह सरलीकृत लघु रूप है जिसमें किसी अध्यापक द्वारा किन्हीं पाँच विद्यार्थियों के समूह को 5 से 20 मिनट तक की अल्प अवधि में पाठ्यक्रम की एक छोटी इकाई का शिक्षण प्रदान किया जाता है। इस प्रकार की परिस्थिति किसी अनुभवी अथवा अनुभवहीन अध्यापक को नवीन शिक्षण कौशलों का अर्जन करने और पूर्व अर्जित कौशलों में सुधार लाने के लिए उपयोगी अवसर प्रदान करती है।"

9. *एन.के. जंगीरा एवं अजीत सिंह* (*N.K. Jangira and Azit Singh*) के अनुसार, "सूक्ष्म शिक्षण एक छात्राध्यापक के लिए प्रशिक्षण का वह प्रारूप है जिसमें सामान्य कक्षा शिक्षण की जटिलताओं को निम्न उपायों द्वारा कम करने का प्रयास किया जाता है:

- एक समय में एक ही शिक्षण कौशल का अभ्यास करना।
- पाठ्य-वस्तु की किसी एक संप्रत्यय तक ही सीमित रखना।
- कक्षा में विद्यार्थियों की संख्या को घटाकर 5 और 10 के बीच रखना।
- पाठ की अवधि को घटाकर 5 और 10 मिनट के बीच रखना।

15.3 सूक्ष्म शिक्षण की विशेषताएँ (Characteristics of Micro Teaching)

1. सूक्ष्म शिक्षण में शिक्षण के तत्त्वों को सूक्ष्म स्वरूप दिया जाता है।
2. यह व्यक्तिशः प्रशिक्षण की विधि है।
3. इस विधि में प्रशिक्षणार्थियों को शिक्षण-व्यवहार से सम्बन्धित प्रतिपुष्टि तत्काल प्राप्त हो जाती है।
4. यह ऐसा वास्तविक शिक्षण है जो केन्द्र-बिन्दु प्रशिक्षणार्थियों में शिक्षण-कौशलों का विकास करता है:

(क) कक्षा के आकार को घटाकर छोटा कर दिया जाता है अर्थात् कक्षा में केवल 5 से 10 छात्र ही रखे जाते हैं।

(ख) पढ़ाने की अवधि को एक घण्टे या 40 मिनट से घटाकर 5 से 10 मिनट कर दिया जाता है।

(ग) विषय-वस्तु के प्रकरण का आकार छोटा कर दिया जाता है।

(घ) अनेक शिक्षण कौशलों के स्थान पर प्रायः एक ही शिक्षण कौशल का अभ्यास किया जाता है।

सूक्ष्म-शिक्षण प्रक्रिया

सूक्ष्म-शिक्षण प्रक्रिया की तीन अवस्थाएँ हैं, जिन्हें निम्नलिखित चार्ट में प्रदर्शित किया गया है:

सूक्ष्म-शिक्षण की तीन अवस्थाएँ

ज्ञानार्जन अवस्था		कौशलार्जन अवस्था		स्थानान्तरण अवस्था	
I		II		III	
(1)	(2)	(3)	(4)	(5)	(6)
प्रदर्शित कौशलों का निरीक्षण	प्रदर्शन पर चर्चा तथा उसका विश्लेषण	सूक्ष्म पाठ लेखन	कौशल अभ्यास	शिक्षण का मूल्यांकन	वास्तविक शिक्षण परिस्थिति में कौशल का स्थानान्तरण

15.4 सूक्ष्म शिक्षण की मूलभूत मान्यताएँ (Assumptions of Micro Teaching)

1. शिक्षण एक उपचारात्मक प्रक्रिया या योजना है।

2. उत्तम प्रशिक्षण देने के लिए शिक्षण-क्रियाओं का वस्तुनिष्ठ (Objective) प्रेक्षण आवश्यक है।

3. शिक्षण में सुधार लाने के लिए समुचित अवसर दिये जाने चाहिए।

4. व्यक्तिगत क्षमताओं का विकास करके शिक्षण प्रक्रिया को उन्नत बनाया जा सकता है।

5. सूक्ष्म शिक्षण, शिक्षण का एक अति लघु एवं सरलीकृत रूप होता है।

6. प्रभावशाली सूक्ष्म शिक्षण के लिए शिक्षक व्यवहार के प्रारूप (Pattern) आवश्यक होते हैं।

7. अपेक्षित व्यवहार में परिवर्तन लाने में पृष्ठपोषण (Feedback) की महत्त्वपूर्ण भूमिका होती है।

15.5 सूक्ष्म-शिक्षण के सिद्धान्त (Principles of Micro Teaching)

एलन तथा रियॉन (1968) ने सूक्ष्म-शिक्षण के निम्नांकित पाँच मूलभूत सिद्धान्तों का वर्णन किया है:

1. सूक्ष्म-शिक्षण वास्तविक शिक्षण है।

2. किन्तु इस प्रकार के शिक्षण में साधारण कक्षा-शिक्षण की जटिलताओं को कम कर दिया जाता है।

3. एक समय में किसी भी एक विशेष कार्य एवं कौशल के प्रशिक्षण पर ही जोर दिया जाता है।

4. अभ्यास क्रम को प्रक्रिया पर अधिक नियन्त्रण रखा जाता है।

5. परिणाम सम्बन्धी साधारण ज्ञान एवं प्रतिपुष्टि के प्रभाव की परिधि विकसित होती है।

15.6 सूक्ष्म-शिक्षण व्यवस्था के सोपान एवं चरण (Steps of Micro Teaching)

सूक्ष्म शिक्षण के निम्नलिखित सोपान हैं:

सोपान 1: अभिविन्यास (Orientation): सबसे पहले शिक्षक प्रशिक्षणार्थियों के सम्मुख सूक्ष्म-शिक्षण के अर्थ, उसके घटकों, विशेषताओं, गुणों एवं दोषों पर प्रकाश डालता है।

सोपान 2: शिक्षण कौशलों की चर्चा: प्रशिक्षणार्थियों को शिक्षण कौशलों के अर्थ एवं मनोवैज्ञानिक आधारों की जानकारी देता है।

सोपान 3: आदर्श-पाठ प्रस्तुतीकरण: शिक्षण कौशलों की पूरी जानकारी देने के लिए प्रशिक्षकर्त्ता को सूक्ष्म पाठ का स्वरूप आदर्श पाठ के रूप में करता है।

आदर्श पाठ प्रदर्शित करने की निम्नलिखित विधियाँ हैं:

(क) शिक्षक-प्रशिक्षक स्वयं सूक्ष्म पाठ पढ़ाकर दिखा सकता है।

(ख) सूक्ष्म-शिक्षण का आदर्श पाठ लिखित रूप में भी प्रशिक्षणार्थियों को दिया जा सकता है। इस लिखित पाठ में शिक्षण कौशलों की पूरी-पूरी जानकारी दी जाए तथा पाठ योजना के प्रस्तुतीकरण का विवरण भी दिया जाए।

(ग) आदर्श-पाठ को वीडियो टेप पर रिकार्ड कर टेलीविजन पर भी प्रदर्शित किया जा सकता है।

(घ) आदर्श पाठ को साधारण टेपरिकार्डर पर टेप कर प्रशिक्षणार्थियों को सुनाया जाता है।

सोपान 4: पाठ का पर्यवेक्षण एवं समालोचन: आदर्श पाठ के पर्यवेक्षण एवं समालोचन की विधि छात्राध्यापकों को विस्तृत रूप से बताई जाती है। पाठ की समालोचना करने के लिए प्रत्येक प्रशिक्षणार्थी को प्रत्येक शिक्षण कौशल के लिए अलग-अलग पर्यवेक्षण प्रपत्र दिये जाते हैं। प्रपत्र का समुचित उपयोग करने की विधि उन्हें बताई जाती है।

सोपान 5: सूक्ष्म-शिक्षण पाठ योजना: प्रशिक्षक किसी एक शिक्षण-कौशल और पाठ्यवस्तु की इकाई पर एक सूक्ष्म पाठ योजना बनाता है।

सोपान 6: शिक्षण स्तर: पाठ योजना के आधार पर पाँच मिनट तक पाँच या दस छात्रों की कक्षा को पढ़ाया जाता है। प्रशिक्षक द्वारा दिये गये पाठ को वीडियो टेप या साधारण कैसेट पर टेप किया जाता है। जहाँ पर यह व्यवस्था नहीं हो सकती, वहाँ शिक्षक-प्रशिक्षक अथवा सह-प्रशिक्षणार्थी पाठ का अवलोकन करते हैं और पर्यवेक्षण प्रपत्रों पर पाठ के लिए समालोचना संकेत बनाते हैं।

सोपान 7: प्रतिपुष्टि: प्रत्येक छात्राध्यापक का व्यक्तिशः तत्कालीन प्रतिपुष्टि प्रदान करना अत्यन्त आवश्यक है। प्रतिपुष्टि के लिए सामान्यतः पाँच मिनट का समय दिया जाता है।

सोपान 8: पुनर्योजना: प्राप्त प्रतिपुष्टि के आधार पर छात्राध्यापक सुझाव-संकेतों को अपनाते हुए अपने सूक्ष्म पाठ का पुनर्नियोजन करता है। इसके लिए लगभग 10 मिनट का समय दिया जाता है।

सोपान 9: पुनः अध्यापन: पुनर्निर्मित या परिमार्जित पाठ योजना को छात्राध्यापक पढ़ाता है।

सोपान 10: पुनः प्रतिपुष्टि: इस सोपान पर भी छात्राध्यापक को पुनः प्रतिपुष्टि (सोपान 7 के समान) प्रदान की जाती है।

15.7 सूक्ष्म-शिक्षण में प्रयुक्त प्रविधियाँ (Techniques of Micro Teaching)

सूक्ष्म-शिक्षण का विकास *स्टैनफोर्ड विश्वविद्यालय* में हुआ था। वहाँ पर निम्नांकित प्रविधि प्रयोग की गयी थीं:

शिक्षण चरण	5 मिनट
मूल्यांकन चरण	10 मिनट
पुनः पाठ निर्माण चरण	15 मिनट
पुनः शिक्षण चरण	5 मिनट
पुनः मूल्यांकन चरण	10 मिनट
कुल समय	**45 मिनट**

उल्सटर विश्वविद्यालय ने निम्नांकित प्रविधि का प्रयोग किया गया:

शिक्षण चरण	15 मिनट
मूल्यांकन चरण	7 मिनट
पुनः पाठ निर्माण चरण	8 मिनट
पुनः शिक्षण चरण	15 मिनट
पुनः मूल्यांकन चरण	15 मिनट
कुल समय	**60 मिनट**

15.8 भारत में सूक्ष्म प्रविधि के प्रतिमान (Micro Teaching Models in India)

1. *डी.ए.वी. कॉलेज,* देहरादून में कई प्रयोगों के पश्चात् निम्नांकित प्रविधि मिश्रा, गोस्वामी तथा कुलश्रेष्ठ ने अपनाई और इसे अधिक उपादेय पाया:

शिक्षण चरण	6 मिनट
प्रथम मूल्यांकन चरण	6 मिनट
द्वितीय मूल्यांकन (वास्तविक मूल्यांकन)	4 मिनट
पुनः पाठ निर्माण चरण	7 मिनट
पुनः शिक्षण चरण	6 मिनट
पुनः मूल्यांकन चरण	6 मिनट
कुल समय	**35 मिनट**

2. *राष्ट्रीय शैक्षिक अनुसंधान प्रशिक्षण परिषद् का सूक्ष्म-शिक्षण का भारतीय प्रतिमान* (*NCERT Model of Micro-Teaching*): भारतवर्ष में विशेष रूप से NCERT, Centre of Advanced Studies in Education (CASE) एवं इन्दौर विश्वविद्यालय में किये गये प्रयासों के फलस्वरूप सूक्ष्म-शिक्षण का भारतीय प्रतिमान विकसित किया गया। इसकी निम्नलिखित विशेषताएँ हैं:–

1. इसमें महँगी सामग्री, जैसे–वीडियो, क्लोज्ड सर्किट टी.वी. आदि के स्थान पर कथन तथा चर्चा विधि का प्रयोग किया गया है।

2. विदेशी निरीक्षण तथा प्रतिपुष्टि की महँगी सामग्री के स्थान पर इसमें प्रशिक्षित निरीक्षकों द्वारा निरीक्षण तथा प्रतिपुष्टि को स्थान दिया गया है।

3. इसमें सूक्ष्म-शिक्षण सत्र अनुरूपित (Simulated) परिस्थितियों में सम्पन्न किया जाता है, जिसमें साथी बी.एड. प्रशिक्षणार्थियों की मुख्य भूमिका होती है।

4. सूक्ष्म-शिक्षण के इस भारतीय प्रतिमान में स्तर निर्धारण तथा शिक्षण वृत्त निम्नांकित प्रकार से किया जाता है:

छात्रों की संख्या	5 से 10 तक
छात्रों के प्रकार	वास्तविक स्कूल छात्र या बी.एड. छात्र
निरीक्षण व प्रतिपुष्टि	प्राध्यापक या साथी बी.एड. छात्र
पाठ की अवधि	6 मिनट
कौशलों की संख्या	एक समय में एक कौशल
विषय-वस्तु	एक शिक्षण बिन्दु/परिकल्पना
कुल अवधि	**36 मिनट**

5. सूक्ष्म शिक्षण के भारतीय प्रतिमान में सूक्ष्म-शिक्षण चक्र की अवधि 36 मिनट होती है। इसका समय-विभाजन निम्नांकित प्रकार से दर्शाया गया है:

शिक्षण	6 मिनट
प्रतिपुष्टि	6 मिनट
पुनः योजना	12 मिनट
पुनः शिक्षण	6 मिनट
पुनः प्रतिपुष्टि	6 मिनट
कुल अवधि	**36 मिनट**

6. यह प्रतिमान कम खर्चीला तथा ज्यादा लचीला होता है।

7. भारतीय प्रतिमान में कौशलों के समन्वय करने को भी समुचित स्थान दिया गया है।

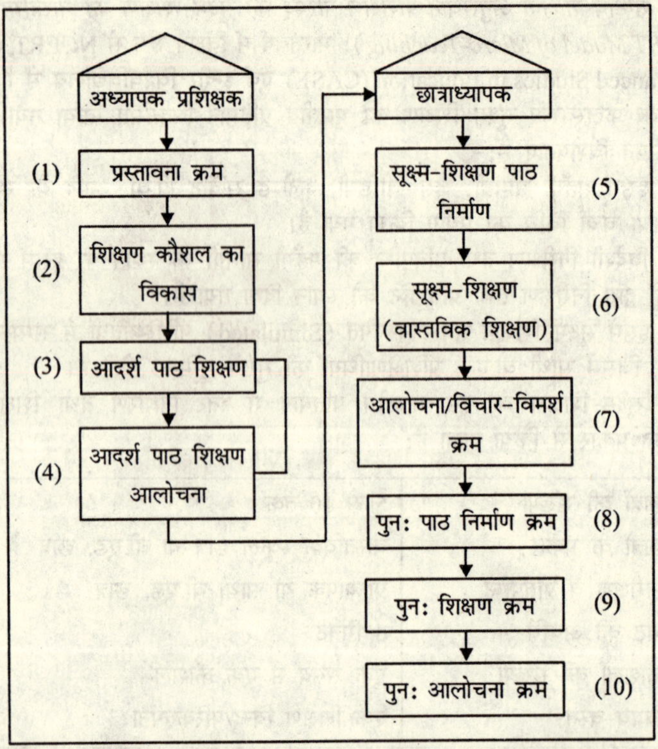

चित्र 15.1: सूक्ष्म-शिक्षण प्रक्रिया (Process of Micro-Teaching)

मूलत: सूक्ष्म-शिक्षण की प्रविधि में निम्नलिखित पाँच पदक्रम सन्निहित हैं:

(i) शिक्षण, (ii) प्रतिपुष्टि, (iii) पुन: पाठ नियोजन, (iv) पुन: शिक्षण, (v) पुन: प्रतिपुष्टि। इन पाँच पदक्रमों को मिलाकर एक सूक्ष्म-शिक्षण चक्र बनता है। एक सूक्ष्म-शिक्षण चक्र को चित्र 15.2 में प्रस्तुत किया गया है—

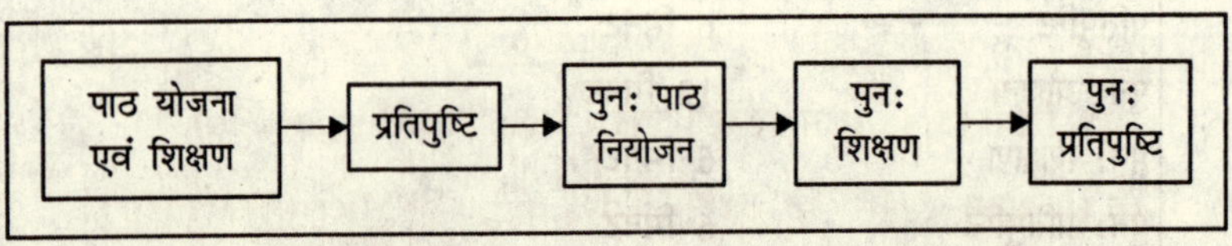

चित्र 15.2: सूक्ष्म-शिक्षण पदक्रम (Steps in Micro-Teaching)

15.9 सूक्ष्म-शिक्षण चक्र (Micro-Teaching Cycle)

ऊपर दी गई प्रक्रिया तब तक जारी रहती है जब तक छात्राध्यापक विशेष शिक्षण कौशल (Specific Teaching Skill) में निपुणता न प्राप्त कर लें, यह प्रक्रिया सूक्ष्म शिक्षण चक्र कहलाती है।

उपर्युक्त विवरण के आधार पर सूक्ष्म-शिक्षण चक्र के विभिन्न पद चित्र के द्वारा आगे प्रदर्शित किये जा रहे हैं:

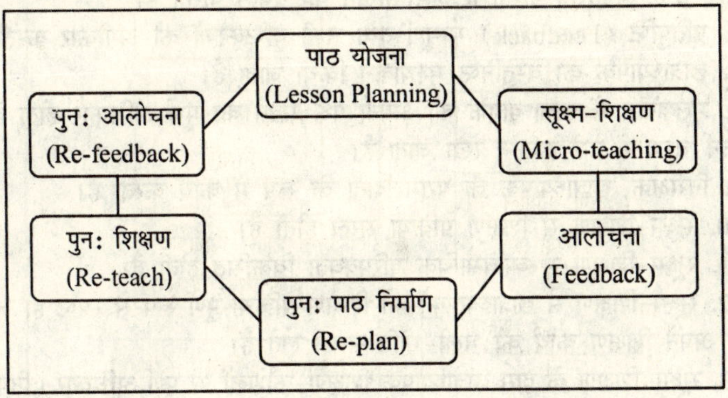

चित्र 15.3: सूक्ष्म शिक्षण चक्र (Micro-Teaching Cycle)

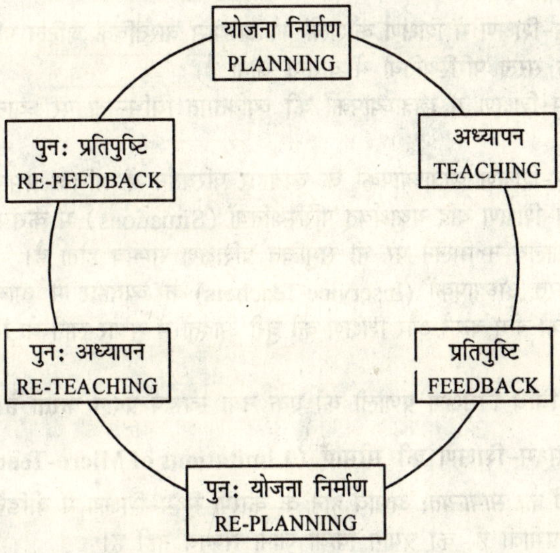

चित्र 15.4: सूक्ष्म-शिक्षण चक्र (Micro-Teaching Cycle)

15.10 सूक्ष्म-शिक्षण के लाभ (Advantages of Micro-Teaching)

सूक्ष्म-शिक्षण के प्रशिक्षण विधि के रूप में अनेक लाभ हैं:

1. यह कक्षा-शिक्षण की जटिलताओं को कम करता है।
2. यह शिक्षण विधि छात्राध्यापक को कम समय में अधिक सिखाती है।
3. इस विधि के माध्यम से छात्राध्यापक को विद्यालय में सीधा पढ़ाने जाने की अपेक्षा छोटी कक्षा, कम छात्र तथा छोटी पाठ-योजना से अध्यापन कार्य सिखाया जाता है जो छात्राध्यापक के लिए अत्यन्त उपयोगी सिद्ध होता है।

4. यह शिक्षण विधि छात्राध्यापकों में आत्मविश्वास जागृत करती है।

5. छात्राध्यापक क्रमशः अपनी योग्यतानुसार शिक्षण-कौशलों पर अपना ध्यान केन्द्रित करते हुए उन्हें विकसित करता है और सीखने का प्रयत्न करता है।

6. प्रतिपुष्टि (Feedback) सम्पूर्ण तथा सभी दृष्टिकोणों को अंगीकार करती है।

7. छात्राध्यापक का वस्तुनिष्ठ मूल्यांकन किया जाता है।

8. मूल्यांकन में छात्राध्यापक को अपना पक्ष रखने का पूर्ण अधिकार होता है और मूल्यांकन चरण में उसे सक्रिय रखा जाता है।

9. निरीक्षक, छात्राध्यापक के परामर्शदाता के रूप में कार्य करता है।

10. सूक्ष्म-शिक्षण से शिक्षण प्रक्रिया सरल होती है।

11. सूक्ष्म-शिक्षण से व्यावसायिक परिपक्वता विकसित होती है।

12. सूक्ष्म-शिक्षण से छात्राध्यापकों को शिक्षण प्रक्रिया पूर्ण रूप से स्पष्ट हो जाती है और वे अपने शिक्षण कार्य को भली-भाँति समझ लेते हैं।

13. सूक्ष्म-शिक्षण के द्वारा छात्राध्यापक शिक्षण-कौशलों पर पूर्ण अधिकार (निपुणता) प्राप्त कर लेते हैं। फलस्वरूप वे कम समय में वांछित कौशल का कुशल उपयोग करने में सक्षम हो जाते हैं।

14. सूक्ष्म-शिक्षण में शिक्षण कौशलों का अभ्यास वास्तविक जटिल परिस्थितियों की अपेक्षा अधिक सरल परिस्थितियों में कराया जाता है।

15. सूक्ष्म-शिक्षण में छात्राध्यापकों की व्यक्तिगत विभिन्नता पर ध्यान प्रदान किया जाता है।

16. सूक्ष्म-शिक्षण छात्राध्यापकों के व्यवहार परिवर्तन में अधिक प्रभावी होता है।

17. सूक्ष्म-शिक्षण यदि यथार्थवत् परिस्थितियों (Situations) में कराया जाता है तब वास्तविक विद्यालय न मिलने पर भी समुचित प्रशिक्षण सम्भव होता है।

18. सेवारत अध्यापकों (Inservice Teachers) के व्यवहार में आयी हुई कड़ाई (Rigidity) को कम करने और शिक्षण की बुरी आदतों में सुधार लाने के लिए यह विधि उपयोगी है।

19. यह विधि निरीक्षण प्रणाली को एक नया स्वरूप प्रदान करती है।

15.11 सूक्ष्म-शिक्षण की सीमाएँ (Limitations of Micro-Teaching)

(i) *साधनों का सामान्यतः* अभाव होने के कारण सूक्ष्म-शिक्षण में वीडियो फिल्म, जो कि सर्वाधिक प्रभावी है, का प्रयोग किया जाना सम्भव नहीं है।

(ii) सूक्ष्म-शिक्षण का उपयोग करने के लिए विशेष रूप से प्रशिक्षित अध्यापकों की आवश्यकता है। ऐसे अध्यापकों की कमी है।

(iii) सूक्ष्म-शिक्षण के लिए अनेक कक्षा-कक्षों की आवश्यकता होती है।

(iv) सूक्ष्म-शिक्षण में छात्राध्यापकों को अलग-अलग शिक्षण कौशलों का अभ्यास कराया जाता है। इससे छात्राध्यापक शिक्षण कौशलों का अलग-अलग प्रयोग करने में तो दक्षता प्राप्त कर लेते हैं परन्तु वास्तविक शिक्षण के समय सभी शिक्षण कौशलों का एकीकृत (Integrated) रूप में प्रयोग करने में समर्थ नहीं हो पाते।

(v) सूक्ष्म-शिक्षण के लिए विषय-वस्तु को विश्लेषित कर एक ही सम्प्रत्यय का एक बार में प्रयोग किया जाता है। वैसे भी निरीक्षक का ध्यान शिक्षण कौशल के प्रेक्षण पर

अधिक रहता है, विषय वस्तु के औचित्य पर नहीं। अतः यदि वास्तविक विद्यार्थी शिक्षण अभ्यास के लिए जाते हैं तो उनके समय व शक्ति का अपव्यय होता है।

(vi) सूक्ष्म-शिक्षण में शिक्षण कौशलों का अभ्यास कृत्रिम परिस्थितियों में कराया जाता है। अतः छात्राध्यापक वास्तविक कक्षा की स्थितियों का सामना पूरी दक्षता से नहीं कर पाते हैं।

15.12 भारत में सूक्ष्म-शिक्षण का बहुत कम प्रयोग (Very Limited Use of Micro-Teaching in India)

इसमें कोई सन्देह नहीं कि सूक्ष्म-शिक्षण का शिक्षक-प्रशिक्षण में बहुत महत्त्वपूर्ण स्थान है। परन्तु भारत में इसका प्रयोग कोरी कल्पना है। अभी तक 'सभी के लिए प्राथमिक शिक्षा' का लक्ष्य, जो कि संविधान के अनुसार 1960 तक पूरा करना था, 'मृगतृष्णा' बनकर रह गया है। वित्तीय साधनों की कमी के कारण सूक्ष्म-शिक्षण पद्धति को लागू करने में अनेक कठिनाइयाँ हैं जिन्हें निकट भविष्य में दूर करना सम्भव नहीं दिखाई देता है।

16

अभिक्रमित अधिगम अथवा अनुदेशन
(Programmed Learning or Instruction)

16.1 अभिक्रमित अनुदेशन का अर्थ
(Meaning of Programmed Learning)

अभिक्रमित अधिगम शैक्षिक सामग्री को छोटे-छोटे पदों में विभाजित कर उसे इस प्रकार तारतम्ययुक्त अथवा श्रृंखलाबद्ध करने की प्रक्रिया है जिसके सहारे अधिगमकर्त्ता (सीखने वाला) जहाँ तक जानता है, उससे आगे के अज्ञान (न जाने वाले) एवं नवीन ज्ञान को स्वयं ही सीख सके। दूसरे शब्दों में, हम यह कह सकते हैं कि अभिक्रमित अनुदेशन, शिक्षण अधिगम की एक विधि है जिसमें अधिगम के स्रोतों, साधनों एवं सामग्रियों को नियोजित और संगठित करने का प्रयास इस प्रकार किया जाता है जिससे अधिगमकर्त्ता शिक्षण के सुनिश्चित उद्देश्यों तक पहुँच जाए।

सामान्यतः हम यह कह सकते हैं कि अभिक्रमित अनुदेशन व्यक्तिशः अनुदेशन की ऐसी विधि है जिसमें अधिगमकर्त्ता सक्रिय रहता है, तत्काल प्रतिपुष्टि करता है तथा अपनी गति से सीखते हुए बढ़ता है।

16.2 अभिक्रमित अनुदेशन की परिभाषा
(Definition of Programmed Learning)

1. *डी.एल. कुक* (*D.L. Cook*) का कहना है, "अभिक्रमित अधिगम, स्वशिक्षण, विधियों के व्यापक सम्प्रत्यय को स्पष्ट करने के लिए प्रयुक्त एक विद्या है।"

2. *जेम्स ई. एस्पिच* (*J.E. Aspech*) तथा *बिर्ल विलियम्स* (*B. Williams*) के अनुसार, "अभिक्रमित अनुदेशन अनुभवों का वह नियोजित क्रम है जो उद्दीपक अनुक्रिया सम्बन्ध के रूप में कुशलता तथा सक्षमता की ओर ले जाता है।"

3. *लीथ* (*Leith*) के विचार में, "अभिक्रमित अनुदेशन, अनुदेशन सामग्री के छोटे-छोटे पदों अथवा फ्रेमों की एक श्रृंखला है। इन पदों में से अधिकांश में अनुक्रिया के लिए किसी वाक्य में रिक्त स्थान की पूर्ति करनी होती है। अपेक्षित अनुक्रिया के लिए किसी संकेत प्रणाली का प्रयोग किया जाता है और प्रत्येक अनुक्रिया की पुष्टि परिणामों के तत्काल ज्ञान द्वारा की जाती है।"

4. *एन.एस. मावी* (*N.S. Mavi*) कहते हैं, "अभिक्रमित अनुदेशन, सजीव अनुदेशात्मक

प्रक्रिया को 'स्वयं-अधिगम' अथवा 'स्वयं अनुदेशन' में परिवर्तित करने की वह तकनीक है जिसमें विषय-वस्तु को छोटी-छोटी कड़ियों में विभाजित किया जाता है, जिन्हें सीखने वाले को पढ़कर अनुक्रिया करनी होती है, जिसके सही अथवा गलत होने का उसे तुरन्त पता चल जाता है।"

5. *स्मिथ तथा मुरे* (*Smith and Moore*) के शब्दों में, "अभिक्रमित अनुदेशन किसी अधिगम सामग्री को क्रमिक पदों की शृंखला में व्यवस्थित करने वाली एक क्रिया है, जिसके द्वारा छात्रों को उनकी परिचित पृष्ठभूमि से एक नवीन तथा जटिल प्रत्ययों, सिद्धान्तों तथा अवबोधों की ओर ले जाया जाता है।"

6. *स्टोफल* (*Stoffel*) के कथनानुसार, "ज्ञात के छोटे अंशों को एक तार्किक क्रम में व्यवस्थित करने को अभिक्रम तथा इसकी सम्पूर्ण प्रक्रिया को अभिक्रमित अनुदेशन कहा जाता है।"

7. *सूसन मार्कले* (*Susan Markle*) के अनुसार, "अभिक्रमित अनुदेशन पुनः प्रस्तुत की जा सकने वाली क्रियाओं की शृंखला को संरचित करने की वह विधि है, जिसकी सहायता से व्यक्तिगत रूप से प्रत्येक छात्र के व्यवहार में मापनीय और विश्वसनीय परिवर्तन लाया जा सके।"

8. *गुलाटी और गुलाटी* (*Gulati and Gulati*) अभिक्रमित अनुदेशन को बहुत ही सीधे शब्दों में परिभाषित करते हैं–"अभिक्रमित अनुदेशन वैयक्तिक अनुदेशन प्रदान करने की एक ऐसी विधि है जिसमें विद्यार्थी सक्रिय रहता है और स्वयं अपनी गति से आगे बढ़ता है और उसे तत्काल ही परिणामों का ज्ञान प्रदान किया जाता है। अध्यापक सशरीर उपस्थित नहीं रहता।"

16.3 अभिक्रमित अधिगम/अनुदेशन की विशेषताएँ
(Characteristics of Programmed Learning/Instruction)

अभिक्रमित अध्ययन सामग्री की प्रमुख विशेषताएँ निम्नलिखित हैं:

1. अभिक्रमित सामग्री व्यक्तिनिष्ठ (Individual) होती है और इसमें एक समय में केवल एक ही व्यक्ति सीखता है।
2. अभिक्रमित पाठ्य-सामग्री को छोटे से छोटे अंशों में विभाजित किया जाता है।
3. अभिक्रमित सामग्री को छोटे-छोटे अंशों को शृंखलाबद्ध किया जाता है।
4. अभिक्रमित सामग्री में प्रत्येक पद अपने आगे वाले पद से तार्किक क्रम में स्वाभाविक रूप से जुड़ा होता है।
5. छात्रों को तत्काल उनकी प्रगति के विषय में सूचना मिल जाती है कि उनका प्रयास सही था या गलत। इस प्रकार तत्काल पृष्ठपोषण (Feedback) उन्हें मिलता रहता है।
6. छात्रों को अपनी गति से विषय-वस्तु सीखने के अवसर प्राप्त होते हैं।
7. अभिक्रमित सामग्री पूर्ण परीक्षित तथा वैध होती है।
8. सीखने वाले को सक्रिय सतत् प्रयास (अनुक्रिया) करने पड़ते हैं।
9. अभिक्रमित सामग्री में छात्रों के पूर्व व्यवहारों तथा धारणाओं का विशिष्टीकरण किया जाता है। इन व्यवहारों में भाषा की सरलता तथा बोधगम्यता का स्तर, उपलब्धि स्तर, पृष्ठभूमि तथा मानसिक स्तर को भी ध्यान में रखा जाता है।

10. अभिक्रमित उद्दीपन, अनुक्रिया तथा पुनर्बलन–ये तीनों तत्त्व क्रियाशील रहते हैं।

11. अभिक्रमित सामग्री सीखने में अपेक्षाकृत त्रुटियों की दर (Error Rate) तथा गलतियों की दर (Fault Rate) काफी कम रहती है।

12. अभिक्रमित सामग्री में पृष्ठपोषण तुरन्त मिलता है, अतः छात्रों की सही अनुक्रियाएँ पुनर्बलित (Reinforced) हो जाती हैं, जिससे प्रभावशाली शिक्षण में सहायता मिलती है।

13. छात्र की प्रत्येक अनुक्रिया उसे एक नया ज्ञान प्रदान करती है।

14. छात्रों में अनुदेशन सामग्री के अध्ययन के समय अधिक तत्परता तथा जिज्ञासा रहती है, जिससे वे विषय-वस्तु जल्दी समझ जाते हैं।

15. छात्रों की अनुक्रियाओं के माध्यम से अभिक्रमित अनुदेशन सामग्री का मूल्यांकन किया जाता है और तदनुसार उनमें सुधार तथा परिवर्तन भी किया जाता है।

16. अभिक्रमित अनुदेशन छात्रों की कमजोरियों तथा कठिनाइयों का निदान उपचारात्मक अनुदेशन की भी व्यवस्था करता है।

17. अभिक्रमित अनुदेशन प्रणाली मनोवैज्ञानिक अधिगम सिद्धान्तों पर आधारित है।

16.4 अभिक्रमित अनुदेशन के सिद्धान्त (Principles of Programmed Learning)

उपर्युक्त विशेषताओं की विवेचना से स्पष्ट है कि अभिक्रमित अनुदेशन निम्नांकित सिद्धान्तों पर आधारित है:

1. स्व-गति से सीखने का सिद्धान्त।
2. छात्र अनुक्रियाओं का सिद्धान्त।
3. छोटे-छोटे अंशों का सिद्धान्त।
4. सक्रिय सहभागिता का सिद्धान्त।
5. तत्काल पृष्ठ-पोषण का सिद्धान्त।
6. सामग्री की वैधता का सिद्धान्त।
7. छात्र परीक्षण तथा प्रगति ज्ञान का सिद्धान्त।
8. व्यवहार-विश्लेषण का सिद्धान्त।

16.5 शिक्षण अनुदेशन तथा अभिक्रमित अनुदेशन (Teaching, Instruction and Programmed Instruction)

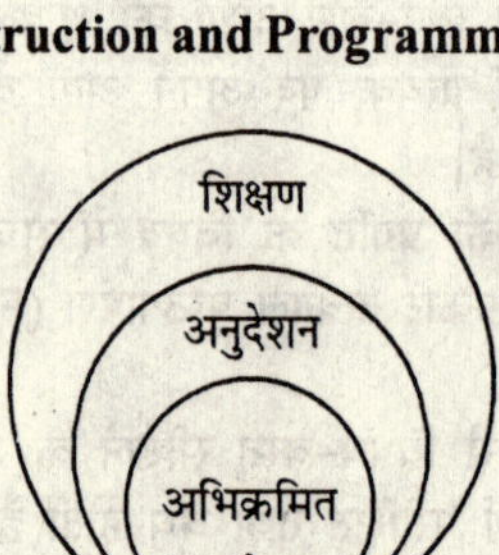

चित्र 16.1: शिक्षण, अनुदेशन तथा अभिक्रमित अनुदेशन

16.6 अभिक्रमित अनुदेशन के मूल तत्त्व (Fundamental Elements of Programmed Instruction)

1. छात्र नियन्त्रित अनुदेशन (Learner Controlled Instruction)
2. अभिक्रमित पाठ्य-वस्तु (Programmed Text)
3. उपरोक्त समीपता (Successive Approximation)
4. अवरोह शृंखला (Regressive Chain)
5. निदान तथा उपचार (Diagnosis and Remediation)
6. क्रमागत प्रगति (Gradual Progression)
7. उद्दीपन तथा प्रक्रिया (Stimulus and Response)
8. पुनर्बलन (Reinforcement)
9. व्यवहार तथा व्यवहार शृंखला (Behaviour and Behaviour Repertoire)
10. उद्दीपन नियन्त्रण का स्थानान्तरण (Transfer of Stimulus Control)
11. पृष्ठपोषण प्रतिपुष्टि (Feedback)
12. पुष्ठि (Confirmation)
13. अनुबोधन (Promoting)
14. सामान्यकरण तथा विभेदीकरण (Generalisation and Discrimination)

1. छात्र नियन्त्रित अनुदेशन: इस अनुदेशन में छात्रों को पूरा महत्त्व दिया जाता है। अभिक्रमित अनुदेशन सामग्री तैयार करने में 'छात्र नियन्त्रित' अनुदेशन क्रम अन्य किसी अधिगम क्रम की तुलना में अधिक प्रभावशाली है। अत: इसका प्रयोग अनुदेशन सामग्री बनाते समय शुरू में करना चाहिए। बाद में उद्देश्यों से सम्बन्ध स्थापित करते हुए आगे बढ़ते जाना चाहिए। इसके द्वारा अनुदेशन को छात्र-केन्द्रित बनने में सहायता मिलती है।

2. अभिक्रमित पाठ्य-वस्तु: रेखीय अभिक्रमित अनुदेशन में पाठ्य-वस्तु को छोटे-छोटे पदों में बाँटा जाता है, जिसमें प्रत्येक पद के लिए छात्रों को अनुक्रिया करनी पड़ती है। यही 'रेखीय अभिक्रमित पाठ्य-वस्तु' कहलाती है। शाखीय अभिक्रमित अनुदेशन सामग्री में दो प्रकार के–(1) गृह पृष्ठ (Home Page) तथा (2) त्रुटि पृष्ठ (Wrong Page) होते हैं, जो मिलकर 'स्क्रैम्बल्ड पाठ्य-वस्तु' (Scrambled text) कहलाती है।

3. उत्तरोत्तर समीपता: अभिक्रमित अनुदेशन सामग्री में अधिगमकर्त्ता पहले जो अनुक्रियाएँ करता है, उसे पुनर्बलित किया जाता है। अन्तिम व्यवहार तक पहुँचने के लिए जिन-जिन क्रियाओं की आवश्यकता पड़ती है उन्हें छोटे-छोटे पदों की तार्किक क्रमबद्ध व्यवस्था के अनुसार बाँट दिया जाता है। प्रत्येक पद पर पुनर्बलन प्रदान करते हुए उत्तरोत्तर समीपता के आधार पर अधिगमकर्त्ता की अनुक्रियाओं को अन्तिम व्यवहार के समीप पहुँचाते हैं।

4. अवरोह शृंखला: निपुणता (Mastery) स्तर तक पहुँचने के लिए रेखीय अभिक्रमित अनुदेशन में आरोही शृंखला (Progressive Chain) का अनुकरण किया जाता है। परन्तु टी.एफ. गिलबर्ट (T.F. Gilbert) ने अपने अनुदेशन में अवरोह शृंखला (Retrogressive Chain) का प्रयोग किया। इस शृंखला में आरोह शृंखला के विपरीत, शृंखला के अन्तिम बिन्दु से शुरू करते हैं और शृंखला के प्रारम्भ पर पहुँचकर अन्त करते हैं। जैसे उल्टी गिनतियाँ या पहाड़े याद करना (100 से शुरू करके 1 तक आना)। यह शृंखला गणित में अधिक उपयोगी पायी गयी है।

5. निदान तथा उपचार: निदान तथा उपचार के सिद्धान्त से अभिप्राय है, छात्रों की कठिनाइयों, कमजोरियों का निदान करके उन्हें उपचारात्मक अनुदेशन प्रदान करना। शाखीय (Branching) अभिक्रमित अनुदेशन में यदि छात्र गलत अनुक्रिया करता है तब उसकी कठिनाई, गलती या कमजोरी का पता चलता है, जिसके लिए उसे त्रुटि-पृष्ठ पर उपचारात्मक अनुदेशन प्राप्त होता है और वह गलती सुधारने के लिए उपयुक्त निर्देश भी सामग्री से प्राप्त करता है।

6. क्रमागत प्रगति: अभिक्रमित अनुदेशन सामग्री में छात्रों को उनके पूर्व व्यवहार शृंखला से धीरे-धीरे शुरू करके अन्तिम व्यवहार तक क्रमागत प्रगति के माध्यम से ले जाया जाता है। क्रमागत प्रगति में इस बात का ध्यान रखा जाता है कि छात्र धीरे-धीरे अनुक्रियाएँ करते हुए जटिल व्यवहारों को विकसित करें। सामग्री के प्रत्येक पद में ऐसी व्यवस्था होती है जिससे किसी छात्र की पिछली अनुक्रियाएँ आगे की अनुक्रियाओं से सम्बन्ध स्थापित करते हुए छात्रों को प्रगति पथ पर धीरे-धीरे आगे बढ़ाती जायें।

7. उद्दीपन तथा अनुक्रिया: ऐसी परिस्थिति, घटना या व्यक्ति अथवा वातावरण में परिवर्तन, यदि छात्रों के व्यवहार में भी परिवर्तन लाते हैं, तो उन्हें उद्दीपन कहा जाता है। उद्दीपन एक विशिष्ट अनुक्रिया के लिए परिस्थिति उत्पन्न करता है। अभिक्रमित अनुदेशन में विषय-वस्तु के छोटे-छोटे पदों को तार्किक क्रम में प्रस्तुत किया जाता है। ये प्रत्येक छोटे-छोटे पद उद्दीपन का कार्य करते हैं तथा ये ही पद उद्दीपन के रूप में छात्रों को अनुक्रियाएँ करने के लिए (समुचित परिस्थिति पैदा कर) तैयार करते हैं। सही उद्दीपन छात्रों को समुचित तथा सही अनुक्रियाएँ करने के लिए निर्देशन प्रदान करता है और नवीन ज्ञान देता है।

अनुक्रिया: अनुक्रिया व्यवहार की वह इकाई है जो जटिल व्यवहारों का निर्माण करती है। अनुक्रिया के तीन कार्य होते हैं-(i) छात्र को अध्ययन में तत्पर रखना, (ii) नवीन ज्ञान देना, तथा (iii) सही समय पर पुनर्बलन प्रदान करना। अनुक्रिया, आंशिक या पूर्ण रूप में प्रत्येक अगले पद के लिए उद्दीपन का काम भी करती है। छात्रों की सही अनुक्रिया अधिगम को प्रभावशाली बनाने में सहायक होती है और गलत अनुक्रिया अधिगम में बाधक होती है।

चूँकि उद्दीपन तथा अनुक्रिया छात्र के व्यवहार परिवर्तन में सहायक होते हैं और व्यवहार परिवर्तन ही एक प्रकार से अधिगम होता है, अत: वे दोनों अभिक्रमित अनुदेशन के मूल तत्त्व कहे जाते हैं।

8. पुनर्बलन: पुनर्बलन किसी क्रिया के बाद घटने वाली एक ऐसी घटना है जो उस क्रिया को पुष्ट करती है। दूसरे शब्दों में, उस क्रिया के पुन: घटित होने की सम्भावना बढ़ जाती है। पुनर्बलन का सम्बन्ध वातावरण की उन घटनाओं से होता है जो किसी अनुक्रिया के करने की सम्भावना में वृद्धि करती हैं। नवीन व्यवहार अथवा परिवर्तन छात्र की उन अनुक्रियाओं पर निर्भर होता है, जिन्हें उद्दीपनों से बल प्रदान किया जाता है। उद्दीपनों की वे घटनाएँ तथा परिस्थितियाँ जो अनुक्रिया को उत्पन्न करती हैं, पुनर्बलन कहलाती हैं।"

पुनर्बलन दो प्रकार के होते हैं:

(i) *धनात्मक पुनर्बलन (Positive Reinforcement)*: धनात्मक पुनर्बलन वे उद्दीपन हैं जिनके प्रस्तुतीकरण से किसी अनुक्रिया के होने की आशा बढ़ जाती है अथवा सही अनुक्रिया होने पर प्रशंसा, शाबाशी, पुरस्कार आदि मिलते हैं। धनात्मक/सकारात्मक

पुनर्बलन छात्रों के वांछित व्यवहारों/अनुक्रियाओं को दृढ़ करने के लिए दिया जाता है जिससे कि छात्र इस व्यवहार को दुबारा करें।

(ii) ***ऋणात्मक/नकारात्मक पुनर्बलन (Negative Reinforcement):*** ऋणात्मक/नकारात्मक पुनर्बलन, छात्रों के अवांछित व्यवहारों/अनुक्रियाओं को कम करने के लिए दिया जाता है ताकि वह इस व्यवहार को दुबारा न करे, जैसे–दण्ड देना, निन्दा करना, डाँटना, क्रोधित होना।

धनात्मक पुनर्बलन, ऋणात्मक की अपेक्षा अधिक प्रभावशाली होता है। अतः यथासम्भव धनात्मक पुनर्बलन का अधिकतम प्रयोग करना चाहिए।

पुनर्बलन प्रक्रिया के रूप आगे दर्शाये गये हैं:

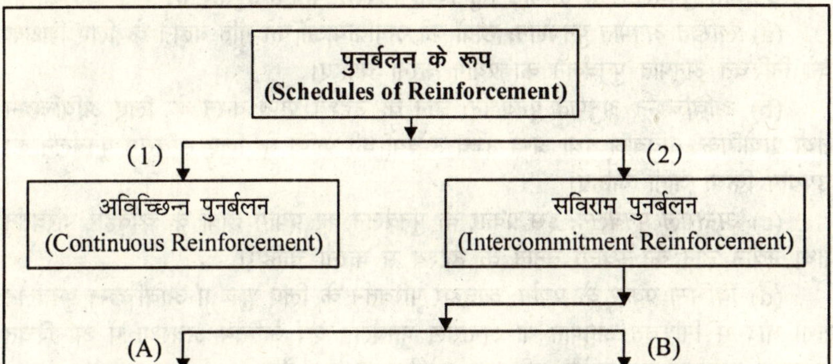

चित्र 16.2: पुनर्बलन के रूप

(1) ***अविच्छिन्न अथवा सतत् पुनर्बलन:*** अविच्छिन्न पुनर्बलन में छात्र अनुक्रिया करते रहते हैं तथा प्रत्येक अनुक्रिया के पश्चात् पुनर्बलन देने की व्यवस्था होती है। दूसरे शब्दों में इसमें अनुक्रिया के बाद पुनर्बलन दिया जाता है, जिससे व्यवहार और सुदृढ़ हो जाता है। रेखीय अभिक्रमित अनुदेशन (Linear Programmed Instruction) में प्रत्येक पद के बाद इस प्रकार ही पुनर्बलन दिया जाता है।

(2) ***सविराम अथवा अन्तरिम पुनर्बलन***: इसमें छात्र की प्रत्येक अनुक्रिया पर पुनर्बलन नहीं दिया जाता, दूसरे शब्दों में कभी पुनर्बलन दिया जाता है और कभी नहीं दिया जाता।

इस पुनर्बलन के दो प्रमुख रूप होते हैं:

(A) अनुपात रूप।

(B) अन्तराल अथवा समयान्तराल रूप।

(A) *अनुपात रूप (Ratio Schedule)*: सविराम पुनर्बलन के अनुपात रूप में छात्र की अनुक्रियाओं को अधिक महत्त्व दिया जाता है और पुनर्बलन एक पुनर्बलन से जो व्यवहार परिवर्तन होते हैं या छात्र जो नया ज्ञान प्राप्त करते हैं, वह ज्यादा स्थायी नहीं होता।

उपर्युक्त पुनर्बलन के उपयोग हेतु दिशा-निर्देश: ये निम्नानुसार हैं:

(a) *लिखित अनुपात पुनर्बलन*: छात्रों की अनुक्रियाओं की गति बढ़ाने के लिए शिक्षक को निश्चित अनुपात पुनर्बलन का प्रयोग करना चाहिए।

(b) *अविच्छिन्न अनुपात पुनर्बलन*: ज्ञान के उद्देश्य प्राप्त करने के लिए अविच्छिन्न तथा प्रायोगिक, अवबोध तथा अन्य उच्च उद्देश्यों की प्राप्ति के लिए सविराम पुनर्बलन का उपयोग किया जाना चाहिए।

(c) *अन्तराल पुनर्बलन*: इस प्रकार के पुनर्बलन का प्रयोग छात्रों के व्यवहार परिवर्तन तथा नवीन ज्ञान को स्थायी बनाने के उद्देश्य से करना चाहिए।

(d) *विभिन्न प्रकार के प्रयोग*: व्यवहार परिवर्तन के लिए शुरू में अविच्छिन्न पुनर्बलन तथा बाद में निश्चित अनुपात या अन्तराल पुनर्बलन एवं अन्तिम अवस्था में अनिश्चित अन्तराल पुनर्बलन का प्रयोग अधिक उपयोगी पाया गया है।

(e) *विभिन्न प्रकार के छात्र तथा पुनर्बलन*: अन्तर्मुखी (Introve) छात्रों के लिए अविच्छिन्न पुनर्बलन तथा बहिर्मुखी छात्रों के लिए अनिश्चित अनुपात पुनर्बलन की विधाएँ अधिगम को प्रभावशाली बनाने में समर्थ पायी गयी हैं।

अनिश्चित अनुपात या अनिश्चित अन्तराल पुनर्बलन का प्रयोग प्रतिभाशाली छात्रों के तथा अविच्छिन्न एवं निश्चित अनुपात पुनर्बलन का प्रयोग मन्द बुद्धि छात्रों के शिक्षण में करना ज्यादा उपादेय तथा प्रभावशाली माना जाता है।

9. व्यवहार तथा व्यवहार शृंखला: व्यवहार का हमारा तात्पर्य उन क्रियाओं से है जो शिक्षण के उद्देश्यों को प्राप्त करने के लिए छात्र करते हैं।

अभिक्रमित अनुदेशन के सन्दर्भ में व्यवहार, उद्दीपन-अनुक्रियाओं के विशिष्ट समूह का कहा जाता है। अनुक्रिया, व्यवहार की एक यूनिट है। उद्दीपन-अनुक्रिया मिलकर व्यवहारों को विकसित करती है।

व्यवहार शृंखला (Behaviour Repertoire) वह शृंखला है, जिसमें अनेक अनुक्रियाएँ (Responses) एक समूह में तार्किक विधि से व्यवस्थित की जाती हैं।

विभिन्न प्रकार की अनेक व्यवहार शृंखलाएँ मिलकर छात्र का व्यवहार निर्धारित करती हैं। व्यवहार शृंखला, छात्र को उसके गुण या विशेषता प्रदान करती है। अधिगम स्तर में व्यवहार शृंखला तीन वर्गों में वर्गीकृत की जाती है। ये हैं–

(i) *सरल विभेदीकृत व्यवहार शृंखला (Simple Discriminative Repertoire)*: इसमें छात्र स्वतन्त्र तत्त्वों, बाह्य वस्तुओं अथवा परिस्थितियों को पहचानता है।

(ii) *क्रमबद्ध व्यवहार शृंखला* (*Serial Repertoire*): इसमें छात्र क्रमबद्ध रूप से अनुक्रिया करता है।

सुनिश्चित अनुपात में प्रदान किया जाता है, जैसे–6:1. इसका तात्पर्य है कि प्रत्येक छः अनुक्रियाओं के बाद सातवीं अनुक्रिया पर पुनर्बलन दिया जाएगा। इस प्रकार के पुनर्बलन के फलस्वरूप छात्रों की अनुक्रिया करने की गति में तीव्रता आ जाती है।

अनुपात पुनर्बलन के भी दो रूप हैं:

(i) निश्चित अनुपात रूप पुनर्बलन (Fixed Ratio Schedule)

(ii) अनिश्चित अनुपात रूप पुनर्बलन (Variable Ratio Schedule)

(i) *निश्चित अनुपात रूप पुनर्बलन*: निश्चित अनुपात रूप पुनर्बलन में यह निश्चित कर लिया जाता है कि कितनी बार अनुक्रिया करने पर पुनर्बलन दिया जायेगा। यह अनुपात निश्चित हो जाने पर उसी अनुपात में पुनर्बलन दिया जाता है। जैसे प्रत्येक अनुक्रिया करने के पश्चात् सातवीं अनुक्रिया पर पुनर्बलन दिया जायेगा। कक्षा शिक्षण में यह पुनर्बलन प्रभावशाली पाया गया है। लुण्डेन के अनुसार कम और फिर धीरे-धीरे ज्यादा अनुपात से पुनर्बलन प्रदान करना ज्यादा अच्छे परिणाम देता है।

(ii) *अनिश्चित अनुपात रूप पुनर्बलन*: इस प्रकार के पुनर्बलन में यह स्पष्ट नहीं होता कि कितनी अनुक्रियाओं के पश्चात् पुनर्बलन दिया जाना है। कभी तो दो अनुक्रियाओं के पश्चात् कभी चार अनुक्रियाओं के बाद तो कभी आठ अनुक्रियाओं के पश्चात् पुनर्बलन दिया जाता है। इसीलिए इसे अनिश्चित अनुपात पुनर्बलन कहा जाता है। छात्र अनुक्रियाएँ करते रहते हैं पर उन्हें पता नहीं रहता कि कब उन्हें पुनर्बलन मिलेगा।

(B) *अन्तराल रूप पुनर्बलन*: इसमें एक निश्चित अन्तराल के पश्चात् पुनर्बलन दिया जाता है, जैसे–सात मिनट बाद या एक घंटे के बाद या दस घंटे के बाद। इसमें समय पर ज्यादा बल दिया जाता है और समय के अन्तराल से ही पुनर्बलन प्रदान किया जाता है। ये दो प्रकार के होते हैं:

(i) निश्चित अन्तराल रूप पुनर्बलन (Fixed Interval Schedule)

(ii) अनिश्चित अन्तराल रूप पुनर्बलन (Variable Interval Schedule)

(i) *निश्चित अन्तराल रूप पुनर्बलन*: एक निश्चित समय के अन्तराल के बाद जब पुनर्बलन प्रदान किया जाता है तब उसे निश्चित अन्तराल रूप पुनर्बलन कहा जाता है। पुनर्बलन कितने अन्तराल के पश्चात् दिया जायेगा। यह पहले से निश्चित कर लिया जाता है। जैसे हर सात मिनट बाद, हर बीस मिनट के बाद या हर घण्टे के बाद। इसमें कार्य की मात्रा के स्थान पर समय के निश्चित अन्तराल पर ज्यादा बल दिया जाता है।

(ii) *अनिश्चित अन्तराल रूप पुनर्बलन*: इसमें समय का अन्तराल निश्चित नहीं होता वरन् अन्तराल परिवर्तनशील होता है, अतः इस प्रकार के पुनर्बलन को परिवर्तनीय या परिवर्तनशील समयान्तर पुनर्बलन भी कहा जाता है।

(iii) *स्वतःधारिता व्यवहार शृंखला* (*Self-Sustained Repertoire*): इसमें सरल विभेदीकृत तथा क्रमबद्ध दोनों प्रकार की शृंखलाएँ होती हैं, परन्तु इसमें बाह्य उद्दीपनों के स्थानों पर उद्दीपन, छात्र के स्तर के व्यवहार से (आन्तरिक) उत्पन्न किया जाता है।

10. उद्दीपन नियन्त्रण का स्थानान्तरण: अभिक्रमित अनुदेशन सामग्री के शुरू में जब छात्र उद्दीपन से जो अनुक्रियाएँ करता है, उनसे वह पहले से परिचित होता है।

जैसे-जैसे वह आगे बढ़ता है अनुक्रियाएँ पूर्व व्यवहार से अन्तिम व्यवहार तक पहुँचने में सहायता करती हैं और अधिगम के क्रम में उद्दीपन नियन्त्रण आगे चलता रहता है। इसी को उद्दीपन नियन्त्रण का स्थानान्तरण कहा जाता है।

11. पृष्ठपोषण/प्रतिपुष्टि: पृष्ठपोषण या प्रतिपुष्टि एक ऐसी प्रक्रिया है, जिसमें छात्रों को उनकी कमियों, गलतियों तथा त्रुटियों से अवगत कराया जाता है ताकि छात्र उन्हें सुधार सकें, साथ ही इस प्रक्रिया में छात्रों की अच्छी विशेषताएँ, अच्छे कार्य, उनके गुणों तथा उनकी अच्छाइयों का भी विवरण दिया जाता है ताकि वे इन्हें आगे भी अपने व्यवहारों में प्रदर्शित कर सकें। यह पुनर्बलन अनुक्रिया की सम्भावना बढ़ाता है जबकि पृष्ठपोषण व्यवहार में परिवर्तन लाने का एक सशक्त उपकरण है। पृष्ठपोषण प्रविधियाँ छात्रों के व्यवहार में सुधार लाती हैं, उनका विकास करती हैं तथा उनमें वांछित परिवर्तन लाती हैं।

12. पुष्टिकरण: पुष्टिकरण, पृष्ठपोषण का ही एक रूप होता है, जिससे छात्रों को नवीन ज्ञान की प्राप्ति होती है और उन्हें पुनर्बलन भी प्राप्त होता है। छात्र अपनी अनुक्रियाओं के पुष्टीकरण के आधार पर क्रमानुसार पदों के माध्यम से आगे बढ़ते हुए शिक्षण-सामग्री में सम्पूर्णता प्राप्त कर लेते हैं।

13. अनुबोधन: अभिक्रमित अनुदेशन में छात्रों को प्रत्येक पद के लिए अनुक्रिया करनी होती है, जिसके लिए एक अतिरिक्त उद्दीपन का प्रयोग किया जाता है। इसे ही अनुबोध (Prompt) कहा जाता है। अनुबोध अभिक्रमित, अध्ययन के फ्रेम में छात्रों की सही अनुक्रिया की खोज में पूरी सहायता करते हैं। ये छात्रों को गलत अनुक्रिया करने से बचाते हैं।

14. सामान्यीकरण तथा विभेदीकरण: छात्रों में एक परिस्थिति में अर्जित ज्ञान, कौशल एवं अभिवृत्ति आदि को उसी प्रकार की दूसरी परिस्थिति में समान तत्त्वों के लिए एक-सी अनुक्रिया करने की क्षमता सामान्यीकरण कहलाती है। सामान्यीकरण की प्रक्रिया में पहले विशिष्ट तथ्य, उदाहरण, दृष्टान्त छात्रों में समक्ष प्रस्तुत किये जाते हैं और फिर उनके आधार पर छात्र सामान्य नियम या सिद्धान्त तक पहुँचने का प्रयास करते हैं। अवरोह अनुक्रमित अनुदेशन (Mathetics) में सामान्यीकरण प्रक्रिया का अधिक प्रयोग किया जाता है।

विभेदीकरण में अलग-अलग अनुक्रियाओं के लिए पृथक्-पृथक् परिस्थितियाँ उत्पन्न की जाती हैं। अतः कहा जा सकता है, विभेदीकरण, सामान्यीकरण के विपरीत प्रक्रिया होती है। शाखीय (Branching) तथा मेथेटिक्स अभिक्रमित अनुदेशन में विभेदीकरण की प्रक्रिया का अधिक उपयोग किया जाता है। सामान्यीकरण तथा विभेदीकरण के प्रारूप डॉ. शर्मा ने निम्न प्रकार से स्पष्ट किये हैं:

सामान्यीकरण	विभेदीकरण
उद्दीपन-1 } उद्दीपन-2 } → अनुक्रिया उद्दीपन-3 }	उद्दीपन-1 → अनुक्रिया-1 उद्दीपन-2 → अनुक्रिया-1 उद्दीपन-3 → अनुक्रिया-1

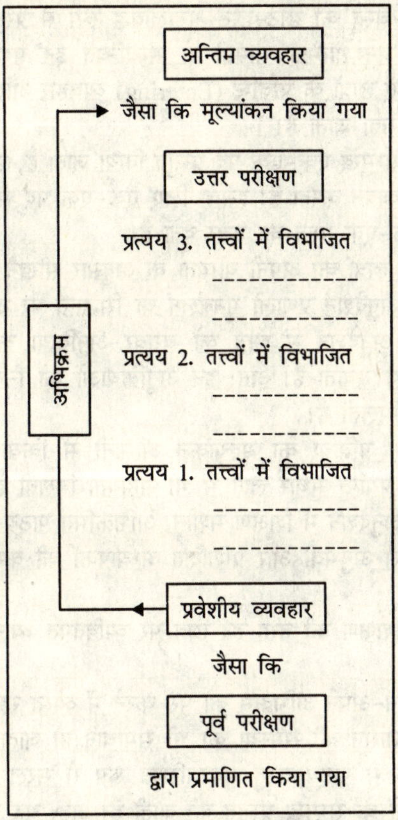

चित्र 16.3: अभिक्रम की संरचना प्रदर्शित करने वाला फ्लो चार्ट

16.7 अभिक्रमित अनुदेशन के लाभ (Advantages of Programmed Learning)

1. छात्र अपनी गति और तल्लीनता के साथ पाठ को सीखते हैं।
2. छात्रों में आत्म-निर्भरता एवं आत्मविश्वास की भावना का विकास होता है।
3. प्रतिपुष्टि के कारण छात्रों की अभिप्रेरणा का स्तर ऊँचा रहता है।
4. अभिक्रमित अनुदेशन में छात्र सतत् सक्रिय रहते हैं।
5. इससे छात्रों में स्वाध्याय की आदत का विकास होता है।
6. छात्रों की रुचि बनी रहती है।
7. अभिक्रमित अनुदेशन द्वारा छात्र विभिन्न विषयों का तार्किक विश्लेषण करना सुगमता से सीखता है और उसमें रचनात्मक चिन्तन का विकास होता है।
8. अभिक्रम का प्रत्येक पद आगे वाले पद से तार्किक रीति एवं स्वाभाविक ढंग से जुड़ा रहता है।
9. इसमें अध्यापक की उपस्थिति आवश्यक नहीं है। शिक्षक की अनुपस्थिति में भी छात्र स्वत: अनुदेशन प्राप्त कर सकते हैं।

10. इसमें विषय-वस्तु को छोटे-छोटे शृंखलाबद्ध रूप से प्रस्तुत किया जाता है।

11. किसी भी अनुदेशात्मक सामग्री से सम्बन्धित इन पदों को व्यवस्थित एवं शृंखलाबद्ध करने के लिए छात्रों के प्रविष्टि (Entering) व्यवहार और अन्तिम (Terminal) व्यवहार को ध्यान में रखा जाता है।

12. विद्यार्थी के सम्मुख एक-एक पद प्रस्तुत किया जाता है, छात्र उसे पढ़ता है और उसके प्रति अनुक्रिया व्यक्त करता है। इसके लिए एक-एक पद से सम्बन्धित प्रश्न पूछा जाता है और छात्र एक-एक प्रश्न का उत्तर देता है।

13. इस विधि में छात्रों को अपनी योग्यता के अनुसार सीखने के अवसर मिलते हैं।

14. अभिक्रमित अनुदेशन प्रणाली पुनर्बलन के सिद्धान्त पर आधारित है।

15. अभिक्रमित अनुदेशन में छात्र को बराबर अनुक्रिया करनी होती है, इसका भली-भाँति निरीक्षण हो सकता है। अतः इन अनुक्रियाओं को नियन्त्रित करने व मापन करने में भी सहायता मिलती है।

16. इसमें शिक्षण प्रक्रिया का मूल्यांकन आसानी से किया जा सकता है अतः अभिक्रमित सामग्री में पर्याप्त सुधार लाने में भी सहायता मिलती है।

17. अभिक्रमित अनुदेशन में शिक्षण मशीन, अभिक्रमित पाठ्य-पुस्तक और कम्प्यूटर आदि का प्रयोग होने से अनुभवी और प्रशिक्षित अध्यापकों की कमी की समस्या काफी कुछ दूर हो जाती है।

18. इसमें कक्षा शिक्षण की तरह हर छात्र पर व्यक्तिगत ध्यान देने की समस्या भी नहीं रहती।

19. हर छात्र अपने-अपने अभिक्रम को पूरा करने में व्यस्त रहता है अतः परम्परागत कक्षा शिक्षण की अनुशासन की समस्या का भी समाधान हो जाता है।

20. इस तकनीक में पाठ्य-वस्तु सुव्यवस्थित रूप से सरल से कठिन व ज्ञात से अज्ञात के क्रम में छात्रों के सम्मुख प्रस्तुत की जाती है। अतः यह विधि शिक्षण सूत्रों के अनुसार आगे बढ़ती है।

21. इसमें अनुदेशात्मक उद्देश्यों को ठीक प्रकार से पूर्व निर्धारित कर व्यवहारपरक शब्दावली में लिखा जाता है। अतः उद्देश्यों की जाँच करने में सुविधा रहती है।

22. छात्रों की अनुक्रियाओं का पूरा-पूरा रिकॉर्ड रखा जाता है। उनके विश्लेषण के आधार पर अनुदेशन सामग्री में उचित सुधार लाने में काफी सहायता मिलती है।

23. उपचारात्मक शिक्षण (Remedial Teaching) की दिशा में भी अभिक्रमित अनुदेशन की काफी सहायता ली जा सकती है।

24. अभिक्रमित अनुदेशन छात्रों में रचनात्मक चिन्तन, तर्क-शक्ति, विचार-शक्ति, विभेदीकरण योग्यता, तत्काल निर्णय लेने की योग्यता एवं तुरन्त उत्तर देने की क्षमता आदि को विकसित करने में भी सहायता करता है।

16.8 अभिक्रमित अनुदेशन की सीमाएँ (Limitations of Programmed Learning)

अभिक्रमित अनुदेशन की कमियों या सीमाओं को निम्न रूप से देखा जा सकता है:

1. अभिक्रमित अनुदेशन, अनुदेशन प्रक्रिया की स्वाभाविकता को समाप्त कर उसे यान्त्रिक प्रक्रिया बना देता है। छात्र, छात्र न रहकर मशीनी पुर्जे बनकर रह जाते हैं।

2. अभिक्रमित अनुदेशन को वैयक्तिक अनुदेशन की एक तकनीक माना गया है, परन्तु वास्तव में यह बात ठीक नहीं। हर छात्र को अधिगम में अपनी-अपनी गति से तो आगे बढ़ना होता है, परन्तु अधिगम सामग्री तो हर छात्र के लिए एक-सी होती है, सभी छात्रों को एक से तरीके से सीखना होता है और अभिक्रम में बताये हुए एक से रास्ते से ही आगे बढ़ना होता है।

3. कम्प्यूटर या मशीन द्वारा शिक्षण होने से कक्षा में जो एक भावात्मक वातावरण बनता है उसका अभाव हो जाता है। शिक्षक अपने व्यक्तित्व से अनेक बातों के लिए छात्रों को प्रभावित करता है। इसमें इस प्रभाव का अभाव रहता है।

4. अभिक्रमित अनुदेशन का प्रयोग हर विषय के लिए किया जाना असम्भव है क्योंकि सभी विषयों व उनसे सम्बन्धित प्रकरणों पर अभिक्रम का निर्माण किया जाना मुश्किल है।

5. अभिक्रमित अनुदेशन की सफलता सोच-समझकर बनाये हुए अभिक्रम पर आधारित होती है।

6. हर छात्र अपने अभिक्रम के अनुसार आगे बढ़ने के प्रयास में व्यस्त रहता है। परिणामस्वरूप कक्षा में सामाजिकता की भावना का अभाव-सा हो जाता है।

7. यदि अभिक्रम के आरम्भ में ही छात्रों की अनुक्रिया गलत होने लगती है तो छात्रों की रुचि और अभिप्रेरणा कम होने लगती है, उसे पुनर्बलन से भी नहीं बढ़ाया जा सकता है।

16.9 अभिक्रमित अनुदेशन तथा शिक्षण की परम्परागत विधि (Programmed Instruction and Traditional Method of Teaching)

अभिक्रमित अनुदेशन तथा शिक्षण की परम्परागत विधि की तुलना निम्नलिखित सारणी के माध्यम से प्रस्तुत की जा रही है:

अभिक्रमित अनुदेशन तथा शिक्षण की परम्परागत विधि की तुलना

अभिक्रमित अनुदेशन (Programmed Instruction)	शिक्षण की परम्परागत विधि (Traditional Method of Teaching)
1. यह एक व्यक्तिगत तकनीक है।	1. यह मूलतः समूह तकनीक है।
2. इस विधि में सामग्री एक के बाद एक पद के रूप में (तार्किक क्रम में) प्रस्तुत की जाती है।	2. इसमें पूरी सामग्री समग्र रूप में प्रस्तुत की जाती है।
3. इसमें छात्रों को पृष्ठ-पोषण तुरन्त दिया जाता है।	3. इसमें छात्रों को पृष्ठ-पोषण तुरंत नहीं मिल पाता।
4. इसमें उद्देश्य बहुत स्पष्टता के साथ परिभाषित होते हैं। दूसरे शब्दों में, शैक्षिक उद्देश्य व्यावहारिक शब्दावली में लिखे होते हैं।	4. इसमें शैक्षिक उद्देश्य व्यापक रूप में होते हैं अतः उद्देश्य न तो स्पष्टता के साथ परिभाषित होते हैं और न ही वे समुचित संरचनायुक्त होते हैं।
5. अभिक्रमित सामग्री की रचना शिक्षक पूरे ध्यान, शुद्धता एवं सावधानियों के साथ करता है।	5. इस सामग्री की रचना कम तैयारी से की जाती है।

(क्रमशः)

अभिक्रमित अनुदेशन (Programmed Instruction)	शिक्षण की परम्परागत विधि (Traditional Method of Teaching)
6. सीखने की प्रक्रिया में छात्रों की सक्रिय सहभागिता होती है।	6. छात्र अधिकतर निष्क्रिय रहते हैं।
7. यह छात्र-केन्द्रित है।	7. यह छात्र-केन्द्रित तथा विषय-केन्द्रित दोनों प्रकार की हो सकती है।
8. इसमें छात्रों की अनुक्रिया के माध्यम से मूल्यांकन के आधार पर अभिक्रमित सामग्री में सुधार लाने का प्रयास किया जाता है।	8. छात्रों की अनुक्रिया के आधार पर परम्परागत शिक्षण की विधि में सुधार अथवा परिवर्तन करना मुश्किल होता है।
9. इसमें छात्रों की व्यक्तिगत विभिन्नताओं पर विशेष ध्यान दिया जाता है।	9. इसमें छात्रों की व्यक्तिगत विशेषताओं पर उतना ध्यान देना सम्भव नहीं हो पाता।
10. इसमें मनोवैज्ञानिक अधिगम तथा शिक्षण सिद्धान्तों का प्रयोग किया जाता है।	10. इसमें शिक्षण सिद्धान्तों का पूरी तरह से प्रयोग सम्भव नहीं हो पाता।

16.10 अभिक्रमित अधिगम तथा अभिक्रमित अनुदेशन (Programmed Learning and Programmed Instruction)

अभिक्रमित अधिगम तथा अभिक्रमित अनुदेशन को शिक्षा के क्षेत्र में एक-दूसरे का पर्यायवाची माना जाता है। ब्रिटिश शिक्षाविद् अभिक्रमित अधिगम पद का प्रयोग करना ज्यादा पसन्द करते हैं, जबकि अमेरिकन शिक्षाविद् अधिकतर अधिगम अनुदेशन पद का प्रयोग करना पसन्द करते हैं।

16.11 अभिक्रमित अनुदेशन तथा शैक्षिक तकनीकी (Programmed Instruction and Educational Technology)

अभिक्रमित अनुदेशन, स्वयं में पूर्ण शैक्षिक तकनीकी नहीं है वरन् शैक्षिक तकनीकी का एक भाग है। शैक्षिक तकनीकी में कठोर उपागम (Hardware Approach) तथा मृदुल उपागम (Software) दोनों का अध्ययन होता है। अभिक्रमित अनुदेशन एक मृदुल उपागम है जो छात्रों के व्यवहार में वांछित परिवर्तन लाने का प्रयास करता है अतः यह शैक्षिक तकनीकी का केवल एक भाग है।

16.12 अभिक्रमित अनुदेशन की ऐतिहासिक पृष्ठभूमि (Historical Background of Programmed Instruction)

अभिक्रमित अनुदेशन की ऐतिहासिक पृष्ठभूमि का सारांश सारणी के माध्यम से नीचे दिया जा रहा है:

प्रतिपादनकर्त्ता अथवा शोधकर्त्ता	*वर्ष*	*महत्त्वपूर्ण योगदान*
1. थॉर्नडाइक (Thorndike)	1912	प्रभाव के नियम तथा प्रोत्साहन की खोज करना (जो बाद में अभिक्रमित अनुदेशन में प्रयोग किये गये।)
2. सिडनी एल. प्रेसी (Sidne L. Pressey)	1925	बहुविकल्प पदों वाले परीक्षणों की स्कोरिंग तथा परीक्षण के अन्य यान्त्रिक उपकरणों का विकास करना।

प्रतिपादनकर्त्ता अथवा शोधकर्त्ता	वर्ष	महत्त्वपूर्ण योगदान
3. बी.एफ. स्किनर (B.F. Skinner)	1943	सक्रिय अनुबद्ध अनुक्रिया (Operant Conditioning Theory) अधिगम सिद्धान्त का प्रतिपादन करना जो अभिक्रमित अनुदेशन की आधार भूमि बना।
4. एन.ए. क्राउडर (N.A. Crowder)	1950	शाखात्मक (Branching) अनुदेशन का विकास स्क्रैम्बल्ड (Scrambled) पुस्तकें तथा शाखात्मक शिक्षण मशीन का निर्माण।
5. शैफील्ड (Sheffield)	1950	शाखात्मक अनुदेशन के विभिन्न अनुदेशनों तथा उनके विकल्प मार्गों की खोज।
6. रॉबर्ट मेगर (Robert Mager)	1960	क्राउडर तथा स्किनर के कार्यों का सर्वेक्षण तथा अभिक्रमित अनुदेशन की परम्परागत शिक्षण विधि की तुलना में श्रेष्ठता विकसित करना।
7. रॉबर्ट मिलर (Robert Miller)	1962	मनोगत्यात्मक (Psychomotor) क्षेत्रों में उद्देश्यों को व्यावहारिक रूप में लिखने की प्रविधि का विकास करना।
8. थाम्स एफ. गिलबर्ट (T.F. Gilbert)	1962	मेथेटिक्स (Mathetics) या 'अवरोह शृंखला अनुदेशन प्रविधि' का विकास। पूर्ण निपुणता (Mastery Behaviour) को विशेष महत्त्व प्रदान करना।
9. स्लेक (Sluk)	1962	मेथेटिक्स सिद्धान्तों पर आधारित अभिक्रमित अनुदेशन का निर्माण तथा अन्य विधियों पर इसकी श्रेष्ठता स्थापित करना।
10. रोथ कोर्फ (Roth Korf)	1965	अधिगम प्रक्रिया को उत्पन्न करने के लिए आन्तरिक तथा बाह्य व्यवहारों या मैथेमिजिनिक्स (Methemaigenics) के सम्प्रत्यय का विकास करना।
11. राकैल कार्सन (Rachel Carson)	1968	'मैथेमेजिनिक्स' प्रविधि का पाठ्य-वस्तु के प्रस्तुतीकरण में प्रयोग और छात्रों की अभिव्यक्ति के लिए इसका महत्त्व स्थापित करना।
12. रॉबर्ट गेने (Robert Gagne)	1970	आठ अधिगम स्वरूपों (Learning Structures) के सम्प्रत्यय की रचना तथा इन पर विशेष जोर देना।
13. आई.के. डेवीज (I.K. Davies)	1980	1. गेने के आठ में से पाँच अधिगम स्वरूपों पर ज्यादा जोर देना। 2. अभिक्रमित अनुदेशन सामग्री के निर्माण में शिक्षण नीतियों (Teaching Strategies) तथा शिक्षण युक्तियों (Teaching Techniques) के निर्धारण को महत्त्व देना। 3. अनुदेशन के मूल्यांकन में बाह्य व आन्तरिक मानदण्डों को महत्त्व दिया जाना।
	1980	1. प्रणाली विश्लेषण पर विशेष ध्यान देना। 2. शिक्षण मशीनों के निर्माण का प्रारम्भ।

(क्रमशः)

प्रतिपादनकर्त्ता अथवा शोधकर्त्ता	*वर्ष*	*महत्त्वपूर्ण योगदान*
14. सी.पी. आई. इलाहाबाद (C.P.I. Allahbad)	1963	सेण्ट्रल पैडागोजीकल इन्स्टीट्यूट इलाहाबाद में अभिक्रमित अनुदेशन पर त्रिदिवसीय विचारगोष्ठी का आयोजन। तत्पश्चात् भारत के विभिन्न प्रदेशों में इस विषय पर गोष्ठियों का आयोजन किया जाना।
15. एन.सी.ई.आर.टी., नई दिल्ली (NCERT, New Delhi)	1965	एन.सी.ई.आर.टी. के मनोविज्ञान विभाग द्वारा अभिक्रमित अनुदेशन पर दो सप्ताह का प्रशिक्षण प्रदान करना।
	1966	एन.सी.ई.आर.टी. द्वारा अभिक्रमित अनुदेशन पर पुनः एक कार्यशाला का आयोजन करना।
	1966	एन.सी.ई.आर.टी. द्वारा अभिक्रमित अनुदेशन पर Indian Association of Programmed learning (IAPL) पुनः एक कार्यशाला का आयोजन करना।
	1967	एन.सी.ई.आर.टी. द्वारा अभिक्रमित अनुदेशनों पर दूसरी कार्यशाला (Workshop) का चण्डीगढ़ में आयोजन।
	1980 के बाद	1. Centre of Advanced Studies in Education (CASE) (बड़ौदा यूनीवर्सिटी), मेरठ यूनीवर्सिटी तथा हिमाचल यूनीवर्सिटी में एम. एड., एम. फिल तथा डॉक्टरेट स्तर पर अभिक्रमित अनुदेशन पर अनुसंधान कार्यों को महत्त्व दिया जाना। 2. रक्षा, परिवार-नियोजन तथा बैंक आदि में भी अभिक्रमित अनुदेशन कार्य का प्रारम्भ होना। 3. एन.सी.ई.आर.टी. में सेण्टर ऑफ एजूकेशनल टैक्नोलोजी (Centre of Educational Technology) की स्थापना, जिसके प्रमुख कार्यों में से एक कार्य अनुदेशन सामग्री का निर्माण करना। 4. शैक्षिक तकनीकी व अनुदेशन के क्षेत्र में राष्ट्रव्यापी योजनाएँ।

16.13 अभिक्रमित अध्ययन सामग्री का निर्माण (Development of Programmed Instructional Material)

अभिक्रमित अध्ययन की रचना एक उच्चस्तरीय विशिष्ट कार्य है। इसकी रचना को नौ प्रमुख भागों में विभाजित किया जाता है। ये भाग निम्नलिखित हैं:

I. प्रकरण या शीर्षक का चयन।

II. छात्रों के पूर्व ज्ञान, अनुभव आदि सम्बन्धी सूचनाएँ लिखना।

III. उद्देश्यों को व्यवहारिक रूप में लिखना।

IV. विषय-वस्तु की रूपरेखा का निर्माण।

V. मापदण्ड परीक्षा का निर्माण।

VI. रचना या अभिक्रम लेखन।

VII. प्रारम्भिक ड्राफ्ट का लिखना।

VIII. परीक्षण।

IX. मूल्यांकन तथा वैधीकरण।

I. प्रकरण या शीर्षक का चयन: प्रोग्राम बनाने के लिए जिस भी प्रकरण या शीर्षक का चयन किया जाये, उसके चयन के समय निम्न बातों का ध्यान रखा जाना चाहिए:

1. प्रस्तावना प्रकरण या शीर्षक पर पहले से कोई प्रोग्राम उपलब्ध तो नहीं है?
2. क्या वह प्रकरण अन्य किसी विधि से प्रभावशाली रूप से नहीं पढ़ाया जा सकता है?
3. क्या यह प्रकरण छात्रों के दृष्टिकोण से अधिक सरल, तार्किक तथा मनोवैज्ञानिक बनाकर प्रस्तुत किया जा सकता है? जिससे यह अधिक रुचिकर, उपयोगी तथा उपयुक्त लगे।
4. क्या यह छात्रों की पाठ्यक्रम सम्बन्धी आवश्यकताओं को पूरा करता है?
5. क्या प्रोग्राम बनाने वाले व्यक्ति को इस प्रकरण का पूर्ण ज्ञान है?
6. क्या प्रकरण में स्वत: तार्किक तारतम्य है, वह ज्यादा लम्बा तो नहीं है तथा उसमें निश्चित समय सीमा के अन्तर्गत प्रभावशाली शिक्षण की सम्भावनाएँ हैं?
7. क्या प्रकरण का स्वरूप समुचित व्यवस्था के योग्य है?

II. छात्रों के पूर्व ज्ञान, अनुभव आदि सम्बन्धी सूचनाएँ लिखना: प्रोग्राम बनाने के पूर्व, जिन छात्रों के लिए प्रोग्राम बनाया जा रहा है–उन छात्रों की आयु, लिंग, सामाजिक, आर्थिक, मानसिक स्तर, रुचि, योग्यताओं, पृष्ठभूमि तथा पूर्वानुभव आदि से सम्बन्धित सूचनाएँ एकत्रित करनी चाहिए तथा तदनुसार ही प्रोग्राम की आयोजना करनी चाहिए।

III. उद्देश्यों को व्यावहारिक रूप में लिखना: इसके अन्तर्गत उद्देश्यों का प्रतिपादन किया जाता है और उन्हें व्यावहारिक भाषा में लिखा जाता है। इसके लिए कार्य-विवरण (Task Description) तथा कार्य-विश्लेषण (Task Analysis) दोनों ही क्रियाएँ की जाती हैं। उद्देश्यों को लिखते समय कार्यपरक-क्रियाओं (Action Verbs) का चयन तथा प्रयोग करना चाहिए। व्यावहारिक उद्देश्य वस्तुनिष्ठ मानदण्ड परीक्षाओं (Objective Centred Criterion Test) के निर्माण में सहायक होते हैं।

IV. विषय-वस्तु की रूपरेखा का निर्माण: छात्रों के पूर्व अनुभवों, पूर्व ज्ञान तथा पूर्व व्यवहारों एवं निर्धारित उद्देश्यों के अनुरूप विषय-वस्तु की रूपरेखा बनाई जाती है। इस रूपरेखा के निर्माण में यह आवश्यक है कि उसके अन्तर्गत वह सारी विषय-वस्तु आ जाए, जिसका प्रोग्राम बनाना है। विषय-वस्तु की रूपरेखा तार्किक अथवा मनोवैज्ञानिक आधारों पर बनानी चाहिए। विषय-वस्तु की रूपरेखा का निर्माण करते समय विषय-विशेषज्ञों की भी सहायता ली जा सकती है।

V. मानदण्ड परीक्षा का निर्माण: इसके अन्तर्गत छात्रों के अन्तिम व्यवहारों के मूल्यांकन के लिए मानदण्ड परीक्षा का निर्माण किया जाता है। इस परीक्षण में विशिष्ट उद्देश्यों के अनुरूप वस्तुनिष्ठ प्रश्नों को पूछा जाता है। इसमें उन सभी

व्यवहारों एवं कौशलों का मूल्यांकन किया जाता है जिन्हें सिखाने के लिए प्रोग्राम बनाया गया है। यही परीक्षण मानदण्ड कहलाते हैं। इन परीक्षाओं का उद्देश्य यह जानना होता है कि छात्र अधिगम के उद्देश्यों तथा मानदण्डों तक पहुँचे या नहीं। यदि पहुँचे तो किस सीमा तक पहुँचे, यदि नहीं पहुँचे तो क्यों और कैसे उन तक पहुँच सकते हैं?

ध्यान रहे कि प्रत्येक अनुदेशन उद्देश्य के लिए कम से कम 3 या 4 प्रश्न अवश्य परीक्षण में होने चाहिए। इन्हें करने के लिए उचित निर्देश एवं आदेश स्पष्ट रूप से दिये जाने चाहिए। यदि सम्भव हो तो इन मानदण्ड परीक्षाओं की विश्वसनीयता एवं वैधता का परीक्षण भी किया जाना चाहिए।

VI. रचना या अभिक्रम लेखन: इस पद के अन्तर्गत वास्तविक प्रोग्राम या अधिगम को लिखा जाता है। लिखने से पूर्व अनेक प्रकार के निर्णय लिये जाते हैं, जो–

(i) प्रोग्राम किस विधि से लिखा जाये (लीनियर, ब्राचिंग या मैथेटिक्स आदि)?

(ii) सीखने वाले के पूर्व व्यवहार/पूर्व अनुभव कैसे हैं?

(iii) अनुदेशन उद्देश्य कौन-कौन से निर्धारित किये गये हैं?

(iv) विषय-वस्तु की प्रकृति क्या है?

प्रोग्राम लिखते समय अभिक्रमित अध्ययन के मूलभूत सिद्धान्तों का सदैव ध्यान रखना चाहिए। विशेष रूप से निम्नांकित तीन बातों का ध्यान रखना चाहिए:

1. *बोधगम्य फ्रेमों (Frames) की रचना:* इस पद में विषय-वस्तु को फ्रेम (छोटे-छोटे वाक्यों के रूप) में लिखा जाता है। फ्रेम के तीन अंग होते हैं:

(i) उद्दीपन: अनुक्रिया या अनुक्रिया उत्पन्न करने की परिस्थिति के रूप में जो विषय-वस्तु छात्रों के सामने प्रस्तुत करता है ताकि छात्रों को अनुक्रिया की प्रेरणा मिल सके।

(ii) *अनुक्रिया:* पद को पढ़ने के पश्चात् छात्र किसी न किसी प्रकार की अनुक्रिया अवश्य करता है।

(iii) *पुनर्बलन या प्रतिपुष्टि:* छात्र अपनी अनुक्रिया को सही अनुक्रिया से करता है और पुनर्बलन या प्रतिपुष्टि करता है।

2. *फ्रेमों के प्रकार:* सामान्यत: प्रोग्राम में चार प्रकार के फ्रेम सम्मिलित रहते हैं:

(i) *शिक्षण फ्रेम:* इन फ्रेमों के माध्यम से छात्रों के समक्ष नवीन विषय-वस्तु प्रस्तुत की जाती है। ये फ्रेम किसी भी प्रोग्राम में लगभग 60% से 70% होते हैं।

(ii) *अभ्यास फ्रेम:* नई विषय-वस्तु/नया सिखाने के पश्चात्, ज्ञान को बनाने के लिए अभ्यास फ्रेमों का निर्माण किया जाता है। छात्र इनका प्रयोग सीखे गये ज्ञान का बारम्बार प्रयोग कर अभ्यास करते हैं। ऐसे फ्रेम 20% से 23% तक रखे जा सकते हैं।

(iii) *परीक्षण फ्रेम:* छात्रों द्वारा सीखे गये ज्ञान के परीक्षण हेतु परीक्षण फ्रेमों का निर्माण किया जाता है। इनका उद्देश्य सीखे हुए ज्ञान का मूल्यांकन करना होता है। 10% से 15% तक रखे जा सकते हैं।

3. *छात्रों के उत्तरों को निर्देशित करने के लिए फ्रेमों में उपक्रमक को तथा अनुबोधकों (Word) का प्रयोग:* प्रोग्राम इस प्रकार लिखा जाना चाहिए जिससे कि

छात्र अधिक से अधिक सही अनुक्रिया करें। जब छात्र उचित अनुक्रिया करने में सफल नहीं होते तब उपक्रमक (Primes) तथा अनुबोधक (Prompts) का प्रयोग किया जाता है। उपक्रमक के अन्तर्गत सहायक शब्द तथा पूरक सूचनाओं का प्रयोग किया जाता है, जिससे छात्रों को सही अनुक्रिया के लिए ज्ञान मिलता है। इनका प्रयोग प्रस्तावना पदों में विशेष रूप से किया जाता है। अनुबोधक एक प्रकार के विशे५ण संकेत होते हैं जो छात्रों की गलत अनुक्रियाओं को कम करके छात्रों को सही अनुक्रिया तक पहुँचने में सहायता देते हैं इनका सम्बन्ध विषय-वस्तु के विवरण, उपयुक्तता तथा अनुक्रिया की प्रकृति से होता है।

प्रोग्राम में पहले अधिक अनुबोध दिये जाते हैं फिर इन्हें कम करते हुए प्रोग्राम के अन्त में पूर्णरूपेण इन्हें हटा दिया जाता है। इस प्रक्रिया को विलुप्तीकरण (Fading) कहा जाता है।

4. *फ्रेमों को उचित क्रम प्रदान करना*: फ्रेम तैयार करने के पश्चात् उन्हें सुनिश्चित तारतम्य में व्यवस्थित किया जाता है। इन्हें व्यवस्थित करते समय 'मनोवैज्ञानिक से तार्किक क्रम की ओर' शिक्षण सूत्र का प्रयोग करना चाहिए। फ्रेमों को उचित क्रम प्रदान करने के लिए तीन प्रमुख विधियाँ हैं।

VII. प्रारम्भिक ड्राफ्ट को लिखना: उपर्युक्त प्रकार फ्रेम बनाने के पश्चात् पूरा प्रोग्राम लिखना चाहिए।

***सम्पादन करना*:** तैयार प्रोग्राम के मूल ड्राफ्ट को सतर्कतापूर्वक सम्पादन करना चाहिए। सम्पादन के समय तीन प्रमुख बातें ध्यान रखनी चाहिए:

1. यह देखा जाना चाहिए कि विषय-वस्तु की तकनीकी त्रुटि तो नहीं है। इस स्तर पर विषय-विशेषज्ञों की मदद ली जा सकती है।
2. प्रोग्राम विशेषज्ञों की सहायता से यह देखा जाता है कि मूल ड्राफ्ट में प्रोग्राम अनुदेशन की तकनीकियों, पद रचनाओं, उचित क्रम देने में अथवा मूल ड्राफ्ट की शैली-भाषा में कोई त्रुटि तो नहीं है।
3. भाषा विशेषज्ञों की सहायता से तैयार मूल ड्राफ्ट में व्याकरण की अशुद्धियाँ, स्पैलिंग की त्रुटियाँ तथा अनुपयुक्त एवं अस्पष्ट भाषा आदि का पता लगाकर उन्हें ठीक किया जाता है। अनुदेशन निर्देशों की स्पष्टता भाषा की अनिश्चितता दिये गये उदाहरणों की अनुपयुक्तता आदि को भी ठीक किया जाता है और मूल ड्राफ्ट में आवश्यकतानुसार परिवर्तन किये जाते हैं।

VIII. परीक्षण (Try-out): यह प्रोग्राम निर्माण का कार्य होता है, जिसके अन्तर्गत तैयार संशोधित प्रोग्राम ड्राफ्ट का परीक्षण एवं मूल्यांकन किया जाता है। इसमें निम्नलिखित क्रियाएँ सम्पादित की जाती है:

(1) *व्यक्तिगत परीक्षण*: इसमें प्रोग्राम को प्रशसित किया जाता है और यह पता लगाया जाता है कि तैयार प्रोग्राम ड्राफ्ट में आकार, भाषा, प्रत्यय, उपक्रमक तथा अनुबोधक आदि से सम्बन्धित क्या-क्या कमियाँ हैं। इसके अतिरिक्त छात्रों की प्रतिक्रियाएँ भी नोट की जाती हैं और आवश्यकतानुसार परिवर्तन तथा परिमार्जन प्रोग्राम में किया जाता है।

(2) *लघु समूह परीक्षण*: परिवर्तित तथा परिमार्जित प्रोग्राम पुन: 10-20 छात्रों के समूह पर प्रशासित किया जाता है। छात्रों से इस ड्राफ्ट में जरूरी परिवर्तनों तथा सुधार हेतु सुझाव माँगे जाते हैं। इनकी प्रतिक्रियाएँ एवं लिये गये समय को भी नोट किया जाता है और इन सभी आधारों पर प्रोग्राम में पुन: संशोधन तथा परिमार्जन किया जाता है।

(3) क्षेत्र परीक्षण: प्रोग्राम को अन्तिम रूप देने के लिए प्रोग्राम को एक प्रतिनिधि न्यायदर्श (Sample) पर पुन: प्रशासित किया जाता है और छात्रों की बड़े पैमाने पर की गई प्रतिक्रियाओं तथा दिये सुझावों के आधार पर ड्राफ्ट में पुन: संशोधन किया जाता है। इस परीक्षण के आधार पर प्रोग्राम की उपयुक्तता तथा वैधता स्थापित की जाती है।

IX. मूल्यांकन तथा वैधीकरण (Evaluation and Validation): क्षेत्र परीक्षण में प्राप्त आँकड़ों के आधार पर निम्नलिखित तत्त्वों का मूल्यांकन तथा वैधीकरण किया जाता है:

1. *प्रोग्राम की त्रुटि-दर* (*Error Rate*): यह ज्ञात करने के लिए निम्न सूत्र का प्रयोग किया जाता है:

$$\underset{\text{(In Percentages)}}{\text{Programme Erros Rate}} = \frac{\text{Total No. of Errors (त्रुटियों का सम्पूर्ण योग)} \times 100}{\text{Total No. Responses} \times \text{No. of Students} \atop \text{(पदों की संख्या} \times \text{छात्रों की संख्या)}}$$

रेखीय प्रोग्राम में त्रुटि दर 5%-10% तथा शाखात्मक प्रोग्रामों में 20% तक हो सकती है।

2. *अभिक्रम घनत्व* (*Programe Density*): इससे प्रोग्राम के कठिनाई स्तर का पता लगाया जाता है। यह ज्ञात करने के लिए निम्न सूत्र का प्रयोग किया जाता है:

$$\text{TTR (Type Token Ration)} = \frac{\text{Total No. of Different Types of} \atop {\text{Responses in a Programme} \atop \text{विभिन्न प्रकार की अनुक्रियाओं की संख्या}}}{\text{Total No. of Responses Required in a Programme} \atop \text{(कुल अनुक्रियाओं की संख्या)}}$$

TTR का मूल्य 0.25 से 0.33 के मध्य रहना चाहिए।

3. *तारतम्य प्रवाह* (Sequence Progression): तारतम्य प्रवाह स्केलोग्राम (Scalogram) की सहायता से देखा जाता है। मानदण्ड परीक्षण के प्राप्तांको के आधार पर 'स्केलोग्राम' तालिका बनाई जाती है। इस तालिका के आधार पर प्रोग्राम का तारतम्य प्रवाह देखा जाता है। तालिका देखने पर यदि पता चलता है कि पाठ्यक्रम में क्रम व्यवस्था उचित नहीं है तो प्रोग्राम में सुधार लाने का प्रयास करना पड़ता है।

वैधीकरण के प्रकार
(Types of Validation)

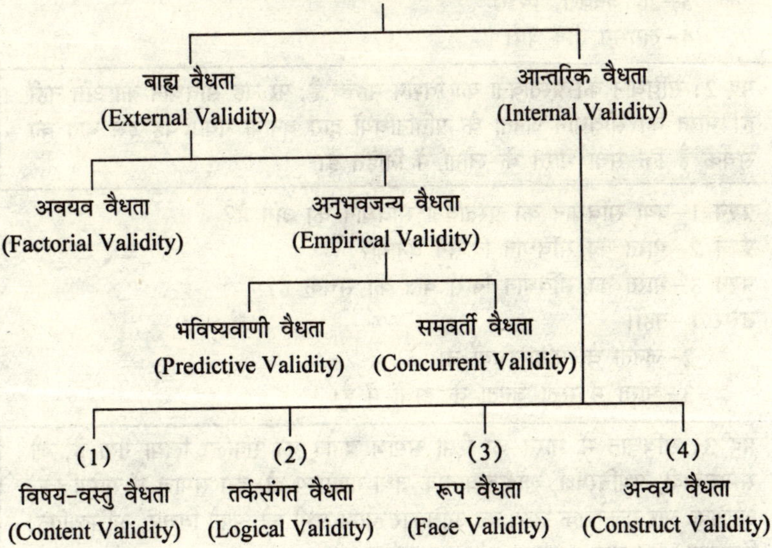

16.14 अभिक्रमित अधिगम पाठ अथवा मॉड्यूल (Module) (उदाहरण)

प्रोग्राम 1

विषय : सामाजिक ज्ञान कक्षा : सातवीं

मॉडल : भारत का संविधान

निर्देश: प्रस्तुत अधिगम सामग्री को कुछ विशिष्ट अधिगम अनुभव इकाइयों (फ्रेम्स) में विभक्त करने का प्रयास किया गया है। आप इस सामग्री को ध्यान से पढ़ें। प्रत्येक फ्रेम अथवा पद में प्रश्नों के उत्तर नीचे दिये गये हैं। उत्तर देने के पश्चात् आप अपने उत्तर की जाँच करें। यदि उत्तर ठीक नहीं है तो पुन: पाठ को पढ़ें तथा उत्तर दें। यह परीक्षण नहीं है, स्व-अधिगम है।

प्रोग्राम: भारत का संविधान

पद 1: भारत का संविधान बनाने के लिए भारत की संविधान सभा की स्थापना की गई थी। भारत का संविधान 26 नवम्बर, 1949 को पारित किया गया। संविधान 26 जनवरी, 1950 को लागू हुआ। संविधान बनाने में लगभग तीन वर्ष लगे।

प्रश्न 1–संविधान सभा की स्थापना क्यों की गई?
प्रश्न 2–संविधान किस तिथि को पारित किया गया?
प्रश्न 3–संविधान कब लागू हुआ?
प्रश्न 4–संविधान बनाने में कितना समय लगा।

उत्तर 1—भारत का संविधान बनाने के लिए।
2—26 नवम्बर, 1949
3—26 जनवरी, 1950
4—लगभग तीन वर्ष।

पद 2: संविधान की प्रस्तावना का विशेष महत्त्व है, पर यह संविधान का अंग नहीं है। भारत का संविधान जनता के प्रतिनिधियों द्वारा बनाया गया। यह इस बात का सूचक है कि सत्ता भारत के लोगों में निहित है।

प्रश्न 1—क्या संविधान की प्रस्तावना संविधान का अंग है?
प्रश्न 2—भारत का संविधान किसने बनाया?
प्रश्न 3—भारत का संविधान किस बात का सूचक है?
उत्तर 1—नहीं।
2—जनता के प्रतिनिधियों ने।
3—भारत में सत्ता जनता के हाथों में है।

पद 3: संविधान में भारत को ऐसा समाज बनाने का संकल्प लिया गया है, जो समाजवादी, पंथनिरपेक्ष, लोकतन्त्रात्मक तथा गणराज्य हो। इस समाज में सामाजिक, आर्थिक और राजनैतिक न्याय का अधिकार होगा। सभी को अपने विचार, अभिव्यक्ति, विश्वास, धर्म तथा उपासना की स्वतन्त्रता होगी।

प्रश्न 1—संविधान में दर्शाये गये समाज का क्या रूप है?
प्रश्न 2—संविधान में किन-किन अधिकारों की बात कही गई है?
प्रश्न 3—समाज में किस प्रकार की स्वतन्त्रता होगी?
उत्तर 1—समाजवादी, पंथनिरपेक्ष, लोकतांत्रिक, राजनैतिक तथा गण राज्य।
2—सामाजिक, आर्थिक, राजनैतिक तथा न्याय।
3—विचार, अभिव्यक्ति, धर्म, उपासना, विश्वास।

प्रोग्राम 2. जीव विज्ञान

जीव विद्या में वनस्पतियों तथा पशुओं के विभिन्न वर्ग (कक्षा 11)

(*Programme No. 2. Biology Taxonomic Categories—Class* XI)

फ्रेम 1. हम अपने चारों ओर बहुत प्रकार के पशु और पौधे देखते हैं। ये सब विभिन्न प्रकार अथवा मात्रा के भेद और समानता का प्रदर्शन करते हैं। मनुष्य इन अनगिनत जीवित वस्तुओं को किसी श्रेणी में डालने की आवश्यकता अनुभव करता है। पशुओं और पौधों के विभिन्न भागों को क्रम में रखने और वर्ग में करने की विधि को श्रेणी विभाजन कहते हैं।

1. सब पशु विभिन्न प्रकार अथवा मात्रा के .... और .... का प्रदर्शन करते हैं।

2. जीवित प्राणी या पौधों का अध्ययन श्रेष्ठतर रूप से किया जा सकता है, यदि उन्हें किसी .... में बाँट दिया जाए।

3. .... एक विधि है जिससे जीवित प्राणी या पौधों को वर्गों में बाँट सकते हैं।

उत्तर–1. भेद, समानता।

2. श्रेणी।

3. श्रेणी विभाजन।

फ्रेम 2. जीवित प्राणी तथा पौधों को निश्चित विशिष्ट गुण के अनुरूप श्रेणियों में रखा जाता है। पहले उन्हें बड़े वर्गों में नियुक्त करते हैं। जैसे संसार के सभी जीवित प्राणी या पौधों को वर्गों में रखा गया है, अमुक नाम से पशु और पौधे को इन वर्गों के अधिकतर विभिन्न छोटे वर्गों में भाग और प्रतिभाग किये गये हैं। इन सब अलग वर्गों को श्रेणियाँ (Categories) कहते हैं। इन श्रेणियों को अलग स्थितियों में अलग नाम दिये जाते हैं। उदाहरण–Kingdom, Phylun, Class, Order.

1. जीवित प्राणी या पौधों का निश्चित विशिष्ट गुणों के अनुरूप वर्गों में रखने से .... रचित होती है।

2. .... और .... श्रेणियों के नाम हैं।

उत्तर–1. श्रेणी।

2. Kingdom, Phylum, Class, Order.

फ्रेम 3. वर्गीकरण करते समय इन श्रेणियों को निश्चित अनुक्रम में रखा जाता है। कुछ श्रेणियाँ दूसरी श्रेणियों से ऊँची होती हैं। ऊँची श्रेणी हैं–*e.g.*, Kingdom, Phylum। हर ऊँची श्रेणी में सारी छोटी श्रेणियाँ होती हैं।

1. क्या किसी निश्चित अनुक्रम के अनुरूप श्रेणियों को रखा जाता है?

2. जीवित प्राणी या पौधों को श्रेणियों में रखने में कौन-सी श्रेणी का अध्ययन पहले किया जाता है?

3. नीचे दी गई श्रेणियों का अध्ययन करें।

Kingdom, Phylum, Class

(a) यदि Kingdom............सबसे ऊँची श्रेणी है तो सबसे छोटी श्रेणी कौन-सी है?

(b) Phylum श्रेणी में .... श्रेणी भी आती है।

(c) क्या Kingdom श्रेणी में सब श्रेणियाँ आती हैं?

उत्तर–1. हाँ।

2. ऊँची।

3. (a) श्रेणी, (b) Class, (c) हाँ।

फ्रेम 4. वनस्पतियों तथा पशुओं को तर्कानुसार श्रेणियों में बाँटने को hierarchy कहते हैं।

यहाँ दी गई नीचे आती हुई व्यवस्था (अर्थात् पहली श्रेणी, सबसे ऊँची श्रेणी है) में श्रेणियों की सूची का ध्यान से अध्ययन करें।

Kingdom, Phylum, Class, Order, Family, Genus, Species

ये श्रेणियाँ hierarchy रचित करती हैं।

(i) यदि विभिन्न श्रेणियों को क्रम में रखा जाए तो वह .... की रचना करती है।

(ii) लिखिए कि अनुक्रम के अनुरूप श्रेणियों को रखने से hierarchy रचित होती है या नहीं।

(iii) Order, Kingdom, Phylum, Genus, Class.

ऊपर दी गई श्रेणियों से hierarchy की रचना करो।

(iv) आपके द्वारा बनाई गई hierarchy से नीचे दिए गये प्रश्नों के उत्तर दें–

(a) ....सबसे ऊँची श्रेणी है।

(b) ....सबसे नीची श्रेणी है।

उत्तर–(i) Hierarchy. (ii) नहीं।

(iii) Kingdom, Phylum, Class, Order, Genus.

(iv) (a) Kingdom, (b) Genus.

16.15 अभिक्रमित शैलियाँ अथवा प्रकार (Styles or Types of Programming)

(1) रेखीय अथवा बाह्य शैली अभिक्रमण (Linear or Extrinsic Programming)

(2) शाखात्मक अथवा आन्तरिक शैली अभिक्रमण (Branching or Intrinsic Programming)

(3) मैथेटिक्स शैली अभिक्रमण (Mathetics Programming)

(4) नियम उदाहरण अभिक्रमण (Rule System of Programming)

(5) कम्प्यूटर सह-अनुदेशन अभिक्रमण (Computer Assisted Programming)

(6) अधिगमकर्त्ता नियन्त्रित शैली अभिक्रमण (Learner Controlled Instruction)

16.16 अभिक्रमित अध्ययन के क्षेत्र में भारत में शोध तथा प्रयोग (Research and Use of Programming in India)

अभिक्रमित अध्ययन के क्षेत्र में भारत में शोध तथा प्रयोग का अवलोकन करने पर बड़ी हैरानी होती है कि 1960 तथा 1970 के दशकों में इस दिशा में कुछ कार्य अवश्य हुआ, परन्तु उसके पश्चात् इस क्षेत्र में कोई विशेष रुचि नहीं रही। अब यह विधि केवल बी.एड. तथा इसी प्रकार के पाठ्यक्रमों तक ही सीमित है। कक्षा-कक्ष में इसका उपयोग नहीं के बराबर है।

1965 में एन.सी.ई.आर.टी., नई दिल्ली के मनोविज्ञान विभाग ने इस दिशा में कुछ कार्यशालाओं, सेमीनारों तथा सिम्पोजियम आदि का आयोजन किया। परिणामस्वरूप विभिन्न विषयों पर भिन्न-भिन्न भारतीय भाषाओं में अभिक्रमित अध्ययन प्रकाश में आने लगे। क्षेत्रीय शिक्षा महाविद्यालय अजमेर में गणित के 'सैट थ्योरीज' आदि इस प्रकार की सामग्री के निर्माण का प्रयास किया गया।

सन् 1963 में जी.वी. शाह ने बीजगणित में कुछ सामग्री अभिक्रमित अध्ययन के आधार पर निर्मित की तथा इसके अनुसार छात्रों को पढ़ाया।

1966 में शर्मा तथा देसाई ने पृथक्-पृथक् रूप से विभिन्न विषयों में अभिक्रमित अध्ययन सामग्री का निर्माण किया तथा उनकी प्रभावशीलता का मूल्यांकन किया।

1971 में शाह ने चार तथा 1972 में कृष्णमूर्ति ने सात प्रकार की अभिक्रमित अध्ययन प्रणालियों पर शोध कार्य किया।

यद्यपि अभिक्रमित अध्ययन/अनुदेशन के अनेक लाभ हैं, परन्तु यह कहा जा सकता है कि स्कूलों तथा महाविद्यालयों की कक्षाओं में इसका प्रयोग नहीं के बराबर है।

16.17 टेलीकांफ्रेंसिंग (Teleconferencing)

टेलीकांफ्रेंसिंग का अर्थ: टेलीकाफ्रेंसिंग में कई माध्यम (Media) भाग लेते हैं और इसमें द्विमार्गीय (Two-way) प्रसारण द्वारा अन्तर्क्रिया सामूहिक संचार (Interactive Group Communication) की व्यवस्था होती है।

टेलीकाफ्रेंसिंग एक ऐसी इलैक्ट्रोनिक प्रणाली है जिसमें दो या दो से अधिक दूर बैठे व्यक्ति अपने इच्छित विषय-वस्तु से सम्बन्धित चर्चा, परिचर्चा में भाग ले सकते हैं, अपनी बात कह सकते हैं। दूसरों की बात सुन सकते हैं और उन पर तुरन्त प्रतिक्रियाएँ/सुझाव या अभिमत प्राप्त कर सकते हैं एवं आवश्यक सूचनाओं का आदान-प्रदान कर सकते हैं।

प्रक्रिया का तकनीकी वर्णन (Procedure or Technical Description): टेलीकाफ्रैंसिंग (Teleconferencing) एक इलैक्ट्रॉनिक साधन (Electronic Means) है जो दो या अधिक स्थितियों में उपस्थित 3 या 4 व्यक्तियों को किसी चर्चा पर बहस करने के लिए या द्विमार्गीय या एकमार्गीय वीडियो के प्रयोग के लिए समीप लाता है।

टेलीक्राफ्रैंसिंग के प्रकार

1. ऑडियो काफ्रैंसिंग (Audio Conferencing)
2. वीडियो कांफ्रेंसिंग (Video Conferencing)
3. कम्प्यूटर काफ्रैंसिंग (Computer Conferencing)

वीडियो काफ्रैंसिंग में टलीविजन तथा श्रव्य साधनों का प्रयोग करके आमने-सामने बात की जाती है।

ऑडियो काफ्रेंसिंग तो वास्तव में व्यक्ति से व्यक्ति तक टेलीफोन का स्वाभाविक प्रसार (Extension) है, जिसमें दो से अधिक लोगों द्वारा चर्चा की जाती है।

कम्प्यूटर कांफ्रेंसिंग में भाग लेने वालों को विषय-वस्तु (Text) तथा ग्राफिक्स (Graphics) का सम्प्रेषण किया जाता है जो टाइपराइटर टर्मिनल के द्वारा नियन्त्रण कम्प्यूटर से जुड़े होते हैं।

वीडियो कांफ्रैंसिंग के लाभ

1. यह प्रत्यक्ष शिक्षण जैसा ही लाभकारी साधन है।

2. दूर-दूर तक फैले छात्रों के लिए यह साधन बहुत उपयुक्त है।

3. यह एक लचीली प्रणाली है जिसमें आवश्यकतानुसार संशोधन या परिमार्जन अथवा परिवर्तन किया जा सकता है।

4. इस विधि द्वारा परिसर से बाहर के अध्ययन केन्द्रों से सम्पर्क सरलता से बनाया जा सकता है तथा उन्हें केन्द्र द्वारा नियन्त्रित भी किया जा सकता है।

5. इस प्रणाली में तुरन्त पृष्ठपोषण देना सम्भव होता है।

6. इस प्रणाली के द्वारा अनुदेशन सामग्री के स्तर में सुधार लाया जा सकता है और उसे उच्च कोटि का बनाया जा सकता है।

7. यह विधि दूसरी विधियों से कम खर्चीली है।

इन्दिरा गाँधी नेशनल मुक्त विश्वविद्यालय, नेशनल ओपन स्कूल तथा अन्य मुक्त शिक्षा के क्षेत्र में इस प्रणाली का प्रयोग सफलतापूर्वक किया जा रहा है, यद्यपि प्रयोग की मात्रा व्यापक नहीं है।

विद्यार्थी के सीखने की दृष्टि से सभी ऑडियो टेलीकांफ्रैंसिंग पर अभी कम ही अध्ययन हुए हैं। इन अध्ययनों से यह पता चलता है कि टेलीफोन भी आमने-सामने शिक्षण की तरह ही प्रभावशाली माध्यम है। कैनेडा में राबर्टसन (Robertson, 1986) द्वारा किये गये एक अध्ययन से यह पता चला कि अपर लैवल ग्रैज्यूएट को टेलीकांफ्रैंसिंग द्वारा सांख्यिकी (Statistics) पढ़ाने पर उन्होंने इतना ही सीखा जितना कि कैम्प के छात्रों ने। छात्रों में सन्तोष का स्तर बहुत उच्च रिकॉर्ड किया गया।

सन् 1984 में टेलीकांफ्रैंसिंग पर हुए अन्तर्राष्ट्रीय सिम्पोजियम के दौरान शैक्षिक ऑडियो टेलीकांफ्रैंसिंग का समर्थन किया गया।

विदेशों में टेलीकांफ्रैंसिंग पर बहुत से प्रयोग हो रहे हैं। भारत में भी ऐसे प्रयोग किये जा रहे हैं। इस दिशा में 'स्पेस एप्लीकेशन सैंटर' (Space Application Centre, Ahmedabad) ने भी कुछ प्रयोग किये हैं। इनमें उपग्रह (Satellite), एकमार्गीय टेलीविजन (One-way T.V.), द्विमार्गीय ऑडियो यंत्रों (Two-way Audio Equipments) आदि का प्रयोग किया गया है।

16.18 वीडियो पाठ (Video Lesson)

वीडियो: चल तथा स्थिर (Video: Motion and Still)

वीडियो डिस्क की संरचना: सम्प्रेषण के क्षेत्र में वीडियो डिस्क नवीन खोजों में एक है। वीडियो डिस्क एक बड़े रिकॉर्ड की भाँति होता है। इसमें एक मास्टर टेप का प्रयोग किया जाता है।

वीडियो डिस्क प्रणाली में वीडियो डिस्क वीडियो प्लेयर और एक टेलीविजन सैट की आवश्यकता होती है। वीडियो डिस्क पर आवाज सहित अथवा बिना आवाज के दृश्य छवियाँ (Visual Images), इलैक्ट्रोनिक माध्यम अथवा ऑप्टीकल होते हैं और एक हल्की प्रकाश रेखा होती है जो संचित विषय-वस्तु को दृश्य रूप में पुनरुत्पादित करती है।

वीडियो डिस्क, वीडियो डिस्क प्लेयर पर घूमती है। समस्त सूचनाएँ प्रकाश की

सहायता से टेलीविजन पर प्रदर्शित होती हैं और वहीं से ये सूचनाएँ सरलता से पढ़ी जा सकती हैं।

वीडियो प्रणाली के प्रकार (Types of Video System)

1. *कैपेसिटेंस वीडियो डिस्क (Capacitance Video Disc)*: 'कैपेसिटेंस (Capacitance) शब्द का अभिप्राय है–एक विद्युतीय चार्ज जिसे एक प्लेट पर इकट्ठा किया जा सके। इसमें भिन्नता हो सकती है जो कि प्लेटों की दूरी पर निर्भर करती है। इसमें वीडियो डिस्क एक 'प्लेट' का कार्य करती है तथा 'स्टाइल्स' (Styles) दूसरी प्लेट का। जब स्टाइल्स डिस्क पर रखा जाता है तथा डिस्क और स्टाइल्स में अन्तर घटता-बढ़ता रहता है। इससे कैपेसिटेंस (Capacitance) में परिवर्तन होता रहता है। इन परिवर्तनों की दृश्य और श्रव्य संकेतों (Video and Audio Signals) में अनुवादित (Translated) किया जाता है तथा उन्हें टेलीविजन सैट पर प्रदर्शित किया जाता है।

2. *ऑप्टीकल वीडियो डिस्क (Optical Video Disc)*: ऑप्टीकल वीडियो डिस्क केपेसिटैंस वीडियो डिस्क से अधिक उपयोगी है। इसमें भण्डार (Store) करने की क्षमता बहुत अधिक होती है अर्थात् 108,000 ट्रैक्स (Tracks) या 54,000 फ्रेम (Frames) एक तरफ। पूरा ब्रिटानिका एनसाइक्लोपीडिया (*Encyclopaedia Britannica*) एक ही वीडियो डिस्क पर संग्रहित (Store) किया गया है। सूचना के भण्डारण (Store) के साथ-साथ दो श्रव्य चैनल (Two Audible Channels) भी होते हैं। इससे दूसरी भाषा का प्रयोग भी किया जा सकता है। वीडियो डिस्क में तेज और धीमी गति, फॉरवर्ड और बैकवर्ड करने की व्यवस्था भी होती है। फ्रीज फ्रेम (Freeze Frame) में विशिष्ट सूचना को भी दर्शाया जा सकता है। फ्रीज फ्रेम में ध्वनि (Sound) का प्रयोग नहीं किया जा सकता।

3. *बौद्धिक वीडियो डिस्क (Intelligent Video Disc)*: यह वीडियो डिस्क कम्प्यूटर से जुड़ी होती है। यह विशेष रूप से शिक्षाशास्त्रियों के लिए अधिक उपयोगी है। इस साधन द्वारा वैयक्तिक अधिगम (Individualized Learning) के लिए अन्तःक्रिया अनुदेश (Interactive Instruction) प्रदान किया जाता है। इसमें वीडियो डिस्क सूचनाओं को मात्र भण्डारण के लिए प्रयोग की जाती है। इस प्रकार इसमें दो प्रकार की तकनीकों अर्थात् कम्प्यूटर और टेलीविजन को इकट्ठा करके प्रयोग किया गया है।

वीडियो डिस्क के लाभ (Advantages of Video Disc)

1. इसमें बहुत बड़ी लाइब्रेरी को छोटी डिस्क पर उतारा जा सकता है।
2. इस में भण्डारण (Store) के लिए कम स्थान चाहिए।
3. यह सस्ती पड़ती है जब बहुत अधिक संख्या में बनाई जाएँ।
4. इस तक पहुँचना सुगम होता है तथा इससे मनपसन्द सूचनाएँ आसानी से मिल जाती हैं।
5. सीखने वाले की उत्पादकता (Productivity) बढ़ाई जा सकती है।
6. विद्यार्थियों की कार्य की सामग्री के साथ अन्तःक्रिया की व्यवस्था होती है।
7. इसमें प्रतिपुष्टि (Feedback) तत्काल मिलने की व्यवस्था है।
8. स्वचालित (Automatic) फ्रेम स्टॉप की व्यवस्था है।

9. 'मास्टरी' (Mastery) अर्जित करने के लिए पुनरावृत्ति (Repetition) की सुविधा है।

10. डिस्क के विभिन्न अंशों तक फारवर्ड (Forward) और बैकवर्ड (Backward) क्रिया द्वारा पहुँचने की सुविधा है।

वीडियो डिस्क की सीमाएँ (Limitations of Video Disc)

1. वीडियो डिस्क पर उतारी गई सूचना स्थायी रूप से अंकित हो जाती है। इस पर और नई सूचना अंकित नहीं की जा सकती। जैसे कि वीडियो टेप में हम कर सकते हैं।
2. वीडियो डिस्क केवल उन्हीं विषयों के लिए उपयोगी होती है जिनमें कोई निरन्तर परिवर्तन नहीं होता।
3. वीडियो डिस्क पर आने वाली लागत को घटाने के लिए उनका उत्पादन व्यापक स्तर (Large scale) पर करना पड़ेगा क्योंकि छोटे समूहों के लिए कोर्स सामग्री वीडियो डिस्क द्वारा प्रस्तुत करना बहुत महँगा पड़ता है।

वीडियो टैक्स (Video Tax)

वीडियो टैक्स की संरचना (Technology of Video Tax) सम्प्रेषण की एक नवीन विधि है जो दूरस्थ शिक्षा के क्षेत्र में शिक्षण-अधिगम को प्रभावित करती है। वीडियो टैक्स एक ऐसी प्रणाली है, जिसका पारस्परिक सूचनाओं के आदान-प्रदान में प्रयोग किया जाता है। वीडियो टैक्स में घरेलू टेलीविजन एक कम्प्यूटर की भाँति कार्य करने के लिए प्रयोग किया जाता है। इसके द्वारा आँकड़ों पर आधारित सूचनाएँ एकत्रित की जा सकती हैं। इसके लिए वीडियो टैक्स में एक रिकॉर्डर, टेलीफोन, टेलीविजन तथा एक की-बोर्ड (Key-board) का प्रयोग किया जाता है।

टैक्स प्रणाली निम्न भागों में बनी हुई होती है–

1. एक की-पैड या की-बोर्ड (Keypad or Keyboard)
2. एक टी.वी. डिस्प्ले यूनिट (T.V. Display Unit)
3. एक डीकोडर (A Decoder)
4. एक दूरसंचार लिंक (A Telecommunication Link)
5. एक केन्द्रीय कम्प्यूटर जिसमें सूचनाओं का आधार हो (A Central Computer Containing a Data Base)

वीडियो टैक्स के प्रमुख शैक्षिक लाभ
(Main Educational Merits/Uses/Application of Video Tex)

वीडियो टैक्स के प्रमुख लाभ नीचे दिये जा रहे हैं:

1. इस प्रणाली में शिक्षक और छात्र दोनों के मध्य अन्त:क्रिया सम्भव है।
2. इसमें तुरन्त पृष्ठपोषण के अवसर भी मिलते हैं।
3. यह सामान्य सूचनाओं की जानकारी प्रदान करने का अच्छा साधन है।
4. दूरस्थ शिक्षा के क्षेत्र में यह प्रणाली अत्यन्त उपयोगी है।
5. द्वितीय भाषा की शिक्षा में इसका सफल प्रयोग किया जा सकता है।
6. यह कम्प्यूटर पर आधारित अनुदेशनों को भी प्रयोग करने में समर्थ है।

7. यह जन-साधारण के लिए सामान्य सूचना प्राप्त करने तथा छात्रों के लिए विशिष्ट सूचना प्राप्त करने में सक्षम तथा समर्थ प्रणाली है।

8. दूरस्थ शिक्षा कार्यक्रमों के अन्तर्गत स्थापित अध्ययन केन्द्रों की समस्त अध्ययन सामग्री तथा अन्य सुविधाएँ वीडियो टैक्स घर बैठे ही उपलब्ध करा देता है।

9. छात्र वीडियो टैक्स के माध्यम से संस्थाओं को सूचनाएँ प्रेषित कर सकता है, विभिन्न पुस्तकालयों से पुस्तकें प्राप्त कर सकता है तथा आवश्यकतानुसार विभिन्न विषयों के बारे में सुझाव मँगा सकता है।

10. यह रेडियो/टी.वी. से अच्छा है, क्योंकि इसमें समय सारणी का कोई बन्धन नहीं है।

वीडियो टैक्स की सीमाएँ (Limitations of Video Tex)

1. वीडियो टैक्स में श्रव्य क्षमता (Audio Capability) नहीं होती। इस दृष्टि से वीडियो टैक्स ठीक ढंग से तभी कार्य करेगा जब इसे बहु-माध्यमों (Multi-Media) के एक अंग के रूप में अनुदेशात्मक सामग्री (Instructional Material) प्रदान करने के लिए प्रयोग किया जाए।

2. यह अभी तक प्रयोगात्मक स्तर (Experimental Stage) पर ही है। अतः अभी यह उपकरण महँगा है।

3. इस साधन द्वारा प्रदान किये जाने वाली अनुदेशनात्मक सामग्री अभी बहुत कम तैयार हुई है। चूँकि अभी यह दूरस्थ शिक्षा (Distance Education) के विद्यार्थियों के लिए ही है, इसके लिए कार्यक्रमों का भारी अभाव है।

वीडियो पाठ (Video Lesson)

वीडियो पाठ कई प्रकार के होते हैं। दूरदर्शन पाठ एक प्रकार का वीडियो पाठ है। वीडियो स्वयं अध्यापक कक्षा-कक्ष में दे सकता है तथा उसी समय उसका पोषण पुष्ट हो जाता है। इसमें टी.वी. की आवश्यकता नहीं पड़ती है। इसे कम्प्यूटर पर भी दर्शाया जा सकता है। अलग-अलग कमरों में वीडियो पाठ दिखाये जा सकते हैं। छोटे-छोटे बच्चे भी इण्टरनेट के माध्यम से बहुत कुछ सीखते हैं।

16.19 वीडियो कॉन्फ्रेंसिंग (Video Conferencing)

वर्तमान में वीडियो कॉन्फ्रेंसिंग का बहुत प्रचलन होता जा रहा है। इसके माध्यम से हम दूर बैठे अपने परिचित अथवा ट्यूटर से बातचीत करते हुए उसे देख भी सकते हैं। वीडियो कॉन्फ्रेंसिंग में हमें कम्प्यूटर से जुड़े हुए एक कैमरा की मदद से अपने चित्र एक या अधिक लोगों को भेजने की सुविधा मिलती है। साथ ही हम अपने मित्र की भी शक्ल देख सकते हैं। इसमें हम चित्रों के साथ-साथ अपनी आवाज भी भेज सकते हैं। इसके लिए हमें कम्प्यूटर में एक माइक्रोफोन, स्पीकर, साउण्ड कार्ड, वेब कैमरा तथा Conferencing Software होना भी आवश्यक है।

इस प्रकार अब सन्देश टाइप करने के स्थान पर (जैसा कि हम Chatroom में करते हैं) हम अन्य लोगों से बात कर सकते हैं, उनके चेहरे देख सकते हैं तथा उन्हें अपना वीडियो भी भेज सकते हैं। ताकि वे हमारा चेहरा भी देख सकें। इसके माध्यम से एक साथ कई व्यक्ति अलग-अलग स्थानों पर रहते हुए भी, ऐसे मीटिंग कर सकते हैं जैसे कि वे

एक ही कमरे में बैठे हों। इसमें शामिल व्यक्ति को एक माइक्रोफोन तथा स्पीकर तो आवश्यक होते हैं परन्तु प्रत्येक व्यक्ति को वेब कैमरा आवश्यक नहीं होता है। यदि किसी एक व्यक्ति के पास वेब कैमरा नहीं है तो भी वह दूसरों की तस्वीरों को तो देख सकता है परन्तु अन्य लोग उसे नहीं देख पायेंगे।

वीडियो प्रणाली के लाभ

1. यह प्रत्यक्ष शिक्षण जैसा ही लाभकारी साधन है।
2. दूर-दूर तक फैले हुए छात्रों के लिए यह साधन बहुत उपयुक्त है।
3. यह एक लचीली प्रणाली है जिसमें आवश्यकतानुसार संशोधन या परिमार्जन अथवा परिवर्तन किया जा सकता है।
4. इस साधन द्वारा परिसर (Complex) के बाहर के अध्ययन केन्द्रों से सम्पर्क सरलता से बनाया जा सकता है तथा उन्हें केन्द्र द्वारा नियन्त्रित भी किया जा सकता है।
5. इस प्रणाली में तुरन्त पृष्ठपोषण (Feedback) सम्भव होता है।
6. इस प्रणाली के द्वारा अनुदेशन सामग्री के स्तर में सुधार लाया जा सकता है और उसे उच्चकोटि का बनाया जा सकता है।
7. यह विधि अन्य विधियों से कम खर्चीली है।
8. इन्दिरा गाँधी मुक्त विश्वविद्यालय तथा अन्य मुक्त शिक्षा की संस्थाएँ, मुक्त शिक्षा के क्षेत्र में इस प्रणाली का प्रयोग कर रहे हैं, यद्यपि प्रयोग की मात्रा सीमित है।

16.20 इण्टरनेट द्वारा अधिगम (Learning by the Internet)

इण्टरनेट की परिभाषा: इण्टरनेट एक अत्याधुनिक संचार प्रोद्योगिकी है, जिसमें करोड़ों कम्प्यूटर एक नेटवर्क से जुड़े हुए होते हैं। इण्टरनेट को मोटे तौर पर कम्प्यूटर के विश्वव्यापी नेटवर्क के रूप में परिभाषित किया जा सकता है, जो एक प्रोटोकोल (सूचना के आदान-प्रदान सम्बन्धी नियम) के जरिये संचार करते हैं।

इण्टरनेट का विवरण: इण्टरनेट का वर्णन करना बिल्कुल ऐसा ही है जैसे किसी नगर का वर्णन करना। नगर का मानचित्र, उसके लोग, बाजार, गलियाँ, घर, लोग, सरकार, मैदान, मौसम आदि या इनका समग्र रूप। यही तो नगर के वर्णन में निहित होता है। इंटरनैट भी एक ऐसा ही स्थान है।

इण्टरनेट कोई सॉफ्टवेयर (Software) नहीं है, न यह कोई प्रोग्राम है, न कोई हार्डवेयर। वास्तव में यह तो एक ऐसा स्थान है जहाँ हमें अनेक प्रकार की शैक्षिक जानकारियाँ तथा सूचनाएँ प्राप्त होती हैं।

इण्टरनेट की कार्य-प्रणाली (Working of Internet): यदि इण्टरनेट की कार्य-प्रणाली को ध्यान से देखें तो हमें पता चलता है कि इसमें विश्व के प्रत्येक देश में एक या दो सर्वर रखे होते हैं जो कि Mainframe कम्प्यूटर के रूप में होते हैं तथा ये सभी सर्वर आपस में उपग्रह द्वारा जुड़े होते हैं। तो इन सर्वरों को हम ISP (Internet Service Provider) कहते हैं। ये Server जैसे भारत ने USA से BSNL (Bharat Sanchar Nigam Ltd.) को मिला हुआ है तथा फिर BSNL से कई अन्य विभागों (ISPs) को इण्टरनेट सेवा प्रदान करने के लाइसेन्स दे दिये, जैसे DOT (Department of

Telecommunication), MTNL (महानगर टेलीफोन निगम लिमिटेड) तथा अन्य कई प्राइवेट कम्पनियों को जैसे Satyam Online, Data Infosys, Mantra Online आदि। ये ISP फिर पुन: अन्य ग्राहकों जैसे व्यक्तिगत या Institutes को Internet Connection देते हैं। ये इण्टरनेट कनेक्शन दो प्रकार के दिये जाते हैं:

(i) *Dial up कनेक्शन*: इसमें ग्राहक अपने कम्प्यूटर को मोडेम की सहायता से टेलीफोन लाइन से जोड़कर ISP के नम्बर Dial करता है तथा इण्टरनेट से जुड़ जाता है। इस प्रकार के कनेक्शन की कीमत अधिक नहीं होती। आजकल यह 300 रुपये प्रति 20 घण्टे या एक माह तक में उपलब्ध हो जाती है। यदि 20 घण्टे पहले खत्म होते हैं तो वे अन्यथा एक माह तक का समय माना जाता है। इण्टरनेट कनेक्शन की Rate प्रत्येक कम्पनी में अलग-अलग होती है तथा इससे आप अपनी आवश्यकतानुसार समयावधि हेतु ले सकते हैं।

(ii) *लीज लाइन कनेक्शन*: इस कनेक्शन में हमारा कम्प्यूटर ISP के सर्वर से सीधे टेलीफोन लाइन द्वारा जुड़ा होता है। इसी कारण से यह कनेक्शन सामान्यतया बहुत महँगा होता है तथा इसके लिए लाखों रुपये खर्च करने होते हैं, परन्तु इसमें समय की कोई पाबन्दी नहीं होती है। एक ध्यान देने योग्य बात यह है कि इण्टरनेट कनेक्शन डायल उप लाइन द्वारा हो या लीज लाइन, दोनों ही लाइनों में हमें टेलीफोन का बिल अतिरिक्त देना पड़ता है।

इण्टरनेट के माध्यम से सूचनाओं तक पहुँचा जाता है, जिसमें व्यक्तियों और विश्वभर के संगठनों का योगदान होता है! उन्हें नेटवर्क ऑफ सर्वर्स (यानी सेवकों का नेटवर्क) कहा जाता है। इण्टरनेट का एक 'वर्ल्ड वाइड वेब' (www) है, जिसे मात्र 'वेब' भी कहा जाता है, जो विभिन्न संगठनों, वाणिज्यिक प्रतिष्ठानों, औद्योगिक इकाइयों, शैक्षिक प्रतिष्ठानों, आम अथवा खास हितों से सम्बद्ध समूहों अथवा निजी व्यक्तियों द्वारा बनाये गये हजारों सर्वर्स को आपस में जोड़ता है। सर्वर्स पर भरे गये वेब पृष्ठों (पेजिज) में विभिन्न प्रकार की जानकारी उपलब्ध होती है, जैसे-पाठ सामग्री (प्लेन टैक्स्ट), तस्वीर, ऐनिमेशन, मल्टीमीडिया आदि। इसे प्राप्त करने के लिए सामान्य शुल्क देना पड़ता है और कभी-कभी बिना किसी लागत के यह जानकारी उपलब्ध हो जाती है। वेब-पृष्ठों से ई-मेल, कॉन्फेरेंसिंग, इलेक्ट्रॉनिक पब्लिकेशन्स जैसी सेवाएँ और अन्य व्यावसायिक सुविधाएँ भी उपलब्ध होती हैं, इण्टरनेट पाठ सामग्री (टैक्स्ट) अथवा सूचना को विश्व में एक स्थान से दूसरे स्थान पर पहुँचाने का एक नया माध्यम है जो अत्यन्त शीघ्र सस्ते में और आसानी से संचार करता है। यह स्वयं अन्तर्क्रिया नहीं करता, किन्तु उपयोगकर्त्ता कम्प्यूटरों से इस पर नियन्त्रण रखते हैं, जो उन्हें नेटवर्क पर सूचना भेजने और प्राप्त करने में सहायता पहुँचाते हैं।

इण्टरनेट के माध्यम से विभिन्न प्रकार के दस्तावेज (Documents), वैज्ञानिक आँकड़े, रुचि सूची तथा विभिन्न प्रकार के विज्ञापन एवं संस्थानों के विषय में सूचनाएँ उपलब्ध होती हैं। ये सूचनाएँ विश्व के किसी भी कोने से प्राप्त की जा सकती हैं। ये सूचनाएँ बड़ी सरलता से और त्वरित गति से प्राप्त हो जाती हैं। यदि घर में टेलीविजन और निजी कम्प्यूटर हो तो अति आधुनिक प्रौद्योगिकी की सहायता से हम भली-भाँति जानकारी प्राप्त कर सकते हैं, भरपूर मनोरंजन कर सकते हैं और शिक्षा प्राप्त कर सकते हैं। सूचनाओं के मुक्त प्रवाह और ज्ञान में भागीदारी के फलस्वरूप हमारे सामाजिक, आर्थिक तथा राजनैतिक जीवन में गुणात्मक परिवर्तन हो रहे हैं।

लोग इण्टरनेट, डाक (Mail, Electronic mail, E-mail) का प्रयोग करते हैं।

इण्टरनेट पर कोई भी वार्ता कर सकता है। बशर्ते उसके पास एक पर्सनल कम्प्यूटर, एक मौडम (Modem) तथा एक टेलीफोन होना चाहिए। साथ ही सम्बन्धित आवश्यक हार्डवेयर/सॉफ्टवेयर खरीदना पड़ता है। मौडम के द्वारा कम्प्यूटर का सम्बन्ध सामान्य टेलीफोन लाइन द्वारा दूसरे कम्प्यूटर्स (PCs) के साथ स्थापित किया जाता है।

इण्टरनेट की विशेषताएँ तथा इसके लाभ (Characteristics of Internet and Its Advantages)

इण्टरनेट की प्रमुख विशेषताएँ निम्नांकित हैं:

1. इण्टरनेट बड़ी मात्रा में आँकड़ों की खोज करने में सहायक होता है।
2. इण्टरनेट में एक स्थान से अनेक स्थानों तक प्रसारण संचार की अपेक्षा बिन्दु से बिन्दु तक संचरित होता है।
3. इण्टरनेट के द्वारा अनेक मल्टीमीडिया सम्बन्धी कार्यक्रम भी प्रस्तुत किये जा सकते हैं, जैसे–वीडियो कांफ्रेन्सिंग, डॉक्यूमेण्ट, रिट्रीवल आदि।
4. एक सर्वर से अन्य के बीच हाइपर लिंकिंग सुविधा, जिसमें एक शब्द क्लिक करके उपयोगकर्त्ता विश्व के किसी भी स्थान तक सीधे आँकड़ों के स्रोत तक पहुँच सकता है।
5. संक्षिप्त किन्तु महत्त्वपूर्ण सामाजिक नोट्स (Notes) के आदान-प्रदान में यह सहायता देता है।
6. विश्व की नवीनतम खबरें प्राप्त करने में यह सहायक है।
7. व्यापारिक समझौते (वार्ता) करने के काम आता है।
8. वैज्ञानिक शोध पर Collaboration करने का माध्यम है।
9. समान रुचि वाले लोगों के साथ सूचनाओं का आदान-प्रदान करने में सहायक है।
10. आवश्यकतानुसार कम्प्यूटर फाइल्स का स्थानान्तरण करने में सहायता करता है।

इण्टरनेट पर निम्न प्रकार की सेवाएँ उपलब्ध हैं:

1. ई-मेल (E-mail), (2) टेलनेट (Telnet), (3) इण्टरनेट फोन (Internet Phone), 4. इण्टरनेट फैक्स (Internet Fax), (5) वर्ल्ड-वाइड वेब (www), (6) न्यूज ग्रुप (News Group), (7) रोजगार सूचना (Employment News), (8) इण्टरनेट चैट (Internet Chat), (9) बुलेटिन बोर्ड सेवाएँ (Bulletin Board Services), (10) इण्टरनेट सर्फिंग (Internet Surfing), (11) ई-कॉमर्स (E-Commerce), (12) शैक्षिक सेवाएँ (Educational Services), (13) मिश्रित सेवाएँ (Miscellaneous Services)।

17

पाठ योजनाः प्रकार तथा उपागम
(Lesson Planning: Types and Approaches)

17.1 पाठ योजना (Lesson Planning)

पाठ योजना का अर्थ (Meaning of Lesson Planning): साधारण शब्दों में पाठ-योजना का अर्थ उस योजना से है जो अध्यापक कक्षा में शिक्षण-अधिगम प्रक्रिया से पूर्व पाठ के विभिन्न पक्षों के बारे में सोचकर तैयार करता है जिसके परिणामस्वरूप छात्र पाठ को भली प्रकार ग्रहण कर सकें।

'पाठ योजना' शिक्षण-कार्य आरम्भ करने से पहले शिक्षण-कार्यक्रम को व्यक्त करती है। यह कार्यक्रम बनाते समय अध्यापक को शिक्षा के व्यापक उद्देश्य, पाठ्य-विषय के लक्ष्य, विद्यार्थियों की रुचियों एवं योग्यताओं को सम्मुख रखकर अनुकूल शिक्षण-साधनों तथा शिक्षण-विधियों को निश्चित एवं व्यवस्थित करना होता है।

पाठ योजना के अर्थ को समझने के लिए निम्न परिभाषाएँ बहुत सहायक हैं:

1. *कार्टर वी. गुड* (*Carter V. Good*): "पाठ योजना शिक्षण की वह रूप रेखा है जिसमें पाठ के महत्त्वपूर्ण बिन्दु उस क्रम में गठित किए जाते हैं जिसमें उन्हें प्रस्तुत करना होता है। इसमें उद्देश्यों, बिन्दुओं, पूछे जाने वाले प्रश्नों, सन्दर्भ सामग्री तथा दत्त कार्यों (Assignments) आदि का समावेश होता है।

2. *शिक्षा के अन्तर्राष्ट्रीय शब्दकोष* (*International Dictionary of Education*): ई.डी.जी. टैरी पेज और जे.बी. थॉमस के अनुसार, "पाठ योजना किसी पाठ के महत्त्वपूर्ण बिन्दुओं से संबंधित एक ऐसी रूपरेखा है जिसमें उनको इसी क्रम में व्यवस्थित किया जाता है जिसमें अध्यापक द्वारा छात्रों के सम्मुख रखा जाता है।"

3. *एन.एल. बासिंग* (*N.L. Bossing*): "पाठ योजना एक शीर्षक है जो प्राप्त उद्देश्यों के कथनों और उन्हें प्राप्त करने वाले सम्बन्धों तथा साधनों को प्रदर्शित करता है जिनके द्वारा किसी अवधि में की जाने वाली क्रियाओं के माध्यम से उन्हें प्राप्त किया जाता है।"

4. *एल.बी. सैंड्स* (*L.B. Sands*) के शब्दों में, "पाठ योजना वास्तव में किए जाने वाले कार्य की योजना है। इसके अन्तर्गत अध्यापक के अपने कार्य करने के ढंग से संबंधित दर्शन, दर्शन सम्बन्धी उसके अपने ज्ञान, अपने छात्रों के सम्बन्ध में उसकी जानकारी, शैक्षिक उद्देश्यों से संबंधित उसकी समझ, विषय-वस्तु संबंधी उसके ज्ञान तथा

प्रभावपूर्ण विधियों को प्रयोग में लाने संबंधी उसकी योग्यता आदि सभी बातों का समावेश होता है।''

5. *ए.सी. बाइनिंग एवं डी.एच. बाइनिंग (A.C. Binning and D.H. Binning)* के अनुसार ''दैनिक पाठ योजना के निर्माण में उद्देश्यों को परिभाषित करना, पाठ्य-वस्तु का चयन करना, उसे क्रमबद्ध रूप से व्यवस्थित करना तथा प्रस्तुतीकरण की विधियों एवं क्रियाओं का निर्धारण करना शामिल है।''

पाठ योजना का महत्त्व तथा इसके लाभ (Importance of Lesson Plan and Its Merits): पाठ योजना के महत्त्व पर *योकम* तथा *सिम्पसन (G.A. Yokam and R.G. Simpson)* ने लिखा है, ''सब अध्यापकों द्वारा किसी न किसी प्रकार की पाठ योजना अवश्य तैयार की जानी चाहिए, क्योंकि इसके कुछ निश्चित कार्य हैं, जो अच्छे शिक्षण के लिए अनिवार्य हैं।''

जे.आई. मुरसल (J.I. Mursell) के विचार में, ''पाठ योजना के दो महत्त्वपूर्ण लाभ हैं–यह उत्तम शिक्षण में योग देती है और शिक्षक को उत्तम बनाती है।''

बागले (Bagley) ने इस प्रकार महत्त्व दर्शाया है, ''अध्यापक कितना ही योग्य तथा अनुभवी क्यों न हो, वह प्रारम्भिक तैयारी के बिना सफल नहीं हो सकता।''

पाठ योजना प्रभावशाली शिक्षण-अधिगम की आधारशिला है। इसके निम्नलिखित लाभ हैं:

1. *पाठ योजना को क्रमबद्ध करना:* पाठ योजना अध्यापन-अधिगम को क्रमबद्ध बनाती है।

2. *सह-सम्बन्ध:* पाठ योजना शिक्षण तथा अधिगम से सह-सम्बन्ध स्थापित करती है।

3. *स्पष्ट उद्देश्य:* पाठ योजना उद्देश्यों में स्पष्टता लाती है।

4. *अध्यापक में आत्मविश्वास:* पाठ योजना से अध्यापक में आत्मविश्वास आता है।

5. *छात्र व्यक्तिगत विभिन्नताओं पर ध्यान:* कक्षा में छात्रों की व्यक्तिगत विभिन्नताओं का ध्यान रखकर अध्यापक कक्षा में क्रियाओं की व्यवस्था करने में सक्षम होता है।

6. *शिक्षण विधि के चुनाव में सहायता:* अध्यापक को पाठ्य-वस्तु की प्रकृति के अनुसार शिक्षण विधि का चुनाव करने में सहायता मिलती है।

7. *पाठ सामग्री की उचित व्याख्या:* पाठ योजना पाठ्य सामग्री की उचित ढंग से व्याख्या करने में सहायक है।

8. *कक्षा-कक्ष की स्थितियों का ज्ञान:* कक्षा-कक्ष में आने वाली परिस्थितियों के बारे में अनुमान लगाने में सहायता मिलती है।

9. *पाठ सामग्री के चुनाव में सहायता:* पाठ योजना में शामिल शिक्षण-अधिगम सामग्री का चुनाव करने में पाठ योजना उपयुक्त अवसर शिक्षक को प्रदान करती है।

10. *प्रश्नों पर विचार का अवसर:* अध्यापक को सोचने का अवसर मिलता है कि किस प्रकार से छात्रों से प्रश्न किए जा सकते हैं।

11. *उचित दृश्य-श्रव्य साधनों का प्रयोग:* पाठ योजना अध्यापक को उचित दृश्य-श्रव्य सामग्री के प्रयोग के लिए प्रेरित करती है।

12. *उपयुक्त दृश्य-श्रव्य का संकलन:* अध्यापक कक्षा-कक्ष में जाने से पूर्व दृश्य-श्रव्य इकट्ठी कर सकता है।

13. *समय तथा शक्ति का अधिकतम उपयोग*: पाठ योजना अध्यापक तथा छात्र दोनों के समय व शक्ति की बचत करने में सहायक होती है।

14. *पाठ में ताल-मेल*: पाठ योजना पाठ के विभिन्न भागों में तालमेल स्थापित करती है।

15. *कक्षा-कक्ष में छात्र समस्याओं का समाधान*: पाठ योजना कक्षा-कक्ष में छात्रों की समस्याओं तथा कठिनाइयों को जानने में तथा उनका समाधान निकालने में सहायता करती है।

16. *छात्रों के पूर्व ज्ञान की जानकारी*: पाठ योजना के माध्यम से अध्यापक छात्रों के पूर्व ज्ञान के बारे में जानकारी प्राप्त करता है।

17. *उपयुक्त दृष्टान्त के प्रयोग में सहायक*: पाठ योजना अध्यापक को उपयुक्त दृष्टान्तों के प्रयोग के लिए प्रेरित करती है।

18. *उपयुक्त शिक्षण सूत्रों का चयन*: पाठ योजना अध्यापक को उपयुक्त शिक्षण सूत्रों के बारे में सोचने का अवसर प्रदान करती है।

19. *कक्षा-कक्ष की क्रियाओं में क्रमबद्धता*: पाठ योजना कक्षा-कक्ष में की जाने वाली क्रियाओं को योजनाबद्ध करने में सहायक होती है।

20. *सैद्धान्तिक तथा प्रायोगिक उपागमों का तालमेल*: पाठ योजना तैयार करने से सैद्धान्तिक तथा प्रायोगिक दोनों उपागमों का प्रयोग किया जा सकता है।

21. *गृहकार्य में सहायता*: छात्रों के लिए गृह कार्य देने में सहायता मिलती है।

22. *सन्दर्भ सामग्री की सूचना*: पाठ-सम्बन्धी अन्य पुस्तकों तथा सन्दर्भ पुस्तकों के बारे में छात्रों को सूचित करने में सहायता मिलती है।

23. *पाठ का सार उचित ढंग से*: पाठ का सार प्रस्तुत करने में सहायता मिलती है।

24. *मनोवैज्ञानिक तथा वैज्ञानिक पक्षों का तालमेल*: पाठ योजना से शिक्षण मनोवैज्ञानिक के साथ-साथ वैज्ञानिक बन जाता है।

25. *अनुशासन में सहायता*: पाठ योजना कक्षा-कक्ष की गतिविधियों में व्यवस्था लाकर अनुशासन में सहायक होती है।

26. *मूल्यांकन का अवसर*: पाठ योजना के माध्यम से शिक्षक मूल्यांकन करने का अवसर प्राप्त करता है।

नोट: पाठ योजना को सेवक माना जाए न कि स्वामी। अर्थात् कक्षा-कक्ष के वातावरण तथा परिस्थितियों के अनुसार इसमें परिवर्तन किया जा सकता है।

एक आदर्श पाठ योजना की विशेषताएँ (Characteristics of an Ideal Lesson Plan): 1. *निश्चित उद्देश्यों का होना*: आदर्श पाठ योजना निश्चित उद्देश्यों पर आधारित होती है।

2. *छोटे-छोटे सोपान*: पाठ योजना में प्रकरण को छोटे-छोटे भागों अथवा सोपानों में विभक्त किया जाता है।

3. *उपयुक्त प्रश्न*: पाठ योजना में उपयुक्त प्रश्नों का विवरण रहता है।

4. *सहायक सामग्री*: पाठ योजना में उपयुक्त सहायक सामग्री के सम्बन्ध में निर्णय लिया जाता है।

5. *पूर्व ज्ञान*: पाठ योजना पूर्व ज्ञान पर आधारित रहती है।

6. *सरल भाषा का प्रयोग*: पाठ योजना में सरल भाषा का प्रयोग किया जाता है।

7. *छात्र क्रियाओं का प्रावधान*: पाठ योजना उचित छात्र क्रियाओं का प्रावधान करती है।

8. *विविध गतिविधियों*: पाठ योजना तैयार करते समय अध्यापक विधि नीतियों, विधियों, युक्तियों, प्रविधियों तथा उपकरणों का प्रयोग करता है।

9. *प्रभावी उदाहरण*: पाठ योजना में प्रभावी उदाहरणों का प्रयोग होता है।

10. *प्रभावी तथा चुनौतीपूर्ण प्रश्न*: पाठ योजना में विभिन्न प्रकार के प्रश्नों का समावेश होता है।

11. *चिन्तन स्तर पर बल*: पाठ योजना स्मृति स्तर से चिन्तन स्तर तक छात्रों को पहुँचाती है।

12. *समय का ध्यान*: पाठ योजना समय का ध्यान रखती है।

13. *श्यामपट्ट के प्रयोग की व्यवस्था*: पाठ योजना में श्यामपट्ट के प्रयोग का प्रावधान रहता है।

14. *छात्र सहभागिता*: पाठ योजना छात्र सहभागिता का अवसर प्रदान करती है।

15. *गृहकार्य का प्रावधान*: पाठ योजना गृह कार्य का प्रावधान करती है।

16. *मूल्यांकन व्यवस्था*: पाठ योजना मूल्यांकन की व्यवस्था करती है।

आदर्श पाठ योजना बनाने के सिद्धान्त (Principles of Ideal Lesson Planning)

1. पाठ योजना के लिखने का सिद्धान्त।
2. पाठ योजना के उद्देश्य कथन का सिद्धान्त।
3. पाठ योजना में उचित पाठ्य सामग्री के चयन का सिद्धान्त।
4. पाठ्य सामग्री के क्रमानुसार प्रस्तुत करने का सिद्धान्त।
5. उपयुक्त शिक्षण विधियों के चुनाव का सिद्धान्त।
6. उपयुक्त शिक्षण तकनीकों के चयन का सिद्धान्त।
7. उपयुक्त श्रव्य-दृश्य साधनों के चुनाव का सिद्धान्त।
8. उपयुक्त दृष्टान्त चयन का सिद्धान्त।
9. श्यामपट के उचित प्रयोग का सिद्धान्त।
10. छात्रों की सहभागिता (Participation) का सिद्धान्त।
11. पाठ योजना के लचीलेपन का सिद्धान्त।
12. पाठ को सोपानों में बाँटने का सिद्धान्त।
13. पाठ के पुनरावृत्ति (Recapitulation) का सिद्धान्त।
14. पाठ का सार लिखने का सिद्धान्त।
15. पाठ के मूल्यांकन का सिद्धान्त।
16. दत्तकार्य देने का सिद्धान्त।
17. सन्दर्भ सामग्री का सिद्धान्त।
18. समय अवधि का सिद्धान्त।

17.2 पाठों का वर्गीकरण (Classification of Lessons)

पाठ तीन प्रकार के हैं: 1. ज्ञान पाठ (Knowledge Lesson), 2. रसानुभूति पाठ (Appreciation Lesson), 3. कौशल पाठ (Skill Lesson)

मानव जीवन में समायोजन: शिक्षा एक प्रमुख उद्देश्य मानव जीवन में समायोजन है। विभिन्न स्थितियों में मानव अपनी प्रतिक्रियाएँ व्यक्त करता है। अनुभव के आधार पर उसके व्यवहार में सुधार आता रहता है। इसे हम सीखने की प्रक्रिया भी कहते हैं। सीखने के कार्य में ज्ञान, कौशल तथा संवेगात्मक परिवर्तन आते हैं। ये तीनों मानसिक प्रक्रिया के स्तर हैं। इन तीनों प्रक्रियाओं के अनुसार ही तीन प्रकार के प्रमुख पाठ निश्चित किए गए हैं: जैसे–ज्ञान-पाठ, कौशल-पाठ, रसानुभूति अथवा भावात्मक पाठ। ज्ञान के पाठ में छात्र को विषय-सम्बन्धी सूचना प्राप्त होती है। कौशल-पाठ में उसे कुछ साथ में कार्य करना भी होता है; जैसे–लिखना, पढ़ना, कातना, चित्र बनाना, आदि सीखना। तीसरे ढंग से रसानभूति के पाठ से छात्रों की संवेगात्मक शक्तियों का विकास करने में सहायता मिलती है।

पहले शिक्षा का एकमात्र कार्य ज्ञान-सम्बन्धी था। परन्तु अब यह अनुभव किया जाने लगा है कि यदि ज्ञान पूरे व्यवहार को प्रभावित नहीं कर पाता तो उस ज्ञान का कोई महत्त्व नहीं है। मौखिक रूप से याद करने या रटने-मात्र को हम ज्ञान-प्राप्ति नहीं मान सकते; जैसे, इतिहास के तथ्यों को रटना, पहाड़े याद करना, भूगोल में केवल देशों की राजधानियाँ याद कर लेना। केवल इतने कार्य से काम नहीं बनता। ज्ञान जब तक व्यवहारिक रूप से उपयोग नहीं किया जा सकता, तब तक उसकी प्राप्ति अधूरी है। उस अवस्था में ही वह हमारी भावनाओं तथा व्यवहार में उचित परिवर्तन लाने में समर्थ होगा।

यद्यपि शिक्षा का अर्थ है कि नए कार्य या कौशल सीखना, परन्तु विद्यालयों में इनकी कुशलता पर कम ही बल दिया जाता है। पढ़ना, लिखना, चित्र बनाना, मानचित्र खींचना, कृषि, विज्ञान में प्रयोगात्मक कार्य करना कौशल-पाठ के उदाहरण हैं। आधुनिक विधियों में समन्वय पर बहुत अधिक बल दिया जाने लगा है। इनमें गांधीजी ने हस्तकला और ड्यू (Dewey) ने किसी प्रोजेक्ट के कार्य को आधार मानकर शिक्षण देने की प्रणाली पर बल दिया। इस प्रकार से शिक्षा देना पूर्ण रूप से मनोवैज्ञानिक है। छात्र न केवल शिक्षा में रुचि लेता है वरन् इसे उपयोगी भी पाता है। इसमें छात्रों के यांत्रिक रूप से कार्य करने पर ही बल नहीं दिया जाता बल्कि उसके पूर्ण व्यक्तित्व के विकास के लिए प्रयास रहता है। उसमें शारीरिक, आत्मिक तथा बौद्धिक विकास एक-साथ चलते हैं।

रसानुभूति-पाठों के महत्त्व को अभी कुछ समय से ही समझा जाने लगा है। यह भावनाओं और संवेगों को स्थिर करने तथा प्रशिक्षण देने से सम्बन्धित है। यद्यपि यह अत्यावश्यक है परन्तु इनके प्रशिक्षण और प्रभावित करने की समस्या अति कठिन भी है। सौन्दर्य-प्रेम की भावना, सहानुभूति जागृत करना, सृजनात्मक विकास भी इसी प्रकार से पाठ से सम्बन्धित है। इस पाठ में बालक की साहित्य, कला, संगीत आदि का आनंद उठाने के समर्थ करने का उद्देश्य रहता है। कविता-पाठ या चित्रकारी आदि केवल यान्त्रिक कार्य ही नहीं वरन् इनसे मानव में सौन्दर्य-प्रेम की भावना उभरती है। ये व्यक्ति को असीम आत्मिक सुख प्रदान करते हैं। कीट्स कवि के अनुसार–"एक सौन्दर्य की वस्तु सदा के लिए हर्ष-आनन्द की वस्तु है।" [A thing of beauty is a joy for ever.—*Keats*]

चरित्र-निर्माण तथा अनुशासन में भावना और संवेगों का बहुत अधिक महत्त्व है। इन पाठों के शिक्षण में शिक्षक महत्त्वपूर्ण भूमिका निभाता है। उसे इन पर विशेष ध्यान रखना चाहिए। छात्रों की कोमल और भावुक भावनाओं को उचित रूप में प्रोत्साहन देना ही अध्यापक का कठिन कार्य है। उसके शिक्षण की योजना पर बहुत कुछ आधारित है। पाठ में रस होने से ही कार्य नहीं चलता, उसके स्वाद लेने और छात्रों को इसके समर्थ बनाकर ही इस पाठ का उद्देश्य पूरा होता है। पहले स्थूल वस्तुओं के सौन्दर्य और रसानुभूति से लेकर धीरे-धीरे सूक्ष्म आदर्शों की ओर अग्रसर होना चाहिए।

इस प्रकार पाठों के तीन मुख्य प्रकार हैं:

1. *ज्ञानात्मक पाठ*: इसमें ज्ञान प्राप्त करना तथा उसका उपयोग आता है। मुख्यतः यह छात्र के बौद्धिक विकास में सहायक है।

2. *कौशल पाठ*: इसमें शारीरिक तथा मानसिक दोनों कार्य आते हैं। इसमें व्यक्ति की किसी कार्य में कुशलता बढ़ाने या सीखने पर बल होता है।

3. *रसानुभूति अथवा भावनात्मक पाठ*: इसमें छात्रों में सौन्दर्य-प्रेम तथा रसानुभूति की भावना जागृत करने का उद्देश्य होता है। यह मस्तिष्क की भावनात्मक स्तर की क्रिया से सम्बन्धित है।

तीनों प्रकार के पाठों का परस्पर सम्बन्ध: जिस प्रकार से मानव-व्यवहार के तीन पक्ष–ज्ञान, कर्म और विचार, एक-दूसरे से अलग नहीं किए जा सकते, उसी प्रकार से इन पर आधारित ये तीनों पाठ एक-दूसरे के साथ चलते हैं। इसमें केवल किसी पक्ष पर कुछ बल देने के अनुसार ही उसका विशेष नाम–ज्ञान, कौशल या रसानुभूति होता है। इनमें किसी भी एक को पूर्ण रूप से दूसरे से अलग नहीं किया जा सकता। कौशल-पाठ में बिना उस वस्तु या कार्य के ज्ञान में वह कार्य केवल यान्त्रिक रूप से करने पर बल नहीं है; न ही वह कार्य इस प्रकार से सफल हो सकता है। किसी कार्य में पूरी कुशलता प्राप्त करने के लिए यह आवश्यक है कि उसकी क्रियाओं को हम ठीक प्रकार से समझ लें।

रसानुभूति-पाठ का असली आनन्द तब तक हम नहीं ले पाएँगे जब तक कि उसे अच्छी तरह से न समझते हों। अच्छे-से-अच्छे साहित्य या कला समझे बिना उसका आनन्द या रस लेना सम्भव नहीं। रसानुभूति-पाठ में बार-बार पढ़ना भी आवश्यक हो सकता है जिससे उसे ठीक प्रकार से, गति से पढ़कर पूरा आनन्द ले सके। इस प्रकार रसानुभूति-पाठ को कौशल या ज्ञानात्मक पाठ से बिल्कुल अलग नहीं माना जा सकता।

पाठ योजना निर्माण के विविध उपागम
(Various Approaches to Lesson Planning)

1. हरबर्ट की पंचपद प्रणाली (Habartian Five-Steps Approach); 2. मॉरिसन अथवा इकाई उपागम (Morrison's or Unit Approach); 3. ब्लूम उपागम अथवा मूल्यांकन उपागम (Bloom's or Evaluation Approach); 4. ड्यूवी तथा किलपैट्रिक उपागम (Dewey and Kilpatric Approach); 5. ए.एच.टी. गलोवर पाठ विधि (A.H.T. Glover Lesson Approach); 6. क्षेत्रीय शिक्षा महाविद्यालय मैसूर पाठ योजना (R.C.E. Mysore Lesson Plan)।

17.3 ज्ञानात्मक पाठ: हरबर्ट, जे.एफ. (Herbart, J.F.) की पंच पद प्रणाली (Herbartian Five Steps Approach)

ज्ञानात्मक पाठ का उद्देश्य छात्रों को किसी विषय के नये तथ्यों से अवगत कराना है। यह कार्य व्यवस्थित और सुनियोजित ढंग से होना चाहिए जिससे बालकों को ग्रहण करने में सुविधा रहे। पाठ की योजना बनाने में हरबर्ट महोदय ने पहल की। उन्होंने योजना बनाने के लिए पहले निम्न चार भाग या पद निर्धारित किए:

1. *स्पष्टता* (*Clarity*): पाठ के तथ्यों को स्पष्ट रूप से प्रस्तुत करना ताकि छात्र आसानी से सीख लें।

2. *सम्बन्ध* (*Association*): पूर्व-ज्ञान का नये ज्ञान से सम्बन्ध स्थापित करना, ताकि नए तथ्य अधिक स्थायी हो सकें।

3. *व्यवस्था* (*System*): पाठ्य सामग्री को पूर्व-ज्ञान से मिलाना तथा सुव्यवस्थित करना। ऐसा करने से ही शिक्षक सफलता प्राप्त कर सकता है।

4. *विधि* (*Method*): ज्ञान को विभिन्न परिस्थितियों में प्रयोग करके दिखाना तथा उसे अधिक ग्राह्य बनाना।

इसके बाद हरबर्ट के अनुयायियों ने विशेषकर *जिल्लर* (*Ziller*) तथा रैन (*Rein*), ने इनको नए ढंग से प्रस्तुत करके पाँच अन्य पदों या सोपानों का निर्माण किया। उनको उन्होंने हरबर्ट के पाँच नियमित पदों का ही नाम दिया। आजकल ये ही अधिक प्रसिद्ध तथा प्रचलित हैं। उनका उल्लेख निम्न प्रकार है:

हरबर्ट की पाँच पद-प्रणालियाँ (Herbart's Five Steps): 1. प्रस्तावना (Preparation); 2. प्रस्तुतिकरण (Presentation); 3. तुलना और सम्बन्ध (Comparison and Association); 4. सामान्यीकरण (Generalisation); 5. प्रयोग (Application)।

1. *प्रस्तावना:* सबसे पहले अध्यापक बच्चों के पूर्व-ज्ञान की परीक्षा लेता है। पूर्व-ज्ञान के आधार पर यह जानकारी प्राप्त करना आवश्यक है कि छात्र अगले पाठ के लिए उसमें उपयोग होने वाली बातों से परिचित है या नहीं। पिछले पाठों से प्राप्त की गई जानकारी ही उस दिन के पाठ की भूमिका तैयार करती है। पिछले पाठ से कुछ प्रश्न पूर्व-ज्ञान की परीक्षा तथा कुछ प्रश्न नए पाठ का सम्बन्ध बनाने और पढ़ने का वातावरण तैयार करने के लिए पूछे जाते हैं। इससे छात्रों का ध्यान उस दिन के पाठ पर आकर्षित हो जाता है और ये प्रश्न मनोवैज्ञानिक ढंग से उन्हें प्रोत्साहित करने का कार्य करते हैं। प्रस्तावनात्मक प्रश्न मौखिक रूप से, चार्ट से, अन्य सहायक सामग्री प्रस्तुत करके किये जा सकते हैं। इसमें छात्रों को उपयुक्त विषय की ओर अग्रसर करके, अध्यापक अपने उप-विषय अर्थात् पढ़ाई जाने वाली सामग्री पर आता है।

2. *प्रस्तुतीकरण:* जब अध्यापक यह जान लेता है कि छात्र सीखने के लिए उत्सुक हैं, तब उसे अपने विषय की घोषणा करके, पाठ्य-सामग्री प्रस्तुत करनी चाहिए। पाठ को सरल तथा क्रमबद्ध ढंग से छात्रों के सम्मुख प्रस्तुत करना चाहिए ताकि वे ठीक ढंग से उसे ग्रहण कर सकें। पाठ को विभिन्न छोटी-छोटी इकाइयों में बाँट लेना सुविधाजनक रहता है। स्पष्टता, विभाजन और प्रस्तुतीकरण की योजना में चार्ट, मॉडल, चित्रों आदि का प्रयोग पाठ को अधिक सफलता की ओर ले जाते हैं। छात्रों का सहयोग भी अति अनिवार्य है। इससे उनकी रुचि पाठ में बनी रहती है। बच्चों की सहायता से भी प्रयोग किए जा सकते

हैं, चित्रों व मॉडलों के बारे में प्रश्न किये जा सकते हैं। बच्चों की आत्मप्रदर्शन और क्रियात्मक रुचि का विशेष उपयोग अध्यापक को पढ़ाने में करना चाहिए, तभी शिक्षण सफल हो सकता है।

3. *तुलना और सम्बन्ध*: पाठ्य-सामग्री के प्रस्तुतीकरण से ही पाठ समाप्त नहीं हो जाता। इसके बाद यह भी आवश्यक है कि उसका तुलनात्मक अध्ययन किया जाए तथा उसी प्रकार के अन्य उप-विषयों से सम्बन्ध भी स्थापित किया जाए। दैनिक जीवन में भी शिक्षण की बातों का उपयोग यहाँ प्रदर्शित किया जा सकता है। इससे विषय में स्पष्टता और ज्ञान में स्थायित्व आता है।

4. *सामान्यीकरण*: जब बच्चे पाठ से सम्बन्धित विशेष उदाहरण और मुख्य बातें समझ जाते हैं तो कुछ विषयों में सामान्य नियम बनाने का उन्हें अवसर मिलना चाहिए। यहाँ पर विशेष से सामान्य की ओर अग्रसर होने के शिक्षण का उपयोग किया जाता है। विशेष उदाहरण छात्रों की समझ बढ़ाते हैं। उनसे सामान्य नियम निकालकर ही अध्यापक उस नियम को अधिक स्पष्ट कर सकता है। यह विधि अधिक मनोवैज्ञानिक है। इसमें छात्रों का सक्रिय सहयोग रहता है। कोई बात उनके ऊपर थोपी नहीं जाती वरन् छात्रों द्वारा स्वयं नियमों की खोज की जाती है। यह पद व्याकरण, विज्ञान और गणित में अधिक उपयोगी और आवश्यक है।

5. *प्रयोग*: इसके अन्तर्गत छात्रों ने जो सीखा है उसे उन्हें प्रयोग करने का अवसर प्रदान किया जाता है। इससे स्पष्टीकरण होता है और ज्ञान अधिक देर तक स्थायी भी रह सकता है। प्रयोग लिखित, मौखिक या प्रयोगात्मक हो सकता है। ज्ञान केवल ज्ञान के लिए न रहकर उसे व्यावहारिक भी होना चाहिए। दैनिक जीवन में यदि ज्ञान का प्रयोग हो सकता है तो वह अधिक स्थायी और स्पष्ट हो सकता है। कक्षा में प्रश्न पूछना भी ज्ञान का उपयोग हो सकता है। छात्रों के लिए यह अभ्यास और पुनरावृत्ति का कार्य भी करता है।

हरबर्ट के पाँच पदों की समीक्षा (*Critical Analysis of Herbart's Five Steps*)**:**

1. इन पदों का काफी महत्त्व है और हरबर्ट ने ही पहली बार इस दिशा में कार्य किया। ज्ञान के पाठ में योजना बनाने में ये बड़े उपयोगी हैं। परन्तु कौशल और रसानुभूति-पाठ में इनका प्रयोग नहीं किया जा सकता। अतः इनकी उपयोगिता सीमित है।

2. इस योजना के अनुसार, जैसे कि प्रस्तुतीकरण में, अध्यापक ही अधिक सक्रिय माना जाता है, जबकि आधुनिक युग में बच्चों की सक्रियता पर अधिक बल दिया जाता है। प्रस्तुतीकरण में छात्रों की उपेक्षा-सी दिखाई पड़ती है।

3. हरबर्ट के पाँच पदों का उपयोग तभी उचित है जब प्रतिदिन नया पाठ शुरू किया जाए। यदि एक पाठ ही कई दिन चलता रहे तो इस विधि का प्रयोग ठीक प्रतीत नहीं होता।

4. प्रतिदिन विषय की घोषणा या पुरानी भूमिका की आवश्यकता नहीं होती।

5. इस प्रकार की योजना में बड़ी जड़ता है। अध्यापक अपनी योजनानुसार पदों में फेर बदल नहीं कर सकता। वह इन पदों में बँधा रहकर, शिक्षण में स्वतन्त्र अनुभव नहीं करता।

6. तुलना और सम्बन्ध के लिए अलग पद दिया गया है जबकि उनका अलग से कोई महत्त्व नहीं। ये प्रस्तुतीकरण में साथ-साथ चलते हैं और आवश्यकता के अनुसार उचित समय पर इनका उपयोग होता है।

7. इन पदों के अनुसार शिक्षण पर अधिक बल है, जबकि आधुनिक विचारधारा में

सीखने की क्रिया को अधिक महत्त्व दिया गया है। छात्रों को प्रेरित करके उन्हें स्वयं सीखने को अग्रसर करना ही अच्छे अध्यापक का कार्य है।

8. इस पाठ योजना में कठोरता (Rigidity) रहती है। समय तथा स्थिति के अनुसार परिवर्तन की गुंजायश कम है।

9. पाठ का 'प्रस्तुतीकरण' यह आभास कराना है कि अध्यापक निष्क्रिय (Passive) है।

10. 'तैयारी' के चरण का अर्थ स्पष्ट नहीं होता है। 'तैयारी' क्या केवल अध्यापक ने करनी है अथवा छात्रों ने भी।

11. पाठ में पूर्व ज्ञान को नए ज्ञान से जोड़ने का प्रयोग करने का अवसर छात्रों को मिलता है।

उपसंहार: यद्यपि हरबर्ट के पश्चात् अनेक शिक्षाविदों ने नई-नई पाठ विधियों के सुझाव दिए हैं परन्तु फिर भी मोटे तौर पर यही पाठ विधि आधार बनी हुई है। हरबर्ट ने इस क्षेत्र में सराहनीय कार्य किया है।

17.4 ए.एच.टी. ग्लोवर पाठ विधि (A.H.T. Glover Lesson Method)

ग्लोवर (A.H.T. Glover) ने भी ज्ञान के पाठ के चार सोपान निम्न प्रकार से दिए हैं: 1. प्रश्न करना (Questioning), 2. वाद-विवाद (Discussion), 3. अनुसंधान (Investigation), 4. प्रयोग या प्रदर्शन (Expression)।

1. *प्रश्न*: अध्यापक को ठीक प्रकार से प्रश्न पूछने का अभ्यास होना चाहिए। प्रारम्भ में प्रश्नों से छात्रों की पूर्व-ज्ञान-परीक्षा तथा पाठ की भूमिका बनाई जा सकती है। इससे छात्रों के मस्तिष्क उचित दिशा में सोचने की ओर लगाये जा सकते हैं। उन्हें सोचने-विचारने की सामग्री और दिशा देने का कार्य ठीक प्रकार के प्रश्न ही कर सकते हैं। उचित ढंग के प्रश्नों से छात्रों का ध्यान समस्या की ओर आकर्षित करके समस्या प्रस्तुत की जा सकती है। प्रश्न छात्र और अध्यापक दोनों करते हैं, इन पर अध्यापक का ही एकाधिकार नहीं। छात्र भी प्रश्न करने को स्वतंत्र हैं।

2. *वाद-विवाद* (Discussion): प्रारम्भिक प्रश्नों से समस्या के बारे में विभिन्न विचार प्रस्तुत होते हैं। इन पर वाद-विवाद के माध्यम से समस्या पर सोचने का अवसर मिलता है। अध्यापक को उचित समय पर अपनी सलाह देकर मार्गदर्शन भी करना चाहिए। छात्रों को यदि स्वयं सोचने-विचारने और निष्कर्ष निकालने के लिए प्रेरित किया जा सके तो अध्यापक को अपनी मेहनत सफल समझनी चाहिए। इस वाद-विवाद से शंकाओं आदि का निवारण हो जाता है और विषय अधिक स्पष्ट हो जाता है। छात्र पूर्णरूप से सक्रिय रहते हैं।

3. *अनुसंधान* (Investigation): इस पद के अनुसार वाद-विवाद के बाद छात्र समस्या पर व्यक्तिगत या सामूहिक रूप से कार्य करके उसको हल करने का प्रयत्न करते हैं। इसमें वे पुस्तकालय, प्रयोगशाला या अन्य साधनों का भी प्रयोग कर सकते हैं।

4. *प्रदर्शन या प्रयोग* (Expression): बिना प्रयोग या प्रदर्शन के न तो ज्ञान ही स्थायी हो सकता है और न ही उसका उपयोग। छात्र भी आत्म-प्रदर्शन से वंचित रह जाते हैं। अतः ज्ञान का प्रदर्शन लिखित, मौखिक, दृश्य, और स्थूल चिन्हों से हो सकता है। ग्लोवर महोदय

के अनुसार इसके चार अंग हैं; जैसे–(i) निष्क्रिय, (ii) सक्रिय, (iii) कलात्मक और मनोरंजक, (iv) संगठनात्मक (Passive, Active, Artistic and Recreational and Organisational)।

ग्लोवर की योजना हरबर्ट की योजना से आधुनिक है। परन्तु हरबर्ट की योजना के पदों का अपना महत्त्वपूर्ण स्थान है। उनको शब्दों के अर्थों का अनुकरण न करते हुए उनकी भावना से कार्य करके, उनमें थोड़ा परिवर्तन करके प्रत्येक प्रकार के पाठ के लिए अध्यापक उनसे सहारा लेकर पूर्ण सफलतापूर्वक पढ़ा सकता है।

17.5 कौशल पाठ (Skill Lesson)

कौशल पाठों का सम्बन्ध छात्रों में विभिन्न प्रकार के कौशलों के विकास से होता है। कौशल अनेक प्रकार के हो सकते हैं। वैसे इनका सम्बन्ध क्रियाओं से होता है–जैसे: पढ़ना, लिखना, गिनना, बोलना, चलना, दौड़ना, तैरना, आकृतियाँ बनाना, चित्र बनाना, नक्शे बनाना, संगीत, कला, बागवानी, बुनना, कातना, सीना आदि।

कौशल पाठ के विभिन्न चरण
(Steps of a Skill Lesson Plan)

(1)	(2)	(3)	(4)	(5)	(6)	(7)	(8)
तैयारी अथवा प्रस्तावना (Preparation or Introduction)	उद्देश्य कथन (Statement of the Aim)	प्रस्तुतीकरण (Presentation)	नियमों का कथन (Statement of Rules)	अभ्यास (Practice)	शुद्धिकरण (Correction)	अभ्यास (Drill or Practice)	प्रयोग (Application)

1. *प्रस्तावना* (*Introduction*): किसी भी कार्य को शुरू करने से पहले यह आवश्यक है कि छात्र उसके लिए तैयार हों और अपनी इच्छा उसके लिए व्यक्त करें। अत: इस प्रकार का वातावरण उत्पन्न करना अध्यापक का महत्त्वपूर्ण कार्य है। इसके लिए छात्रों के समक्ष उस शिल्प से सम्बन्धित तैयार वस्तुएँ प्रस्तुत की जा सकती हैं या उनका ध्यान इस ओर आकर्षित किया जा सकता है। उदाहरणत: पढ़ना (Reading) सीखने के लिए अध्यापक स्वयं या किसी अच्छे उच्चारण तथा गति से पढ़ने वाले छात्र से पाठ पढ़वाए, ताकि दूसरे छात्र उस स्तर तक पहुँचने को प्रेरित हों। छात्रों को इस प्रकार के वातावरण में ले जाना चाहिए कि छात्र उस कार्य की महत्ता समझें और इसकी आवश्यकता भी समझें। वे यह अनुभव करें कि यह कार्य उन्हें अवश्य सीखना और करना चाहिए। उनको मनोवैज्ञानिक तथा शारीरिक रूप से सीखने की स्थिति में लाने पर ही सीखने का कार्य सफलता से चल सकेगा।

2. *उद्देश्य-कथन* (*Statement of Aim*): छात्रों को मानसिक व शारीरिक रूप से तैयार करने पर शिक्षक को पाठ का उद्देश्य छात्रों को उचित ढंग से स्पष्ट बतलाना चाहिए। इससे उनका ध्यान इस पर पूरी तरह केन्द्रित रहेगा।

3. *प्रस्तुतीकरण या विषय-प्रवेश* (*Presentation*): इस सोपान के दो मुख्य भाग

किये जाते हैं। प्रथम तो शिल्प-कार्य का प्रदर्शन है। दूसरे भाग में उसके विभिन्न भागों या पदों को अलग-अलग स्पष्ट करना है। इसमें बोर्ड या चित्रों का भी प्रयोग किया जा सकता है। इससे कार्य को समझने में आसानी होगी। पहले प्रदर्शन और फिर विभिन्न भागों या अंगों के कार्यों के स्पष्टीकरण से ही छात्रों को इसकी सूक्ष्म कार्यप्रणाली को ठीक समझने और कार्य करने का अवसर प्राप्त होगा।

संक्षेप में दो पग इस प्रकार हैं: प्रदर्शन (Demonstration), मौखिक व्याख्या (Verbal Explanation)

4. *कार्यविधि के नियम (Statement of Steps or Rules)*: कार्य करने के सिद्धान्तों और पदों का बतलाना भी अत्यावश्यक है। सरल कार्यों में ये नियम सरल ही होंगे परन्तु उच्च किस्म की शिल्प या दस्तकारी में यह कम संभव है। नियमों के अनुसार कार्य करने से क्षमता बढ़ती है और समय व शक्ति की बचत होती है। इनका पालन सावधानी से करना चाहिए। यह याद रहे कि इनमें अधिक दृढ़ता या जड़ता कुछ छात्रों की रुचि समाप्त कर देती है। इस प्रकार जड़ता से छात्रों की सृजनात्मक व क्रियाशीलता नष्ट भी होती है। अतः ऐसे नियमों पर अधिक बल देना हानिकारक भी सिद्ध हो सकता है। उपयुक्त स्वतंत्रता से ही छात्रों की प्रतिभा में निखार व चमक आने की अधिक सम्भावना है।

5. *अभ्यास (Practice or Drill)*: अभ्यास के बिना इस प्रकार के पाठ में कुशलता नहीं आ सकती। अभ्यास से ही कार्य में निपुणता आ सकती है। इससे ही कार्य की आदत (Work habit) बनती है। अभ्यास के साथ अध्यापक का भी कर्त्तव्य है कि वह छात्रों को कार्य पर लगे हुए यह भी देखे कि वे ठीक ढंग से कर रहे हैं अथवा नहीं। त्रुटियों को निकालना और संशोधन अनिवार्य है। अभ्यास से गलत आदतें भी पड़ सकती हैं और बाद में गलतियों को सुधारना बहुत मुश्किल रहता है। अतः गलतियाँ शुरू में ही पकड़ी जानी चाहिए और उनका संशोधन कर देना चाहिए; जैसे, ब्रुश को पकड़ना सिखाना । अभ्यास थकाने वाला नहीं होना चाहिए। कार्य-स्तर तय करना ठीक रहता है। अध्यापक की उपस्थिति प्रोत्साहन और त्रुटि-संशोधन के लिए आवश्यक है। जहाँ पर इस बात पर बल देना आवश्यक है कि अध्यापक कार्य का ठीक नमूना (Specimen) प्रस्तुत करे। छात्र अध्यापक की नकल (Imitation) करते हैं।

6. *शुद्धिकरण (Correction)*: इस चरण में अध्यापक गलतियाँ व्यक्तिगत तथा सामूहिक रूप में बताता है तथा उन्हें ठीक करने का ढंग सिखाता है।

7. *प्रयोग (Application)*: कौशल पाठ केवल उस कार्य को करने या सीखने तक ही सीमित नहीं रहता। ज्ञान तथा कौशल में पूर्णता तभी आ सकती है यदि उसका उपयोग भी किया जा सके। वास्तविक दैनिक जीवन में उसका प्रयोग उस कार्य को अधिक वास्तविकता प्रदान करता है।

कौशल पाठ को प्रभावी बनाने के सुझाव (*Suggestions for Making Skill Lesson Effective*): कौशल या शिल्प-पाठ की सफलता के लिए अध्यापक को इन बातों का ध्यान रखना चाहिए:

1. *उद्देश्य की स्पष्टता*: कौशल-पाठ की उपयोगिता और उद्देश्य छात्र और अध्यापक दोनों को स्पष्ट होनी चाहिए। तभी छात्र उसमें अधिक रुचि ले सकते हैं।

2. *कौशल का स्तर*: कार्य अति सरल या कठिन नहीं होना चाहिए। सरल कार्य छात्रों

की आकांक्षाओं को पूरा नहीं करता। अति कठिन कार्य से उनके मन में निराशा और असन्तोष की भावना घर कर सकती है। अत: कार्य छात्रों की योग्यता और आयु के अनुसार ही चुनना चाहिए।

3. *उचित अवधि*: कार्य अधिक लम्बी अवधि तक चलने से छात्रों की रुचि समाप्त होने की आशंका रहती है। अत: यह बहुत देर तक नहीं चलना चाहिए और निश्चित समय में पूरा हो जाना चाहिए।

4. *अभिप्रेरणा*: छात्रों को कार्य के लिए अभिप्रेरित किया जाए।

5. *अध्यापक का धैर्य*: कौशल निर्माण करने में समय लगता है। अत: अध्यापक धैर्य से काम ले।

6. *आदर्श नमूना (Ideal Specimen)*: अध्यापक इस बात पर ध्यान दे कि वह जिस कौशल का विकास छात्रों में करना चाहता है उसके नमूने का आदर्श स्वयं छात्रों के सम्मुख प्रस्तुत करे। नमूने के प्रत्येक पक्ष पर उचित ध्यान दे। छात्र उसी प्रकार से अनुसरण करते हैं।

7. *व्यक्तिगत शुद्धियाँ*: जहाँ तक सम्भव हो, प्रत्येक छात्र की त्रुटि पर व्यक्तिगत ध्यान देकर उसे शुद्ध कौशल का रूप सिखाए।

8. *आत्माभिव्यक्ति के अवसर (Self Expression)*: छात्रों को कौशलों की आत्माभिव्यक्ति के उचित अवसर प्रदान किए जाएँ।

17.6 रसानुभूति अथवा भावात्मक पाठ (Appreciation Lesson)

रसानुभूति पाठ का अर्थ (Meaning of Appreciation Lesson): रसानुभूति-पाठ का सम्बन्ध मानव-व्यवहार में भावनाओं तथा संवेगों से है। इस प्रकार के पाठों को पहले अधिक महत्त्व नहीं दिया जाता था। ज्ञान और कौशल पाठ ही अधिक महत्त्वपूर्ण माने जाते थे। बालकों में सौन्दर्य-प्रेम की भावना उभारना, कविता, चित्रकारी, नाटक, कला आदि का आनन्द लेना या रस प्राप्त करना, इस प्रकार के पाठ का प्रमुख उद्देश्य है। छात्रों की रसानुभूति की कोमल भावना का प्रशिक्षण इस बात पर निर्भर करता है कि अध्यापक किस सीमा तक उनकी सहानुभूति और अनुकरण की भावनाओं को बढ़ावा दे सकता है। अध्यापक का इसमें बहुत ही महत्त्वपूर्ण स्थान है। इसका शिक्षण सबसे कठिन कार्य है। छात्रों के भावों और संवेगों को पूरी सीमा तक उभारने और सौन्दर्य-परिस्थिति से उनका अनुरूप होने पर ही पाठ में पूर्णता आती है।

इस प्रकार के पाठ में उचित वातावरण तथा अध्यापक के संचालन बहुत प्रभाव डालते हैं। अन्य पाठ की अपेक्षा अध्यापक का व्यक्तित्व और उसका ढंग अधिक महत्त्वपूर्ण है।

रसानुभूति पाठ के पद: इसके शिक्षण में नियमित पद अधिक सफल नहीं होते। यहाँ छात्र और अध्यापक दोनों अधिक स्वतंत्रता के इच्छुक हैं। पाठ तथा परिस्थिति के अनुसार इसके शिक्षण के पदों में कुछ परिवर्तन किया जा सकता है। निम्न पद रूपरेखा मात्र हैं:

1. *प्रस्तावना (Preparation)*: इस पाठ की सफलता कक्षा में वातावरण पर निर्भर करती है। अत: पाठ के अनुरूप उचित वातावरण तैयार करना अध्यापक का सर्वप्रथम कार्य है। इससे छात्रों को पाठ का संकेत मिलने के साथ-साथ उन्हें मानसिक रूप से भी पाठ ग्रहण करने के लिए प्रेरणा मिलनी चाहिए। मानसिक तैयारी से ही अगला कार्य सफल हो

सकेगा। वातावरण शान्त व स्वतंत्र होना चाहिए। बाह्य वातावरण से छात्रों का ध्यान डिगना या बँटना नहीं चाहिए। छात्रों की भावनाओं को उचित ढंग से उभारना और उन्हें एकाग्रचित रखने पर ही पाठ में पूर्ण रस आने की सम्भावना है।

पाठ के विषय का चुनाव परिस्थिति, समय और स्थान के अनुसार होना चाहिए। प्राकृतिक वातावरण के अनुसार पाठ अधिक सफल होगा। जैसे, वर्षा के समय, वर्षा से सम्बन्धित कविता, 'एक बूँद बन गई मोती' आदि। स्थान का चुनाव अत्यावश्यक है। प्राकृतिक सौन्दर्य की बात स्कूल के कमरों की बजाय स्वतंत्र प्रकृति के आँचल में झील, झरनों या बाग आदि में जाकर अधिक सफल और वास्तविक होगी। छात्रों के पूर्व-अनुभवों और ज्ञान का लाभ भी अध्यापक को उठाना चाहिए।

संक्षेप में निम्न बातों पर विशेष ध्यान दिया जाए: (i) प्रभावी वातावरण का निर्माण; (ii) छात्रों को आनन्द के लिए अभिप्रेरित करना; (iii) उचित पाठ्य सामग्री का चुनाव।

2. *प्रस्तुतीकरण या विषय-प्रवेश* (*Presentation*): पाठ का प्रस्तुतीकरण कलात्मक और सुन्दर ढंग से होना चाहिए। अध्यापक को पाठ के लेखक की भावना और उद्देश्य को पूरी तरह जानना आवश्यक है। उसे उसी मुद्रा तथा उन्हीं भावों से उन्हें प्रस्तुत करना चाहिए। अच्छे कलाकार की भाँति अपने-आपको लेखक की परिस्थिति में रखने पर ही अध्यापक पाठ के रस को पूरी तरह कक्षा के समक्ष प्रदर्शित कर सकने में सफल हो सकता है। जिस सीमा तक लेखक के वह अनुरूप हो सकेगा, पाठ का भाव उतना ही स्पष्ट होगा। वास्तविक रूप में यदि शिक्षक पाठ में रस प्राप्त करने में सफल है तो कक्षा के छात्र भी उससे उतने ही प्रभावित हो सकेंगे। अध्यापक के आदर्श पाठ से कक्षा के वातावरण में निश्चित रूप से परिवर्तन आता है। यदि वह इसमें सफल हो जाता है तो अध्यापक का आधा युद्ध जीत लेने के समान है। पाठ के भावों को पूरी तरह समझ लेने पर ही छात्र उसका आनन्द अनुभव कर सकते हैं।

पाठ के संचालन में छात्रों के सहयोग से ही पाठ सफल माना जाता है। अतः पाठ में शिक्षक को ही हावी नहीं होना चाहिए, बल्कि शिक्षण में पाठ छात्र और शिक्षक दोनों के साझे अनुभवों पर आधारित होना चाहिए।

3. *मनन* (*Contemplation*): छात्रों को अपने मन में मनन करने के लिए समय दिया जाता है। इस ध्यानावस्था में छात्र व्यक्तिगत रूप से पाठ का रस लेने के साथ उसके अर्थ का भी स्वयं विश्लेषण करते हैं। छात्र अपनी-अपनी रुचि के अनुसार पाठ के विभिन्न भागों या विचारों को उत्तम मानते हैं। वही भाग उन्हें अधिक अपील करते हैं। इस प्रकार पाठ पर कुछ थोड़े समय के लिए शान्त-रूप में विचार करना आवश्यक है। इससे ज्ञान तथा रस दोनों का प्रभाव इकट्ठा हो जाता है।

4. *अभिव्यक्ति* (*Expression*): छात्रों से कविता, कहानी, नाटक आदि के बारे में प्रश्न पूछे जाते हैं। कोई भाग कुछ छात्रों को अधिक पसंद आता है तो क्यों? इस बात पर उनकी राय जाननी चाहिए। छात्रों को अपनी बात स्वतंत्र रूप से प्रकट करने का अवसर देना चाहिए। बड़ी कक्षाओं में समीक्षा, आलोचनात्मक प्रश्न भी किए जाते हैं। छात्र अपनी भावनाएँ, पसंद-नापसंद की अभिव्यक्ति स्वतंत्र रूप से करके ही पाठ के पूरे रस और ज्ञान को ग्रहण कर सकते हैं।

5. *अभ्यास तथा रचना* (*Practice and Creation or Application*): पाठ को अच्छी प्रकार हृदयंगम करने के लिए अभ्यास अत्यावश्यक है। पाठ को दुबारा पढ़ने से अधिक स्पष्टता और रस आता है। यदि पूरे पाठ को दुबारा पढ़ाया न जा सके तो महत्त्वपूर्ण भागों को दुबारा पढ़ाया जा सकता है। कविता में छात्र स्वयं पूरे पाठ को लय तथा सुरीले स्वर से पढ़े। इससे विचारों में क्रमबद्धता तथा एकता भी आएगी। पूर्ण इकाई का रस एक समय में लेना ही अभ्यास-कार्य का उद्देश्य है। अध्यापक द्वारा महत्त्वपूर्ण अंशों की पुनरावृत्ति की जा सकती है।

इस पाठ के अंत में यह भी आवश्यक है कि पाठ से सम्बन्धित कविता, संगीत, चित्र, नाटक आदि तैयार करने के लिए बालकों को प्रोत्साहित किया जाए। यह बालकों के स्तर के अनुरूप ही हों। बालकों की इस प्रकार की रचना से उनकी मौलिकता का विकास होता है और उन्हें आत्माभिव्यक्ति का अवसर मिलता है। पाठ से सम्बन्धित चित्र जैसी रचनाएँ पाठ के शिक्षण में अधिक स्पष्टता और सजीवता ला सकता है।

पाठ की सफलता को प्रभावित करने वाले कारक (Factors Making the Lesson Affective): पाठ की सफलता के लिए निम्न बातें ध्यान में रखनी चाहिए:

1. *शिक्षक की रुचि*: यदि अध्यापक की रुचि उस पाठ या उस विषय में नहीं, तो वह पाठ के लेखक की कल्पनाओं को पूरी तरह बालकों तक पहुँचाने में असफल रहेगा। यदि अध्यापक स्वयं उस कल्पना-स्थिति से प्रेरित नहीं हो पाता तो वह छात्रों को अभिप्रेरित नहीं कर सकता।

2. *वातावरण*: रसानुभूति-पाठों में वातावरण का बहुत प्रभाव पड़ता है। अध्यापक को इस योग्य होना चाहिए कि वह सीखने के लिए उचित तथा प्रेरणात्मक वातावरण बना सके। कविता लय व सुर में पढ़ने से ही कक्षा का वातावरण कविता सीखने के अनुरूप होगा। नाटक में हाव-भाव तथा आवाज कार्य के अनुरूप होने चाहियें। चित्रकला में अध्यापक को कक्षा में कागज या श्यामपट्ट पर चित्र-रचना करनी चाहिए।

3. *उपयुक्त सामग्री*: पाठ्य-सामग्री छात्रों के स्तर के अनुसार होनी चाहिए। अधिक कठिन पाठ में छात्रों को पूरा रस नहीं आ सकेगा। वह उनकी समझ में पूरा नहीं आ सकता।

4. *अध्यापक का उत्साह*: अध्यापक को पाठ में उत्साह और सुझाव का पूरा उपयोग करके, छात्रों को पाठ का भाव ग्रहण करने व आनन्द लेने योग्य बनाना चाहिए।

5. *सामाजिक भावनाएँ*: पाठ सामाजिक मूल्यों के अनुरूप होना चाहिए। यह ध्यान रहे कि किसी प्रकार के बुरे भाव पाठ द्वारा प्रदर्शित न हों।

6. *अध्यापक की तैयारी*: अन्य प्रकार के पाठों की भाँति रसानुभूति पाठ में तैयारी का महत्त्व है।

7. *मनन तथा अभ्यास*: छात्रों को मनन तथा अभ्यास के लिए प्रेरित किया जाए।

17.7 एच.सी. मॉरीसन की इकाई पाठ योजना (H.C. Morrison's Lesson Plan)

एच.सी. मॉरीसन शिकागो विश्वविद्यालय के प्रोफेसर थे। उन्होंने इकाई पाठ योजना का प्रतिपादन किया है।

इकाई योजना का अर्थ तथा परिभाषा: इकाई योजना का अर्थ अधिगम अथवा अनुभव प्राप्त कराने का वह एकीकृत रूप है जिसे शिक्षण क्रियाओं द्वारा प्रदान किया जाता है। यह अधिगम अथवा सीखने की क्रिया किसी एक महत्त्वपूर्ण बिन्दु पर केन्द्रित होती है।

परम्परागत शिक्षण विधि में एक-दूसरे प्रसंगों से सीधी संबंधित बातें भी पृथक्-पृथक् विषय-क्षेत्रों में बिखरी रहती हैं और उन्हीं क्षेत्रों के साथ पढ़ाई जाती हैं। इस प्रक्रिया में बिन्दु बिखरे-बिखरे से रहते हैं। परन्तु इकाई में संबंधित बिन्दुओं को एक साथ लिया जाता है तथा उनका नियोजन किया जाता है। उदाहरण के लिए ब्रह्मसमाज, आर्य समाज, वेदान्त समाज, थियोसोफिकल सोसाइटी, अछूत आन्दोलन आदि अपने-आप में इतिहास के बिखरे बिन्दु हैं, जिनका अलग-अलग विषय खण्डों में अध्ययन किया जाता है, परन्तु जब इनका अध्ययन 'भारत में धर्म तथा समाज सुधार आन्दोलन' शीर्षक के रूप में अध्ययन एक साथ किया जाए तो संबंधित ज्ञान अधिक अर्थपूर्ण तथा स्पष्ट होता है। इस प्रकार की विधि को 'इकाई विधि' कहा जाता है।

इकाई प्रत्यय की निम्नलिखित परिभाषाएँ हैं:

1. *मॉरीसन* (*Marison*) का कथन है, "किसी भी व्यक्तित्व, विज्ञान, कला अथवा आचरण शास्त्र का वह व्यापक एवं महत्त्वपूर्ण पक्ष, जिसका अध्ययन व्यक्तिगत के मार्गदर्शन में सहायक हो, अध्ययन इकाई कहलाता है।"

2. *माईकोलिस* (*Michaelies*) के विचार में, "सामाजिक अध्ययन में इकाई बच्चों की भाँति सावधानी से विकसित वे अनुभव हैं जो एक विशेष प्रकरण से सम्बन्धित होने तथा सामाजिक अध्ययन के उद्देश्यों की प्राप्ति में योगदान देते हैं।"

3. *हैन्ना, हैगमैन तथा पोटर* (*Hanna, Hageman and Potter*), "इकाई सीखने का ऐसा उद्देश्यपूर्ण अनुभव है जो सीखने वाले के व्यवहार पर केन्द्रित है और जो उसे जीवन-परिस्थिति में अधिक कुशलता के साथ अनुकूलन स्थापित करने के योग्य बनाता है।"

4. *रिस्क* (*Risk*) का कथन है, "इकाई किसी समस्या या योजना से सम्बन्धित सीखने वाली क्रियाओं की समानता या एकता को बनाती है।"

5. *वैसले* (*Wesley*) ने लिखा है, "इकाई सामाजिक अनुभवों तथा सूचनाओं के उस संगठन को कहते हैं जो सीखने वालों (छात्रों) के लिए महत्त्वपूर्ण परिणाम उत्पन्न करने में सहायक हो।"

6. *एन.एल. बॉसिंग* (*N.L. Bossing*) के कथनानुसार, "इकाई अर्थपूर्ण परस्पर सम्बन्धित क्रियाओं की वह व्यापक शृंखला है जो विकसित होकर बालकों के उद्देश्यों की पूर्ति करती है, जिससे बालक महत्त्वपूर्ण शैक्षिक अनुभव प्राप्त कर सकें और अपने व्यवहार में अपेक्षित परिवर्तन ला सकें।"

7. *सी.वी. गुड* (*C.V. Good*) ने इकाई की विस्तृत परिभाषा दी है। "इकाई शिक्षाक्रम की पाठ्य-पुस्तक अथवा विषय के क्षेत्र का एक मुख्य उपविभाग है। मुख्यतः सामाजिक अध्ययन, व्यावहारिक कलाओं अथवा विज्ञान का, यह विभिन्न प्रकार की क्रियाओं, अनुभवों तथा शिक्षण का एक केन्द्रीय विषय, समस्या अथवा उद्देश्य के गिर्द संगठन है जिसका विकास अध्यापक के नेतृत्व में छात्रों के एक समूह द्वारा सहयोगात्मक ढंग से किया जाता है। इसमें संयोजन, कार्यकलाप तथा परिणामों का मूल्यांकन सम्मिलित है।"

अच्छी इकाई की विशेषताएँ (Characteristics of a Good Unit):

1. इकाई महत्त्वपूर्ण हो।
2. चुनी गई इकाई का सह-सम्बन्ध अन्य पाठों तथा इकाइयों से होना चाहिए।
3. इकाई छात्रों की सूझ-बूझ में वृद्धि करने वाली हो।
4. इकाई की सामग्री का चुनाव छात्रों की प्रकृति, अभिवृत्ति, आयु तथा मानसिक स्तर के अनुसार किया जाए।
5. इकाई के माध्यम से सामाजिक अध्ययन के लक्ष्यों तथा उद्देश्यों की प्राप्ति में सहायता प्रदान की जा सकती हो।
6. इकाई स्वयं में पूर्ण हो।
7. इकाई छात्रों को विभिन्न अनुभव प्रदान करने वाली हो।
8. इकाई स्थानीय परिवेश तथा आवश्यकताओं से सम्बन्धित होनी चाहिए।
9. इकाई में छात्रों के परस्पर सहयोग की सम्भावनाएँ हों।
10. इकाई में पुस्तकों तथा सहायक सामग्री का उपयुक्त प्रयोग किया जा सके।
11. इकाई में सामाजिक गतिशीलता पर बल दिया गया हो।
12. इकाई में मूल्यांकन निहित होना चाहिए।

इकाई पाठ योजना के सोपान (Steps in Unit Lesson Plan)

(1)	(2)	(3)	(4)	(5)
अन्वेषण (खोज) (Explasation)	प्रस्तुतिकरण (Presentation)	आत्मीकरण (Assimilation)	व्यवस्थापन अथवा संगठन (Organisation)	आवृत्ति अथवा अभिव्यक्तिकरण (Recitation)

प्रत्येक इकाई का विकास निम्नलिखित पाँच पदों में क्रमानुसार किया जाता है:

1. *अन्वेषण* (*Exploration*): इस पद पर सर्वप्रथम शिक्षक यह जानने की चेष्टा करता है कि छात्र इकाई के विषय में पहले से कितना और क्या जानते हैं। यह पद शिक्षक के भावी शिक्षण की दिशाओं को निर्धारित करता है।

इस पद में निम्नलिखित कार्य किए जाते हैं: (i) छात्रों के पूर्व ज्ञान की खोज करना। (ii) छात्रों की रुचियों, अभिरुचियों तथा सामान्य योग्यताओं को जानना। (iii) इकाई शिक्षण के लिए उपलब्ध वातावरण से संबंधित स्थितियों का ज्ञान प्राप्त करना। (iv) इकाई की विषय-वस्तु को मनोवैज्ञानिक ढंग से प्रस्तुत करने के लिए नीतियों, विधियों, युक्तियों आदि का निर्णय लेना।

2. *प्रस्तुतीकरण* (*Presentation*): कक्षा के साथ पारस्परिक विश्वास तथा सौहार्द्र-सम्बन्ध स्थापित करने के पश्चात् शिक्षक नई अधिगम-सामग्री को प्रस्तुत करता है। इस सोपान में वह निम्नलिखित क्रियाएँ करता है: (i) क्रमानुसार विषय-सामग्री को छोटी इकाइयों में प्रस्तुत करता है। (ii) छात्रों की समस्याओं का हल निकालता है। (iii) विषय-वस्तु को उपयुक्त ढंग से दोहराता है।

3. *आत्मीकरण (Assimilation)*: अध्यापक इस चरण में यह आश्वस्त करता है कि छात्र सीखी गई विषय वस्तु को अपने बौद्धिक स्तर (Intellectual Level) पर आत्मीकरण करते हैं। इसके लिए निम्न गतिविधियों पर बल दिया जाता है:

1. छात्र विषय का गहन अध्ययन करते हैं। वे पुस्तकालय तथा प्रयोगशाला का प्रयोग करते हैं। भ्रमण करते हैं। विषय विशेषज्ञों से मार्गदर्शन प्राप्त करते हैं।

2. अध्ययन का कार्य वैयक्तिक स्तर पर सम्पन्न किया जाता है।

3. प्रत्येक छात्र को निर्देशन-पत्र (Guide-sheet) दिये जाते हैं जिन पर वह अपनी कठिनाइयों, शंकाओं एवं भ्रांतियों को नोट करता है।

4. शिक्षक घूम-घूमकर प्रत्येक छात्र की कठिनाइयों एवं शंकाओं का समाधान करता है।

5. शिक्षक और छात्र के बीच अन्त:क्रिया चलती है। इस अवधि को 'पर्यवेक्षित अध्ययन (Supervised Study) का समय' कहते हैं।

6. अधिगम के स्थानान्तरण पर विशेष बल दिया जाता है।

7. पद के अन्त में भी परीक्षण लिया जाता है किन्तु इस समय परीक्षण का उद्देश्य यह ज्ञात करना नहीं होता कि छात्रों को विषय का कितना ज्ञान या जानकारी है, अपितु यह होता है कि छात्रों ने विषय में दक्षता प्राप्त की है अथवा नहीं? क्या वे सामान्यीकरण कर सकते हैं या नहीं?

8. परीक्षण में उत्तीर्ण होने वाले छात्रों को अगली इकाई दी जाती है और जो अनुत्तीर्ण हो जाते हैं उन्हें उसी इकाई को पुन: प्रारम्भ करना पड़ता है।

9. जो छात्र शीघ्र ही इकाई की विषयवस्तु में दक्षता प्राप्त कर लेते हैं उन्हें व्यक्तिगत प्रोजेक्ट पर कार्य करने के लिए कहा जाता है।

4. *व्यवस्थापन अथवा संगठन (Organization)*: इस पद पर शिक्षक यह ज्ञात करना चाहता है कि छात्र इकाई के आवश्यक तत्त्वों को बिना पुस्तक या नोट की सहायता से पुन: कह या लिख सकते हैं या नहीं। यह पद विशेषकर अधिक विस्तार वाले विषयों के लिए बहुत उपयोगी होता है। गणित और व्याकरण ऐसे विषय हैं जिनमें इस पद की आवश्यकता नहीं पड़ती।

5. *आवृत्ति अथवा अभिव्यक्तिकरण (Recitation)*: अन्तिम पद है इकाई को छात्र द्वारा मौखिक रूप में शिक्षक या सहपाठियों के समक्ष प्रस्तुत करना। यह सोपान परम्परागत मौखिक आवृत्ति के समान नहीं होता अपितु छात्रों को इसमें विषयवस्तु की पूरी समझ और स्थायी अन्तर्दृष्टि को प्रदर्शित करना पड़ता है। इसके लिए आवश्यकता पड़ने पर वे श्यामपट्ट, प्रयोगशाला तथा अन्य उपकरणों आदि का प्रयोग कर सकते हैं। कई बार शिक्षक इस पद पर भी छात्रों की दक्षता को ज्ञात करने के लिए लिखित परीक्षणों का प्रयोग करते हैं।

इकाई योजना के लाभ (Merits of Unit Plan):

1. *मनोवैज्ञानिक*: यह पाठ योजना मनोवैज्ञानिक सिद्धान्तों पर आधारित है। इसमें पूर्ण (Whole) के स्थान पर अंश (Part) पर ध्यान केन्द्रित किया जाता है।

2. *छोटी इकाईयाँ*: इकाईयों को उप-इकाइयों में बाँटा जाता है जो स्वयं में पूर्ण होती हैं।

3. *छात्र केन्द्रित*: इस इकाई में छात्रों की आवश्यकताओं तथा योग्यताओं पर ध्यान दिया जाता है।

4. *सक्रिय सहभागिता*: इस विधि में इस बात पर विशेष ध्यान दिया जाता है कि पाठ में अध्यापक तथा छात्रों में सन्तुलित भागेदारी बनी रहे। इसमें स्वस्थ अन्तर्क्रिया पर बल दिया जाता है।

5. *स्व-अध्ययन*: इस विधि में छात्रों के स्व-अध्ययन पर जोर दिया जाता है।

6. *रोचकता*: इसमें छात्रों की रुचियों को ध्यान में रखा जाता है। इस कारण पाठ में रोचकता आ जाती है।

7. *बोध* (*Understanding*): इसमें विषय-वस्तु के रटने पर बल नहीं दिया जाता, अपितु छात्रों में बोध के विकास पर महत्त्व दिया जाता है।

8. *क्रमानुसार अधिगम*: अधिगम में विषय सामग्री को क्रमानुसार प्रस्तुत किया जाता है।

17.8 ब्लूम पाठ योजना: मूल्यांकन उपागम (Bloom's Lesson Planning: Evaluation Approach)

1960 के दशक में अमेरिका के *प्रो. बी.एस. ब्लूम* (*B.S. Bloom*) ने मूल्यांकन उपागम का प्रतिपादन किया। इस उपागम ने शिक्षण अधिगम प्रक्रिया तथा परीक्षण में नयी क्रान्ति का सूत्रपात किया। ब्लूम ने शिक्षा को त्रिध्रुवी (Tripolar) प्रक्रिया माना। उन तीन पदों को मूल्यांकन के तीन सोपान अथवा अवस्थाएँ कहते हैं। ये तीन सोपान इस प्रकार हैं:

1. शैक्षिक उद्देश्यों का निर्धारण करना (Formulation or Determination of Educational Objectives)
2. अधिगम के अनुभव प्रदान करना (Providing Learning Experiences)
3. व्यवहार परिवर्तन अथवा अधिगम अनुभवों का मूल्यांकन करना (Evaluating Behavioural or Learning Experiences)

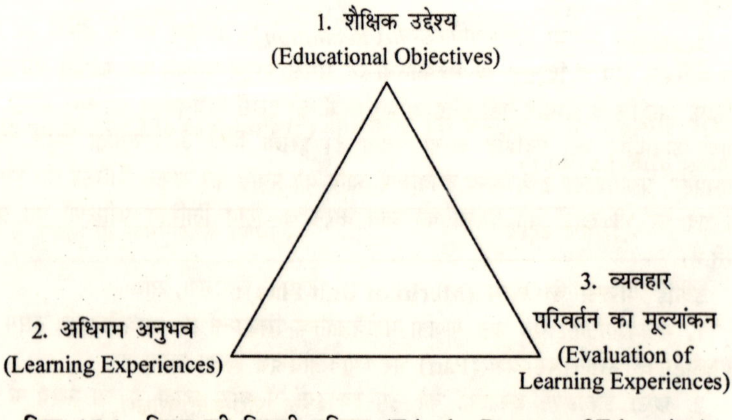

चित्र 17.1: शिक्षा की त्रिध्रुवी प्रक्रिया (Tripolar Process of Education)

1. *शैक्षिक उद्देश्यों का निर्धारण करना:* इस सोपान में उद्देश्यों को व्यावहारिक रूप में लिखा जाता है।

2. *अधिगम के अनुभव प्रदान करना:* निर्धारित उद्देश्यों की प्राप्ति के लिए छात्रों को अधिगम के अनुभव प्रदान किए जाते हैं।

इसमें निम्नलिखित पक्षों पर ध्यान दिया जाता है:

1. उचित अधिगम सामग्री का चयन तथा गठन करना।
2. उपयुक्त संसाधनों का चयन।
3. शिक्षण अधिगम क्रिया में छात्रों तथा अध्यापकों में अन्तर्क्रिया का आयोजन करना अर्थात् कक्षा में शिक्षण अधिगम क्रियाओं का प्रभावी प्रावधान करना ताकि शिक्षा के उद्देश्यों की पूर्ति हो सके। इस प्रक्रिया में छात्रों को भागीदार बनाना। यह आश्वस्त करना कि छात्र सक्रिय (Active) रहें।

अधिगम परिवर्तनों अथवा व्यवहार परिवर्तन में मूल्यांकन (Evaluation of Change of Behaviour)

इसमें वस्तुनिष्ठ (Objective) तथा निबन्धात्मक (Essay Type) प्रश्न होते हैं।

अधिगम के अनुभवों के साधन (Means of Learning Experiences)

शिक्षण उद्देश्य	*अधिगम के अनुभवों के साधन*
1. ज्ञान उद्देश्य (Knowledge Objective)	1. व्याख्यान चार्ट, प्रदर्शन पाठ्य पुस्तकें, अभिक्रमित अनुदेशन, गृहकार्य।
2. बोध उद्देश्य (Comprehension Objective)	2. वाद-विवाद, प्रश्नोत्तर, प्रदर्शन, मानचित्र, मॉडल आदि।
3. प्रयोग उद्देश्य (Application Objective)	3. समस्या समाधान, प्रयोगात्मक विधि, अन्त:प्रक्रिया विधि।
4. सृजनात्मक उद्देश्य (Creativity Objective)	4. व्यक्तिगत प्रयोग, समस्या समाधान।

व्यवहार परिवर्तन के मूल्यांकन की प्रविधियाँ (Techniques of Evaluation of Change of Behaviour)

शिक्षण उद्देश्य	*अधिगम के अनुभवों के साधन*
1. ज्ञानात्मक (Cognitive)	1. मौखिक, निरीक्षण, साक्षात्कार, निबन्धात्मक तथा वस्तुनिष्ठ प्रश्न
2. भावात्मक (Affective)	2. अभिरुचि सूची, निरीक्षण, अभिवृत्ति स्केल, परिस्थिति परीक्षण
3. क्रियात्मक (Psychomotor)	3. छात्र प्रदर्शन, साक्षात्कार, प्रयोग, निरीक्षण

ब्लूम पाठ योजना उपागम के गुण
(Merits of Bloom's Approach to Lesson Planning)

1. *मनोवैज्ञानिक आधार*: यह उपागम मनोवैज्ञानिक सिद्धान्तों पर आधारित है।

2. *वैज्ञानिक आधार*: मनोवैज्ञानिक सिद्धान्तों के साथ-साथ यह योजना वैज्ञानिक सिद्धान्तों पर उचित ध्यान देती है।

3. *व्यावहारिक शब्दावली में उद्देश्य*: पाठ के उद्देश्यों को व्यावहारिक शब्दों में लिखा जाता है।

4. *विषय-वस्तु का संक्षेप में उल्लेख*: पढ़ाए जाने वाले प्रकरण के मुख्य तथ्यों तथा विचारों को संक्षेप में लिखा जाता है।

5. *अध्यापक क्रियाओं का उल्लेख*: पाठ योजना में अध्यापक ने शिक्षण-अधिगम प्रक्रिया में जिन-जिन क्रियाओं को करना होता है, उनका संक्षेप में विवरण दिया जाता है।

6. *छात्र क्रियाओं का उल्लेख*: शिक्षण-अधिगम प्रक्रिया में छात्र अध्यापक के विचार में जो क्रियाएँ करते हैं, उनका उल्लेख पाठ योजना में किया जाता है।

7. *विशिष्ट विधियों तथा तकनीकों का उल्लेख*: पूर्व निर्धारित उद्देश्यों की प्राप्ति के लिए अध्यापक ने जो तकनीकें तथा विधियाँ अपनानी हैं, उनको पाठ योजना में लिख दिया जाता है।

8. *सहायक साधनों का उल्लेख*: पाठ के विभिन्न प्रकरणों को प्रभावी बनाने के लिए जिन-जिन सहायक साधनों को प्रयोग में लाया जाता है, उन्हें पाठ योजना में लिखा जाता है।

9. *उद्देश्यपूर्ण शिक्षण*: यह पाठ योजना शिक्षण के उद्देश्यों को निश्चित बनाती है।

10. *व्यवहारों का मूल्यांकन*: वांछित व्यवहार परिवर्तनों अथवा अधिगम अनुभवों का मूल्यांकन किया जाता है।

11. *शिक्षण-अधिगम अनुभवों में सुधार*: मूल्यांकन के आधार पर शिक्षण-अधिगम अनुभवों (पाठ्य विषय-वस्तु) में सुधार करने की सम्भावना रहती है।

ब्लूम पाठ योजना में उपागम में दोष
(Demerits of Bloom's Approach to Lesson Planning)

1. *अपेक्षाकृत अध्यापक अधिपत्य*: चूँकि इस पाठ योजना की संरचना उच्च स्तरीय (Highly Structured) होती है। इसमें अध्यापक की भूमिका का अधिक अधिपत्य रहता है।

2. *शिक्षण उद्देश्यों का निर्धारण करना*: इस योजना में शिक्षण उद्देश्यों को व्यावहारिक शब्दावली में लिखना होता है। यह कार्य बहुत कठिन माना जाता है।

3. *कठोर एवं यान्त्रिक*: इस पाठ योजना में लचीलेपन की बहुत कम गुंजाइश रहती है।

4. *अधिक उत्तरदायित्व*: इस पाठ योजना की सफलता के लिए आवश्यक है कि अध्यापक तथा छात्र शिक्षण-अधिगम प्रक्रिया में अपूर्व उत्साह प्रदर्शित करें।

17.9 क्षेत्रीय शिक्षा कॉलेज मैसूर द्वारा निर्मित पाठ योजना
(क्षेत्रीय शिक्षा संस्थान मैसूर)
[Regional College of Education Mysore (RCEM) Lesson Plan]
Now Regional Institute of Education

इस पाठ योजना पर क्षेत्रीय प्रशिक्षण कॉलज मैसूर ने महत्त्वपूर्ण कार्य किया है। यह पाठ

योजना अमेरिका के प्रसिद्ध शिक्षाविद् बलूम (Bloom) के मूल्यांकन आधारित पाठ योजना जो शिक्षण को एक उद्देश्य-केन्द्रित प्रक्रिया मानती है, के सन्दर्भ में निर्मित की गई है।

ब्लूम महोदय ने ज्ञानात्मक पक्ष को निम्न छः भागों में विभाजित किया है: 1. ज्ञान (Knowledge), 2. बोध (Understanding), 3. प्रयोग (Application), 4. विश्लेषण (Analysis), 5. संश्लेषण (Synthesis), 6. मूल्यांकन (Evaluation)।

क्षेत्रीय प्रशिक्षण कॉलेज मैसूर ने ज्ञानात्मक पक्ष को निम्न चार भागों में बाँटा है: 1. ज्ञान (Knowedge), 2. बोध (Understanding), 3. प्रयोग (Application), 4. सृजनात्मकता (Creativity)।

मैसूर के पाठ में सृजनात्मकता ने ब्लूम के तीन पक्ष–विश्लेषण, संश्लेषण तथा मूल्यांकन का स्थान ले लिया है, जो निम्नलिखित तीन पक्ष हैं: 1. अदा (Input), 2. प्रक्रिया (Process), 3. प्रदा (Output)।

अदा: अदा के अन्तर्गत अनुदेशात्मक प्रणाली के वांछित व्यावहारिक उद्देश्य आते हैं। इन्हें चार ऊपर लिखित भागों में विभाजित किया गया है। इस प्रणाली में तीन अदा कार्यरत होते हैं। (1) शिक्षक, (2) छात्र तथा (3) शिक्षण-अधिगम सामग्रियाँ।

प्रक्रिया: अनुदेशात्मक प्रक्रिया से हमारा तात्पर्य उस सक्रिय प्रक्रम से है जो शिक्षण और छात्रों के बीच अधिगम-परिस्थितियों में चलती है।

प्रदा: इसका संबंध उद्देश्यों की प्राप्ति से है। इसका अर्थ है छात्र व्यवहारों में परिवर्तन जो शिक्षण-अधिगम प्रक्रिया के परिणामस्वरूप प्राप्त होते हैं। इनका मूल्यांकन अध्यापक विभिन्न मापदण्डों से करता है।

पाठ योजना के निर्माण का सैद्धान्तिक आधार (Theoretical Basis of Lesson Plan)

अदा (Input) *वांछित* *व्यवहार उद्देश्य*	*प्रक्रिया (Process) सम्प्रेषण प्रक्रिया* *(अधिगम अनुभव)* *(Communication Process)*		*प्रदा (Output)* *वास्तविक उद्देश्यों की* *प्राप्ति के लिए मूल्यांकन* *(Evaluation of Learning Outcome)*
	अध्यापक की क्रियाएँ	**छात्र की क्रियाएँ**	
1. ज्ञानात्मक उद्देश्य	(i) व्याख्यान (ii) प्रदर्शन (iii) चार्ट तथा मानचित्र (iv) प्रश्न आदि	(i) सुनना (ii) अवलोकन (iii) नोट लेना (iv) अन्तर्क्रिया	(i) प्रश्न करना (ii) परिभाषित करना (iii) विवरण देना आदि
2. बोधात्मक उद्देश्य	(i) विचार-विमर्श (ii) समस्या समाधान (iii) प्रश्नोत्तर	(i) सामूहिक विचार में भागेदारी (ii) अवलोकन (iii) सुनना	(i) व्याख्या करना (ii) प्रश्न हल करना (iii) भेद करना (iv) समस्या समाधान करना

(क्रमशः)

अदा (Input) वांछित व्यवहार उद्देश्य	*प्रक्रिया (Process) सम्प्रेषण प्रक्रिया (अधिगम अनुभव) (Communication Process)*		*प्रदा (Output)* वास्तविक उद्देश्यों की प्राप्ति के लिए मूल्यांकन *(Evaluation of Learning Outcome)*
3. प्रयोग उद्देश्य	(i) समूह वार्ता (ii) प्रयोगशाला कार्य	(i) प्रयोग करना (ii) ज्ञान को प्रयोग में लाना	(i) प्रयोगात्मक परीक्षण
4. सृजनात्मकता उद्देश्य	(i) व्यक्तिगत कार्य (ii) समूह वार्तालाप (iii) समस्या समाधान	(i) विश्लेषण करना (ii) संबंध स्थापित करना (iii) निर्णय लेना	(i) निबन्धात्मक प्रश्न पूछना (ii) मौखिक प्रश्न (iii) समस्या समाधान करना (iv) अवलोकन

पाठ योजना के गुण

1. यह पाठ योजना भारतीय परिस्थिति के संदर्भ में है।
2. यह पाठ योजना अनुदेशात्मक प्रक्रिया पर विशेष बल देती है।
3. इसमें 17 बौद्धिक पक्षों पर ध्यान दिया जाता है।

सीमा/दोष

यह पाठ योजना बौद्धात्मक पाठों के लिए उपयोगी है परन्तु भावनात्मक तथा कौशल पाठों के लिए अपेक्षाकृत उपयोगी नहीं है।

18

शिक्षण प्रतिमान
(Teaching Models)

18.1 शिक्षण प्रतिमान का अर्थ तथा परिभाषा (Meaning and Definition of Teaching Model)

शिक्षक, इंजीनियर, शिल्पकार, मूर्तिकार या भवन-निर्माणकर्त्ता की भाँति अपने शिक्षण को साकार रूप देने, शिक्षण उद्देश्यों की प्राप्ति करने एवं अपने छात्रों के व्यक्तित्व का सर्वांगीण विकास करने के लिए शिक्षण प्रक्रिया प्रारम्भ करके पूर्व शिक्षण कार्य की एक योजना बनाता है जिसे शिक्षण प्रतिमान कहा जा सकता है। शिक्षण प्रतिमान के अर्थ को स्पष्ट करने के लिए विभिन्न विद्वानों द्वारा दी गई शिक्षण प्रतिमान परिभाषाओं का अध्ययन काफी सहायक सिद्ध हो सकता है।

जायसी एवं वील (*Joyce and Weill*) ने शिक्षण प्रतिमान को परिभाषित करते हुए कहा है–"शिक्षण प्रतिमान वह नमूना अथवा योजना है जिसे किसी पाठ्यक्रम का निर्माण करने, अनुदेशनात्मक सामग्री का चयन करने और किसी अध्यापक की क्रियाओं के मार्गदर्शन हेतु काम में लाया जा सकता है।''

पाल डी. ईगन एवं उसके सहयोगियों (*Paul De Igan and Associates*) के अनुसार–"शिक्षण-प्रतिमानों से अभिप्राय विशिष्ट अनुदेशात्मक लक्ष्यों की प्राप्ति के लिए निर्मित उपचारात्मक शिक्षण व्यूह-रचनाओं से है।"

हीमन (*Hyman*) के अनुसार–"शिक्षण-प्रतिमान शिक्षण के सम्बन्ध में सोचने-विचारने की एक रीति है (Model is a way to thinking) के अनुसार प्रतिमान किसी वस्तु को विभाजित तथा व्यवस्थित करके तर्कसंगत ढंग से प्राप्त करने की विधि है।"

डॉ. बी.के. पासी, एल.सी. सिंह तथा डी. एन. सनताल ने शिक्षण प्रतिमान को निम्न रूप में परिभाषित किया है–''शिक्षण प्रतिमान एक ऐसी निर्देशिका है जिसके आधार पर शैक्षिक क्रियाओं एवं पर्यावरण की रूपरेखा बनाई जाती है। ये सीखने सम्बन्धी परिस्थितियाँ निर्मित करने के लिए विवरण प्रदान करते हैं।"

एन.के. जंगीरा एवं अजीत सिंह (N.K. Jangira and Ajit Singh) ने शिक्षण प्रतिमान की परिभाषा इस प्रकार दी है–"शिक्षण प्रतिमान क्रमबद्ध एवं सम्बन्धित तथ्यों का वह

समूह है जो कि शिक्षण उद्देश्यों की प्राप्ति के लिए शैक्षिक क्रियाओं एवं वातावरणीय सुविधाओं की योजना बनाने एवं उन्हें क्रियान्वित करने में सहायता करता है।"

संक्षेप में, हम कह सकते हैं कि शिक्षण प्रतिमान अनुदेशात्मक नमूने हैं जो शिक्षण उद्देश्यों को प्राप्त करने तथा शिक्षण प्रक्रिया को प्रभावशाली एवं रोचक बनाने में महत्त्वपूर्ण भूमिका निभाते हैं।

18.2 शिक्षण प्रतिमानों की मुख्य विशेषताएँ (Chief Characteristics of Teaching Models)

1. प्रत्येक शिक्षण प्रतिमान के निश्चित मूल आधार होते हैं।
2. प्रत्येक शिक्षण प्रतिमान शिक्षकों तथा अध्यापकों के मध्य अन्त:क्रिया को निर्देशित करता है।
3. प्रत्येक शिक्षण प्रतिमान अपनी मान्यताओं के आधार पर अधिगम अनुभवों की व्यवस्था करता है।
4. प्रत्येक शिक्षण प्रतिमान किसी-न-किसी दर्शन पर आधारित होता है।
5. प्रत्येक शिक्षण प्रतिमान कुछ निश्चित शिक्षण सूत्रों का प्रयोग करता है।
6. प्रत्येक शिक्षण प्रतिमान मनोवैज्ञानिक नियमों पर आधारित होता है।
7. प्रत्येक प्रतिमान का विकास निरन्तर अभ्यास, अनुभव तथा प्रयोग के बाद प्रस्तुत किया जाता है।
8. प्रत्येक शिक्षण प्रतिमान शिक्षण क्रियाओं एवं वातावरण निर्माण करने वाली एक रूपरेखा है।
9. प्रत्येक शिक्षण प्रतिमान मूल्यांकन के लिए कसौटी (मानदण्ड) प्रस्तुत करता है।
10. प्रत्येक शिक्षण प्रतिमान सम्पूर्ण शिक्षण प्रक्रिया में सुधार लाने में सक्षम होता है।

18.3 शिक्षण प्रतिमानों के उपयोग (Uses of Teaching Models)

संक्षेप में शिक्षण प्रतिमान की उपयोगिता का वर्णन निम्न रूप से किया जा सकता है–

1. शिक्षण प्रक्रिया के तीनों पक्षों–पूर्व शिक्षण अवस्था, अन्तर्शिक्षण अवस्था, शिक्षणेत्तर अवस्था से सम्बन्धित तीनों कार्यों–आयोजन, क्रियान्वयन व मूल्यांकन में शिक्षण प्रतिमान उचित दिशा-निर्देश प्रदान करते हैं।
2. शिक्षण प्रतिमान कक्षा-कक्ष का उचित शैक्षिक वातावरण बनाने में सहायक होते हैं जिससे वे कार्य सफलतापूर्वक सम्पन्न किये जा सकें।
3. शैक्षिक वातावरण बनाने के तथा शैक्षिक परिस्थितियों पर उचित नियन्त्रण स्थापित करने के कार्य में शिक्षण प्रतिमान सहायक सिद्ध होते हैं।
4. शिक्षण प्रतिमानों की सहायता से शिक्षण सामग्री के आयोजन तथा अधिगम अनुभव प्रदान करने के बारे में अध्यापक को उचित दिशा-निर्देश प्राप्त होता है।
5. शिक्षण प्रतिमान पूर्व निर्धारित उद्देश्यों की सफलतापूर्वक प्राप्ति में बहुत सहायक होते हैं। वे एक शिक्षक को कुशल व सफल शिक्षक बनाते हैं और उसके शिक्षण को प्रभावशाली, आकर्षक व रुचिकर बनाने के कार्य में भी सहायता करते हैं।

6. शिक्षण प्रक्रिया के विकास में छात्रों का पूर्ण सहयोग लेने हेतु शिक्षक छात्र अन्त:क्रिया को किस प्रकार आयोजित किया जाये इस बारे में निर्णय लेने में वे प्रतिमान सहायता करते हैं।

7. शिक्षण प्रतिमान की सहायता से शिक्षण उद्देश्यों की प्राप्ति तथा शिक्षण प्रक्रिया को प्रभावशाली बनाने के लिए उचित शिक्षण विधियों का चयन व आयोजन प्रभावशाली ढंग से किया जा सकता है।

8. अधिगम अनुभवों व पाठ्य-सामग्री को ध्यान में रखते हुए उचित अनुदेशन सामग्री के चयन व आयोजन में इनसे सहायता मिलती है।

9. शिक्षण प्रतिमान शिक्षक को श्रम व समय का पूर्ण रूप से सदुपयोग देने में सहायक हैं, क्योंकि सभी कार्य पूर्व योजना पर आधारित होने से उसके क्रियान्वयन में किसी प्रकार की परेशानी नहीं होती है।

10. शिक्षण प्रतिमानों की सहायता से, शैक्षिक प्रक्रिया की जाँच करने, उसमें उचित संशोधन एवं परिवर्तन लाने के लिए मूल्यांकन की व्यवस्था सफलतापूर्वक की जा सकती है।

18.4 शिक्षण प्रतिमान के तत्त्व (Elements of a Teaching Model)

(1)	(2)	(3)	(4)
उद्देश्य या लक्ष्य (Focus)	संरचना (Syntax)	सामाजिक प्रणाली (Social System)	मूल्यांकन (Support System)

18.5 शिक्षण-प्रतिमानों का वर्गीकरण (Classification of Teaching Models)

(1)	(2)	(3)	(4)
ऐतिहासिक शिक्षण प्रतिमान (Historical Models of Teaching)	**मनोवैज्ञानिक शिक्षण प्रतिमान (Psychological Models of Teaching)**	**शिक्षक प्रशिक्षण प्रतिमान (Teacher's Training/Education Models)**	**आधुनिक शिक्षण प्रतिमान (Modern Teaching Models)**
1. सुकराती शिक्षण प्रतिमान (Socratic Teaching Model)	1. आधारभूत शिक्षण प्रतिमान (Basic Teaching Model)	1. टाबा शिक्षण प्रतिमान (Taba Model of Tea-ching)	1. सामाजिक अन्त:क्रिया प्रतिमान (Social Interaction Model)
2. परम्परागत मानवीय शिक्षण प्रतिमान (Classical Humanistic Teaching Model)	2. कम्प्यूटर आधारित शिक्षण प्रतिमान (Computer Based Teaching Model)	2. टर्नर प्रतिमान (Turner Model)	2. सूचना प्रक्रिया प्रतिमान (Information Process Model)

(क्रमशः)

(1)	(2)	(3)	(4)
3. व्यक्तिगत विकास शिक्षण प्रतिमान (Personal Development Model of Teaching)	3. विद्यालय अधिगम शिक्षण प्रतिमान (Teaching Model of School Learning)	3. शिक्षक अभिविन्यास विषमता प्रतिमान (Model of Variation in Teacher Orientation)	3. व्यक्तिगत स्रोत प्रतिमान (Personal Source Model)
	4. अन्त:प्रक्रिया शिक्षण प्रतिमान (An Interaction Model of Teaching)	4. फोक्स लिपिट प्रतिमान (Fox Lippit Model of Teaching)	4. व्यवहार परिवर्तन प्रतिमान (Behaviour Modification Model)

18.6 मनोवैज्ञानिक शिक्षण प्रतिमानों का तुलनात्मक अध्ययन (Comparative Study of Psychological Models of Teaching)

तुलनात्मक बिन्दु	*अन्त:प्रक्रिया प्रतिमान (An Interaction Model of Teaching)*	*मौलिक शिक्षण प्रतिमान (Basic Teaching Model)*	*विद्यालय अधिगम प्रतिमान (Teaching Model for School Learning)*	*कम्प्यूटर आधारित शिक्षण प्रतिमान (Computer Based Teaching Model)*
1. प्रवर्तक	फ्लैण्डर्स	रॉबर्ट ग्लेसर	करोल	लारेन्स स्टूलोरो तथा डेनियल डेविस
2. वर्ष	1960	1962	1962	1965
3. विशिष्ट बल	अन्त:क्रिया पर	पृष्ठपोषण पर	समय पर	कम्प्यूटर पर
4. स्वरूप	चार प्रमुख पक्ष: 1. उद्देश्य 2. पूर्व व्यवहार, 3. प्रस्तुतीकरण, 4. मूल्यांकन	शिक्षण प्रक्रिया के चार भाग– 1. अनुदेशात्मक उद्देश्य 2. पूर्व व्यवहार 3. अनुदेशात्मक प्रक्रिया 4. उपलब्धि का मूल्यांकन	1. यह शिक्षण के तीनों पक्षों–पूर्व पक्ष, शिक्षण पक्ष और उत्तर पक्ष पर ध्यान देता है। 2. छात्रों के स्तर पर ध्यान रखा जाता है। 3. क्रमबद्ध ढंग से उपलब्धि परीक्षण की व्यवस्था का न होना।	1. शिक्षण तथा निदान दोनों प्रक्रियाओं का होना। 2. छात्रों की उपलब्धि का निरीक्षण किया जाना।

(क्रमश:)

तुलनात्मक बिन्दु	अन्त:प्रक्रिया प्रतिमान *(An Interaction Model of Teaching)*	मौलिक शिक्षण प्रतिमान *(Basic Teaching Model)*	विद्यालय अधिगम प्रतिमान *(Teaching Model for School Learning)*	कम्प्यूटर आधारित शिक्षण प्रतिमान *(Computer Based Teaching Model)*
5. प्रमुख विशेषताएँ	शिक्षण और छात्रों का स्वोपक्रम Initiation) तथा अनुक्रिया (Response) के प्रवाह के अध्ययन अन्त:क्रिया के माध्यम से किया जाना।	शिक्षण के उपर्युक्त चारों भागों में घनिष्ठ सम्बन्ध का होना। इस सम्बन्ध का शिक्षण के उद्देश्यों के आधार पर बदलते रहना।	अनुदेशन की प्रक्रिया में छात्रों को पूर्ण अवसर का दिया जाना।	1. छात्रों की व्यक्तिगत भिन्नताओं पर ध्यान का दिया जाना। 2. कम्प्यूटर की प्रमुख भूमिका।

18.7 ग्लेसर का बुनियादी अथवा बेसिक शिक्षण प्रतिमान (Glaser's Basic Teaching Model)

बुनियादी शिक्षण प्रतिमान क्यों (Why Basic Teaching Model)?

राबर्ट ग्लेसर (Robert Glaser) ने सन् 1962 में बुनियादी शिक्षण-प्रतिमान का विकास किया। यह प्रतिमान निम्न कारणों से बुनियादी शिक्षण प्रतिमान कहा जाता है:

1. यह प्रतिमान कुछ बुनियादी मनोवैज्ञानिक सिद्धान्तों, जैसे–पूर्व अनुभवों से सम्बन्धित करने का सिद्धान्त, उद्देश्यों की निश्चितता का सिद्धान्त, क्रियाशीलता का सिद्धान्त आदि पर आधारित है।

2. प्रतिमान में शिक्षण की जटिल त्रिध्रुवीय प्रक्रिया को चार बुनियादी तत्त्वों में विभाजित करके सरलीकृत किया गया है।

3. इस प्रतिमान का प्रयोग किसी भी बुनियादी विषय की शिक्षण योजना के लिए किया जा सकता है।

ग्लेसर प्रतिमान के चार तत्त्व

ग्लेसर के बुनियादी शिक्षण-प्रतिमान के आवश्यक चार तत्त्व या भाग निम्नलिखित हैं:

1. अनुदेशनात्मक उद्देश्य (Instructional Objectives)
2. पूर्व-व्यवहार या प्रवेशात्मक व्यवहार (Entering Behaviour)
3. अनुदेशनात्मक प्रक्रिया (Instructional Procedure)
4. निष्पत्ति का मूल्यांकन अथवा निष्पादन मूल्यांकन (Performance Assessment)

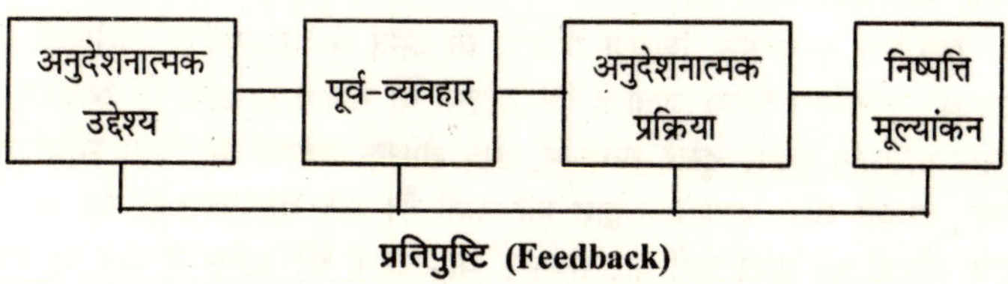

चित्र 18.1: ग्लेसर प्रतिमान के तत्त्व

1. *अनुदेशनात्मक उद्देश्य:* यह तत्त्व शिक्षण प्रक्रिया में अहम् भूमिका निभाता है। शिक्षण एक उद्देश्य केन्द्रित प्रक्रिया है अत: शिक्षण कार्य प्रारम्भ करने से पहले यह आवश्यक होता है कि शिक्षण के उद्देश्यों को निर्धारित किया जाये। शिक्षण का उद्देश्य छात्र के व्यवहार में परिवर्तन लाना है। अत: अनुदेशनात्मक उद्देश्यों से तात्पर्य उन सभी बातों से है जो छात्र के व्यवहार में परिवर्तन लाना है। अत: अनुदेशनात्मक उद्देश्यों से तात्पर्य उन सभी बातों से है जो छात्र के व्यवहार में परिवर्तन लाती हैं। शिक्षण प्रक्रिया प्रारम्भ करने से पहले शिक्षक यह निश्चित करता है कि वह क्रिया क्यों की जा रही है? शिक्षक के लिए यह भी आवश्यक है कि वह पहले निर्धारण करे कि शिक्षण के किसी भी स्तर पर, किसी भी परिस्थिति में आयोजित की गई कोई भी शिक्षण क्रिया छात्र के व्यवहार में किस प्रकार का परिवर्तन लायेगी। इस बात की समुचित व्याख्या ही अनुदेशनात्मक उद्देश्य कहलाती है। इन्हीं अनुदेशनात्मक उद्देश्यों के आधार पर शिक्षण प्रक्रिया का नियोजन व आयोजन किया जाता है।

2. *प्रविष्टि व्यवहार अथवा पूर्व व्यवहार:* शिक्षण प्रक्रिया आरम्भ करने से पूर्व छात्रों का ज्ञानात्मक, भावात्मक व क्रियात्मक व्यवहार ही प्रविष्टि व्यवहार कहलाता है। यह प्रारम्भिक व्यवहार शिक्षण प्रारम्भ करने से पहले मूल रूप में छात्रों में होता है। इसके आधार पर यह निर्णय लिया जाता है कि शिक्षण प्रक्रिया के प्रस्तुतीकरण के लिए छात्रों का पूर्व ज्ञान क्या है, उनका बौद्धिक स्तर, सीखने सम्बन्धी योग्यताएँ एवं क्षमताएँ क्या हैं तथा उनमें सीखने के लिए कितनी अभिप्रेरणा है। इन सब बातों की निश्चित जानकारी के आधार पर ही समस्त शिक्षण क्रियाओं का आयोजन किया जाता है और छात्रों को अनुदेशनात्मक उद्देश्यों से सम्बन्धित अन्तिम व्यवहार (Terminal Behaviour) तक ले जाने का प्रयास किया जाता है।

वैसे तो ग्लेजर के इस प्रतिमान में प्रविष्टि व्यवहार के इस तत्त्व को दूसरे नम्बर पर रखा गया है, परन्तु वास्तव में प्रविष्टि व्यवहार को जानने के पश्चात् ही अनुदेशनात्मक उद्देश्यों का चयन किया जा सकता है कि अमुक अनुदेशनात्मक उद्देश्यों तक छात्रों को ले जाने के लिए, उनमें मानसिक योग्यता और बुद्धि है भी या नहीं। छात्रों के इस प्रारम्भिक व्यवहार के आधार पर ही यह निर्धारित किया जा सकता है कि उद्देश्य निर्धारित अन्तिम व्यवहार तक उन्हें ले जाने की हम क्या कुछ आशा कर सकते हैं।

3. *अनुदेशनात्मक प्रक्रिया:* इस घटक के अन्तर्गत शिक्षण की प्रक्रिया का वर्णन किया जाता है। शिक्षण के उद्देश्यों और छात्र के पूर्व ज्ञान को दृष्टि में रखते हुए शिक्षण की विधियों, प्रविधियों या व्यूहों की रचना की जाती है। जो कुछ भी पढ़ना या सीखना होता है, उसे प्रस्तुत करना ही अनुदेशनात्मक प्रक्रिया है। अनुदेशनात्मक प्रक्रिया को शिक्षण का क्रियात्मक पक्ष कहा जाता है।

4. *निष्पादन मूल्यांकन:* शिक्षण-प्रक्रिया के अन्त में परीक्षणों व निरीक्षणों के सहारे इस बात का मूल्यांकन किया जाता है कि उद्देश्यों के सन्दर्भ में छात्रों के व्यवहार में किस सीमा तक परिवर्तन हुआ? दूसरे शब्दों में, छात्र शैक्षिक उद्देश्यों को किस सीमा तक प्राप्त कर सके, इसकी जाँच मूल्यांकन द्वारा की जाती है। यदि मूल्यांकन से यह ज्ञात होता है कि छात्र उद्देश्यों को प्राप्त नहीं कर सका है या उद्देश्यों को प्राप्ति में पीछे रह गया है तो उसी के अनुसार शिक्षण के उपर्युक्त तीनों ही घटकों में परिवर्तन किया जाता है।

निष्पादन मूल्यांकन विभिन्न प्रकार की तकनीकों से किया जाता है–

(i) अवलोकन।

(ii) साक्षात्कार।

(iii) प्रश्नावली।

(iv) मौखिक, लिखित एवं प्रयोग परीक्षण।

(v) रेटिंग स्केल।

(vi) प्रक्षेपी तकनीकें (Projective Techniques)।

निष्पादन मूल्यांकन से प्राप्त सूचनाओं के तीन मुख्य लाभ होते हैं:

(i) *पृष्ठ-पोषण*: निष्पादन मूल्यांकन से प्राप्त सूचनाओं से हमें यह मालूम होता है कि छात्र ने अनुदेशन उद्देश्यों (Instructional Objectives) या अन्तस्थ निष्पादन (Terminal Performance) को कहाँ तक ग्रहण किया है। यदि छात्र ने अनुदेशन उद्देश्य के मान्य स्तर को प्राप्त करने में सफलता प्राप्त कर ली हो तो शिक्षक नये अनुदेशन को आरम्भ कर सकता है।

(ii) *पूर्व-व्यवहारों (Entering Behaviours) की उपयुक्तता*: पृष्ठ-पोषण द्वारा इसका पता चलता है। अनुदेशन के दौरान जब सहायक व्यवहार (Auxiliary Behaviour) का मापन किया जाता है या अनुदेशन के अन्त में यह लाभदायक अधिक होता है या फिर पृष्ठ-पोषण का अधिक उपयोग तब होता है ज़ब शिक्षक यह पता लगाता है कि अनुदेशन असफल क्यों हुआ?

(iii) *अनुदेशन प्रक्रिया की उपयुक्तता*: पृष्ठ-पोषण का प्रयोग तब किया जाता है जब अनुदेशन प्रक्रिया की उपयुक्तता देखी जाती है, विशेषकर तब जब किसी एक अनुदेशन प्रक्रिया के प्रभाव में तथा दूसरी अन्य अनुदेशन प्रक्रिया के प्रभाव में विभेदीकरण किया जाता है।

19

शिक्षक व्यवहार में रूपान्तर: फ्लैण्डर की अन्त:क्रिया विश्लेषण प्रणाली
(Modification of Teacher Behaviour: Interaction Analysis System of Flander)

19.1 शिक्षक व्यवहार का अर्थ एवं परिभाषा (Meaning of Definition of Teacher Behaviour)

शिक्षण अधिगम प्रक्रिया में विषयवस्तु के प्रस्तुतीकरण के लिए शिक्षक विभिन्न प्रकार की क्रियाएँ सम्पन्न करता है, जैसे–कभी वह भाषण देता है, कभी तथ्य की व्याख्या करता है, छात्रों से प्रश्न पूछता है, श्यामपट्ट पर लिखता है, सहायक सामग्री का प्रदर्शन करता है, कभी छात्रों को उत्तर देने के लिए प्रोत्साहित करता है, कभी अनुशासन बनाये रखने के लिए विभिन्न प्रकार के शाब्दिक (Verbal) और अशाब्दिक (Non-verbal) व्यवहार को प्रदर्शित करता है। ये सभी क्रियाएँ या व्यवहार ही शिक्षक व्यवहार कही जाती हैं।

मैकनरजेन्सी एवं कार्नर (McNergency and Carner) के शब्दों में, "शिक्षक व्यवहार शिक्षक की विशेषताओं, उसके परिवेश और उसके द्वारा दिये जाने वाले कार्यों का मिला-जुला रूप है।"

रयान्स के अनुसार–"शिक्षक व्यवहार को, उन व्यक्तियों के व्यवहार या क्रियाओं के रूप में परिभाषित किया जा सकता है, जिनकी आशा एक अध्यापक से की जाती है, विशेषकर ऐसी क्रियाएँ जो निर्देशन या दूसरों के सीखने के निर्देशन से सम्बन्धित हैं।"

19.2 शिक्षक व्यवहार में रूपान्तर के मापन तथा परिमाणीकरण का महत्त्व तथा आवश्यकता (Importance and Need of Modification Measurement and Quantification of Teacher Behaviour)

शिक्षण की सफलता एवं अभावशालिता के लिए यह आवश्यक है। कक्षा शिक्षण करते समय किसी योग्य निरीक्षक के द्वारा, शिक्षक के शिक्षण कार्यों और कक्षा में प्रदर्शित व्यवहार का पूरी तरह वस्तुनिष्ठ (Objective) निरीक्षण किया जाये, उसका पूरा रिकार्ड

बनाया जाये और उसके आधार पर शिक्षण व्यवहार का विश्लेषण करके यह मापा जाये कि वांछित व्यवहार का क्या स्तर रहा और अवांछित व्यवहार का क्या? कौन-सा व्यवहार बढ़ाया जाना चाहिए और कौन-सा व्यवहार कम किया जाना चाहिए। इस प्रकार का मापन व परिमाणीकरण करके इसका पूरा रिकार्ड रखा जाना चाहिए। यह रूपान्तर, मापन व परिमाणीकरण निम्न रूप में आवश्यक व महत्त्वपूर्ण है:

(i) शिक्षक के वांछित व्यवहार में वृद्धि व अवांछित व्यवहार में कमी लाने में सहायक है।

(ii) शिक्षक के व्यवहार में अनुकूल परिवर्तन लाने के लिए उचित मार्गदर्शन करने में सहायक है।

(iii) शिक्षण कौशलों का उचित प्रयोग करने में सहायक है।

(iv) शिक्षक प्रशिक्षण महाविद्यालयों में अध्यापन प्रशिक्षण प्राप्त कर रहे छात्राध्यापकों को शिक्षण अभ्यास करने और अपनी शिक्षण कला में सुधार लाने व कुशल शिक्षक बनाने में सहायक है।

19.3 अन्त:क्रिया विश्लेषण का अर्थ (Meaning of Interaction Analysis)

कक्षा में शिक्षण प्रक्रिया के समय शिक्षक का जो भी व्यवहार और शिक्षक-छात्रों या छात्र-छात्रों के मध्य जो भी अन्त:क्रिया होती है, उसकी प्रभावपूर्णता का पता लगाने के लिए, उसका वस्तुनिष्ठ मूल्यांकन किया जाता है और परिणामों के आधार पर सुधार लाने का प्रयास किया जाता है। वस्तुनिष्ठ मूल्यांकन के लिए पहले कक्षा व्यवहार और अन्त:क्रिया का विश्लेषण किया जाता है। यह विश्लेषण ही अन्त:क्रिया विश्लेषण के नाम से जाना जाता है। संक्षेप में, कक्षा व्यवहार का विश्लेषण ही अन्त:क्रिया विश्लेषण है। इसमें पहले कक्षा व्यवहार का निरीक्षण होता है तदुपरान्त उसका विश्लेषण किया जाता है।

इस प्रकार अन्त:क्रिया विश्लेषण एक ऐसी तकनीक है जिसमें कक्षा अन्त:क्रिया और शिक्षक व्यवहार का व्यवस्थित एवं समुचित निरीक्षण और विश्लेषण करने की व्यवस्था होती है।

शिक्षक व्यवहार और अन्त:क्रिया विश्लेषण की लगभग 100 से भी अधिक प्रणालियाँ हैं। इन प्रणालियों को दो भागों में बाँटा गया है:

(a) संकेत प्रणालियाँ (Sign Systems),

(b) श्रेणी प्रणालियाँ (Category Systems)।

संकेत प्रणाली में शिक्षक व्यवहार की एक सूची बना ली जाती है। निरीक्षक कक्षा शिक्षण के समय शिक्षक द्वारा प्रदर्शित किये गये व्यवहार पर सूची में निशान लगा देता है चाहे वह व्यवहार कितनी भी बार दोहराया गया हो। इससे विश्लेषण के समय वांछित या अवांछित व्यवहार को क्रमश: ज्यादा या कम करने के सम्बन्ध में सलाह देने में असुविधा होती है।

श्रेणी प्रणालियों में कक्षा व्यवहार को पहले कुछ इकाइयों में और फिर इन इकाइयों (Units) को कुछ श्रेणियों में बाँट लिया जाता है। निरीक्षक निरीक्षण के समय व्यवहार विशेष से सम्बन्धित श्रेणी को हर तीन सेकेण्ड में नोट करता जाता है। कौन-सा व्यवहार किस क्रम से व कितनी बार घटित हो रहा है, इसका पूरा रिकार्ड रखा जाता है। बाद में विश्लेषण के आधार पर यह मार्गदर्शन किया जा सकता है कि अध्यापक को किस व्यवहार

में वृद्धि करनी चाहिए व किस व्यवहार को कितना कम करना चाहिए। फ्लैण्डर की अन्तःक्रिया विश्लेषण प्रणाली श्रेणी प्रणालियों में एक अच्छी प्रणाली मानी जाती है।

19.4 फ्लैण्डर की अन्तःक्रिया विश्लेषण प्रणाली का अर्थ (Meaning of Flander's Interaction Analysis System)

वर्ष 1959 में एन.ए. फ्लैण्डर (N.A. Flander) ने मिनी विश्वविद्यालय में शिक्षक प्रशिक्षण कार्यक्रम के लिए कक्षा के अन्तर्गत होने वाले शिक्षक के व्यवहार का अध्ययन करने के लिए एक तकनीक का विकास किया। इससे कक्षा के भीतर होने वाली अन्तःक्रिया का विश्लेषण किया जाता है। अतः इसे फ्लैण्डर की अन्तःक्रिया विश्लेषण प्रणाली कहा जाता है।

19.5 फ्लैण्डर की अन्तःक्रिया विश्लेषण प्रणाली के उद्देश्य (Objectives of Flander's Interaction Analysis System)

इस प्रणाली के मुख्य उद्देश्य निम्नलिखित हैं:

(i) कक्षा में अन्तःक्रिया के माध्यम द्वारा शिक्षक के व्यवहार की पहचान करना।

(ii) शिक्षण विधियों के सन्दर्भ में उपचारात्मक व्यूह रचनाओं (Remedial Strategies) का निर्माण करना।

(iii) शिक्षक-व्यवहार के बारे में वस्तुनिष्ठ आँकड़े (Objective Datas) और क्रमबद्ध अभिलेख (Systematic Record) एकत्रित करना।

19.6 फ्लैण्डर की अन्तःक्रिया वर्ग पद्धति की धारणाएँ (Assumptions of Flander's Intervention Analysis System)

1. शिक्षक के कक्षा में व्यवहारों का निरीक्षण वस्तुनिष्ठ ढंग से (Objectively) सम्भव है।

2. फ्लैण्डर (Flander) के अनुसार पृष्ठपोषण (Feedback) द्वारा कक्षा-कक्ष व्यवहार (Class-room Behaviour) में परिवर्तन किया जा सकता है।

3. कक्षा-कक्षा (Class-room) में अधिकांश समय कोई-न-कोई बोलता ही रहता है। अतः शाब्दिक व्यवहार की प्रधानता रहती है। इसका निरीक्षण अन्तःक्रिया विश्लेषण विधि द्वारा किया जा सकता है।

4. अधिगम की सम्पूर्ण प्रक्रिया में कक्षा-वातावरण (Class Climate) बहुत महत्त्वपूर्ण होता है।

5. अधिगम की प्रक्रिया में छात्र और शिक्षक का परस्पर सम्बन्ध भी बहुत महत्त्व रखता है।

6. कक्षा में प्रजातान्त्रिक वातावरण छात्रों की निष्पत्तियों (Performances) को विशेष रूप से प्रभावित करता है।

7. शिक्षण में शिक्षक का व्यवहार छात्रों पर बहुत प्रभाव डालता है।

8. अशाब्दिक व्यवहार (Non-verbal Behaviour) की अपेक्षा शाब्दिक व्यवहार (Verbal Behaviour) का अधिक विश्वसनीयता (Reliably) से निरीक्षण किया जा सकता है।

9. कक्षा में प्रजान्त्रिक व्यवहार (Democratic Behaviour) को अधिक उपयुक्त माना जाता है।

10. निरीक्षकों की त्रुटियों (Errors by Observers) को कम करने की प्रविधियों (Techniques) का विकास कर लिया गया है। उसमें उन व्यवहारों को परिभाषित कर लिया जाता है जिन व्यवहारों का निरीक्षण किया जाता है।

19.7 फ्लैण्डर की अन्त:क्रिया विश्लेषण प्रणाली का 'विवरण' (Description of Flander's Interaction Analysis System)

फ्लैण्डर के अनुसार कक्षा में दो प्रकार का व्यवहार होता है–शाब्दिक (Verbal) और अशाब्दिक (Non-verbal)। इस प्रणाली का प्रयोग शाब्दिक व्यवहार का विश्लेषण करने के लिए किया जाता है। फ्लैण्डर ने कक्षा के अन्तर्गत होने वाले शाब्दिक व्यवहार को पहले तीन मुख्य इकाइयों में विभाजित किया है:

1. शिक्षक वार्ता (Teacher talk)
2. छात्र वार्ता (Pupil talk)
3. मौन या अस्तव्यस्तता (Silence or confusion)

1. शिक्षक वार्ता

शिक्षक की प्रत्यक्ष या अप्रत्यक्ष रूप से बातचीत के आधार पर इस इकाई को दो उप-इकाइयों में विभाजित किया गया है–अप्रत्यक्ष वार्ता और प्रत्यक्ष वार्ता।

अप्रत्यक्ष वार्ता में शिक्षक के वे शाब्दिक व्यवहार समाविष्ट हैं जिनसे छात्रों को अधिक-से-अधिक अध्ययन करने के लिए प्रोत्साहित करते हैं। अप्रत्यक्ष वार्ता सम्बन्धी व्यवहार को

(1) *छात्रों की भावनाओं को स्वीकार करना* (*Accepting Pupils' Feelings*): इस श्रेणी में छात्रों की भावनाओं को स्वीकृति देने वाले शिक्षक व्यवहार आते हैं।

(2) *प्रशंसा या प्रोत्साहन देना* (*Praising or Encouraging*): जिन व्यवहारों से छात्रों की प्रशंसा की जाती है या उन्हें कार्य करने के लिए प्रोत्साहित किया जाता है, इस श्रेणी में आते हैं, जैसे–हाँ, हाँ, शाबाश, अच्छा आदि।

(3) *छात्रों के विचारों को स्वीकारना या प्रयोग करना* (Accepting or Using Pupils' Ideas): इस श्रेणी में शिक्षक के वे व्यवहार आते हैं जो छात्रों के विचारों को स्वीकार करने या उनका अपने शब्दों में प्रयोग करने के रूप में प्रयोग में लाये जाते हैं, जैसे–बिल्कुल ठीक, तुमने ठीक कहा या शिक्षक स्वयं छात्र के विचार को दोहराता है।

(4) *प्रश्न पूछना* (*Asking Question*): अध्यापक छात्र से जो प्रश्न पूछता है वह इस श्रेणी में आता है।

इसके विपरीत प्रत्यक्ष वार्ता शिक्षक वार्ता की उप-इकाई होती है, जिसमें शिक्षक के उन शाब्दिक व्यवहारों को समाविष्ट किया जाता है जो छात्रों पर अंकुश लगाते हैं और सक्रिय नियन्त्रण पर जोर देते हैं। इस प्रकार के शिक्षक व्यवहार की तीन श्रेणियाँ हैं–

(5) *व्याख्यान देना* (*Lecturing*): विषयवस्तु से सम्बन्धित तथ्यों को समझाने या स्पष्ट करने के लिए अध्यापक भाषण देता है।

(6) *निर्देश देना* (*Giving Direction*): शिक्षक छात्रों को किसी कार्य को करने या न करने के लिए आदेश भाषण देता है।

(7) *आलोचना करना* (*Criticising or Justifying Authority*): शिक्षक छात्रों की क्रियाओं की आलोचना करता है, उन्हें गलत बताता है। शिक्षक कक्षा में जो भी कुछ कर रहा है, वह क्यों कर रहा है यह भी समझाने का प्रयास करता है। ये व्यवहार इस श्रेणी में आते हैं।

2. छात्र वार्ता

इस इकाई में छात्रों के दो प्रकार के व्यवहार को शामिल किया गया है, अतः इसकी दो श्रेणियाँ हैं:

(8) *छात्र वार्ता अनुक्रिया* (*Pupil Talk Response*): छात्र शिक्षक द्वारा पूछे गये प्रश्न का उत्तर देते हैं।

(9) *छात्र वार्ता स्वोपक्रम* (*Pupil Talk Initiation*): इस श्रेणी के छात्र वार्ता व्यवहार में छात्र वार्ता के लिए पहल करते हैं। छात्र स्वयं वार्ता प्रारम्भ करते हैं या स्वेच्छा से बोलते हैं।

3. मौन या अस्तव्यस्तता

(10) *मौन या अस्तव्यस्तता* (*Silence or Confusion*): इस इकाई को श्रेणी का नाम दे दिया गया है क्योंकि इसमें कोई विभाजन नहीं किया गया है। जब कक्षा में मौन या स्तब्धता हो या अराजकता हो और यह समझ में न आये कि कक्षा में क्या हो रहा है, ऐसी स्थिति को इस श्रेणी में माना जाता है।

फ्लैण्डर की उपरोक्त दस श्रेणियों को संक्षेप में निम्न प्रकार से प्रदर्शित कर सकते हैं:

फ्लैण्डर की दस श्रेणियाँ
(Flander's Ten Categories)

(a) शिक्षक वार्ता

अप्रत्यक्ष वार्ता	प्रत्यक्ष वार्ता
1. भावनाएँ स्वीकृत करना	5. व्याख्यान देना
2. प्रशंसा या प्रोत्साहन	6. निर्देश देना
3. विचारों को स्वीकृत करना और प्रयोग करना	7. आलोचना
4. प्रश्न पूछना	

(b) शिक्षक वार्ता

(8)	(9)
शिक्षक को प्रत्युत्तर देना	छात्र द्वारा वार्ता के लिए पहल करना

(c) (10) मौन या अस्तव्यस्तता

19.8 फ्लैण्डर की अन्त:क्रिया विश्लेषण प्रणाली की प्रक्रिया (Procedure of Flander's Interaction Analysis System)

फ्लैण्डर की अन्त:क्रिया विश्लेषण प्रणाली में कक्षा व्यवहार का विश्लेषण करने के लिए निम्न दो सोपानों का प्रयोग करना पड़ता है:

1. कक्षा में घटित व्यवहार का निरीक्षण एवं अभिलेखन,
2. अन्त:क्रिया मैट्रिक्स (Matrix) की रचना एवं व्याख्या।

1. कक्षा में घटित व्यवहार का निरीक्षण एवं अभिलेख–संकेतन (Encoding): कक्षा के अन्दर जो भी व्यवहार घटित होता है उसका विशेषज्ञ निरीक्षक द्वारा निरीक्षण किया जाता है। कौन-सा व्यवहार किस श्रेणी का है, यह निश्चित कर वह एक प्रपत्र (Sheet) पर उस श्रेणी का नम्बर नोट कर लेता है। इस प्रकार सम्पूर्ण व्यवहार को विभिन्न श्रेणियों के क्रम नम्बरों में नोट करने की प्रक्रिया को कूट संकेतन कहा जाता है। इसके लिए निम्न बातों को ध्यान में रखना चाहिए:

(i) निरीक्षक को ऐसे स्थान पर बैठना चाहिए जिससे कक्षा की गतिविधि में बिना बाधा पहुँचाए वह हर गतिविधि का भली प्रकार से निरीक्षण कर सके।

(ii) निरीक्षक को अन्त:क्रिया विश्लेषण प्रणाली का पूर्ण ज्ञान होना चाहिए। हर श्रेणी का क्रम नम्बर याद होना चाहिए। उसमें सक्रिय होकर कार्य करने की कुशलता होनी चाहिए।

(iii) हर तीन सेकेण्ड में घटित व्यवहार के श्रेणी नम्बर को आलेख-पत्र (Data Sheet) पर नोट कर लेना चाहिए। जैसे यदि अध्यापक प्रश्न पूछता है तो आलेख-पत्र पर 4 अंकित करना चाहिए, व्याख्यान देने पर 5, प्रशंसा करने पर 2 और इस प्रकार जो भी व्यवहार घटित हो रहा है उसे हर तीन सेकेण्ड के हिसाब से अंकित करना चाहिए। यदि कोई व्यवहार ज्यादा देर तक घटित हो तो भी हर तीन सेकेण्ड के बाद उसी श्रेणी के नम्बर को पुनः-पुनः अंकित कर लेना चाहिए। निरीक्षक एक तरह से स्वचालित मशीन (Automatic Machine) की तरह कार्य करने में प्रशिक्षित होना चाहिए।

(iv) श्रेणी नम्बर उसी क्रम में नोट करने चाहिए जिस क्रम में कक्षा में व्यवहार घटित हो रहा है।

(v) यदि यह स्पष्ट न हो कि व्यवहार किस श्रेणी से सम्बन्धित है तो पाँचवीं श्रेणी से जो श्रेणी सबसे दूर हो उसका नम्बर नोट करना चाहिए, जैसे–श्रेणी 8 और 9 के बारे में संशय हो तो 9 नम्बर नोट करना चाहिए क्योंकि यह पाँचवी श्रेणी से 8वीं श्रेणी से अधिक दूर है।

2. अन्त:क्रिया मैट्रिक्स की रचना और व्याख्या (Construction and Interpretation of Interacton Matrix): निरीक्षक के द्वारा कक्षा में घटित व्यवहार से सम्बन्धित श्रेणियों की संख्या को अंकित कर जो आलेख प्रपत्र (Data Sheet) तैयार किया जाता है उसके आधार पर उन अंकित की गई श्रेणियों की एक विशेष प्रकार की तालिका में व्यवस्थित कर, इसका विश्लेषण करने का प्रयास किया जाता है कि शिक्षक व्यवहार या कक्षा अन्त:क्रिया का क्या स्तर रहा, उसमें क्या सुधार किया जाना चाहिए। इस सम्पूर्ण प्रक्रिया को तकनीकी भाषा में विसंकेतन (Decoding) कहा जाता है। विसंकेतन (Decoding) के लिए दो कार्य किये जाते हैं:

(i) अन्त:क्रिया मैट्रिक्स की रचना (Construction of Interaction Matrix)

(ii) अन्तक्रिया मैट्रिक्स की व्याख्या (Interpretation of Interaction Matrix)

अन्त:क्रिया मैट्रिक्स की रचना: मैट्रिक्स की रचना करने के लिए दस पंक्तियाँ तथा दस स्तम्भ (Columns) की अर्थात् 10 × 10 की तालिका में लिखा जाता है। इसके लिए सबसे पहले श्रेणी नम्बरों को जोड़ों में परिवर्तित किया जाता है। जोड़े बनाने से पूर्व आलेख प्रपत्र पर अंकित नम्बरों के शुरू में और आखिर में 10 का नम्बर लिखा जाता है। दो नम्बरों का एक जोड़ा होता है। एक नम्बर दो बार जोड़ा बनाने के काम आता है। एक बार अपने से पहले वाले नम्बर के साथ और एक बार अपने से बाद वाले नम्बर के साथ। इसे हम निम्न उदाहरण से स्पष्ट कर सकते हैं।

मान लीजिए एक निरीक्षक ने आलेख प्रपत्र पर 5, 5, 4, 8, 2, 3, 5, 5, 5, 6, 4, 10, 6, 8 श्रेणी क्रमांक का अंकन किया। इसके जोड़े बनाने से पहले शुरू में व अन्त में 10 नम्बर लिखा जायेगा और फिर जोड़े बनाये जाएँगे।

10 5 5 4 8 2 3 5 5 5 6 4 10 6 8 10

इन जोड़ों का प्रथम अंक पंक्ति (Row) को और द्वितीय अंक स्तम्भ (Column) को दर्शाता है। उदाहरण के लिए, प्रथम जोड़े में पहला अंक 10 है और दूसरा अंक 5 है। मैट्रिक्स तालिका की 10वीं पंक्ति में 5वें स्तम्भ में एक टैली लगाई जायेगी। फिर जोड़े को लेंगे, इसका प्रथम अंक 5 है व दूसरा अंक 5 है तो पाँचवीं पंक्ति के पाँचवें स्तम्भ में एक टैली लगाई जायेगी। इस प्रकार से सभी जोड़ों के अंकों को मैट्रिक्स में भरा जायेगा। कुल टैली को 'N' से प्रदर्शित करते हैं। N = (n – 1)। अर्थात् आलेख प्रपत्र पर अंकित श्रेणी क्रमांकों की कुल संख्या (दोनों तरफ के 10 सहित) से एक कम कुल टैली योग होगा। उपरोक्त उदाहरण में आवृत्तियों (Tallies) का कुल योग (16 – 1 = 15) 15 होगा। इसे तालिका में निम्न प्रकार प्रकार प्रदर्शित करेंगे–

अन्त:क्रिया मैट्रिक्स तालिका (Interaction Matrix Table)

स्तम्भ (Columns) ⟶

पंक्तियाँ (Rows) ⟶

	1	2	3	4	5	6	7	8	9	10	Total
1											×
2			I								1
3					I						1
4								I		I	2
5				I	III	I					5
6				I				I			2
7											×
8		I								I	2
9											×
10					I	I					2
Total	×	1	1	2	5	2	×	2	×	2	(15)

इस तालिका में आवृत्तियों का कुल योग 15 है अत: मैट्रिक्स की रचना ठीक है।

अन्त:क्रिया मैट्रिक्स की व्याख्या (Interpretation of Interaction Matrix): अन्त:क्रिया मैट्रिक्स की रचना करने के पश्चात् इसकी व्याख्या की जाती है और कक्षा अन्त:क्रिया व शिक्षक व्यवहार का विश्लेषण किया जाता है। यह विश्लेषण गुणात्मक (Qualitative) और परिमाणात्मक (Quantitative) दोनों प्रकार से किया जाता है जिससे शिक्षकों को वांछित व्यवहार की वृद्धि व अवांछित व्यवहार को कम करने के बारे में उचित सलाह दी जा सके और उन्हें सफल व प्रभावशाली शिक्षक बनाया जा सके। इस व्याख्या के वैसे तो कई तरीके हैं परन्तु दो तरीके सरल, उपयुक्त व तर्कसंगत हैं:

(A) *प्रतिशत रूप में व्यवहार व्याख्या (Interpretation of Behaviour as Percentage)*: इसमें कक्षा व्यवहार की सभी श्रेणियों का प्रतिशत निकाला जा सकता है और परिमाणीकृत व्यवहार प्रतिशत से तुलना कर शिक्षक व्यवहार की व्याख्या की जा सकती है। व्यवहार प्रतिशत निकालने का तरीका निम्न प्रकार से है:

(i) *शिक्षक वार्ता प्रतिशत*: इसके लिए पहली सात श्रेणियों की आवृत्ति में सम्पूर्ण आवृत्ति से भाग कर, उसमें 100 का गुणा करके प्रतिशत निकाला जाता है, जैसे–

$$\text{शिक्षक वार्ता प्रतिशत} = \frac{1+2+3+4+5+6+7}{N} \times 100$$

इससे कक्षा के पूर्ण व्यवहार में शिक्षक वार्ता प्रतिशत निकल आता है।

(ii) *छात्र वार्ता प्रतिशत*: इसके लिए आठवीं व नौवीं श्रेणी की आवृत्ति में सम्पूर्ण आवृत्ति से भाग कर 100 का गुणा करके प्रतिशत निकालते हैं, जैसे–

$$\text{छात्र वार्ता प्रतिशत} = \frac{8+9}{N} \times 100$$

इससे कक्षा के पूर्ण व्यवहार में छात्र वार्ता का प्रतिशत निकल आता है।

इसी प्रकार से अप्रत्यक्ष अध्यापक वार्ता, प्रत्यक्ष अध्यापक वार्ता, मौन या अस्तव्यस्तता आदि सभी का प्रतिशत निकाला जा सकता है।

(B) *व्यवहार अनुपात व्याख्या (Interpretation of Behaviour Ratio)*: कक्षा अन्त:क्रिया व शिक्षक व्यवहार में घटित विभिन्न व्यवहारों की पारस्परिक तुलना के सन्दर्भ में इस प्रकार का अनुपात निकाला जाता है, जैसे–कक्षा अन्त:क्रिया में छात्र सक्रियता के अनुपात में शिक्षक सक्रियता का अनुपात क्या रहा? यह जानकारी शिक्षक को अधिक सक्रिय या कम सक्रिय होने से सम्बन्धित सलाह देने में सहायता करती है। इसी प्रकार के अन्य व्यवहारों के अनुपात की व्याख्या अध्यापक के शिक्षण में सुधार लाने में सहायक होती है। अलग-अलग व्यवहार अनुपात को निकालने के अलग-अलग सूत्र हैं। कुछ व्यवहार अनुपात निकालने के सूत्र नीचे दिये जा रहे हैं–

(i) पूर्ण कक्षा अन्त:क्रिया में शिक्षक वार्ता अनुपात निम्न सूत्र से निकालते हैं:

$$\text{Teacher Talk Ratio} = \frac{1+2+3+4+5+6+7}{N} \times 100$$

(ii) सम्पूर्ण शिक्षक वार्ता व्यवहार के सन्दर्भ में अप्रत्यक्ष शिक्षक वार्ता व्यवहार का अनुपात निम्न सूत्र से निकालते हैं:

$$\frac{\text{ITTR (Indirect Teacher Talk Ratio)}}{\text{TTR (Teacher Talk Ratio)}} = \frac{1+2+3+4}{1+2+3+4+5+6+7} \times 100$$

(iii) अप्रत्यक्ष शिक्षक व्यवहार के साथ प्रत्यक्ष शिक्षक व्यवहार का अनुपात–

$$\frac{\text{D (Direct)}}{\text{I (Indirect)}} = \frac{5+6+7}{5+6+7} \times 100$$

(iv) प्रत्यक्ष शिक्षक व्यवहार के साथ अप्रत्यक्ष शिक्षक व्यवहार का अनुपात–

$$\frac{I}{D} = \frac{1+2+3+4}{5+6+7} \times 100$$

(v) शिक्षण वार्ता व्यवहार की तुलना में छात्र वार्ता व्यवहार का अनुपात–

$$\frac{PT}{TT} = \frac{8+9}{1+2+3+4+5+6+7} \times 100$$

इसी प्रकार से अन्य व्यवहारों का अनुपात भी निकाला जा सकता है।

कक्षा अन्त:क्रिया के इन विभिन्न व्यवहार अनुपातों को जो मान (Value) आता है उसकी कक्षा अन्त:क्रिया एवं शिक्षक व्यवहार के पूर्व निर्धारित मानदण्ड (Norms) के साथ तुलना करके व्याख्या की जाती है और बताया जाता है कि शिक्षक का वर्तमान व्यवहार वांछित स्तर का था या अवांछित स्तर का।

19.9 फ्लैण्डर की अन्त:क्रिया विश्लेषण प्रणाली की विशेषताएँ एवं उपयोगिता (Characteristics and Utility of Flander's Interaction Analysis System)

इस प्रणाली की विशेषताएँ एवं लाभ निम्नलिखित हैं–

1. कक्षा अन्त:क्रिया विश्लेषण और शिक्षक के शाब्दिक व्यवहार का निरीक्षण करने और सुधार लाने में सहायता करने की एक वस्तुनिष्ठ विधि है।

2. इस विधि से किया गया शिक्षक व्यवहार का विश्लेषण शिक्षकों का पृष्ठपोषण करने में सहायक होता है।

3. शिक्षक प्रशिक्षण कार्यक्रमों में इस विधि का प्रयोग छात्राध्यापकों को तत्काल उचित मार्गदर्शन करने और शिक्षण व्यवहारों से परिचित कराने में सहायक होता है।

4. सूक्ष्म-शिक्षण तकनीक में भी शिक्षण कौशलों के अभ्यास में इसे एक सहायक प्रविधि के रूप में अपनाया जा सकता है।

5. शिक्षण प्रक्रिया में परिवर्तन लाने एवं सुधार करने के लिए यह एक उपयोगी विधि है।

6. कक्षा के सौहार्द्रपूर्ण, सामाजिक व संवेगात्मक वातावरण की मापने की एक अच्छी तकनीक है।

7. कक्षा में छात्र-सहभागिता बढ़ाने में इस विधि से सहायता मिल सकती है।

8. शिक्षक छात्र सम्बन्ध (Pupil Teacher Relationship) को अच्छा बनाने में सहायता मिल सकती है।

9. शिक्षक व्यवहार के सिद्धान्तों का प्रतिपादन करने में इस तकनीक की सहायता ली जा सकती है।

10. यह कक्षा की गतिविधियों का विश्वसनीय ढंग से पता लगाने की एक अच्छी विधि है।

11. शिक्षक व्यवहार से सम्बन्धित शोध कार्यों में इस तकनीक का प्रयोग किया जा सकता है।

19.10 फ्लैण्डर की अन्त:क्रिया विश्लेषण प्रणाली की सीमाएँ (Limitaions of Flander's Interaction Analysis)

इस प्रणाली में पाये जाने वाले दोष व सीमाएँ निम्न हैं:

1. सम्पूर्ण कक्षा अन्त:क्रिया को दस श्रेणियों में विभाजित किया गया है, जिसमें से 7 श्रेणियाँ शिक्षक वार्ता के लिए और दो श्रेणियाँ छात्र वार्ता के लिए दी गई हैं। यह विभाजन असन्तुलित है।

2. बहुत से कक्षा व्यवहार या क्रियाएँ ऐसी हैं जो इन श्रेणियों में नहीं आ पाई हैं अत: यह प्रणाली अपने आप में अपूर्ण है।

3. हर विषय की पाठ्य-सामग्री के शिक्षण के लिए एक से ही व्यवहार बताये हैं, जबकि हर विषय के शिक्षण में कक्षा व्यवहार में भिन्नता आ जाती है।

4. इस प्रणाली में शिक्षक के शाब्दिक व्यवहार का निरीक्षण और विश्लेषण हो सकता है, अशाब्दिक व्यवहार का नहीं।

5. इस प्रणाली में शिक्षक-छात्र अन्त:क्रिया की तो व्यवस्था है, परन्तु छात्र-छात्र अन्त:क्रिया को कोई स्थान नहीं है।

6. बहुत-सी शिक्षण सम्बन्धी क्रियाएँ, जैसे–सहायक साधनों का प्रयोग, श्यामपट्ट लेखन, भाषा में वाचन आदि जो कि शिक्षण को प्रभावशाली बनाने में बहुत सहायक होती हैं, उपेक्षित रह गई हैं।

7. शिक्षक का कक्षा पर प्रभाव कैसा रहा? इसके सम्बन्ध में भी कोई स्पष्ट निर्णय नहीं लिया जा सकता है।

8. व्यवहार नोट करने का तीन सेकेण्ड का समय बहुत कम है।

9. इस प्रणाली के प्रयोग के लिए योग्य, अनुभवी एवं प्रशिक्षित निरीक्षकों का मिलना मुश्किल हो जाता है।

10. इसमें समय, शक्ति व धन का काफी व्यय होता है।

11. इस प्रणाली की चौथी श्रेणी प्रश्न पूछने से सम्बन्धित है। इसमें प्रश्न के प्रकार या पूछने की शैली के बारे में कोई स्पष्टीकरण नहीं है। शिक्षक ने प्रश्न पूछने में ठीक भाषा का प्रयोग किया या नहीं? प्रश्न पूछने का ढंग ठीक था या नहीं? इसके बारे में कुछ पता नहीं लगता।

12. इसी प्रकार पाँचवीं श्रेणी व्याख्यान की है, लेकिन अध्यापक की व्याख्या या भाषण किस स्तर का था? यह ज्ञात नहीं हो पाता।

13. दसवीं श्रेणी में मौन व अस्तव्यस्तता दो क्रियाएँ सम्मिलित कर दी हैं, यह उचित नहीं है। दोनों की अलग-अलग दो श्रेणियाँ होनी चाहिए।

14. यह भी स्पष्ट नहीं हो पाता कि मौन सार्थक था या निरर्थक? शिक्षण कार्य में सहायक था या बाधक?

15. आठवीं श्रेणी छात्र अनुक्रिया की है। छात्र की अनुक्रिया किस स्तर की थी? इस बात की कोई जाँच नहीं हो पाती है।

19.11 अन्त:क्रिया विश्लेषण विधि के प्रयोग के लिए सावधानियाँ (Precautions While Using Interaction Analysis Technique)

अन्त:क्रिया विश्लेषण प्रविधि का प्रयोग करते समय कुछ सावधानियों का प्रयोग अति आवश्यक होता है। ये सावधानियाँ निम्नलिखित हैं–

1. जब तक कोई भी निरीक्षणकर्त्ता अन्त:क्रिया विश्लेषण की सम्पूर्ण प्रक्रिया नहीं जानता और इसकी सीमाएँ नहीं जानता, तब तक अन्त:क्रिया विश्लेषण के आँकड़े एकत्रित नहीं किये जाने चाहिए।

2. दो प्रेक्षणों (Observations) या दो मैट्रिक्स (Matrices) की परस्पर तुलना की जानी चाहिए जिससे उन पर नियन्त्रण किया जा सके और वांछित-अवांछित शिक्षण व्यवहारों की तुलना की जा सके।

3. वांछित तथा अवांछित शिक्षण व्यवहारों का पता लगाया जाना चाहिए ताकि कारण और प्रभाव (Cause and Effect) का सम्बन्ध ज्ञात किया जा सके।

4. मैट्रिक्स के निरीक्षण के पश्चात् जिन प्रश्नों के उत्तर पूछने होते हैं, उनका विकास प्रेक्षण आरम्भ होने से पूर्व ही कर लिया जाना चाहिए।

20

प्रभावी अध्यापक
(Effective Teacher)

20.1 अध्यापक के कार्य के महत्त्व के बारे में विद्वानों तथा विचारकों के परम्परागत विचार (Traditional Views of Scholars and Thinkers on the Role of the Teacher)

1. *अध्यापक राष्ट्र के भाग्य का मार्गदर्शक* (*Teacher as a Guide of the Future of a Nation*): डॉ. राधाकृष्णन के मतानुसार अध्यापक का समाज में महत्त्वपूर्ण स्थान है। वह बौद्धिक परम्पराओं और तकनीकी निपुणताओं को एक पीढ़ी से दूसरी पीढ़ी तक संचारण हेतु धुरी का कार्य करता है और सभ्यता के दीपक को प्रदीप्त रखने में सहायक होता है। वह केवल व्यक्ति का ही मार्गदर्शन नहीं करता, कहना यह चाहिए कि वह राष्ट्र के भाग्य का ही मार्गदर्शन करता है। अतः अध्यापकों को समाज के प्रति अपने बढ़ते उत्तरदायित्वों को अनुभव करना चाहिए, दूसरी ओर समाज के लिए यह आवश्यक होगा कि वह अध्यापन व्यवसाय का उचित आदर करे और इस बात का संकल्प करे कि अध्यापक को किसी चीज की कमी न रहे और उसे समाज में ऐसा स्थान दिया जाए कि वह छात्रों से आदर प्राप्त कर सके।

2. *अध्यापक हमारे भविष्य के निर्माता के रूप में* (*Teacher as the Builder of Our Future*): डॉ. जाकिर हुसैन का मत है, "वास्तव में अध्यापक हमारे भविष्य का निर्माता है। समाज अपने ही विनाश पर उसका तिरस्कार कर सकता है। अध्यापक भी समाज के कल्याण के लिए असन्दिग्ध रूप से परस्पर आदान-प्रदान करे और अपने छात्रों के कल्याण हेतु प्रयत्न करे। स्वयं भी एक अध्यापक होने के नाते मैं एक अध्यापक के उत्तरदायित्वों से भली-भाँति परिचित हूँ।"

3. *शिक्षक किसी भी शिक्षा-प्रणाली का महत्त्वपूर्ण घटक* (*Teacher as an Important Part of an Educational System*)-*पद्धति के एक महत्त्वपूर्ण घटक के रूप में*: केन्द्रीय शिक्षा मन्त्रालय के भूतपूर्व सचिव श्री प्रेम कृपाल का मत है कि "सम्पूर्ण विश्व की दृष्टि आज उस पर केन्द्रित है। उसे किसी भी शिक्षा-प्रणाली का एक महत्त्वपूर्ण घटक माना गया है। उसके प्रशिक्षण, त्याग और दक्षता पर ही शिक्षा का सम्पूर्ण ढाँचा आधारित है। वह शिक्षा की गुणवत्ता की कुंजी है, शैक्षिक साधनों की कोटि अध्यापकों के संभरण पर निर्भर करती है, शैक्षिक पद्धति में महत्त्वपूर्ण परिवर्तन उसकी पहल-शक्ति पर निर्भर है।"

4. *अध्यापक एक रचनात्मक कार्यकर्त्ता के रूप में* (*Teacher as a Creative Worker*):

प्राचीन काल में शिक्षक चाहे भारत, अरब या ग्रीक कहीं के भी हों, वे इसीलिए पढ़ाते थे क्योंकि उन्होंने उच्च ज्ञान प्राप्त किया था। ज्ञान केवल मात्र योगात्मक नहीं था, सावधानी से चयन की गई सामग्री का संचय होता था। यह आधारभूत सिद्धान्तों की खोज थी। प्लेटो ने जो संगीत के लिए कहा था, वह शिक्षा के लिए भी सत्य है। यह केवल मात्र अनुसमता नहीं वरन् आत्मा की प्रत्यक्ष वृत्ति है। सुशिक्षण के लिए अध्यापक का उत्तरदायित्व महान है।

5. *अध्यापक का राष्ट्र की उन्नति में महत्त्वपूर्ण स्थान (Significant Place of the Teacher in the Progress of the Nation)*: डॉ. डी.एस. कोठारी अध्यापक एवं समाज के कर्त्तव्य के विषय में कहते हैं, "हमारे राष्ट्र की उन्नति एवं विकास हेतु शिक्षा का महत्त्वपूर्ण स्थान है। शिक्षा का स्तर अध्यापकों पर विशेष उत्तरदायित्व डालता है। समान रूप से यह भी आवश्यक है कि सरकार एवं अन्य संस्थाएँ अध्यापकों के कार्य एवं सेवा की परिस्थितियों के सुधार हेतु कार्य करें ताकि वे शिक्षा एवं अन्वेषण में अपना अधिकतम योगदान कर सकें।"

6. *शिक्षक इतिहास का वास्तविक निर्माणकर्त्ता है (Teacher as the Real Maker of History)*: एच.जी. वेल्स ने इस प्रकार का स्थान शिक्षक को दिया है।

7. *शिक्षक शिक्षा-प्रणाली की धुरी है (Teacher as the Orbit of the System of Education)*: प्रो. हुमायूँ कबीर कहते हैं, "बिना अच्छे शिक्षकों के उत्तम शिक्षा-प्रणाली भी असफल हो जाएँगी, अच्छे शिक्षकों द्वारा किसी प्रणाली के दोष भी दूर किए जा सकते हैं।"

8. *शिक्षण महत्त्वपूर्ण व्यवसाय (Teaching as Significant Profession): टायण्डल (Tyndall)* के अनुसार, "यदि कोई व्यवसाय अत्यधिक महत्त्वपूर्ण है तो मेरे विचार में वह स्कूल में शिक्षक का है।"

9. *ब्रह्मा का रूप शिक्षक (Teacher as the Brahama)*: मुनि मनु के अनुसार, "शिक्षक ब्रह्मा का रूप है, पिता प्रजापति का रूप है और माता पृथ्वी स्वरूपा है।"

10. एक *भारतीय प्रार्थना* के अनुसार शिक्षा ब्रह्मा, विष्णु तथा शिव का रूप (*Teacher as the Brahama, Vishnu and Shiva*), "शिक्षक निर्माणकर्त्ता ब्रह्मा है, वह परमात्मा विष्णु है, वह परमात्मा महेश्वर है। वह सम्पूर्ण विश्व है। मेरा उसे नमस्कार है।"

11. *प्रथम कोटि के अध्यापक तथा प्रथम कोटि का राष्ट्र ('A' One Teacher: 'A' One Nation)*: डॉ. ई.ए. पायर्स (Dr. E.A. Pires) लिखते हैं, "यदि राष्ट्र के अध्यापक तृतीय कोटि के हैं तो इसमें कोई सन्देह नहीं कि राष्ट्र भी तृतीय कोटि का होगा। यदि हम प्रथम कोटि के होना चाहते हैं तो हमारे अध्यापकों को प्रथम कोटि का होना होगा।"

12. *अध्यापक की भूमिका (Role of the Teacher According to Secondary Education Commission): माध्यमिक शिक्षा आयोग के अनुसार:* "हमें पूर्ण विश्वास है कि इस अपेक्षित पुनर्निर्माण में अध्यापक का स्थान उसके व्यक्तिगत गुण, शैक्षिक योग्यता तथा व्यावसायिक प्रशिक्षण पर है। विद्यालय की प्रसिद्धि और समाज पर इसका प्रभाव, कार्य करने वाले अध्यापकों पर ही निर्भर करता है।"

13. *अध्यापक का जीवनपर्यन्त प्रभाव (Life Long Influence of the Teacher)*: हेनरी आदम (Henry Adams) का मत है, "मात-पिता जन्म देते हैं, इसके अतिरिक्त कुछ नहीं करते। एक हत्यारा जीवन का अन्त करता है और वहीं उसके कार्य की इतिश्री हो जाती है। एक अध्यापक का प्रभाव अन्त तक होता है। वह कभी नहीं कह सकता कि उसका प्रभाव कहाँ समाप्त होता है।"

20.2 अध्यापक के प्रमुख उत्तरदायित्व (Main Responsibilities of the Teacher)

अध्यापक का मौलिक कार्य बालकों के अधिगम अनुभवों को इस प्रकार पहल देना, निर्देशित तथा मार्गदर्शित करना है कि वे अपनी क्षमतानुसार अपना बौद्धिक, सौन्दर्यात्मक, चारित्रिक, शारीरिक एवं भावात्मक विकास करके समाज के उपयोगी सदस्य बन सकें। अध्यापक के मुख्य उत्तरदायित्व इस प्रकार हैं:

1. छात्रों का चारित्रिक विकास।
2. प्रभावशाली शिक्षण अधिगम।
3. पाठ्यक्रम का विकास एवं संचालन।
4. छात्रों के व्यक्तिगत अन्तरों का निराकरण तथा विकास।
5. कक्षा प्रबन्ध।
6. छात्र तथा अन्य अभिलेखों का रखना।
7. पाठान्तर क्रियाओं का आयोजन।
8. छात्रों का शैक्षिक तथा व्यावसायिक मार्गदर्शन।
9. छात्रों के कार्य का मूल्यांकन।
10. विद्यालय में मानवीय सम्बन्ध स्थापित करना।
11. प्रभावी सामुदायिक सम्बन्ध।
12. विभागीय नियमों का पालन करना।
13. अपना व्यावसायिक विकास करना।
14. सम्पूर्ण विद्यालीय व्यवसाय में निर्माणात्मक भागीदारी निभाना।

यहाँ पर कुछ प्रमुख उत्तरदायित्वों पर चर्चा की जा रही है:

छात्रों का चारित्रिक विकास (Character Development of Students)

(i) आदर्शवादी वातावरण का निर्माण करना। (ii) छात्रों के पारस्परिक सहयोगपूर्ण सम्पर्क में विधिवत् मैत्रीपूर्ण सहायता प्राप्त करना। (iii) दूसरों के अधिकारों, सुविधाओं तथा विचारों के प्रति छात्रों के मन में आदर की भावना उत्पन्न करना। (iv) ऐसी सामुदायिक परिस्थितियों को उत्पन्न करना जिससे छात्रों में उपयुक्त नेतृत्व और भाईचारे के गुण विकसित हो सकें। (v) कक्षा एवं विद्यालय के वातावरण में इस प्रकार व्यवहार का स्तर बनाना जो कि समाज के स्वीकृत व्यवहार के अनुरूप हों। (vi) सदाचार एवं नैतिक समस्याओं पर चर्चा एवं उनसे सम्बन्धित ज्ञान शक्ति के विकास से नैतिक स्तर के तर्क की समझ छात्रों में उत्पन्न करना। (vii) प्रत्येक छात्र की विचार एवं कार्य करने की वैयक्तिकता को प्रोत्साहित करना।

प्रभावी शिक्षण अधिगम विधि (Effective Teaching-Learning Methodology)

(i) इस प्रकार की शिक्षण सामग्री और विधि का चयन करना जोकि सीखने की क्रिया में सुविधा प्रदान करे और सीखने की भावना को उत्तेजित करे।

(ii) छात्रों की आवश्यकता, पृष्ठभूमि एवं योग्यता के अनुसार अध्यापन करना।

(iii) वार्तालाप, प्रदर्शन, दृश्य एवं मौखिक प्रदर्शन, कविता पाठ, प्रयोग, विशेष योजना और क्षेत्र भ्रमण आदि उपयुक्त विधियों से पढ़ाना।

(iv) विभिन्न शिक्षण पद्धतियों का विश्लेषण एवं मूल्यांकन करना जिससे सीखने की क्रिया में सुधार किया जा सके।

(v) छात्रों की रुचि एवं ध्यान को प्राप्त करने के लिए प्रयत्न करना जिससे शिक्षण प्रभावी वातावरण में किया जा सके।

(vi) पढ़ाई गई सामग्री का उपयोग इस प्रकार करना जिससे ऐसा आदर्श स्थापित हो जाये कि उसका प्रयोग भविष्य में दूसरे क्षेत्रों में किया जा सके।

(vii) छात्रों का समीक्षात्मक विचारों के विकास के लिए मार्गदर्शन करना।

(viii) उपयुक्त कार्य, अध्ययन-निपुणता एवं आदतों का विकास करना।

(ix) छात्रों को पाठ-योजना क्रिया में भाग लेने के लिए प्रोत्साहित करना।

(x) छात्रों की आवश्यकताओं एवं अभिरुचियों पर आधारित किसी एक विषय या कौशल के लिए किसी सीमा के अन्तर्गत विस्तृत रूपरेखा एवं उद्देश्यों का निर्माण करना।

(xi) यह आश्वसत कर लेना कि शिक्षण आरम्भ होने से पूर्व ही उद्देश्यपूर्ण और निर्देशित अध्यापन हेतु उपयुक्त तैयारी कर ली गई है।

पाठ्यक्रम का विकास एवं संचालन
(Development and Implementation of Curriculum)

(i) वर्तमान पाठ्यक्रम की विषयवस्तु के अध्ययन और उसके सुधार हेतु कार्यक्रम में भाग लेना।

(ii) पढ़ाए जाने वाले विषय के उद्देश्य, क्षेत्र और पद्धतियों को निर्धारित करना।

(iii) छात्रों के लिए अध्यापन कार्यक्रम को समृद्ध बनाने हेतु आवश्यकता होने पर दत्त कार्य (Assignment) बनाना।

(iv) अपने विषय-का दूसरे विषयों शिक्षण-अधिगम से सह-सम्बन्ध स्थापित करना।

वैयक्तिक भेदों और विकास स्तरों को ठीक करने की व्यवस्था
(Provision for Meeting the Individual Differences of Students)

(i) सीखने हेतु तत्परता की स्थापना के लिए बाल मनोविज्ञान के आधारभूत ज्ञान का उपयोग करना। (ii) अध्यापन एवं सीखने की क्रियाओं के सुधार हेतु प्रत्येक छात्र की पृष्ठभूमि एवं विद्यालय से बाहर के वातावरण के बारे में जानने का प्रयत्न करना। (iii) प्रत्येक छात्र में वैयक्तिक वृद्धि और आदर्श की भावना का विकास करना।

कक्षा का प्रबन्ध (Class Management)

(i) कक्षा की भौतिक सामग्री की रक्षा हेतु छात्रों को उत्तरदायित्व सौंपना। (ii) सीखने की परिस्थितियों के सुधार हेतु सामग्रियों एवं उपकरणों का विकास, निर्माण और प्रदर्शन करना। (iii) कक्षा कक्ष का स्वास्थ्यपूर्ण और सुरक्षित दशा में रखना तथा उचित प्रकाश और वातायन की सुविधा प्रदान करना। (iv) आवश्यक अभिलेख जैसे उपस्थिति पंजिका आदि को तैयार करना और नियमित रूप से आरक्षित रखना।

छात्रों के कार्यों का मूल्यांकन करना (Evaluation of Students' Work)

(i) छात्रों के ज्ञान प्राप्ति के स्तर एवं गुणों का मूल्यांकन करने के लिए उपयुक्त परीक्षा की खोज एवं संचालन करना। (ii) अध्यापन एवं सीखने की विधियों के सुधार हेतु

परीक्षा परिणामों की समीक्षा करना और छात्रों की उन्नति या अवनति का रिकार्ड तैयार करना। (iii) छात्रों के गृहकार्य और अन्य प्रकार के कार्यों का मूल्यांकन करना। (iv) छात्रों के मूल्यांकन करने में विशेषज्ञों का सहयोग प्राप्त करना। (v) छात्रों द्वारा किए जा रहे प्रयासों के परिणाम उन्नति पुस्तिका।

अभिभावक एवं सामुदायिक सम्बन्ध
(Relations with the Parents and the Community)

(i) अभिभावक शिक्षक संघ एवं इसी प्रकार की अन्य क्रियाओं में भाग लेना।

(ii) सामुदायिक कार्यों में भाग लेना।

(iii) छात्रों की उन्नति एवं व्यवहार से सम्बन्धित विषयों पर माता-पिता से वार्तालाप करने हेतु निश्चित समय पर उनसे मिलना।

(iv) माता-पिता तथा उनके बच्चों के प्रति सहानुभूतिपूर्ण तथा सहायतापूर्ण व्यवहार करना।

(v) माता-पिता से अच्छे सम्बन्ध स्थापित करना और छात्रों की उन्नति, समस्याओं और आवश्यकताओं के बारे में उन्हें सूचित करते रहना।

(vi) अपने वैयक्तिक व्यवहार को समुदाय में इस प्रकार प्रकट करना कि समाज की दृष्टि में विद्यालय एवं अध्यापकों का मान बढ़े।

वृत्तिक अथवा व्यावसायिक विकास (Professional Development)

1. शिक्षा में होने वाले परिवर्तनों से जानकारी रखना।
2. शिक्षण में हो रहे नए अनुसन्धानों से परिचित रहना।
3. प्रमुख व्यावसायिक संगठनों तथा अपने विषय से सम्बन्धित संगठनों का सदस्य बनना।
4. अपने सहयोगी अध्यापकों एवं अन्य सहयोगियों के प्रति नैतिकतापूर्ण व्यवहार करना।
5. अपने विषय सम्बन्धी पुस्तकों, पत्रिकाओं, समाचारपत्रों तथा अन्य स्रोतों से परिचित रहना।
6. अपने ज्ञान विस्तार हेतु सम्मेलनों, गष्ठियों एवं कार्यशालाओं में भाग लेते रहना।
7. अपने विषय तथा सामान्य नवीन एवं विकसित ज्ञान से परिचित रहने के लिए चलचित्र, दूरदर्शन एवं आकाशवाणी का प्रयोग करना।

सम्पूर्ण प्रभावी विद्यालय व्यवस्था तथा वातावरण निर्माण में उचित भागेदारी निभाना (Appropriate Participation in Providing Overall Effective Management and Environment in the School)

1. विद्यालय के सम्पूर्ण उत्तरदायित्व को स्वीकार करना।
2. सभी सहयोगियों को पूर्ण सहयोग देना।
3. शिक्षण सुधारों में भागीदार बनना।
4. विद्यालय के सभी कार्यक्रमों तथा नियमों में दक्षता प्रदर्शित करना।
5. विद्यालय के सभी क्षेत्रों में विकास हेतु निष्ठा से कार्य करना।

20.3 शिक्षा-अधिगम प्रक्रिया में अध्यापक का कार्य चार्ट (Teacher's Job Chart in the Teaching Learning Process)

(1) किसने	(2) किसे	(3) क्यों	(4) कहाँ	(5) क्या	(6) कैसे	(7) कब	(8) कौन-सी	(9) अधिगम कितना
पढ़ाना है? अध्यापक ने। अतः उसे अपनी क्षमताओं तथा सीमाओं को जानना होगा।	पढ़ाना है? छात्रों को। अतः उसे अपने छात्रों की विभिन्नताओं, क्षमताओं तथा सीमाओं को समझना होगा।	पढ़ाना है? अध्यापक पढ़ाने के लक्ष्यों को अच्छी प्रकार समझे।	पढ़ाना है? स्कूल में। अतः स्कूल के अर्थ को अच्छी प्रकार समझ लेना चाहिए।	पढ़ाना है? विभिन्न विषयों को पढ़ाना है। इसलिए अध्यापक अपने विषय अथवा विषयों के बारे में पूरी जानकारी तथा दक्षता रखें।	पढ़ाना है? इसका सम्बन्ध पढ़ाने की विभिन्न पद्धतियों तथा युक्तियों आदि से है। अध्यापक को इनसे भली-भाँति परिचित होना चाहिए।	पढ़ाना है? इसका सम्बन्ध छात्रों में पढ़ने के प्रति प्रेरणा तथा उत्साह बढ़ाने से है।	सहायक सामग्री पाठ की विषय-वस्तु को कैसे रुचिकर तथा प्रभावी बना सकती है? इसका सम्बन्ध शिक्षण सहायक सामग्री के उचित प्रयोग से है।	प्रभावी है? इसका सम्बन्ध छात्रों के मूल्यांकन से है।

20.4 अध्यापक के सामान्य गुण (General Qualities of a Teacher)

1. *अच्छा उच्चारण* (*Modulated Voice*): एक अध्यापक को अधिकतर व्याख्या द्वारा ही बालकों को शिक्षा देनी होती है। उसका उच्चारण भी अच्छा हो और उसके उच्चारण में प्रभाव भी हो। अध्यापक के उच्चारण में रस भी हो, मिठास भी हो और शक्ति भी हो, तभी वह छात्रों को प्रभावित कर सकता है।

2. *निष्पक्ष व्यवहार* (*Impartial Treatment*): निष्पक्ष अध्यापक दूसरों के विचारों का सत्कार करता है, चाहे वह उनसे सहमत न भी हो। वह सभी छात्रों से चाहे वह हिन्दू हों या मुसलमान; सिक्ख हों या ईसाई; यहूदी हों या पारसी, समान व्यवहार करता है।

3. *प्रजातन्त्रवादी दृष्टिकोण* (*Democratic Point of View*): भारत एक प्रजातान्त्रिक देश है। इसलिए हमें बालकों के मन में आरम्भ से ही ऐसे भाव पैदा करने चाहिये कि वे प्रजातान्त्रिक समाज के उत्तम नागरिक बन सकें। यदि हमारे अध्यापक प्रजातन्त्रवादी होंगे तभी हम इस लक्ष्य में सफल हो सकेंगे। यही बात काफी नहीं कि हमारे अध्यापक प्रजातान्त्रिक सिद्धांतों को जानते हों, बल्कि उनका समस्त जीवन ही प्रजातान्त्रिक मार्ग पर चलना चाहिए। यह गुण केवल पढ़ाने से या व्याख्यानों द्वारा पैदा नहीं होते। ऐसा स्वभाव बनाने के लिए जरूरी है कि स्कूल के छोटे से समाज का जीवन हर प्रकार से प्रजातान्त्रिक हो और छात्र वास्तविक जीवन द्वारा प्रजातान्त्रिक आदतें अपने आप में पैदा करें। स्कूल का कार्य प्रजातान्त्रिक नियमों के अनुसार तभी चल सकता है, यदि अध्यापकों के अपने विचार भी प्रजातान्त्रिक हों।

4. *अध्ययन में रुचि* (*Interest in Studies*): एक अध्यापक हर समय एक अच्छा विद्यार्थी भी होता है। वह हर समय नया ज्ञान प्राप्त करता रहता है। ज्ञान एक ऐसी वस्तु नहीं है जो एक बार मस्तिष्क में भर ली जाये और फिर सारी आयु उसका प्रयोग किया जाये। इसलिए अध्यापक के लिए अपने विशेष विषय का और दूसरे सभी विषयों का निरन्तर अभ्यास अति आवश्यक है।

5. *साधारण ज्ञान तथा विद्वता* (*General Knowledge and Special Knowledge*): उच्च कक्षाओं में अध्यापक का मुख्य कार्य किसी एक या अधिक विषयों की शिक्षा देना होता है। प्रारम्भिक स्कूलों में अध्यापक को किसी एक या दो और कई बार पाँचों कक्षाओं को सारे ही विषय पढ़ाने पड़ते हैं। इसलिए जरूरी है कि अध्यापक अपने विषय में निपुण हो। अपने विशेष विषय के अतिरिक्त दूसरे सम्बन्धित विषयों का ज्ञान भी रखता हो और सामान्य ज्ञान में भी अधूरा न हो।

6. *व्यवसाय के प्रति प्रेम* (*Love for the Profession*): अध्यापक को अपने व्यवसाय का महत्त्व समझना चाहिए। वह अपने व्यवसाय के प्रति अन्याय करता है यदि वह एक बार इसे अपनाकर दूसरे कार्यों में व्यस्त रहता है। अपने व्यवसाय के प्रति बिना निष्ठावान हुए वह उन नवयुवकों एवं नवयुवतियों की एक अच्छी नस्ल तैयार नहीं कर सकता जो कि मानव कल्याण के लिए अपना योगदान देने में समर्थ हैं।

7. *बच्चों के प्रति प्रेम* (*Love for the Children*): ऐसा कहा गया है कि यदि अध्यापक के हृदय में बालक एवं बालिकाओं के प्रति प्रेम नहीं है तो उसे इस व्यवसाय को त्याग देना चाहिए। अच्छा शिक्षक बच्चों के साथ कार्य करने में लगातार एक प्रकार की शक्ति के स्रोत का अनुभव करता है। यह कहावत प्रसिद्ध है कि "बच्चे को प्यार करो तो बच्चा भी तुमसे प्यार करेगा; बच्चे से घृणा करोगे तो वह भी तुमसे घृणा करेगा।" जो बच्चों से प्यार नहीं करता उसे शिक्षण व्यवसाय में नहीं रहना चाहिए।

8. *छात्र की वैयक्तिकता का सम्मान* (*Considration for the Individual Differences of the Students*): बालक की आत्मा जो कि पवित्र एवं बहुत नाजुक है, उसे बहुत ही कोमल देखभाल की आवश्यकता है। उसकी आत्मा और गौरव की भावना को ठेस नहीं पहुँचानी चाहिए। *एमर्सन* (*Emerson*) का मत है–"शिक्षा का रहस्य छात्रों के आदर में छिपा है।" एक बालक चाहता है कि उसकी बात सुनी जाए, और उसकी राय को उसके बालक होने मात्र के कारण अस्वीकृत न कर दिया जाए।

9. *मनोविज्ञान का ज्ञान* (*Knowledge of Psychology*): शिक्षा की समस्याओं एवं बालकों के विकास के लिए मनोविज्ञान का ज्ञान अति आवश्यक है। बिना इसके समय, शक्ति और मानव साधन निरर्थक होंगे। बाल मनोविज्ञान के ज्ञान से अध्यापक बालकों के वैयक्तिक अन्तर, प्रकृति, स्वभाव, आदतों एवं व्यवहार के विषय में अच्छी जानकारी प्राप्त कर सकता है।

10. *बालक के विषय में अंतरंग जानकारी* (*Deep Knowledge about the Child*): बच्चे प्रौढ़ व्यक्ति के 'सूक्ष्म रूप' नहीं हैं। उनके अनोखे विचारों एवं भावनाओं का अध्ययन किया जाना चाहिए। उनके नाम याद करने चाहिए और उनकी आकृति पहचाननी चाहिए। उन्हें ऐसा आभास नहीं होना चाहिए कि अध्यापक उनके प्रति उदासीन है। उनके विषय में पूर्ण जानकारी प्राप्त करने हेतु प्रत्येक स्त्रोत को खोजना चाहिए।

11. *बच्चे के अधिकारों के विषय में पूर्ण जागरूकता* (*Awareness of Rights of Child*): अन्तर्राष्ट्रीय बाल कल्याण संघ जो कि बच्चों के शारीरिक, मानसिक, आध्यात्मिक कल्याण के लिए कार्य कर रहा है, उसकी घोषणाओं को प्रत्येक अध्यापक को स्वीकार करना चाहिए।

12. *शिक्षण पद्धति का ज्ञान* (Knowledge of the Teaching Methodology): एक रचनात्मक अध्यापक आधुनिकतम शिक्षण पद्धतियों से हमेशा सम्पर्क स्थापित किये रखता है और उनका उपयोग अपनी कक्षा में करता है। दो किसानों के पास समान भूमि हो सकती है। वे दोनों अधिक अनाज उत्पन्न करने की महत्वाकांक्षा रखते हैं, परन्तु सभी बातें समान होने पर भी जो कृषि की अच्छी पद्धति का प्रयोग करता है, उसे सुपरिणाम मिलता है। इसी प्रकार जो अध्यापक शिक्षण की उचित पद्धति का प्रयोग करता है, उसका अध्यापन अधिक सुरुचिपूर्ण और प्रभावशाली होता है। एक अध्यापक को किसी एक प्रणाली से चिपके नहीं रहना चाहिए और न उसका दृष्टिकोण परिवर्तन-विरोधी होना चाहिए परन्तु उसे अपनी कक्षा में विशेष परिस्थिति में छात्र की बौद्धिक योग्यता की आवश्यकता को देखकर विकासपूर्ण एवं उन्नतिशील प्रणाली का उपयोग करना चाहिए। उसे अपना कुछ समय नई पद्धतियों की खोज में व्यय करना चाहिए। यह उसके लिए लाभप्रद सिद्ध हो सकता है।

13. *विषयवस्तु पर अधिकार* (*Mastery of the Subject Matter*): एक अध्यापक को अपने विषय का पूर्ण ज्ञान होना चाहिए। इसके अतिरिक्त उसका अपने अपने विषय के प्रति प्रेम होना चाहिए। एक अध्यापक जो अपने विषय से प्रेम नहीं करता वह अपने छात्रों को प्रोत्साहित करने में भी असफल रहता है और एक पाखंडी कहलाने का अवसर दे सकता है।

14. *दैनिक तैयारी* (Daily Preparsation): एक अच्छी तरह से तैयार किया गया पाठ शिक्षण में आने वाली घबराहट और असुरक्षिता को दूर कर सकता है। *बागले* (Bagley)

दैनिक तैयारी के महत्त्व को इन शब्दों में कहते हैं, "अध्यापक चाहे कितना ही अनुभवी और योग्य क्यों न हो, वह बिना प्रारम्भिक तैयारी के कुछ नहीं कर सकता।"

15. *प्रश्न पूछने में निपुणता (Art of Questioning)*: अध्यापक की सफलता कक्षा में प्रश्न पूछने की कला पर भी निर्भर करती है। जो दोषरहित ढंग से प्रश्न पूछता है वह प्रभावशाली ढंग से पढ़ाता भी है। इसी प्रकार छात्रों के प्रश्नों का उत्तर भी सावधानी से दिया जाना चाहिए।

16. *सहायक सामग्री का उपयोग (Use of Teaching Aids)*: विभिन्न शिक्षण सहायक सामग्री पाठ में स्पष्टता और सजीवता ला सकती है।

16. *सुचेतन शक्ति (Thinking Power)*: सफल अध्यापन के लिए सुचेतन शक्ति का होना आवश्यक है। इससे बीमारी, सामान्य थकान आदि के कम होने के कारण दैनिक कार्य में कम से कम बाधाएं पड़ती हैं।

17. *सु-स्मरणशक्ति (Good Memory)*: एक कमजोर स्मरणशक्ति का अध्यापक हास्यास्पद बन जाता है। अध्यापक के लिए पाठ का विभिन्न वस्तुओं से सह-सम्बन्ध स्थापित करने के लिए सु-स्मरणशक्ति बनाए रखना चाहिए।

18. *आशावादी दृष्टिकोण (Optimistic Point of View)*: एक अध्यापक जिसकी आत्मा सिकुड़ गई है, जिसका हृदय क्षीण हो गया है, जो शक्ति और उत्साह, योग्यता और चरित्र से हीन हो गया है तथा केवलमात्र समय व्यतीत करता है वह इस व्यवसाय के लिये अपमान और समाज के लिये अभिशाप है।

19. *विनोदी स्वभाव (Humorous Nature)*: अवसर आने पर एक व्यवहारकुशल अध्यापक हंसने से झिझकता नहीं है। किसी अध्यापक को अपने छात्रों की हंसी उड़ाने की भूल नहीं करनी चाहिए। उसे उनके साथ हंसना चाहिए और वह देखे कि वे भी उसके साथ हंस रहे हैं, न कि उस पर हंस रहे हैं।

हंसी एक सौन्दर्यपूर्ण सज्जा है जोकि शिक्षण व्यवसाय में आकर्षण उत्पन्न करती है।

20. *ज्ञान-पिपासा (Daily Thirst for Knowledge)*: एक अध्यापक को अपने विषय से सम्बन्धित ही नहीं वरन् अन्य जीवनोपयोगी पुस्तकों का अध्ययन भी करना चाहिए। यदि उसे शैक्षिक गोष्ठियों, नवीनीकरण पाठ्यक्रम तथा इसी प्रकार के अन्य कार्यक्रमों में भाग लेने का अवसर मिले तो यह उसे स्वयं अपने विचारों को समझने और अपने कार्य की दूसरों के कार्य से तुलना करने में सहायक होगा।

21. *शैक्षिक भ्रमणयात्रा में रुचि (Interest in Educational Tours)*: ग्रीष्म, शिशिर या शरद् अवकाशकाल में अध्यापक अपने निकटवर्ती ऐतिहासिक तथा साहित्यिक स्थानों को देखने जा सकते हैं। अवकाश के पश्चात् कक्षाओं में जाने पर वे अपने अनुभवों को अपने छात्रों को सुना सकते हैं।

22. *व्यवसाय संगठन की सदस्यता (Membership of Professional Organisation)*: अध्यापक को व्यावसायिक संगठनों की सदस्यता ग्रहण करनी चाहिए।

23. *सेवाकालीन प्रशिक्षण (Inservice Education)*: नवीनीकरण पाठ्यक्रम, गोष्ठियाँ और वर्कशॉप आदि कक्षा की समस्याओं पर वार्ता करने और उनके हल खोजने का अवसर प्रदान करते हैं।

24. *समय का पालन (Punctuality)*: एक अच्छा शिक्षक प्रत्येक कार्य को उचित समय पर करता है। अध्यापक को देर से आते देखकर छात्र भी उसका अनुसरण करते हैं।

25. *प्रशंसा और दोषारोपण का न्यायपूर्ण उपयोग* (*Judicious Use of Praise and Blame*): अध्यापक के पास प्रशंसा और दोषारोपण के दो महत्त्वपूर्ण हथियार हैं। उनका उपयोग उसे न्यायपूर्ण ढंग से करना चाहिए।

प्रशंसा का एक शब्द छात्र की रुचि और कार्यपथ को तीव्र कर देता है। अध्यापक के पास प्रशंसा का उचित प्रयोग एक शक्तिशाली प्रलोभन है।

'डांटना' और 'दोषी ठहराना' भी कभी-कभी होना चाहिए, नहीं तो वे अपने मूल्य को खो बैठते हैं।

26. *न्याय* (*Justice*): अध्यापक को किसी के प्रति पक्षपात नहीं दिखाना चाहिए। उसकी दृष्टि में सभी समान होने चाहियें। कुछ बच्चों के प्रति अवांछनीय पक्षपात दूसरों को निराश कर देगा।

27. *धैर्य* (*Patience*): अच्छी आदतें एक दिन में नहीं बनतीं। बच्चों में सद्‌गुण उत्पन्न करने के लिए समय और धैर्य की आवश्यकता होती है।

28. *आदेश का पालन* (*Enforcement of Order*): छात्रों को बहुत कम आदेश दिये जाने चाहिये और जब दिये जाएं तो उन आदेशों का अवश्य पालन होना चाहिए नहीं तो वे अपना प्रभाव खो बैठते हैं।

29. *धर्मान्धिता से मुक्त* (*Free From Religious Bigotry*): बच्चों का मस्तिष्क संकुचित भावनाओं और हठधर्मिता से विषादयुक्त नहीं करना चाहिए।

30. *राजनैतिक पक्षपात से मुक्त* (*Freedom from Political Bias*): बच्चों को राजनैतिक उद्देश्य से नहीं उभारना चाहिए।

31. *राष्ट्रीयता की भावना* (*Nationalist Spirit*): यदि अध्यापक में राष्ट्रीयता की भावना नहीं होगी तो वह बच्चों में राष्ट्रीयता की भावना के विकास के कार्य में सफल नहीं हो सकेगा। फिर भी 'उचित' या 'अनुचित' 'मेरा देश' की भावना से दूर रहना चाहिए।

32. *शिक्षा के उद्देश्यों के प्रति हमेशा जागरूक* (*Always Alive to the Aims of Education*): एक क्षण के लिये भी अध्यापक को नहीं भूलना चाहिए कि शिक्षा का उद्देश्य बच्चे को 'मैट्रिकुलेशन' के लिए तैयार करना मात्र नहीं है, अपितु उसमें मस्तिष्क, मन, हाथ और स्वास्थ्य के गुणों का भी निर्माण करना है।

उसे बच्चे के एक या दो पक्षों के विकास के लिये प्रयत्न नहीं करना है वरन् उसके सम्पूर्ण विकास के लिये प्रयत्न करना है।

33. *पाठ्यक्रम सहगामिनी क्रियाओं में रुचि* (*Interest in Co-Curricular Activities*): आधुनिक शिक्षा प्रणाली में पाठ्यक्रम सहगामिनी क्रियाओं के महत्त्व पर बल देना आवश्यक है। कोई भी अध्यापक विद्यालय-जीवन के इस पक्ष से विमुख नहीं हो सकता है।

34. *त्यागमय जीवन* (*Selfless Service*): अध्यापकों में एक त्यागी जैसा उत्साह होना चाहिए। एक प्रचारक और अध्यापक के कार्य में समानता है; क्योंकि एक प्रचारक आरम्भ से अन्त तक एक अध्यापक है।

समर्पित सेवा की भावना और एक पवित्र उत्साह से प्रेरित अध्यापकों के बिना एक विद्यालय आधुनिक साधनों से सुसज्जित होने पर भी जीवन किरण से हीन सुन्दर मृत शरीर के समान होगा। यह आत्माहीन अस्थिपिंज़र के समान हो जाएगा।

35. *अध्यापक एक मार्गदर्शक के रूप में* (*Teacher as a Quide of Students*):

बच्चा शिक्षा के नाटक का नायक है। अतः उसे शिक्षा के कार्यों में पूर्ण भाग लेने देना चाहिए। अध्यापक एक मार्गदर्शक और निर्देशक है। वह नाव का खेवनहार है परन्तु इस नाव को आगे बढ़ाने वाली शक्ति सीखने वालों से प्राप्त की जानी चाहिए। उसका कार्य सुझाव देना है, न कि आरोपित करना। वह वास्तव में बच्चों के मस्तिष्क को प्रशिक्षित नहीं करता वरन् उनके ज्ञान के उपकरणों को ठीक करने का मार्ग दिखाता है और उसे इस कार्य में सहायता देता है एवं प्रोत्साहित करता है। वह उसे ज्ञान प्रदान नहीं करता, वह उसे स्वयं ज्ञान प्राप्ति के लिए मार्ग दिखाता है।

20.5 अध्यापक का समाज में कम होता स्तर तथा उसका सामाजिक परिवर्तन में नगण्य योगदान (Diminishing Status of the Teacher in Society and Marginal Role and Responsibilities of the Teacher in Social Change)

अनेक समाजशास्त्रियों के विचार में आज की परिस्थिति में अध्यापकों की भूमिका सामाजिक परिवर्तन में नगण्य है। एक समय था जबकि अध्यापक का स्थान समाज में ऊँचा था। उसे इतिहास का निर्माता कहा जाता था। परन्तु अब स्थिति इसके विपरीत है। आज समाज में उसे कहने को तो गुरु का दर्जा दिया जाता है परन्तु वास्तविक स्थिति कुछ और ही है। इसमें सन्देह नहीं कि आज समाज के मध्यम वर्ग से सम्बन्धित पुरुष सामान्यतः अध्यापक बनना नहीं चाहते। इस पेशे में न तो उचित मान रह गया है और न ही आय।

कक्षाओं में इतने छात्र होते हैं कि अध्यापक-छात्र के व्यक्तिगत सम्पर्क के लिए बहुत ही कम समय मिलता है।

प्राचीन काल में ज्ञान का साधन अकेला शिक्षक ही हुआ करता था। सूचना के साधनों के विस्फोट के कारण अब ज्ञान प्राप्त करने के अनेक साधन हैं। कम्प्यूटर द्वारा अनेक प्रकार का ज्ञान मिल जाता है।

प्राचीन काल में प्रायः छात्र एक ही अध्यापक (गुरु) से सम्पूर्ण शिक्षा प्राप्त करते थे। वह ही छात्रों का धर्मगुरु था अर्थात् आध्यात्मिक विकास का मार्ग दर्शाता था। परन्तु आज कक्षा एक से लेकर कक्षा बारह तक एक छात्र बारह से भी अधिक अध्यापकों से शिक्षा ग्रहण करता है। उसी मात्रा में एक छात्र का अपने अध्यापक के प्रति मान-सम्मान कम हो जाता है।

आज दूरदर्शन, रेडियो तथा सम्पूर्ण मीडिया (Media) का बहुत प्रभाव पड़ रहा है। ऊपर लिखित कारणों से अध्यापक का समाज में स्तर गिरता जा रहा है।

20.6 शिक्षण को प्रभावी बनाने के लिए मागदर्शक संकेत (Guidelines for Making Class Teaching Effective)

कक्षा-प्रबन्ध सम्बन्धी निम्नलिखित मार्गदर्शक संकेत अध्यापक के लिए बहुत उपयोगी सिद्ध हो सकते हैं। वह छात्रों की योग्यताओं तथा क्षमताओं का पूरा-पूरा उपयोग शैक्षिक उद्देश्यों की प्राप्ति के लिए इन मार्गदर्शक संकेतों द्वारा कर सकता है।

I. कक्षा दैनिक-चर्या (Classroom Routine)

1. हमेशा समय पर कक्षा में जाना चाहिए।

2. कक्षा अवधि में जहाँ तक सम्भव हो खड़े रहकर पढ़ाना चाहिए।
3. छात्रों के नाम शीघ्रता से सीख लेना चाहिए।
4. छात्रों के बैठने की योजना को सावधानी से जानना चाहिए।
5. विलम्ब से कार्य करने वाले छात्रों का विवरण रखना चाहिए।
6. कक्षा की स्वच्छता पर ध्यान दिया जाए।
7. कक्षा के भौतिक वातावरण अर्थात् प्रकाश आदि पर ध्यान दिया जाए।
8. अनुपस्थित छात्रों के विषय में पूछताछ की जानी चाहिए।
9. छात्रों के उचित रूप से बैठने के ढंग पर बल दिया जाए।
10. विद्यालय सामग्री के प्रति बच्चों में आदर उत्पन्न किया जाए।
11. सामग्री एकत्रित करने एवं बाँटने के लिए निश्चित नियमों का पालन किया जाए।
12. छात्रों को अपना नाम सावधानी से एवं ठीक ढंग से बताया जाए।

II. शिक्षण विधि एवं क्रिया (Teaching Procedures and Methods)

1. कक्षा कार्य आरम्भ करने से पूर्व सभी चीजें तैयार रखें।
2. कक्षा के प्रत्येक छात्र ध्यान रहे।
3. विभिन्न शिक्षण सहायक सामग्री का उपयोग किया जाए।
4. गृह-कार्य को निश्चित और स्पष्ट बनाया जाए।
5. अपने प्रश्नों को स्पष्ट शब्दों में पूछा जाए जिससे प्रत्येक छात्र यह जान सके कि आप क्या पूछना चाहते हैं?
6. सम्पूर्ण कक्षा को पढ़ाया जाए, केवल सामने बैठने वाले छात्रों को ही नहीं।
7. प्रश्नों का वितरण समान रूप से किया जाए।
8. ध्यान न देने वाले छात्रों से भी प्रश्न पूछे जाएँ।
9. बहुधा प्रश्नों को दुबारा न कहा जाए।
10. प्रश्नों को शीघ्रता से न पूछा जाए।
11. अपने प्रश्नों के उत्तर के लिए छात्रों को उपयुक्त समय दिया जाए।
12. अपने-आप सब कहने की अपेक्षा छात्रों को प्रश्नों के उत्तर देने के लिए प्रोत्साहित करें।
13. पाठ्यक्रम से सम्बन्धित उनकी व कक्षा की रुचि की कोई भी बात उन्हें कहने के लिए प्रोत्साहित करें।
14. सभी छात्रों को पाठ में भाग लेने के लिए सुविधा प्रदान करें।
15. लीक चाल से दूर रहें।
16. छात्रों के लिखित कार्य की जाँच सावधानी से की जाए।
17. जाँच किए गए कार्य की आवश्यक व्याख्या करें।
18. शिक्षण एवं शिक्षा प्राप्ति की विधियों में भिन्नता लायी जाए, जैसे नाटक, गोष्ठी, वार्तालाप, परिचर्चा आदि का उपयोग करना।
19. अपने श्यामपट्ट लेख को पढ़ने योग्य सुन्दर बनाएँ।
20. छात्रों को कार्य करने में व्यस्त रखें।
21. प्रत्येक छात्र को यह अनुभव कराएँ कि वह पाठ की सफलता के लिए अनिवार्य घटक है।

22. सम्पूर्ण कक्षा तथा व्यक्तित्व छात्रों के लिए प्रशंसा एवं दोषारोपण का न्याययुक्त उपयोग करें।

23. समुदाय की आलोचना करने से दूर रहें।

24. सम्पूर्ण कक्षा के सामने की अपेक्षा व्यक्तिगत त्रुटियों को व्यक्ति विशेष के सामने समझायें।

25. विचारोत्तेजक प्रश्न पूछकर छात्रों के सम्मुख समस्यामूलक परिस्थिति उत्पन्न करें।

26. अवधि की समाप्ति पर शीघ्रता से पुस्तक व सामग्री एकत्रित करें।

27. कक्षा छोड़ते समय किसी वस्तु को अस्त-व्यस्त मत छोड़ें।

28. कक्षा छोड़ते समय श्यामपट्ट को साफ करें।

29. अपने कार्य को व्यवस्थित रूप से नियोजित करें।

30. अपने छात्रों को इस प्रकार प्रशिक्षित करें कि आपके कक्षा में न होने पर भी वे व्यस्त रहें।

31. अपने पाठ की पूर्ण तैयारी करें।

32. दूसरे छात्रों के सामने किसी छात्र को असमंजस में मत डालें।

33. लज्जालु छात्रों के प्रति सहानुभूति प्रदर्शित करें।

34. छात्र की गृह परिस्थितियों से परिचित रहें।

35. प्रत्येक छात्र के स्वास्थ्य, परीक्षा प्राप्तांक, घटना वृत्त आदि का अध्ययन करें।

36. वैयक्तिक अन्तर को मान्यता दें।

37. मैत्रीपूर्ण भावना का विकास करें जिससे प्रत्येक छात्र वैयक्तिक अथवा विद्यालय की समस्या पर आपकी सहायता की प्राप्ति के लिए मुक्त अनुभव करे।

38. संचय वृत्त अभिलेख आरक्षित रखें।

39. छात्रों की समस्याओं के हल हेतु सहायता के लिए रुचि प्रकट करें।

40. दूसरे अध्यापकों के साथ छात्रों की समस्याओं के विषय में वार्तालाप करें।

41. अन्य मार्गदर्शक कार्यकर्त्ताओं से सन्तोषपूर्ण हल के लिए सहायता लें।

III. कक्षा अनुशासन

(i) अपने अनुशासन का आधार 'न करो' की अपेक्षा 'करो' बनाओ।

(ii) अपने अनुशासनीय क्रियाओं के आधार के लिए वर्ग के स्तर को मापदण्ड रखो।

(iii) छात्रों को इधर-उधर मत घूमने दो।

(iv) अच्छे आचरण और उच्च मापदण्ड स्तर के लिए प्रयत्नशील रहो।

(v) छात्रों से व्यवहार करते समय सहानुभूतिपूर्ण व्यवहार रखो।

(vi) छात्रों के साथ अपने व्यवहार में दृढ़ और अनुकूल रहो।

(vii) छात्रों से अन्तरंग होने की अपेक्षा मैत्रीपूर्ण रहो और कुछ निग्रह भी रखो।

(viii) 'मैं तुम्हें पसन्द करता हूँ, यद्यपि जो तुम करते हो उसे मैं पसन्द नहीं करता'–दर्शन का उपयोग करो।

(ix) न्यायपूर्ण बनो।

(x) दोषपूर्ण भाषा का उपयोग मत करो।

(xi) व्यंग्यपूर्ण बातें मत करो।

(xii) धमकी मत दो।

(xiii) छोटी समस्याओं को बड़ी बनने से पूर्व ही हल कर लो।
(xiv) आदर और ईमानदारी को प्रोत्साहन दो।
(xv) अपनी अनुशासनिक समस्याओं को हल करने का स्वयं प्रयत्न करो।
(xvi) अनुशासनहीनता की समस्याओं को हल करने के लिए समय पर आवश्यक होने पर ही उच्चाधिकारी से वार्ता करो।
(xvii) कक्षा में अपनी पारिवारिक समस्याओं की चर्चा मत करो।
(xviii) छात्रों से अपने सहयोगियों के विषय में बातें मत करो।
(xix) अपने अनुभवों को अधिक मत बताओ।
(xx) व्यर्थ की बातों में अपना समय नष्ट न करो।

IV. अध्यापक के व्यक्तित्व सम्बन्धी मार्गदर्शन संकेत

1. अपने कार्यक्रमों को यथासमय करो।
2. बहुत ऊँची ध्वनि का प्रयोग मत करो।
3. अपने विशेष हाव-भाव (Mannerism) से दूर रहो।
4. हमेशा हँसमुख रहने का प्रयास करो।
5. विवादास्पद बातों को सावधानी से हाथ में लो।
6. विनोदी बनो।
7. नम्र और उचित भाषा का उपयोग करो।
8. व्यंग्य मत करो।
9. शिष्टाचारी बनो।
10. छात्रों, विद्यालय कार्यक्रमों और सहयोगियों के प्रति हार्दिक रुचि प्रकट करो।
11. पहल-शक्ति और साधन-सम्पन्न बनो।
12. शिक्षण व्यवसाय की नीतियों के प्रति निष्ठावान रहो।

सारांश: कक्षा शिक्षण में शिक्षक के मुख्य कार्य
(Main Functions of the Teacher in Classroom Teaching)

(1)	(2)	(3)	(4)	(5)	(6)	(7)	(8)	(9)
कक्षा को संगठित तथा व्यवस्थित रखना	विषय-वस्तु तथा कार्य का विश्लेषण करना	छात्रों के अधिगम की समस्याओं का निदान करना	छात्रों की व्यक्तिगत विभिन्नता की जानकारी प्रदान करना	छात्रों के प्रारम्भिक (Entering) व्यवहार को समझना	शिक्षण की योजना युक्तियों तथा प्रविधियों का निर्माण एवं चयन करना	सुनिश्चित विधियों, युक्तियों के सहारे सुनिश्चित शिक्षण-उद्देश्यों के लिए सुनिश्चित पाठ्यक्रम को प्रस्तुत करना	अभिवृद्धि, विश्वास, संप्रत्यय एवं समस्याओं को स्पष्ट करना	मूल्यांकन करना